2017

大中型批发零售和住宿餐饮企业统计年鉴

国家统计局贸易外经统计司 编

中国统计出版社
China Statistics Press

图书在版编目（CIP）数据

大中型批发零售和住宿餐饮企业统计年鉴 . 2017 / 国家统计局贸易外经统计司编 . -- 北京 : 中国统计出版社 , 2017.11
ISBN 978-7-5037-8345-6

Ⅰ . ①大 … Ⅱ . ①国 … Ⅲ . ①批发业－统计资料－中国－ 2017 －年鉴②零售业－统计资料－中国－ 2017 －年鉴③饭店业－统计资料－中国－ 2017 －年鉴④饮食业－统计资料－中国－ 2017 －年鉴 Ⅳ . ① F721.7-54 ② F719-54

中国版本图书馆 CIP 数据核字 (2017) 第 223784 号

大中型批发零售和住宿餐饮企业统计年鉴—2017

作　　者 / 国家统计局贸易外经统计司
责任编辑 / 冯燕玲
封面设计 / 李雪燕　王　芳
出版发行 / 中国统计出版社
通信地址 / 北京市丰台区西三环南路甲 6 号　邮政编码 /100073
电　　话 / 邮购（010）63376909　书店（010）68783171
网　　址 / http://www.zgtjcbs.com
印　　刷 / 河北鑫兆源印刷有限公司
经　　销 / 新华书店
开　　本 /880×1230 毫米　1/16
字　　数 /855 千字
印　　张 /27.5
版　　别 /2017 年 11 月第 1 版
版　　次 /2017 年 11 月第 1 次印刷
定　　价 /380.00 元

如有印装差错，由本社发行部调换。

《大中型批发零售和住宿餐饮企业统计年鉴—2017》

编辑成员

顾　　问： 宁吉喆

主　　编： 贾　楠

副 主 编： 孟庆欣

编辑主任： 冶静怡　卢　山　王　智

编辑人员：（以姓氏笔画为序）

王月香　申俊利　付加奇　付　媛　刘旭玲

刘　洋　刘晓燕　汤魏巍　严先溥　杜　燕

李　敏　张　敏　陈群林　罗卫华　胡春霖

姚　虎　袁　彦　夏　欢

责任编辑： 冯燕玲

编辑说明

一、《大中型批发零售和住宿餐饮企业统计年鉴—2017》系统收录了全国和各省、自治区、直辖市大中型批发零售和住宿餐饮业企业基本情况、经营情况和主要财务情况的2016年年报数据，是一部全面反映中国大中型批发和零售业、住宿和餐饮业企业改革和发展状况的资料性年刊。

二、本年鉴正文内容分为4部分：1. 综合篇；2. 地区篇；3. 行业篇；4. 企业篇。同时设有3个附录：1. 统计上大中小微型企业划分办法；2. 批发和零售业、住宿和餐饮业统计限额标准；3. 主要统计指标解释。

三、本年鉴对所用缩略语和主要统计指标解释、统计范围和统计方法作了简要说明。

四、本年鉴中所使用的企业划型标准，采用国家统计局于2011年9月印发的《统计上大中小微型企业划分办法》。

五、本年鉴中涉及的全国性统计资料，均未包括香港、澳门特别行政区和台湾省数据。

六、本年鉴中所使用的度量衡单位，均为国际统一标准计量单位。

七、本年鉴表中的“空格”表示该项统计指标数据不足本表最小单位数、不详或无该项数据。

目 录

综合篇

地区篇

行业篇

企业篇

附 录

综合篇

简要说明：

一、本篇资料主要内容为全国大中型批发和零售业、住宿和餐饮业企业单位数和从业人员数情况；大中型批发和零售业企业商品购、销、存情况；大中型住宿和餐饮业企业经营情况；大中型批发和零售业、住宿和餐饮业企业主要财务及经济效益分析指标等。

二、大中型批发和零售业、住宿和餐饮业企业采用全面调查方法。

三、批发和零售业、住宿和餐饮业大中型企业划分依据《统计上大中小微型企业划分办法》，具体见附录Ⅰ。

1-1 大中型批发和零售业企业基本情况

项 目	批发业					
	大中型		大型		中型	
	2016年	2015年	2016年	2015年	2016年	2015年
一、法人单位数(个)	**29571**	**28395**	**2362**	**2322**	**27209**	**26073**
二、年末从业人数(万人)	**387.3**	**383.4**	**193.9**	**195.5**	**193.4**	**187.9**
三、商品购、销、存情况(亿元)						
商品购进额	282216.3	265715.6	119241.9	115913.8	162974.4	149801.8
商品销售额	311366.3	291327.2	135451.9	129577.0	175914.4	161750.1
期末商品库存额	20822.4	19536.7	8837.8	8860.7	11984.6	10676.0
四、实收资本及构成(亿元)						
实收资本	18814.7	19606.6	6526.4	6324.7	12288.4	13281.9
国家资本	4889.3	4760.5	2034.5	2147.4	2854.8	2613.1
集体资本	248.1	238.5	74.4	61.9	173.7	176.6
法人资本	7049.6	7669.6	2068.1	2152.7	4981.4	5516.8
个人资本	3658.9	4341.1	540.0	435.6	3118.9	3905.5
港澳台资本	1229.7	990.9	680.3	490.5	549.4	500.4
外商资本	1739.1	1606.0	1128.9	1036.5	610.2	569.5
五、主要财务指标(亿元)						
(一)年末资产负债						
流动资产合计	110464.7	103383.2	47362.7	42614.4	63102.0	60768.8
固定资产原价	10542.2	10081.9	5774.9	5449.2	4767.3	4632.7
累计折旧	4046.1	3710.0	2404.9	2147.3	1641.2	1562.7
资产总计	147558.8	135868.6	63564.3	58156.2	83994.5	77712.4
负债合计	102742.3	96363.1	42016.8	38162.4	60725.4	58200.7
所有者权益	44793.0	39515.1	21525.0	20003.7	23268.0	19511.3
(二)损益及分配						
主营业务收入	276943.0	260572.9	119360.1	114666.8	157583.0	145906.2
主营业务成本	254341.8	240137.2	105486.2	102101.5	148855.6	138035.8
主营业务税金及附加	2234.1	1893.6	1724.5	1426.1	509.6	467.4
主营业务利润	20367.2	18542.2	12149.4	11139.2	8217.8	7403.0
其他业务利润	817.7	751.5	391.9	360.0	425.7	391.6
销售费用	9138.1	8255.9	5870.3	5335.8	3267.7	2920.0
管理费用	4424.1	4064.9	2308.0	2108.2	2116.1	1956.7
财务费用	1195.6	1232.7	291.5	275.3	904.2	957.4
营业利润	6904.3	6285.8	4430.4	4088.3	2473.9	2197.6
利润总额	7547.6	6476.4	4712.4	4314.0	2835.2	2162.4
应交所得税	1606.2	1461.2	984.2	991.3	622.0	469.9
应付职工薪酬	4064.2	3907.7	2459.1	2446.5	1605.0	1461.2
应交增值税	3182.7	3107.1	1891.3	1900.6	1291.4	1206.6

1-1 续表

项目	零售业					
	大中型		大型		中型	
	2016年	2015年	2016年	2015年	2016年	2015年
一、法人单位数(个)	**28108**	**27250**	**2435**	**2394**	**25673**	**24856**
二、年末从业人数(万人)	**564.2**	**559.1**	**266.3**	**264.8**	**297.9**	**294.3**
三、商品购、销、存情况(亿元)						
商品购进额	82557.5	76442.7	35583.6	34572.5	46973.9	41870.3
商品销售额	96741.2	89120.2	43562.8	41815.9	53178.5	47304.3
期末商品库存额	8676.7	8976.4	3342.2	3048.4	5334.4	5928.0
四、实收资本及构成(亿元)						
实收资本	9179.7	9068.4	3149.0	2958.6	6030.7	6109.8
国家资本	1279.0	1263.8	820.5	746.8	458.6	517.1
集体资本	291.5	165.3	92.4	68.5	199.1	96.9
法人资本	4027.1	3797.3	1037.7	931.8	2989.4	2865.4
个人资本	2246.8	2535.7	473.2	515.2	1773.6	2020.6
港澳台资本	733.5	713.0	327.0	288.3	406.5	424.7
外商资本	601.8	586.5	398.3	401.2	203.5	185.3
五、主要财务指标(亿元)						
(一)年末资产负债						
流动资产合计	32046.1	28745.6	15708.2	13438.0	16337.9	15307.6
固定资产原价	9902.2	9330.1	4887.8	4678.4	5014.4	4651.7
累计折旧	3461.3	3133.4	1865.2	1708.2	1596.1	1425.1
资产总计	48252.0	43395.3	24261.7	21076.3	23990.3	22319.0
负债合计	34152.5	31583.4	16256.9	14768.3	17895.6	16815.0
所有者权益	14064.9	11817.9	7974.7	6314.5	6090.2	5503.3
(二)损益及分配						
主营业务收入	83945.5	77364.3	37069.3	35386.1	46876.2	41978.2
主营业务成本	74122.1	68372.8	31983.8	30688.8	42138.3	37684.0
主营业务税金及附加	341.1	378.0	147.6	165.6	193.5	212.5
主营业务利润	9482.3	8613.5	4938.0	4531.8	4544.3	4081.8
其他业务利润	934.4	907.7	549.2	534.6	385.2	373.1
销售费用	5804.6	5277.4	3379.6	3070.8	2425.0	2206.6
管理费用	2573.3	2411.1	1193.6	1134.2	1379.7	1276.8
财务费用	563.5	566.5	171.4	165.2	392.1	401.3
营业利润	1841.6	1536.6	1004.1	886.2	837.5	650.4
利润总额	1919.0	1589.5	1077.7	947.7	841.3	641.8
应交所得税	383.0	337.0	206.9	189.2	176.1	147.9
应付职工薪酬	3136.7	2759.5	1585.8	1407.0	1551.0	1352.5
应交增值税	1292.9	1345.2	609.5	660.6	683.4	684.6

1-2 大中型批发和零售业企业单位数和从业人数

项　　目	法人单位数(个)		年末从业人数(人)	
	限额以上	大中型	限额以上	大中型
总　　计	**193371**	**57679**	**11936127**	**9514727**
一、批发业	**95066**	**29571**	**4959341**	**3872625**
(一)按登记注册类型分				
1.内资企业	**90507**	**27053**	**4232125**	**3182994**
国有企业	2130	1251	337504	306929
集体企业	592	207	35598	25467
股份合作企业	126	33	3712	1911
联营企业	17	6	1574	1390
国有联营企业	5	NA	429	356
集体联营企业	7	NA	619	525
国有与集体联营企业	NA	NA	467	450
其他联营企业	NA	NA	59	59
有限责任公司	28865	10541	1638414	1313047
国有独资公司	1436	902	189348	175549
其他有限责任公司	27429	9639	1449066	1137498
股份有限公司	2067	1217	469671	449852
私营企业	55704	13529	1700674	1064368
私营独资企业	577	124	13160	5487
私营合伙企业	55	13	1627	881
私营有限责任公司	53768	12911	1615667	1002870
私营股份有限公司	1304	481	70220	55130
其他企业	1006	269	44978	20030
2.港、澳、台商投资企业	**2071**	**1083**	**341529**	**321071**
合资经营企业	319	169	30958	27816
合作经营企业	23	16	8297	8235
独资经营企业	1649	859	290811	274418
投资股份有限公司	47	27	6677	6290
其他港澳台商投资企业	33	12	4786	4312
3.外商投资企业	**2488**	**1435**	**385687**	**368560**
中外合资经营企业	355	210	42564	39844
中外合作经营企业	13	7	900	780
外资企业	2020	1168	325966	312977
外商投资股份有限公司	42	21	5950	5351
其他外商投资企业	58	29	10307	9608

注：NA为小于或等于3(下表同)。

1-2 续表 1

项目	法人单位数(个)		年末从业人数(人)	
	限额以上	大中型	限额以上	大中型
(二)按国民经济行业分				
农、林、牧产品批发	5276	1603	224522	137461
食品、饮料及烟草制品批发	10688	4223	1043728	873128
米、面制品及食用油批发	1742	656	106125	82985
肉、禽、蛋、奶及水产品批发	1620	521	112268	85666
酒、饮料及茶叶批发	2121	850	223652	192672
烟草制品批发	540	498	263695	261374
纺织、服装及家庭用品批发	12650	3936	828061	677927
服装批发	2796	1079	253674	214257
鞋帽批发	986	297	61024	49125
家用电器批发	1666	705	168993	149758
文化、体育用品及器材批发	2851	1034	190608	156284
文具用品批发	892	268	30051	20470
体育用品及器材批发	180	83	12951	11060
图书批发	259	154	38316	34713
医药及医疗器材批发	6830	4135	610408	539780
西药批发	3204	2297	333564	304641
中药批发	1734	1050	161138	140478
矿产品、建材及化工产品批发	37767	8396	1192226	827744
煤炭及制品批发	4655	1207	164987	116098
石油及制品批发	4228	1417	355422	318597
金属及金属矿批发	11796	2133	224710	132192
建材批发	5319	1106	154541	92657
化肥批发	1795	530	68770	46073
农药批发	274	102	13640	10201
机械设备、五金产品及电子产品批发	14948	5134	731801	566848
汽车批发	1552	555	95321	81058
计算机、软件及辅助设备批发	1260	504	77213	64287
通讯及广播电视设备批发	951	441	82376	73364
贸易经纪与代理	1191	332	39407	29513
其他批发业	2865	778	98580	63940
(三)按控股情况分				
国有控股	7971	4871	1146250	1067051
集体控股	1728	703	121288	97244
私人控股	74427	19109	2576233	1702619
港澳台控股	1957	1029	338917	319421
外商控股	2330	1323	357667	340684

1-2 续表 2

项目	法人单位数(个)		年末从业人数(人)	
	限额以上	大中型	限额以上	大中型
二、零售业	**98305**	**28108**	**6976786**	**5642102**
(一)按登记注册类型分				
1.内资企业	**95909**	**26239**	**6083084**	**4766254**
国有企业	1383	465	101806	81450
集体企业	1707	413	87739	61540
股份合作企业	294	44	14819	10430
联营企业	128	18	5653	3759
国有联营企业	19	NA	1611	1353
集体联营企业	48	10	2235	1600
国有与集体联营企业	33	NA	909	328
其他联营企业	28	NA	898	478
有限责任公司	33317	11889	2690024	2255930
国有独资公司	759	338	71717	61192
其他有限责任公司	32558	11551	2618307	2194738
股份有限公司	2504	1307	657684	630563
私营企业	55494	11946	2485214	1699925
私营独资企业	5021	328	104527	37236
私营合伙企业	476	56	13154	7017
私营有限责任公司	48259	11067	2229076	1541578
私营股份有限公司	1738	495	138457	114094
其他企业	1082	157	40145	22657
2.港、澳、台商投资企业	**1409**	**1105**	**464997**	**457786**
合资经营企业	337	252	113033	110972
合作经营企业	29	18	5610	5334
独资经营企业	967	781	333000	328631
投资股份有限公司	44	35	8616	8444
其他港澳台商投资企业	32	19	4738	4405
3.外商投资企业	**987**	**764**	**428705**	**418062**
中外合资经营企业	273	199	151481	144232
中外合作经营企业	22	17	9244	9133
外资企业	606	485	243911	241130
外商投资股份有限公司	48	39	12556	12406
其他外商投资企业	38	24	11513	11161

1-2 续表 3

项目	法人单位数(个)		年末从业人数(人)	
	限额以上	大中型	限额以上	大中型
(二)按国民经济行业分				
综合零售	13936	7269	2503674	2340748
百货零售	6851	3424	1099630	1018221
超级市场零售	5517	3365	1272511	1213374
食品、饮料及烟草制品专门零售	9359	1508	387449	242791
粮油零售	1075	124	37263	19453
肉、禽、蛋、奶及水产品零售	1540	309	74865	49756
酒、饮料及茶叶零售	2881	268	78293	35114
烟草制品零售	352	87	16455	11473
纺织、服装及日用品专门零售	5706	1823	576838	503117
服装零售	2818	1137	375899	340168
文化、体育用品及器材专门零售	4548	1038	244886	178453
体育用品及器材零售	205	56	18191	15557
图书、报刊零售	1366	510	115040	94702
医药及医疗器材专门零售	5041	2180	550440	484986
药品零售	4365	2103	531375	475983
汽车、摩托车、燃料及零配件专门零售	35340	10788	1680732	1212709
汽车零售	25632	9838	1278880	942175
机动车燃料零售	7216	753	347139	250230
家用电器及电子产品专门零售	11501	1694	523631	354204
日用家电设备零售	4172	625	184289	123570
计算机、软件及辅助设备零售	3031	237	132670	89050
通信设备零售	1198	329	77976	60637
五金、家具及室内装饰材料专门零售	6538	773	222214	130039
货摊、无店铺及其他零售业	6336	1035	286922	195055
互联网零售	3162	569	176323	132949
(三)按控股情况分				
国有控股	5463	2720	905061	836231
集体控股	3127	1062	293111	250217
私人控股	79479	19200	4131324	3018235
港澳台控股	1294	1046	415292	409513
外商控股	899	705	420478	415515

1-3 大中型批发和零售业

项目	商品购进额			
			进口	
	限额以上	大中型	限额以上	大中型
总计	**5063094320**	**3647738333**	**353557178**	**298724092**
一、批发业	**3974189333**	**2822162998**	**321060020**	**270582289**
(一)按登记注册类型分				
1.内资企业	**3423638542**	**2344523658**	**174363277**	**136210183**
国有企业	179823768	169292214	10821596	10136609
集体企业	10385704	7352677	559445	514888
股份合作企业	2090747	1539672	70638	64032
联营企业	338747	235260	24424	14386
国有联营企业	52448	27133	6667	
集体联营企业	64242	16027		
国有与集体联营企业	198430	168473	3371	
其他联营企业	23627	23627	14386	14386
有限责任公司	1799352923	1340607115	106069361	86225010
国有独资公司	342740707	300607897	13398196	11777209
其他有限责任公司	1456612218	1039999217	92671165	74447801
股份有限公司	353337230	331236897	16217031	13820197
私营企业	1070506191	490118651	40592373	25432027
私营独资企业	5090339	2966580	8790	7734
私营合伙企业	647580	409540	5000	
私营有限责任公司	1037239626	467847752	39990634	25183083
私营股份有限公司	27528650	18894776	587947	241211
其他企业	7803234	4141186	8418	3036
2.港、澳、台商投资企业	**188774281**	**146734512**	**25158987**	**19591316**
合资经营企业	38243277	30838582	1250765	866866
合作经营企业	1777114	1360334	43832	43832
独资经营企业	142656179	112367496	23668013	18510479
投资股份有限公司	4940966	1298224	44357	28849
其他港澳台商投资企业	1156746	869873	152025	141290
3.外商投资企业	**361776510**	**330904830**	**121537755**	**114780791**
中外合资经营企业	113437072	108469881	8717069	7953715
中外合作经营企业	378607	312218	71241	71241
外资企业	239937650	214957187	109945021	104009278
外商投资股份有限公司	3274491	2896478	234207	220714
其他外商投资企业	4748687	4269067	2570218	2525844

企业商品购、销、存情况

单位：万元

商品销售额				期末商品库存额	
		出口			
限额以上	大中型	限额以上	大中型	限额以上	大中型
5588775709	**4081075342**	**219246848**	**157570295**	**383885916**	**294990376**
4322653098	**3113663028**	**218088195**	**156818058**	**272957081**	**208223655**
3680204837	**2550055269**	**181606803**	**125023570**	**219654737**	**159281778**
224259526	212633699	7145949	6636953	32010302	29947809
11031095	7782872	454954	382168	522661	375284
2221719	1614757	52039	21744	82690	42534
359129	251169	8099		78439	73089
63704	35976			6248	4957
70522	21523			17838	15603
197255	166021	8099		47394	45570
27649	27649			6959	6959
1921995790	1446674457	82223018	64118721	102739914	75370500
363796462	326012094	9075548	8628409	16845508	15077276
1558199330	1120662369	73147472	55490320	85894405	60293232
363001042	341163120	16156254	15282273	19465215	18179792
1148448973	535162455	75558308	38581614	64471144	35160488
5607738	3255540	13483	1397	220225	125539
715275	458738			18249	5436
1111099230	509792327	74160547	37603215	62384060	33658458
31026729	21655853	1384281	977004	1848613	1371050
8887572	4772744	8184	100	284386	132290
215562216	**171427636**	**6574361**	**5120106**	**24671915**	**22843161**
39218858	31721690	480444	388324	2406494	1975475
2089652	1639317	18793	18793	44908	42712
167691283	135462594	5976661	4681218	21998654	20627638
5143856	1491607	29959	26374	119883	103753
1418564	1112430	68506	5398	101973	93585
426886051	**392180126**	**29907034**	**26674386**	**28630432**	**26098720**
125379661	120151048	5964881	5457213	4499124	4289955
412670	339018			37855	34567
291001072	262506110	22741953	20100777	23496550	21208327
3780761	3386236	66924	21896	164575	152581
6311884	5797715	1133279	1094502	432333	413293

1-3 续表 1

项　　目	商品购进额		进　口	
	限额以上	大中型	限额以上	大中型
(二)按国民经济行业分				
农、林、牧产品批发	87135225	59791102	7701335	6402687
食品、饮料及烟草制品批发	359725926	298512810	13953205	10899366
米、面制品及食用油批发	57904784	42413304	7029418	5672423
肉、禽、蛋、奶及水产品批发	28868430	19673286	1899537	1007147
酒、饮料及茶叶批发	54748592	43726078	993541	648448
烟草制品批发	120646251	118874089	687480	661993
纺织、服装及家庭用品批发	328753276	243287777	16143347	13277136
服装批发	62114294	45559091	3477182	3042584
鞋帽批发	16717232	12148838	932035	739988
家用电器批发	114236240	103994505	2939619	2659249
文化、体育用品及器材批发	77693130	61604271	5167907	3900438
文具用品批发	18427204	12897096	1623962	832624
体育用品及器材批发	6415650	5843765	106786	101539
图书批发	7207675	6804072	243128	240907
医药及医疗器材批发	201723949	189054648	14241076	12890983
西药批发	125702387	121502827	4371911	3840999
中药批发	44524533	41335640	1240540	1114915
矿产品、建材及化工产品批发	2173156163	1374286030	122209945	94246008
煤炭及制品批发	239395558	165213644	5281314	3844332
石油及制品批发	542060605	417580260	36875375	27782880
金属及金属矿批发	883769144	489208350	41107337	34112912
建材批发	119076054	73063319	7762398	5587506
化肥批发	41728080	31933221	1576842	1460669
农药批发	3524357	2617957	76622	68840
机械设备、五金产品及电子产品批发	615512571	505982814	121962608	112754171
汽车批发	222488439	197447448	39864663	38086473
计算机、软件及辅助设备批发	48534321	37063068	5422334	3876269
通讯及广播电视设备批发	109727624	97506214	31411696	30933347
贸易经纪与代理	54464442	40084330	9400925	7665473
其他批发业	76024670	49559222	10279683	8546020
(三)按控股情况分				
国有控股	1489167322	1290668512	97137218	82268283
集体控股	86342184	67224955	2566664	2342192
私人控股	1565697569	805678835	69481978	48346764
港澳台控股	164925738	127832964	24251686	18894767
外商控股	285071638	255826497	113999639	107801893

单位：万元

商品销售额				期末商品库存额	
		出　口			
限额以上	大中型	限额以上	大中型	限额以上	大中型
89471494	60410213	1356716	799625	21419646	17560318
447206150	378305814	8155468	5706700	43672210	38747807
61186626	45042846	2261005	1783694	10487778	8966247
32628024	22562874	1726696	945741	1325265	948481
71237938	57353476	575161	465298	11511468	9872246
171114758	168771010	603323	562228	14606172	14540166
365789899	271243598	66845022	43573870	32748959	27729315
78509303	59212823	25154450	18184843	7067997	5956646
19470976	14442247	6578889	3671779	1619264	1401112
108620658	97231096	3877721	2721429	12897427	11711076
87091664	69748958	6015858	4026861	11391726	9988881
20035644	14102965	1101118	650217	1141382	815245
7850833	7200573	635790	275811	715536	679845
8406290	7920146	48441	45945	1461782	1412060
232044507	216876032	2855857	2412093	22111315	20722151
141184668	136158259	1339895	1147002	12944107	12358766
50677847	46911235	457929	427316	4318251	4010704
2268433657	1448695820	50264242	37815623	93097678	53498309
256227578	177370509	1221248	988409	9095313	6176653
564063755	447637341	9418582	7662334	25194900	12209477
914195231	505860126	17229207	12977278	36791746	21433665
127132781	78180986	4312105	2550284	4917654	3136422
44713761	34307174	842628	646750	3835299	3214316
3875909	2894553	841844	672011	430454	361954
688692969	568616288	57089196	42870152	41596261	34762841
256191506	228248275	3651900	3581117	13283758	12110132
53575940	41402739	3732554	1607577	3471396	2996430
112480320	99673347	6067460	3910944	5859460	4768892
60554472	44997750	15099033	10841411	2055314	1505836
83368302	54768568	10406816	8771721	4863989	3708217
1607711857	1413249223	55817374	50878976	106912697	88197790
90781309	70443309	4288180	3781010	4413879	3600349
1692872255	886738568	111931771	64692893	91922832	54879039
191655519	152463234	6292573	4921502	23271511	21728966
338797722	305764666	24597439	21638358	25536694	23067638

1-3 续表 2

项目	商品购进额		进口	
	限额以上	大中型	限额以上	大中型
二、零售业	**1088904990**	**825575331**	**32497160**	**28141808**
(一)按登记注册类型分				
1.内资企业	**971425226**	**712528014**	**25387362**	**21361232**
国有企业	13091365	9329466	223932	207103
集体企业	13797604	7408954	1763	88
股份合作企业	1579601	756736	5418	11
联营企业	1028103	379051		
国有联营企业	83560	15097		
集体联营企业	392985	134971		
国有与集体联营企业	316695	94374		
其他联营企业	234864	134610		
有限责任公司	451247030	358212883	16460809	14511849
国有独资公司	20072685	14557861	551552	484783
其他有限责任公司	431174348	343655019	15909259	14027066
股份有限公司	127061023	121137966	505583	470178
私营企业	360613564	214208332	8187630	6172007
私营独资企业	12697690	2534697	127741	741
私营合伙企业	1268952	461244	39	
私营有限责任公司	327991962	201300215	7835231	5989977
私营股份有限公司	18654958	9912179	224622	181288
其他企业	3006942	1094634	2235	
2.港、澳、台商投资企业	**54355352**	**52580394**	**4906749**	**4701424**
合资经营企业	14959093	14451876	820293	753942
合作经营企业	605201	563070		
独资经营企业	37307542	36185839	3797963	3666314
投资股份有限公司	906434	849039	142035	134711
其他港澳台商投资企业	577088	530573	146458	146458
3.外商投资企业	**63124412**	**60466926**	**2203048**	**2079156**
中外合资经营企业	25722179	24345648	582222	581932
中外合作经营企业	1357268	1329055	3359	3359
外资企业	27910106	26856603	1580127	1459356
外商投资股份有限公司	2114873	1968509	3595	764
其他外商投资企业	6019990	5967111	33746	33746

单位：万元

商品销售额				期末商品库存额	
		出口			
限额以上	大中型	限额以上	大中型	限额以上	大中型
1266122613	**967412315**	**1158653**	**752236**	**110928834**	**86766721**
1118536214	**827275624**	**1116234**	**722971**	**95646311**	**71873422**
15205783	11043786	8508	4468	1514230	1140787
15180402	8121824	1246		634568	312825
1735184	815074			120577	51859
1124616	398193			49708	31026
104466	21312			12341	11138
406331	140653			15623	7257
352740	95630			6989	1069
261078	140598			14756	11563
513675041	409479167	762778	580417	41452403	32454842
24144894	18161831	51112	902	1178243	891340
489530145	391317336	711667	579515	40274163	31563502
164098563	155861746	92118	88067	10330224	9790539
403890686	240199550	250882	50020	41395665	28042274
14149604	2860930	685		903745	273355
1436306	497064			83365	33019
367059376	225159433	250187	50009	38956536	26645198
21245406	11682129	11	11	1452023	1090711
3625945	1356288	706		148945	49276
69996373	**67949766**	**14812**	**7053**	**9594856**	**9371036**
19688108	19180821	1363	342	2526723	2481695
815339	769897			38277	34333
47627814	46260779	13449	6711	6854101	6692397
1229584	1157908			139687	130213
635530	580364			36075	32400
77590028	**72186927**	**27610**	**22212**	**5687670**	**5522262**
31170258	27299329	1076	915	1707488	1662255
1551922	1520498			102024	100629
35455338	34184581	24251	21298	3480216	3373667
3197447	3028427			197152	189259
6215064	6154098	2284		200790	196455

1-3 续表 3

项目	商品购进额		进口	
	限额以上	大中型	限额以上	大中型
(二)按国民经济行业分				
综合零售	221936855	201497118	1511515	1322312
百货零售	113021693	101463686	1276185	1205052
超级市场零售	97178752	92342768	117641	105746
食品、饮料及烟草制品专门零售	35232800	15380539	293025	158032
粮油零售	4547461	1576641	2285	1144
肉、禽、蛋、奶及水产品零售	6814869	3205380	61217	16953
酒、饮料及茶叶零售	8433430	2835738	48358	10509
烟草制品零售	1892189	1003752	99002	94511
纺织、服装及日用品专门零售	40466330	29520230	2553024	2323859
服装零售	24686624	19896042	1998187	1946873
文化、体育用品及器材专门零售	29335923	16657317	526440	476982
体育用品及器材零售	1533333	1208223	5097	436
图书、报刊零售	10518806	8539524	389821	377481
医药及医疗器材专门零售	63156257	51828079	191388	101276
药品零售	60474221	50770031	58860	35459
汽车、摩托车、燃料及零配件专门零售	493353393	376069319	25870468	22832525
汽车零售	376821786	287241642	25576872	22708130
机动车燃料零售	106111433	85439659	28862	12681
家用电器及电子产品专门零售	101331898	72622743	298783	105786
日用家电设备零售	42989086	31954759	45587	22772
计算机、软件及辅助设备零售	25923413	19248015	5311	424
通信设备零售	10981766	8020045	78111	28391
五金、家具及室内装饰材料专门零售	33689104	16061982	147897	64357
货摊、无店铺及其他零售业	70402438	45938018	1104624	756679
互联网零售	56040744	40641782	843796	627528
(三)按控股情况分				
国有控股	197008063	176574034	2035013	1830815
集体控股	45489254	34952698	383851	371696
私人控股	613462920	407565045	20234700	17138041
港澳台控股	54894611	53418864	4847655	4633056
外商控股	56700690	55058688	1837289	1600546

单位：万元

商品销售额				期末商品库存额	
		出口			
限额以上	大中型	限额以上	大中型	限额以上	大中型
273926128	251164579	70136	57712	22690776	21118391
150600056	137723682	44691	33774	10957094	10094622
109573002	104247394	24274	23929	10805924	10354061
42131621	19143640	24220	2942	3258631	1488936
5021791	1752559	1400		581727	155723
7955593	3835734	3287	152	325272	192624
10207458	3510618	5812	210	1014282	425180
2366299	1320803			447547	289620
56700434	43864427	112521	24631	8867417	7646821
35378502	29551101	41990	21549	5484776	4833968
33866572	19569836	61279	12948	5782345	4037206
2098283	1686004	4297		302575	262035
11133211	8977421	9778	7995	2117467	1841608
71019911	57969732	10343	120	7204739	6283775
67723206	56649020	10223		6913267	6144463
560303699	427653137	87647	62794	44954365	33961743
406921575	309738109	61016	47934	40162180	30725807
141961753	114151829	14860	14860	3907871	2926228
106447759	74548445	88626	41577	8396158	5246101
45805662	33578173	3984	3257	4604937	3009182
24133980	16665664	3495	852	1070636	586695
12341030	9043081	2520		1073052	783500
39893929	19669527	66083	8733	5353049	3943836
81832580	53829006	637801	540782	4421370	3039916
64828291	47113942	553233	540544	3527423	2747178
248778528	221795969	121660	59741	15572771	13671833
51312391	39551431	21837	20391	3751289	3127789
690748115	460761410	865447	577526	65876463	46946878
68421885	66660737	13449	6711	8210572	8009502
64039101	62067734	26755	21357	5290149	5135995

1-4 大中型批发和零售业

项　　目	流动资产合计		固定资产原价	
	限额以上	大中型	限额以上	大中型
总　　计	**1962904199**	**1425107932**	**256900997**	**204443866**
一、批发业	**1557890337**	**1104647004**	**133882077**	**105422092**
(一)按登记注册类型分				
1.内资企业	**1316172957**	**895561635**	**118963060**	**91343388**
国有企业	99915210	91641174	15270197	14259472
集体企业	3242972	2512729	786023	581298
股份合作企业	573477	364023	104230	74252
联营企业	252240	224102	23824	18887
国有联营企业	36705	18160	5578	2741
集体联营企业	30693	25153	15582	13601
国有与集体联营企业	161185	157133	617	499
其他联营企业	23656	23656	2046	2046
有限责任公司	668300711	486867601	49417174	38950939
国有独资公司	110823488	98830515	13662664	13044451
其他有限责任公司	557477222	388037087	35754516	25906488
股份有限公司	137391636	128935273	20661557	19723650
私营企业	405028273	184348845	31979018	17408660
私营独资企业	1251144	877313	407120	226651
私营合伙企业	120078	10563	19209	7661
私营有限责任公司	392191557	175478761	30167051	16194181
私营股份有限公司	11465497	7982210	1385647	980163
其他企业	1468448	667894	721039	326241
2.港、澳、台商投资企业	**93030204**	**73014538**	**7447333**	**6954693**
合资经营企业	15486679	12158570	734557	619995
合作经营企业	802420	540521	77296	46267
独资经营企业	74298433	59233539	6450564	6111094
投资股份有限公司	1904641	705776	116909	111493
其他港澳台商投资企业	538036	376136	68010	65843
3.外商投资企业	**148687183**	**136070834**	**7471689**	**7124015**
中外合资经营企业	30647437	28589748	1340243	1279579
中外合作经营企业	209023	183901	31114	30379
外资企业	114596821	104629588	5751285	5474276
外商投资股份有限公司	873307	712302	198213	190761
其他外商投资企业	2360595	1955297	150838	149020

企业年末资产负债

单位：万元

累计折旧		资产总计		负债合计		所有者权益合计	
限额以上	大中型	限额以上	大中型	限额以上	大中型	限额以上	大中型
90407980	**75074484**	**2617588989**	**1958108186**	**1871381422**	**1368947504**	**745615590**	**588578901**
49219716	**40461440**	**2013229225**	**1475587833**	**1450443145**	**1027422577**	**562540426**	**447929834**
41348112	**32903464**	**1716741396**	**1216268880**	**1246277371**	**850418379**	**470217084**	**365615076**
6902434	6552865	124213017	113820295	67157799	58655194	57055221	55165104
286622	205692	4645981	3662403	3353010	2624604	1292971	1037801
40558	25813	724378	479105	568752	385280	155626	93826
5350	4205	283538	250978	223983	196212	59556	54766
1977	1566	40353	19380	22650	3356	17703	16024
1723	1101	56096	48567	49549	44713	6547	3854
528	416	161345	157286	145432	141792	15913	15494
1123	1123	25745	25745	6351	6351	19394	19394
15978905	13099001	872526980	655061203	651044040	482887686	221472731	172153527
4574836	4362140	160880276	145907176	114222399	102612087	46638175	43275389
11404073	8736859	711646708	509154028	536821638	380275599	174834558	128878140
7751966	7432993	221771554	208117959	139669703	131239371	81863981	76663109
10211570	5493183	490196306	233796448	383014888	173902556	107182556	59893944
122129	86463	1683085	1059499	1080947	764874	602142	294629
5149	2083	147199	20873	89921	11783	57281	9093
9694862	5131150	471258986	220118375	372389490	167069142	98869893	53049285
389434	273496	17107038	12597705	9454537	6056763	7653246	6540943
170714	89714	2379652	1080492	1245203	527489	1134446	553004
3988563	**3804796**	**115195744**	**92327494**	**80981221**	**63859010**	**34215802**	**28468485**
269439	222575	20077038	15880411	14117544	10971154	5959495	4909257
23698	17151	996658	621246	691437	356870	305222	264376
3645741	3518436	91145282	74287859	63823715	51504874	27322853	22782983
14705	12667	2341434	1109747	1884523	711552	456911	398194
34981	33970	635332	428239	464007	314564	171326	113675
3883046	**3753185**	**181292088**	**166991462**	**123184549**	**113145186**	**58107538**	**53846275**
588993	566571	36055730	33742230	30245754	28426854	5809976	5315376
20289	19798	228220	198594	204136	180494	24084	18101
3084363	2979987	141234738	129881434	90404081	82621378	50830659	47260054
92772	91118	1260384	1087857	779283	637560	481100	450297
96634	95711	2513019	2081348	1551297	1278903	961722	802448

1-4 续表 1

项　目	流动资产合计		固定资产原价	
	限额以上	大中型	限额以上	大中型
(二)按国民经济行业分				
农、林、牧产品批发	58791689	43193588	9355604	5892570
食品、饮料及烟草制品批发	166514857	138459783	26459699	22846105
米、面制品及食用油批发	30625343	23750293	3454884	2661381
肉、禽、蛋、奶及水产品批发	7893459	5417036	2370282	1862743
酒、饮料及茶叶批发	41752988	32344285	2715530	2250843
烟草制品批发	53035240	52642754	11746283	11729813
纺织、服装及家庭用品批发	144314146	110267107	9119696	7083162
服装批发	37722147	29372415	2808456	2417022
鞋帽批发	7951492	6086474	739034	630944
家用电器批发	44805737	38654427	1172016	984141
文化、体育用品及器材批发	42112088	34488392	2777716	2314771
文具用品批发	8317050	5841008	472164	315716
体育用品及器材批发	2857519	2507993	177438	150615
图书批发	7371734	7050325	1004681	959634
医药及医疗器材批发	104274353	95732926	7585342	6879081
西药批发	61616426	58221269	3680075	3393675
中药批发	21998017	20056156	1333341	1127550
矿产品、建材及化工产品批发	697945002	413991602	62711358	48915116
煤炭及制品批发	108140227	65800683	11938249	9582748
石油及制品批发	126018655	75900968	30924985	26895851
金属及金属矿批发	281546493	160741896	8713981	5790339
建材批发	55986197	35036791	3424692	1917792
化肥批发	22250908	18436131	1720586	1112426
农药批发	2179164	1790579	108169	70803
机械设备、五金产品及电子产品批发	269926152	210791917	12350520	9076122
汽车批发	71480819	63758012	2060378	1679784
计算机、软件及辅助设备批发	20905621	13298463	657525	528712
通讯及广播电视设备批发	43982697	28034426	1225947	855347
贸易经纪与代理	37747775	31411515	947866	754226
其他批发业	36264290	26310184	2574293	1660959
(三)按控股情况分				
国有控股	544641167	470364906	60809822	55838655
集体控股	32144276	26393963	2852876	2232196
私人控股	618350426	328427339	48725362	28315675
港澳台控股	85535846	67350482	7150519	6724783
外商控股	125404502	113207811	6360653	6020200

单位：万元

累计折旧		资产总计		负债合计		所有者权益合计	
限额以上	大中型	限额以上	大中型	限额以上	大中型	限额以上	大中型
2838450	1854914	83890229	62978638	58743891	44245145	25146492	18733497
10166049	9333999	214189264	179964413	117496447	94226891	96692667	85737231
965979	763631	40150776	31934017	33349570	26407921	6801211	5526101
771101	638832	11321432	8211352	7572890	5309632	3748543	2901724
865736	742344	48940889	38645139	29140017	23909877	19801007	14735257
5853561	5846212	64990812	64586415	14899210	14664352	50091606	49922068
3721807	2963578	175914784	136615770	128305731	97938468	47608522	38677302
1170858	1022209	49809942	40118433	32711526	25137032	17098415	14981405
278162	236484	9477039	7376063	6072685	4546430	3404351	2829633
388882	322783	50834913	44341988	41808166	36171959	9026218	8170030
1072087	915135	53849867	44977938	36586219	30087600	17264537	14890390
169682	113396	9582268	6653185	7491140	5409505	2091130	1243677
81416	75106	3249068	2857537	2474120	2189461	774951	668077
398977	385062	11671880	11256901	6803860	6565922	4868022	4690979
2976273	2735556	123260506	113213618	91042064	83767877	32218444	29445741
1209445	1109272	72592789	68669755	54122218	51122194	18470572	17547561
421348	364364	25761459	23255529	19996791	18324943	5764667	4930591
22748337	18360627	944544131	607955353	702703881	430194287	241593793	177525884
4590728	3715761	150583891	101951489	114584154	74216348	35999223	27735142
11791149	10715436	184571763	122543319	131157145	82232475	53179438	40075657
2806164	1759844	350300975	210238830	280294266	164275876	69993726	45962957
977826	611844	77527344	50075131	56730525	36294770	20796822	13780366
456907	312620	32062823	26966143	24375827	20533973	7686995	6432175
40333	28816	2964586	2437743	2032275	1649164	932310	788581
4580787	3531927	326263318	258377501	241175017	187402030	85088750	70975469
693313	585720	85632963	76822000	67065471	59240585	18567492	17581417
198313	152558	22987990	14915783	17743780	11039915	5244212	3875876
569060	508815	48826872	32060288	40684758	25703704	8142116	6356588
301532	222567	44021534	36438258	36787329	31073965	7234205	5364292
814401	543149	47295596	35066367	37602581	28486327	9693019	6580036
23330026	21863194	771008566	677526331	517602951	447284248	253240504	230076969
1001831	776513	40243343	33144481	31365787	25771289	8855121	7373189
14857081	8637382	766599343	422697815	590361127	314416879	176249036	108280984
3873559	3715478	106404894	85707596	74172462	58838578	32233716	26869017
3341217	3215733	153756021	139810605	100155291	90490879	53600731	49319727

1-4 续表 2

项　目	流动资产合计		固定资产原价	
	限额以上	大中型	限额以上	大中型
二、零售业	**405013865**	**320460927**	**123018922**	**99021775**
(一)按登记注册类型分				
1.内资企业	**353448600**	**270979716**	**104975047**	**81651395**
国有企业	3975655	2855132	2506869	2088591
集体企业	1641517	850204	1296665	751644
股份合作企业	305422	127422	221366	150272
联营企业	229767	35658	68473	29878
国有联营企业	14410	4269	11663	6359
集体联营企业	116804	9651	19719	6616
国有与集体联营企业	46330	6334	21818	7727
其他联营企业	52219	15404	15278	9176
有限责任公司	160552974	125757666	43933879	35817863
国有独资公司	6574212	5480687	2880168	2569121
其他有限责任公司	153978762	120276979	41053716	33248742
股份有限公司	65473239	62997485	24150061	23320265
私营企业	120718505	78128505	32243702	19244974
私营独资企业	1783780	390512	1487885	230356
私营合伙企业	225503	86345	156810	58450
私营有限责任公司	112737656	73131709	29097617	17883267
私营股份有限公司	5971568	4519942	1501394	1072904
其他企业	551538	227652	554051	247917
2.港、澳、台商投资企业	**26298303**	**25014910**	**9291346**	**8917355**
合资经营企业	8419703	7985220	2672834	2593821
合作经营企业	187921	162331	194562	189096
独资经营企业	16530878	15751423	6025832	5758537
投资股份有限公司	1025744	996120	257110	237478
其他港澳台商投资企业	134057	119818	141017	138427
3.外商投资企业	**25266962**	**24466306**	**8752525**	**8453021**
中外合资经营企业	6320856	6099727	3239750	3105173
中外合作经营企业	605138	592061	259675	255682
外资企业	16877839	16421360	4635931	4482242
外商投资股份有限公司	704498	637826	426407	421466
其他外商投资企业	758638	715337	190766	188461

单位：万元

累计折旧		资产总计		负债合计		所有者权益合计	
限额以上	大中型	限额以上	大中型	限额以上	大中型	限额以上	大中型
41188271	**34613043**	**604359764**	**482520350**	**420938278**	**341524930**	**183075170**	**140649072**
33605949	**27289907**	**527905853**	**409459512**	**368527869**	**291347903**	**159031669**	**117765261**
860666	714379	7597947	5971571	4563456	3530616	3034492	2440955
436117	268989	3040553	1682359	1825284	984477	1215270	697885
59420	26583	542252	292026	364570	209890	177682	82134
31442	10781	295015	71393	142313	28190	152703	43204
6940	4093	19456	6581	12059	8799	7398	-2217
6839	1707	134244	16429	78769	5851	55478	10578
12421	3739	74117	23643	11676	-3793	62442	27436
5244	1242	67196	24740	39811	17333	27384	7408
14348183	12053748	231358496	181996514	170419705	136521579	60938787	45474937
937312	837598	12120272	10288056	7349872	6286221	4770403	4001838
13410874	11216153	219238219	171708459	163069833	130235361	56168384	41473103
8437760	8188013	112595531	108322274	67233260	64851402	44909367	43017964
9306645	5967832	171259981	110596824	123503779	84994620	47862790	25708764
347397	74218	3400493	655061	1367340	306617	2033120	348448
47636	19726	416365	163215	212461	102142	203903	61072
8485966	5561110	158828543	103183435	116376870	80306687	42558297	22983301
425648	312779	8614585	6595121	5547110	4279178	3067472	2315949
125728	59588	1216097	526555	475512	227132	740582	299419
3534596	**3369474**	**39804226**	**37717878**	**26032357**	**24619580**	**13771873**	**13098302**
878916	852301	12621413	11865465	7064249	6536829	5557165	5328637
102597	98868	422290	394319	202687	194805	219603	199514
2426836	2298257	24679209	23470297	17562508	16733598	7116701	6736696
77216	71564	1793467	1743772	958278	938151	835191	805622
49038	48487	287851	244032	244635	216195	43218	27838
4047726	**3953671**	**36649684**	**35342957**	**26378057**	**25557449**	**10271629**	**9785508**
1521383	1482446	9866158	9373941	6357185	6109532	3508973	3264410
188876	186199	979942	961195	590726	578776	389214	382420
2106950	2057463	23294258	22665260	17506629	17060131	5787629	5605130
141320	139249	1565505	1488560	1145241	1102989	420265	385573
89205	88318	943824	854002	778276	706025	165549	147977

1-4 续表 3

项目	流动资产合计		固定资产原价	
	限额以上	大中型	限额以上	大中型
(二)按国民经济行业分				
综合零售	88028212	82358541	48210345	45223399
百货零售	54084526	50993509	31316813	29326144
超级市场零售	31669728	29819204	15775133	15139105
食品、饮料及烟草制品专门零售	12273681	6658436	5054774	2588275
粮油零售	1645939	600653	728048	248682
肉、禽、蛋、奶及水产品零售	1483928	870697	1071341	619420
酒、饮料及茶叶零售	3826998	1986394	998741	370104
烟草制品零售	996763	618251	169847	106605
纺织、服装及日用品专门零售	23343731	19372608	5628786	4378973
服装零售	15364509	13480077	3828858	3245159
文化、体育用品及器材专门零售	17356038	12384844	4622961	3607674
体育用品及器材零售	843684	732005	258151	230746
图书、报刊零售	8018154	6836007	2783415	2365334
医药及医疗器材专门零售	31000669	27054341	3152223	2472912
药品零售	29218351	26290292	2945050	2361043
汽车、摩托车、燃料及零配件专门零售	159609157	120456604	41310641	31785259
汽车零售	120473492	89443565	24355103	18012278
机动车燃料零售	35141331	30012960	16079750	13504238
家用电器及电子产品专门零售	42734110	32459768	5008188	2682456
日用家电设备零售	26935944	22673946	2738030	1405899
计算机、软件及辅助设备零售	4942320	2441547	609955	286417
通信设备零售	3528703	2402907	363940	240632
五金、家具及室内装饰材料专门零售	10707965	5772094	4690231	2882883
货摊、无店铺及其他零售业	19960307	13943707	5340795	3399947
互联网零售	12902167	9941067	1143530	675087
(三)按控股情况分				
国有控股	76826372	70534137	30425185	28708179
集体控股	12860050	11044960	5897588	4942331
私人控股	219326579	154961210	56037481	37546759
港澳台控股	22819978	21663412	8587751	8225783
外商控股	23600738	22841201	7621012	7416431

单位：万元

累计折旧		资产总计		负债合计		所有者权益合计	
限额以上	大中型	限额以上	大中型	限额以上	大中型	限额以上	大中型
16673583	15932445	157740433	146062989	110779797	103659137	46960634	42403856
9825100	9343491	103220076	96037089	67454621	63410863	35765455	32626226
6479852	6298578	50802211	47577323	40461717	38121265	10340496	9456058
1310084	747759	20078069	10304579	10516324	5621199	9561750	4683385
185012	82244	2713227	975629	1695122	692858	1018105	282769
271372	169161	2788851	1635626	1489515	967676	1299339	667948
273111	121034	5920005	2508123	2955916	1403748	2964095	1104374
65753	41242	1431921	903941	508966	286190	922954	617747
1918269	1622803	35471551	29484128	22847804	18697454	12623785	10786674
1285594	1125138	24736678	22062280	15760562	13791996	8976147	8270287
1703599	1396351	25521698	18544988	14748456	10979179	10773243	7565809
71499	64378	1200949	1039543	757351	640179	443602	399368
1100863	951781	12383371	10744150	6668873	5890359	5714496	4853793
1048787	848522	38351533	33416535	28328708	24962420	10022801	8454094
988095	820824	35958777	32174674	26818314	24210917	9140435	7963728
14582774	11509989	223626061	171117826	162391425	124882310	60781483	45782614
8168687	6265739	156902164	116514486	123212563	93111811	33689383	23402680
6049059	5158516	61370086	52926499	34980520	30774278	25936663	21699316
1249531	729662	56185257	42692476	37248971	28994080	19042875	13804980
572265	330000	35262607	29357533	23994738	20087509	11267872	9270030
209455	103473	6295297	3144568	3318361	1823910	2976935	1320658
131209	95621	4417374	3068977	3319419	2372541	1097958	696439
1192624	792645	19347380	11972969	11977614	7687638	7370017	4285333
1509028	1032877	28037792	18923864	22099197	16041527	5938598	2882338
296718	239482	15320645	11130042	13776404	10711381	1544242	418659
10928631	10294987	125888682	116309728	78065355	72187006	47370422	43669820
1982920	1679836	21003164	17987854	15140248	13329173	5862916	4658681
16506064	11733326	313594531	221762362	227088701	166964156	86612421	54904767
3303181	3146133	34863325	32932395	24016997	22670922	10846331	10261476
3501489	3435883	33007823	31964773	25363523	24608985	7644301	7355788

1-5 大中型批发和零售业

项目	实收资本		国家资本		集体资本	
	限额以上	大中型	限额以上	大中型	限额以上	大中型
总计	**470544882**	**279944400**	**77558114**	**61683025**	**13293939**	**5395698**
一、批发业	**307048772**	**188147341**	**63222708**	**48892980**	**3522362**	**2481086**
(一)按登记注册类型分						
1.内资企业	**257277871**	**155090394**	**62379925**	**48194178**	**3392171**	**2353594**
国有企业	9162761	7619681	5873397	4573309	16418	9730
集体企业	539340	366191	2072	56	435649	310331
股份合作企业	98379	52737	389	311	9353	4712
联营企业	24968	21464	567		4537	3664
国有联营企业	3610	1800	560			
集体联营企业	4753	3664	7		4387	3664
国有与集体联营企业	10605	10000			150	
其他联营企业	6000	6000				
有限责任公司	132800076	85371699	44483314	32124465	1908791	1283060
国有独资公司	22650570	20026212	16728492	14807945	3288	2438
其他有限责任公司	110149503	65345491	27754823	17316525	1905503	1280623
股份有限公司	32991241	29139943	11895421	11431186	671189	626635
私营企业	80529110	31784871	118412	61513	223665	105398
私营独资企业	207715	67683	30		136	
私营合伙企业	52232	4534			4532	
私营有限责任公司	77284985	29871976	116815	61503	210966	100364
私营股份有限公司	2984180	1840679	1567	10	8033	5035
其他企业	1132001	733816	6360	3340	122576	10073
2.港、澳、台商投资企业	**17989160**	**13939438**	**341767**	**235177**	**83993**	**81294**
合资经营企业	3194345	2220628	316001	210511	2235	135
合作经营企业	130757	78865				
独资经营企业	14339978	11427924	25266	24666	81759	81159
投资股份有限公司	215677	155622				
其他港澳台商投资企业	108407	56398	500			
3.外商投资企业	**31781745**	**19117509**	**501015**	**463627**	**46198**	**46198**
中外合资经营企业	2740237	2272295	328085	292753	42738	42738
中外合作经营企业	20791	16246	5858	4602		
外资企业	28484961	16476125	78300	77500		
外商投资股份有限公司	276442	256581	88771	88771	3460	3460
其他外商投资企业	259313	96263				

企业实收资本及构成

单位：万元

法人资本		个人资本		港澳台资本		外商资本	
限额以上	大中型	限额以上	大中型	限额以上	大中型	限额以上	大中型
191094884	**110767406**	**128836647**	**59057361**	**23379984**	**19631553**	**36381324**	**23409366**
113803803	**70495948**	**81416367**	**36589154**	**15158254**	**12297035**	**29925283**	**17391141**
109426766	**67561287**	**80930219**	**36251603**	**223772**	**128123**	**925018**	**601614**
3265350	3030996	7599	5645	1	1	1	1
71990	35047	29627	20758	3		1	
20753	14850	67154	32131	734	734		
15928	14800	3936	3000				
2450	1800	600					
23		336					
10455	10000						
3000	3000	3000	3000				
56865277	39517338	28924947	12224448	135321	57437	482423	164953
5890200	5193108	28590	22724				
50975078	34324235	28896357	12201725	135321	57437	482423	164953
12023171	10416501	7895929	6163642	69566	66454	435969	435529
36412462	13898584	43749805	17714755	18146	3496	6627	1131
79775	21101	127768	46582	3		3	
4253	2005	43448	2529				
35167109	13021562	41765605	16684097	18093	3496	6406	962
1161330	853919	1812986	981546	50		219	169
751839	633171	251226	87235				
2203331	**1304980**	**213560**	**109332**	**14857249**	**12101870**	**289266**	**106788**
1124916	658775	88226	73437	1522494	1191416	140479	86355
17191	16371	80747	30247	32756	32183	64	64
976394	595023	4802	2128	13122248	10723789	129513	1158
69371	27493	3635	3519	139702	121640	2970	2970
15462	7318	36151		40054	32840	16241	16241
2173707	**1629682**	**272587**	**228218**	**77239**	**67044**	**28710997**	**16682743**
1201970	950988	246711	205563	36844	28907	883891	751346
4770	4610	2089		1132	832	6942	6202
792842	647750	579	547	30101	29505	27583138	15720825
17479	3684	1050	850	1772	1772	163910	158045
156650	22653	22158	21258	7391	6029	73115	46325

1-5 续表 1

项 目	实收资本					
			国家资本		集体资本	
	限额以上	大中型	限额以上	大中型	限额以上	大中型
(二)按国民经济行业分						
农、林、牧产品批发	14843282	8919644	5449395	3342808	222990	134117
食品、饮料及烟草制品批发	21028108	15312751	5292792	4378732	403345	262201
米、面制品及食用油批发	3851009	2591963	968755	786924	87434	48613
肉、禽、蛋、奶及水产品批发	1728883	1143360	159682	144948	56657	14208
酒、饮料及茶叶批发	4431522	3037199	340361	305285	69609	57737
烟草制品批发	2647842	2631766	1911256	1907135	1272	784
纺织、服装及家庭用品批发	22700268	14086617	1238570	1015281	215913	171295
服装批发	5556718	4160648	326520	303062	67969	50589
鞋帽批发	1022557	653281	99938	93075	10739	4201
家用电器批发	4491544	3729219	84214	77440	20356	17025
文化、体育用品及器材批发	8161945	6673062	2002378	1949228	56229	48763
文具用品批发	1342269	847368	121753	115245	4994	4474
体育用品及器材批发	562850	512875	6497	6008		
图书批发	1545947	1438114	1069716	1043124	3837	500
医药及医疗器材批发	19268804	14643803	2129306	2095383	178011	149968
西药批发	10488469	9202224	1517353	1501806	105736	97114
中药批发	5620301	3069639	264219	249154	51776	33716
矿产品、建材及化工产品批发	166927727	87747985	40651523	30563764	1995119	1382120
煤炭及制品批发	31430877	14053360	5541670	4958901	202753	138172
石油及制品批发	36512850	24251401	17018925	11243567	236265	182219
金属及金属矿批发	55930752	26802571	11786359	9514830	830037	607132
建材批发	18829073	7613793	2403445	1551497	61197	31854
化肥批发	4232190	3309920	815767	759835	435347	322253
农药批发	485263	376269	98336	94254	20565	13511
机械设备、五金产品及电子产品批发	44717757	34732002	4099488	3767128	152576	96116
汽车批发	11078705	10182995	1074998	1033426	25957	18161
计算机、软件及辅助设备批发	2922869	2125767	55785	50310	15336	7260
通讯及广播电视设备批发	3604501	2625617	192846	123287	4731	3534
贸易经纪与代理	4234185	3000555	1361282	900135	112056	104036
其他批发业	5166711	3030927	997983	880529	186127	132477
(三)按控股情况分						
国有控股	102017979	81806232	61906328	47942880	555174	492269
集体控股	4310635	3147423	34156	21105	1694583	1191639
私人控股	129972639	55892717	319603	207742	465481	236432
港澳台控股	16606984	12941755	34833	33223	83544	81294
外商控股	30314461	17552796	184882	180678	8846	8846

单位：万元

法人资本		个人资本		港澳台资本		外商资本	
限额以上	大中型	限额以上	大中型	限额以上	大中型	限额以上	大中型
4928106	3217888	3368865	1388421	443966	411030	429970	425384
7552416	5378543	4580960	2304717	1642859	1521741	1555743	1466823
1528747	1042079	892056	385200	256685	236881	117334	92265
767139	568412	590414	276179	110746	100572	44244	39046
1881500	1182046	1111292	530695	499662	453327	529102	508112
727108	719241	8208	4606				
7619390	4700765	7423605	2705089	3337531	2878838	2865265	2615353
2193516	1563139	1580125	1055899	1048827	920176	339768	267788
321194	181761	360834	187275	214120	175150	15733	11820
1353665	910352	631537	372399	968802	951017	1432972	1400987
2648995	2100728	1783564	1138452	1088443	912485	582341	523412
373811	230428	352063	156541	147805	14927	341844	325756
172074	157195	167511	144867	180272	176401	36495	28404
349963	306910	107837	76485	3000		11595	11095
7950779	6171957	7391758	4771185	361682	329775	1257271	1125542
3992804	3682254	3900047	3061524	207933	191249	764597	668277
2826243	1551623	2408632	1189597	42460	39447	26974	6105
63835603	35137663	40276871	13248613	5292245	3884668	14876374	3531167
9277950	6489659	5257355	1858058	492014	174495	10659134	434077
12518694	8345467	4809311	2807945	1319441	1133439	610215	538765
21547791	11494102	19582006	3997058	1043955	614315	1140612	575134
11247966	3658174	3616620	1153885	1310929	1124227	188917	94160
1142662	764172	694878	333693	60477	53575	1083060	1076391
226523	167373	136483	97775	40	40	3318	3318
15270364	10942117	14656242	10338581	2557843	2156100	7981242	7431965
2285883	1861276	5813125	5430349	329983	299693	1548765	1540096
1474766	1117338	863822	499990	224293	182483	288869	268386
1451802	1045404	699103	331375	626171	573265	629851	548750
1780020	1492319	622017	258746	149455	76886	209358	168434
2218144	1353978	1312502	435361	284241	125516	167722	103065
36443594	30651031	2135181	1886661	171575	82738	806132	750662
2304560	1713570	269333	214391	5321	4030	2687	2686
59037815	28107584	69936781	27202148	159073	100001	53887	38817
1635513	790761	87847	81682	14584145	11902706	181107	52087
1376129	949896	28472	17346	42704	36423	28673430	16359609

1-5 续表 2

项　　目	实收资本		国家资本		集体资本	
	限额以上	大中型	限额以上	大中型	限额以上	大中型
二、零售业	**163496108**	**91797060**	**14335401**	**12790046**	**9771581**	**2914611**
（一）按登记注册类型分						
1.内资企业	**143394142**	**74321127**	**13416182**	**11876502**	**9367433**	**2511095**
国有企业	1574626	1318863	1425277	1212346	3506	1261
集体企业	602065	300403	5877	3225	466457	238870
股份合作企业	108982	64703	1847	1203	18956	10113
联营企业	44161	24173	5829	4301	18492	8562
国有联营企业	5785	4180	292			
集体联营企业	18497	9618			13709	8429
国有与集体联营企业	8599	4713	5452	4301	688	
其他联营企业	11282	5662	86		4095	133
有限责任公司	74895909	36111434	7443876	6524509	8217786	1863269
国有独资公司	2197220	1884715	1850132	1628115	12679	12455
其他有限责任公司	72698686	34226722	5593745	4896392	8205107	1850814
股份有限公司	13518797	12329163	4419704	4089021	270996	236481
私营企业	52199100	23993521	111708	41753	348635	145874
私营独资企业	1221703	188642	11250	77	4098	234
私营合伙企业	154430	49313	1640		1057	
私营有限责任公司	49153709	22663112	95276	38484	320219	122497
私营股份有限公司	1669262	1092454	3543	3193	23262	23143
其他企业	450515	178878	2075	145	22610	6666
2.港、澳、台商投资企业	**11696812**	**9632911**	**238864**	**234284**	**361384**	**361326**
合资经营企业	3075677	2886711	132983	128404	360761	360703
合作经营企业	178998	162334	34147	34147	560	560
独资经营企业	7729969	5898132	67528	67528	50	50
投资股份有限公司	647050	630402	4205	4205		
其他港澳台商投资企业	65122	55335			13	13
3.外商投资企业	**8405157**	**7843023**	**680359**	**679265**	**42764**	**42192**
中外合资经营企业	2422131	2245121	657980	656886	36536	35964
中外合作经营企业	382018	376129	3549	3549	5100	5100
外资企业	5094966	4786412				
外商投资股份有限公司	347215	301889	18830	18830	828	828
其他外商投资企业	158828	133471			300	300

单位：万元

法人资本		个人资本		港澳台资本		外商资本	
限额以上	大中型	限额以上	大中型	限额以上	大中型	限额以上	大中型
77291079	**40271460**	**47420284**	**22468209**	**8221732**	**7334518**	**6456042**	**6018224**
72948772	**37230312**	**47224219**	**22296548**	**236768**	**230694**	**200773**	**175988**
134882	97569	10889	7634	20		53	53
102651	48516	27083	9797				
18062	6324	70117	47061				
18055	9907	1786	1405				
5493	4180						
3744	198	1044	992				
2032		427	413				
6787	5529	315					
41136207	21433217	17851046	6070534	113845	109628	133154	110278
317099	228040	17134	15923	90	90	90	90
40819110	21205176	17833913	6054611	113755	109538	133064	110188
5503444	5102103	3144057	2721175	118545	118545	62058	61842
25856766	10450006	25872197	13349553	4323	2521	5474	3816
436447	81372	769649	106960	56		212	
46991	10689	104723	38624	21			
24702933	9892277	24025773	12603522	4247	2521	5262	3816
670400	465669	972058	600453				
178712	82677	247050	89389	35		35	
2807629	**1646017**	**164053**	**145491**	**7911650**	**7032562**	**213238**	**213238**
1095931	1053874	115963	100891	1178870	1051673	191169	191169
37182	32382	311		106800	95246		
1641784	536269	40801	39622	5968778	5243635	11031	11031
28052	21749	4676	4476	608117	597972	2000	2000
4681	1744	2302	502	49087	44037	9038	9038
1534682	**1395134**	**32011**	**26173**	**73312**	**71264**	**6042030**	**5629000**
763851	673487	13969	9862	42043	39995	907754	828932
231046	229545	500		4987	4987	136837	132948
395792	350086	198		6381	6381	4692594	4429946
117681	117291	11987	11987	4901	4901	192988	148052
26310	24722	5358	4324	15000	15000	111860	89125

1-5 续表 3

项 目	实收资本		国家资本		集体资本	
	限额以上	大中型	限额以上	大中型	限额以上	大中型
(二)按国民经济行业分						
综合零售	37371785	23722213	2059051	1944078	1344425	1135585
百货零售	26561295	14382522	1398095	1328895	675648	529680
超级市场零售	9672423	8542059	586360	567534	556617	546448
食品、饮料及烟草制品专门零售	5480298	2144928	546588	327782	153674	67603
粮油零售	564477	175395	137393	39522	19892	5312
肉、禽、蛋、奶及水产品零售	835699	376734	46484	38939	16852	7259
酒、饮料及茶叶零售	1813790	371962	73849	13409	16746	4286
烟草制品零售	335143	240319	221923	201209	4409	1131
纺织、服装及日用品专门零售	7742671	5824607	369316	353837	50956	30003
服装零售	4706586	3636894	177679	170589	24506	14584
文化、体育用品及器材专门零售	5035857	3188671	1599065	1282393	54947	28123
体育用品及器材零售	376239	271068	4339	4250	110	
图书、报刊零售	2067502	1653879	1444878	1188696	8416	1966
医药及医疗器材专门零售	5874553	4749889	970502	888355	147300	135248
药品零售	5467773	4584456	905261	870040	93168	82169
汽车、摩托车、燃料及零配件专门零售	73947424	41741419	8099744	7442440	1528938	1331066
汽车零售	59625629	30578812	1012065	723881	1440066	1310005
机动车燃料零售	12504965	10107194	7062025	6700475	82015	19801
家用电器及电子产品专门零售	10070489	5017757	76461	28539	253338	78458
日用家电设备零售	4372363	2532317	12032	4437	185058	29255
计算机、软件及辅助设备零售	2729090	640125	44163	10308	8449	553
通信设备零售	692585	391939	6608	6302	7988	5100
五金、家具及室内装饰材料专门零售	11240424	2102200	103951	73215	6123881	35909
货摊、无店铺及其他零售业	6732602	3305397	510739	449409	114128	72623
互联网零售	4007048	1881079	49769	38724	49507	39528
(三)按控股情况分						
国有控股	20782512	18669369	13378029	12009426	102910	86061
集体控股	2999001	1928997	39174	33102	1224384	818427
私人控股	90300374	48194081	210329	118932	1792182	1527711
港澳台控股	10262541	8242546	95576	93989	11582	11530
外商控股	7908432	6479108	79525	79500	37846	37339

单位：万元

法人资本		个人资本		港澳台资本		外商资本	
限额以上	大中型	限额以上	大中型	限额以上	大中型	限额以上	大中型
21467308	10258047	5974640	4103708	3305000	3137396	3221373	3143401
17635056	6977666	3552023	2470737	2030174	1863174	1270309	1212379
3455950	3022680	2189690	1541521	1201670	1201627	1682142	1662254
2359502	847783	2232528	744065	149806	127317	38205	30380
177475	46847	201504	55599	28167	28117	50	
313230	166887	446000	151007	10927	10727	2210	1921
1060786	202277	626953	122670	33928	28323	1528	995
69140	27167	39672	10814				
3050964	2324697	1523890	865425	1694747	1292847	1052806	957799
1599720	1297462	909487	609815	1210767	827125	784434	717322
1465407	776054	1344668	619389	174060	130955	397716	351758
110763	44829	87952	61413	23187	23087	149889	137490
403823	321144	135141	67037	1917	1700	73337	73337
2093924	1707485	2590386	1947112	62849	62518	9599	9173
1964935	1658391	2439378	1909117	61100	60869	3932	3872
36946413	20109701	24893592	10643915	1724307	1600502	754436	613798
32347780	16792443	23131000	10235071	1223513	1122044	471208	395363
3372943	2420885	1216525	280529	500294	478459	271169	207045
5320572	2477248	3985607	2034224	194248	191187	240269	208102
1932833	865525	1961124	1352790	136215	135861	145105	144449
1703942	359074	860963	183299	46970	45724	64609	41168
307993	180305	343879	182237	223		25891	17997
2420415	560353	1953537	824648	86390	71742	552259	536338
2166587	1210098	2921446	685730	830326	720056	189385	167477
1138577	753434	1935736	299409	725108	648504	108357	101482
6362779	5714282	668494	593116	69202	68087	201106	198406
1582642	966902	117403	75173	4601	4592	30802	30802
45792361	25560106	42103109	20599012	313517	305398	88887	82923
2313976	1174008	86503	76780	7637186	6768519	117722	117722
1967829	899286	17159	14887	29294	29294	5776784	5418805

1-6 大中型批发和零售业

项　目	主营业务收入		主营业务成本	
	限额以上	大中型	限额以上	大中型
总　计	**4950090823**	**3608885510**	**4547025392**	**3284638852**
一、批发业	**3845809817**	**2769430499**	**3572854067**	**2543417740**
(一)按登记注册类型分				
1.内资企业	**3287982262**	**2279515869**	**3082367933**	**2116909667**
国有企业	197965281	188678010	160321797	151654627
集体企业	10139765	7198655	9339151	6584314
股份合作企业	2006290	1458741	1894504	1404156
联营企业	347479	247824	309106	215803
国有联营企业	58353	35832	49445	28715
集体联营企业	67053	18321	60596	16128
国有与集体联营企业	194424	166021	175865	147761
其他联营企业	27649	27649	23199	23199
有限责任公司	1702438991	1282891857	1614810418	1212439982
国有独资公司	326093388	292402442	310758556	277880725
其他有限责任公司	1376345602	990489421	1304051859	934559263
股份有限公司	330562164	310456908	312261300	293081677
私营企业	1036206161	484179686	976336945	447817941
私营独资企业	5128184	2930355	4389390	2547127
私营合伙企业	685340	441049	604840	379719
私营有限责任公司	1002288611	461245951	945876945	427401681
私营股份有限公司	28104033	19562333	25465775	17489413
其他企业	8316139	4404206	7094721	3711175
2.港、澳、台商投资企业	**191418457**	**150782523**	**169981888**	**131223548**
合资经营企业	34107483	27621394	32372909	26089046
合作经营企业	1807182	1400922	1598522	1223403
独资经营企业	149731322	119398370	130550132	101844220
投资股份有限公司	4456000	1322791	4264663	1136433
其他港澳台商投资企业	1316471	1039049	1195664	930446
3.外商投资企业	**366409103**	**339132106**	**320504254**	**295284521**
中外合资经营企业	108166585	103488309	99377484	94982602
中外合作经营企业	393149	328857	363226	303854
外资企业	248641425	226936981	212711134	192739613
外商投资股份有限公司	3250488	2894995	2787739	2448124
其他外商投资企业	5957455	5482966	5264672	4810330

企业损益及分配

单位：万元

主营业务税金及附加		主营业务利润		其他业务利润		销售费用	
限额以上	大中型	限额以上	大中型	限额以上	大中型	限额以上	大中型
30118150	**25751925**	**372947281**	**298494733**	**19020435**	**17520878**	**173907736**	**149426721**
24504338	**22341100**	**248451412**	**203671659**	**8887916**	**8176702**	**106278902**	**91380679**
22931768	**20933193**	**182682561**	**141673009**	**6244641**	**5631411**	**67765976**	**54357872**
13930871	13884612	23712613	23138771	1946865	1920903	4782537	4501447
52203	42324	748411	572017	30779	25859	257831	198498
3676	2218	108110	52367	3890	2066	41042	28901
700	411	37673	31610	1082	1071	19312	17711
248	214	8660	6903	40	40	1296	578
289	36	6168	2157	1023	1023	1107	283
161	159	18398	18101	19	8	15334	15276
2	2	4448	4448			1574	1574
5893489	5163721	81735084	65288154	2304550	1982828	32148980	27190929
1775413	1753859	13559419	12767858	374623	350070	4219672	4050786
4118072	3409862	68175671	52520296	1929935	1632761	27929309	23140148
490592	441581	17810272	16933650	769187	732356	8582356	8261146
2432863	1299546	57436353	35062199	1185318	965651	21722494	14042545
69949	42152	668845	341076	2054	40	113821	57851
4936	2384	75564	58946	156		101392	11822
2247316	1182056	54164350	32662214	1242276	921723	20638419	13265812
110666	72959	2527592	1999961	-59165	43887	868865	707065
127382	98783	1094036	594248	2973	684	211437	116698
380744	**315556**	**21055825**	**19243419**	**773019**	**734832**	**11337291**	**10560932**
54307	37183	1680267	1495165	43199	39111	604324	555921
2497	1860	206163	175659	270	270	91690	87790
318062	271701	18863128	17282449	722295	688213	10480117	9767771
2821	2539	188516	183819	2245	2228	102847	98364
3065	2276	117742	106327	5013	5013	58317	51086
1191833	**1092353**	**44713016**	**42755232**	**1870262**	**1810462**	**27175635**	**26461879**
149191	143875	8639910	8361832	97819	96736	5896868	5825488
801	640	29122	24363	244	82	12505	10662
1028536	935156	34901755	33262212	1618809	1559856	20580302	19952411
5151	4836	457598	442035	8528	8419	357631	349735
8156	7852	684627	664784	144862	145369	328332	323584

1-6 续表 1

项　　目	管理费用		财务费用		营业利润	
	限额以上	大中型	限额以上	大中型	限额以上	大中型
总　　计	**88449874**	**69974215**	**24740804**	**17591568**	**113147891**	**87459178**
一、批发业	**54922923**	**44241204**	**17279316**	**11956439**	**83499431**	**69042783**
(一)按登记注册类型分						
1.内资企业	**40167586**	**30474989**	**15461944**	**10384806**	**69149763**	**55722580**
国有企业	5825122	5610451	133321	-28446	13837634	13897284
集体企业	197227	135351	62965	51705	270323	218299
股份合作企业	21375	12467	10007	7541	36474	4463
联营企业	5332	3315	1829	1740	8416	7017
国有联营企业	2104	1008	-24	-29	5511	5444
集体联营企业	1843	1156	885	760	-680	-1959
国有与集体联营企业	868	633	1030	1070	1182	1129
其他联营企业	517	517	-62	-62	2403	2403
有限责任公司	15920601	12818563	8103552	5936757	30415755	24019181
国有独资公司	2748730	2562555	1234473	1071534	6373047	6022164
其他有限责任公司	13171878	10256009	6869075	4865223	24042712	17997024
股份有限公司	3704390	3492959	1833784	1710821	6372205	6204159
私营企业	14298795	8299724	5268514	2686654	17564656	11011739
私营独资企业	106138	54147	30666	18206	417580	210795
私营合伙企业	13306	7318	6250	5269	126088	34537
私营有限责任公司	13636401	7834711	5052931	2548297	15984337	9920223
私营股份有限公司	542951	403555	178672	114883	1036651	846186
其他企业	194749	102165	47983	18042	644309	360441
2.港、澳、台商投资企业	**5695218**	**5271384**	**796048**	**666229**	**4294957**	**3831271**
合资经营企业	521955	479079	208110	164430	663709	652532
合作经营企业	50485	47819	-590	-3782	78862	56321
独资经营企业	5037196	4675100	578779	496662	3487183	3049634
投资股份有限公司	52615	43765	4817	4289	32587	41776
其他港澳台商投资企业	32970	25626	4932	4631	32617	31008
3.外商投资企业	**9060124**	**8494835**	**1021324**	**905409**	**10054711**	**9488932**
中外合资经营企业	741324	696913	305589	288791	1694783	1629351
中外合作经营企业	5986	5147	6190	5701	146	-1457
外资企业	8109664	7600827	709971	615077	8086043	7591963
外商投资股份有限公司	88278	83187	539	541	9467	11070
其他外商投资企业	114872	108763	-963	-4703	264272	258006

单位：万元

利润总额		应交所得税		应付职工薪酬		应交增值税	
限额以上	大中型	限额以上	大中型	限额以上	大中型	限额以上	大中型
128426225	**94665589**	**24172190**	**19892020**	**84773938**	**72009276**	**56197208**	**44756648**
94464397	**75475705**	**19069489**	**16061867**	**47060226**	**40641815**	**38984258**	**31827153**
77884070	**60066893**	**15125296**	**12387365**	**34317164**	**28422528**	**31827071**	**24990802**
15509934	15228864	3728865	3672430	5625730	5462992	6210328	6129892
251120	199142	39106	31490	135511	95070	130012	113999
40700	4831	1813	752	50607	8187	11380	8728
7681	7377	2334	2272	9381	8079	6817	5531
5406	5445	1423	1364	3107	2361	2381	1946
-1425	-1702	3		3216	2838	2435	2272
1194	1129	282	282	2598	2420	1973	1285
2506	2506	626	626	460	460	28	28
32594459	25984718	6582405	4916334	14448527	12317334	13830706	11193142
7377265	6942554	1623970	1503686	2694323	2578042	3458776	3341098
25217194	19042165	4958435	3412651	11754203	9739293	10371938	7852044
6676081	6508992	940353	902933	4015681	3872342	2851373	2694180
22190290	11783114	3780364	2827721	9818590	6535077	8676149	4776157
406033	212283	42448	27241	51017	21019	159372	125604
134891	34537	5841	5472	6880	3807	4711	3218
20618247	10684578	3605254	2691677	9362477	6180083	8261821	4464048
1031120	851718	126830	103334	398215	330169	250245	183289
613813	349855	50064	33439	213147	123456	110318	69181
5033604	**4491809**	**1217809**	**1115402**	**4129202**	**3847944**	**2774421**	**2506723**
725326	732266	135788	125348	309113	283744	334713	280385
83829	61296	12204	12071	58171	57891	16378	12111
4106131	3622008	1059566	968574	3590350	3423104	2360536	2176347
84879	43950	5164	4808	134529	48249	39986	18901
33442	32289	5090	4600	37046	34964	22807	18981
11546725	**10917012**	**2726380**	**2559100**	**8613864**	**8371348**	**4382769**	**4329632**
1741545	1673974	544914	525803	652964	620698	1047371	1027244
-5309	-6420	2279	1995	7812	7085	2431	1447
9527110	8959847	2076974	1930572	7776346	7574640	3229366	3205546
20679	23026	23081	22623	84631	80432	44181	37870
262702	266585	79135	78108	92119	88500	59423	57527

1-6 续表 2

项 目	主营业务收入		主营业务成本	
	限额以上	大中型	限额以上	大中型
(二)按国民经济行业分				
农、林、牧产品批发	83466605	56509702	78006894	53002677
食品、饮料及烟草制品批发	396141765	335706953	318791889	265411090
米、面制品及食用油批发	55386670	40731066	51465631	37692604
肉、禽、蛋、奶及水产品批发	29882450	20878850	25646394	17489656
酒、饮料及茶叶批发	62283060	49668518	46751738	37044142
烟草制品批发	148068304	146727536	107142634	106023309
纺织、服装及家庭用品批发	322578186	241061392	284132394	207799408
服装批发	70625074	53017810	59537183	43478255
鞋帽批发	17824892	12996468	14849283	10391545
家用电器批发	95403080	85037808	88202388	78357727
文化、体育用品及器材批发	78240259	62733974	71061006	56569786
文具用品批发	17544990	12262371	16671001	11671042
体育用品及器材批发	6921784	6299897	6196324	5639297
图书批发	7891233	7408242	6557895	6150914
医药及医疗器材批发	205957094	192291360	182618459	170963915
西药批发	124916045	120351307	113513219	109605143
中药批发	45156254	41758991	40074465	37192400
矿产品、建材及化工产品批发	2027604132	1298698226	1962447089	1253790517
煤炭及制品批发	230445185	163680372	220845820	157267214
石油及制品批发	507576482	402013987	490075729	387199470
金属及金属矿批发	809482564	444521608	793614131	435015529
建材批发	115883697	71844676	109361065	67910884
化肥批发	43493925	33671717	41532298	32368252
农药批发	3779369	2825258	3372295	2501583
机械设备、五金产品及电子产品批发	601192414	492412418	552745518	451209606
汽车批发	219982290	195342927	201190651	178222333
计算机、软件及辅助设备批发	46860403	35903478	44498257	33940761
通讯及广播电视设备批发	90247967	78562003	85036969	73772836
贸易经纪与代理	54365559	39891762	51792779	37990529
其他批发业	76263811	50124719	71258057	46680225
(三)按控股情况分				
国有控股	1414295175	1247531576	1321479787	1159125808
集体控股	83483621	65404824	79638366	62131770
私人控股	1525407595	800814326	1431892207	739494726
港澳台控股	170780264	134372330	149754579	115122036
外商控股	290449072	264623745	250757980	226863880

单位：万元

主营业务税金及附加		主营业务利润		其他业务利润		销售费用	
限额以上	大中型	限额以上	大中型	限额以上	大中型	限额以上	大中型
238608	131111	5221103	3375914	232057	180481	1760815	1109689
18023443	17698221	59326433	52597642	1042512	951758	18934673	16980593
153506	122685	3767533	2915777	164610	138975	2427155	1956311
127671	98213	4108385	3290981	93043	84787	1221905	923488
464744	377703	15066578	12246673	150452	115961	6200889	5663681
16726878	16688812	24198792	24015415	324707	324461	3765381	3758798
745156	574849	37700636	32687135	881828	780782	20571422	18774667
191859	151750	10896032	9387805	411885	395696	4997402	4501131
58328	49105	2917281	2555818	18099	8919	1036478	913312
128645	103344	7072047	6576737	118912	110671	4862606	4606463
192575	148548	6986678	6015640	282009	261212	3182733	2856322
27398	18168	846591	573161	34608	27485	392088	292863
18157	15143	707303	645457	50220	47055	538429	515813
11887	10638	1321451	1246690	70215	67411	455010	424902
499491	440002	22839144	20887443	1021210	980176	12090922	11291395
249362	233659	11153464	10512505	516926	496686	5818298	5515370
128372	111000	4953417	4455591	119478	114608	2746691	2559116
2703464	1808216	62453579	43099493	3189228	2951647	23784758	17440197
519947	357857	9079418	6055301	1701609	1670039	3700152	2456046
519579	413307	16981174	14401210	544053	492251	7634896	6807258
508737	259155	15359696	9246924	545434	503260	4839830	3065620
362321	216787	6160311	3717005	117122	79053	1758406	1089746
107349	58103	1854278	1245362	53477	40359	755545	566249
7293	4846	399781	318829	8634	8207	214049	182638
1700413	1270772	46746483	39932040	1982957	1856335	23557323	21083479
902457	773868	17889182	16346726	606658	586307	11078057	10183417
49527	32417	2312619	1930300	83809	75447	902340	789302
102964	93171	5108034	4695996	466112	454624	2744636	2608010
64060	42504	2508720	1858729	125732	101975	963688	737965
337142	226886	4668612	3217608	130401	112343	1432584	1106385
18089001	17902281	74726387	70503487	3826516	3637578	26634701	25195717
188116	159438	3657139	3113616	113524	83649	1501057	1299120
3776233	2159685	89739155	59159915	1823694	1482644	34342829	24177737
353259	296905	20672426	18953389	741132	705245	11189574	10421693
1103016	1004599	38588076	36755266	1656569	1596179	23319804	22604033

1-6 续表 3

项　　目	管理费用		财务费用		营业利润	
	限额以上	大中型	限额以上	大中型	限额以上	大中型
(二)按国民经济行业分						
农、林、牧产品批发	1565408	1078217	1270287	965876	1330152	850879
食品、饮料及烟草制品批发	11474410	10393944	451647	176053	30627354	27210720
米、面制品及食用油批发	887661	681082	634370	525027	-58531	-155904
肉、禽、蛋、奶及水产品批发	701385	514367	118025	86828	2135105	1850704
酒、饮料及茶叶批发	1606627	1397140	187005	165347	7768923	5674128
烟草制品批发	5671608	5662358	-981251	-971846	16396472	16219162
纺织、服装及家庭用品批发	9232809	7929974	1022126	722168	8359320	6711397
服装批发	3115078	2782720	281803	235536	2917997	2334057
鞋帽批发	1012443	917963	14849	7857	1013396	878039
家用电器批发	1692821	1549518	134056	115380	802860	690618
文化、体育用品及器材批发	1713138	1410412	364183	285507	2237539	1955621
文具用品批发	266653	175635	69470	43811	146015	84493
体育用品及器材批发	206161	185893	7894	7787	230808	203993
图书批发	468349	442851	-8163	-8738	525067	503743
医药及医疗器材批发	5286412	4631689	1111968	1036251	5594047	5114708
西药批发	2553780	2330962	695990	657532	2918776	2806220
中药批发	980030	838823	210562	192246	1113676	960136
矿产品、建材及化工产品批发	13279804	8817996	10572997	6787918	19233449	14110943
煤炭及制品批发	1736107	1212636	1761685	1259853	2616739	1976899
石油及制品批发	2755225	2254718	1519985	764805	5586407	5096240
金属及金属矿批发	3506775	2125450	4561361	2960203	4566011	3022549
建材批发	1523660	934031	935722	591130	2589067	1611499
化肥批发	463324	321592	403926	336420	140351	-72642
农药批发	93829	73639	20849	15243	77624	50482
机械设备、五金产品及电子产品批发	10417317	8611881	1535335	1286281	13846743	11566613
汽车批发	1468257	1304122	231873	172601	5595301	5330939
计算机、软件及辅助设备批发	853316	720732	109769	127216	783370	629023
通讯及广播电视设备批发	1521586	1361371	350322	318748	876688	749887
贸易经纪与代理	706425	478353	490729	402965	633735	434448
其他批发业	1247214	888745	460044	293426	1637100	1087459
(三)按控股情况分						
国有控股	15148634	14263148	5225385	4132642	33427422	32576476
集体控股	1048252	870112	396036	322964	1212617	1084207
私人控股	21046551	13102925	8613586	5102147	28875284	19221146
港澳台控股	5614470	5213471	658470	565289	4232338	3785080
外商控股	8493612	7940644	833635	717596	8502736	7973153

单位：万元

利润总额		应交所得税		应付职工薪酬		应交增值税	
限额以上	大中型	限额以上	大中型	限额以上	大中型	限额以上	大中型
3140115	2251427	231603	144723	1366647	919945	358609	229405
31462181	28004999	6315466	5667459	11077696	10248729	10120185	9292591
466504	288975	88008	64502	800426	695650	248347	169960
2140293	1821808	71931	54571	687374	492500	248353	181916
7819651	5759520	1737028	1239208	1856424	1715186	1696385	1298593
16718996	16541880	4018812	3977290	5606771	5591276	6822372	6786795
9114126	7400222	1929912	1625370	7196789	6290735	4620015	3903084
3070573	2457098	709597	564836	2105680	1826340	1050138	861381
1089817	940541	229952	219715	476361	416082	344362	309440
978082	883792	226736	200745	1463102	1371535	923178	848034
2384996	2055042	420493	358371	1708658	1503674	406501	307112
151045	93281	36509	23640	231999	182310	150647	109042
244796	216490	41516	32686	135004	122339	105657	101863
568814	544946	39957	36482	404333	382775	46632	43777
5946263	5406231	1247589	1133369	5331908	4947254	3753690	3486684
3166774	3048701	626080	596230	2577194	2421587	1849595	1784076
1094905	946262	226369	199421	1033744	939937	1025430	962523
24989179	15928645	5447698	4164520	10734018	8408444	12584821	8899650
2766093	2208981	385978	256613	1167259	942002	1999685	1371723
5992035	5450736	1558252	1209811	3524000	3201934	4286196	3730885
9100847	3645999	1100832	693163	2376228	1745832	3815683	2323003
2554733	1482458	1578087	1449633	1038953	605863	813493	458333
226306	13307	83845	58267	364079	272517	175669	83939
79345	56270	14862	11119	116048	99415	8255	3805
15113503	12764075	3025387	2623076	8317950	7258667	5903058	4877033
5899471	5597873	1340805	1242472	1129378	1046562	2473814	2307687
832295	650127	116916	92702	641848	566856	329274	217511
1032447	876712	201786	176798	1127551	1068970	625431	467389
712225	512903	157957	129131	494623	415467	390491	295433
1601826	1152174	293399	215857	831940	648912	846891	536172
36990885	35527357	8565431	7953932	15984804	15231014	16331608	15560345
1331146	1197482	167645	134614	671423	559946	273412	201090
33798216	20372207	5266563	3839094	15062414	10561574	12757575	7673614
4929433	4386723	1168006	1068218	4092678	3816210	2632699	2373415
10022113	9423257	2334888	2177032	8162499	7930084	3644104	3598219

1-6 续表 4

项 目	主营业务收入		主营业务成本	
	限额以上	大中型	限额以上	大中型
二、零售业	**1104281006**	**839455009**	**974171324**	**741221117**
(一)按登记注册类型分				
1.内资企业	**980227798**	**719614552**	**872734762**	**643221260**
国有企业	13867444	9966642	12026738	8635366
集体企业	13466107	7123216	11851759	6236551
股份合作企业	1582178	746671	1387532	655670
联营企业	1029562	381122	882509	330996
国有联营企业	94830	21694	77268	17600
集体联营企业	379469	136582	335401	122380
国有与集体联营企业	305436	82316	270165	76885
其他联营企业	249829	140530	199679	114131
有限责任公司	449212839	355074647	401683058	317869169
国有独资公司	20663495	15486535	18724416	13927947
其他有限责任公司	428549347	339588112	382958644	303941223
股份有限公司	135955355	128831076	122049957	115747068
私营企业	361707432	216242106	320111267	192731736
私营独资企业	13323504	2631139	11018644	2190894
私营合伙企业	1331337	481391	1110869	407112
私营有限责任公司	331610201	202464211	294670903	180971281
私营股份有限公司	15442396	10665370	13310857	9162448
其他企业	3406896	1249081	2741951	1014707
2.港、澳、台商投资企业	**60826573**	**59010530**	**49515171**	**48000618**
合资经营企业	16963180	16469027	14039858	13634634
合作经营企业	755281	712263	636093	603490
独资经营企业	41423080	40252746	33474813	32492083
投资股份有限公司	1073410	1008556	856425	799413
其他港澳台商投资企业	611626	567939	507989	471002
3.外商投资企业	**63226640**	**60829927**	**51921391**	**49999244**
中外合资经营企业	23538957	22477570	20062935	19195302
中外合作经营企业	1373106	1348744	1178203	1159687
外资企业	30593682	29482559	23900057	23049635
外商投资股份有限公司	2295344	2146708	1870495	1729860
其他外商投资企业	5425552	5374353	4909706	4864762

单位：万元

主营业务税金及附加		主营业务利润		其他业务利润		销售费用	
限额以上	大中型	限额以上	大中型	限额以上	大中型	限额以上	大中型
5613814	**3410823**	**124495868**	**94823069**	**10132520**	**9344182**	**67628841**	**58046040**
5046292	**2889097**	**102446744**	**73504195**	**7740877**	**6978893**	**51869282**	**42663316**
91678	49802	1749028	1281474	130008	108419	697248	526513
135077	70316	1479271	816349	41294	28434	416298	237928
10671	5606	183975	85395	8969	5798	58216	22825
7814	2866	139239	47260	600	295	44026	18917
768	336	16794	3758	167	130	4154	607
2507	730	41561	13472	169		12558	3090
946	243	34325	5188	217	165	12019	5315
3598	1558	46552	24841	48		15297	9905
1872911	1284032	45656870	35921446	3947964	3583618	25656748	22234972
67427	53600	1871652	1504988	108079	97945	857252	730816
1805484	1230439	43785219	34416450	3839887	3485675	24799499	21504155
479707	420064	13425691	12663944	1511044	1488895	8277647	8037194
2401473	1042605	39194692	22467765	2093791	1759003	16565950	11516146
201471	32924	2103389	407321	14160	2140	461060	119880
19595	6689	200873	67590	1907	132	59100	30172
2060459	929894	34878839	20563036	1974444	1665041	15205182	10686026
119949	73101	2011590	1429821	103279	91691	840611	680075
46972	13811	617973	220563	7215	4444	153155	68833
304452	**280395**	**11006950**	**10729517**	**1382770**	**1367118**	**7968569**	**7797245**
94639	81116	2828683	2753277	317509	315988	1732547	1706495
2275	2015	116913	106758	18629	18160	77763	75281
199394	189600	7748873	7571063	1020120	1006533	5916498	5779122
5718	5434	211267	203709	17288	17288	185622	182675
2432	2226	101205	94711	9225	9150	56149	53680
263067	**241339**	**11042182**	**10589344**	**1008878**	**998172**	**7790988**	**7585484**
83332	71601	3392690	3210667	483759	482242	2396189	2333141
6100	5972	188803	183085	70050	68647	171719	168988
147493	138195	6546132	6294729	428741	423024	4564535	4441246
13516	13289	411333	403559	15500	13641	237627	224885
12629	12288	503217	497303	10828	10621	420921	417230

1-6 续表 5

项　　目	管理费用		财务费用		营业利润	
	限额以上	大中型	限额以上	大中型	限额以上	大中型
二、零售业	**33526950**	**25733007**	**7461487**	**5635134**	**29648462**	**18416398**
(一)按登记注册类型分						
1.内资企业	**27969894**	**20373708**	**6822989**	**5054145**	**26228618**	**15134118**
国有企业	537842	392893	55424	39990	513297	365158
集体企业	393660	224669	67531	39586	635425	358826
股份合作企业	66257	36673	15550	13118	52695	19662
联营企业	22827	12095	3257	1875	71653	16028
国有联营企业	3169	2416	66	3	9472	868
集体联营企业	8524	2928	1789	737	20229	8218
国有与集体联营企业	2309	707	14	72	20363	-888
其他联营企业	8828	6044	1385	1063	21592	7831
有限责任公司	12401544	9746806	3033149	2411477	9978753	6442514
国有独资公司	505351	318700	53237	41531	638901	555523
其他有限责任公司	11896196	9428104	2979906	2369948	9339858	5886990
股份有限公司	3472208	3279442	582281	524040	3913761	3565694
私营企业	10954193	6631112	3038424	2013329	10738193	4268928
私营独资企业	389153	84719	105863	20238	1162664	183367
私营合伙企业	50164	21290	10317	3963	92109	24215
私营有限责任公司	10067483	6221609	2786387	1892547	8763269	3590950
私营股份有限公司	447395	303499	135859	96581	720160	470398
其他企业	121369	50036	27381	10740	324853	97319
2.港、澳、台商投资企业	**2910261**	**2823730**	**317826**	**280412**	**1649194**	**1640263**
合资经营企业	660320	641580	100235	87376	871025	846080
合作经营企业	37842	36389	1530	1258	20098	13531
独资经营企业	2125293	2061691	202495	178468	738128	767548
投资股份有限公司	50898	49236	7435	7383	4459	416
其他港澳台商投资企业	35916	34841	6134	5926	15483	12690
3.外商投资企业	**2646801**	**2535569**	**320675**	**300578**	**1770652**	**1642017**
中外合资经营企业	692586	663658	61925	59923	725351	633894
中外合作经营企业	50604	49340	2037	1994	21767	19213
外资企业	1689749	1613241	226128	208622	919679	878519
外商投资股份有限公司	152982	150970	22326	22346	74077	79985
其他外商投资企业	60881	58363	8260	7697	29781	30412

单位：万元

利润总额		应交所得税		应付职工薪酬		应交增值税	
限额以上	大中型	限额以上	大中型	限额以上	大中型	限额以上	大中型
33961832	**19189878**	**5102706**	**3830154**	**37713712**	**31367459**	**17212943**	**12929499**
30273596	**15643492**	**4007473**	**2774819**	**31759389**	**25518374**	**14827230**	**10616050**
555060	391988	69290	48606	576372	477728	231180	179526
581167	328667	66424	35307	325604	205395	182224	114023
52338	22212	7382	2504	72200	28789	15422	5668
69603	14014	12550	1355	28550	17799	14659	4181
9657	968	1897		11583	9914	1922	137
18491	6374	1913	755	7079	4345	2618	1021
20501	-1003	5071		5967	1945	6013	1376
20956	7674	3669	600	3924	1594	4103	1648
10086322	6816762	1908434	1446067	15124405	12923948	6662213	5554242
644669	549742	102907	89243	540148	469366	327062	290122
9441654	6267020	1805531	1356827	14584260	12454583	6335153	5264124
3976618	3656075	549342	515205	4600239	4404747	1808607	1739573
14662729	4320640	1374387	718095	10885122	7376216	5865723	3003326
1075346	179742	100261	21224	362120	112917	294306	41698
88078	24764	9672	1575	42195	19375	22386	7876
12752349	3606433	1186467	642089	9963559	6826653	5340236	2798693
746963	509711	77990	53213	517249	417273	208801	155060
289764	93138	19670	7690	146904	83762	47209	15521
1850494	**1839753**	**572336**	**560821**	**3051822**	**2992008**	**1238877**	**1204520**
833121	830568	163313	160000	799983	785377	320081	310563
22887	16905	8558	6950	33349	31940	35482	33921
972688	977728	389263	383229	2127031	2085600	852036	829313
5056	631	7525	7047	65037	63980	21252	21234
16746	13926	3680	3598	26421	25115	10030	9493
1837742	**1706638**	**522899**	**494520**	**2902503**	**2857076**	**1146837**	**1108926**
726276	633862	217578	195861	911185	896663	331970	315953
29472	26303	9724	9195	62115	60847	22381	21375
967669	925782	283356	277640	1683268	1656938	677570	657887
79434	85241	4222	4060	98226	97080	49706	49196
34890	35452	8023	7767	147717	145554	65214	64521

1-6 续表 6

项目	主营业务收入		主营业务成本	
	限额以上	大中型	限额以上	大中型
（二）按国民经济行业分				
综合零售	226485346	205993132	193139913	175623843
百货零售	119464312	107956061	101287422	91511504
超级市场零售	94746759	89897531	81404583	77260206
食品、饮料及烟草制品专门零售	38923059	17696359	32082289	14125921
粮油零售	4743031	1635194	4177638	1398967
肉、禽、蛋、奶及水产品零售	7463677	3560306	6367748	3016429
酒、饮料及茶叶零售	9282854	3269438	7393971	2440860
烟草制品零售	2151194	1220981	1791044	990867
纺织、服装及日用品专门零售	50141414	38409476	36471223	26719841
服装零售	30777779	25549529	21667129	17374062
文化、体育用品及器材专门零售	30813382	17902183	25061477	13859160
体育用品及器材零售	1858105	1493591	1387786	1082533
图书、报刊零售	10889362	8844708	8333385	6721444
医药及医疗器材专门零售	62917515	50870997	54891167	44534146
药品零售	59929862	49643693	52531881	43599236
汽车、摩托车、燃料及零配件专门零售	501236624	382982745	464595780	357089671
汽车零售	371756897	282680463	347853076	265367905
机动车燃料零售	119013633	96848645	107493877	88607237
家用电器及电子产品专门零售	90647259	60974097	80653775	54679160
日用家电设备零售	35373227	23881517	31262434	21153279
计算机、软件及辅助设备零售	21454176	14553480	19323846	13251983
通信设备零售	11163374	8130866	10008162	7358361
五金、家具及室内装饰材料专门零售	35240752	17035419	28584328	13238378
货摊、无店铺及其他零售业	67875655	47590613	58691384	41351007
互联网零售	51991785	41248493	45755019	36422692
（三）按控股情况分				
国有控股	204266140	183146254	183223034	164379533
集体控股	45777583	35058649	40609825	31123161
私人控股	613093212	406656230	543925632	362739359
港澳台控股	59810888	58272692	49436086	48131724
外商控股	54936981	53210526	45050088	43666813

单位：万元

主营业务税金及附加		主营业务利润		其他业务利润		销售费用	
限额以上	大中型	限额以上	大中型	限额以上	大中型	限额以上	大中型
1569510	1324165	31775923	29045124	5848581	5657755	21807912	20990360
994325	841997	17182565	15602560	3097399	3010333	9297060	8837584
459789	411117	12882387	12226208	2590435	2497871	11458882	11229639
384536	152396	6456234	3418042	163298	110969	2533273	1734626
34742	10122	530651	226105	18655	7994	211244	127356
68220	23112	1027709	520765	22591	21489	334768	221893
125007	50572	1763876	778006	38207	21649	657963	382515
25552	12911	334598	217203	25642	22805	133865	98263
458977	334110	13211214	11355525	366914	320616	7998627	7226165
281288	221612	8829362	7953855	210629	181375	5494097	5069058
219864	116369	5532041	3926654	306952	261509	2345794	1802286
8848	6716	461471	404342	4392	2410	284114	260888
28664	17238	2527313	2106026	204532	182211	1006994	844554
318562	152052	7707786	6184799	226833	205590	3839547	3328055
298412	145251	7099569	5899206	219219	203892	3619439	3214660
1326132	703261	35314712	25189813	2213289	1907522	16221546	12885937
884672	508741	23019149	16803817	1998892	1747212	10406022	8134170
359377	177836	11160379	8063572	187762	143889	5452649	4610046
516004	203074	9477480	6091863	511054	449029	5179164	4199016
243314	72540	3867479	2655698	178663	162195	2299841	1915144
87223	39838	2043107	1261659	28349	13195	991143	774559
39307	18059	1115905	754446	132437	119990	685956	572265
527035	303290	6129389	3493751	92828	61659	1762114	1127301
293202	122123	8891069	6117483	402787	369549	5940869	4752304
149638	69465	6087128	4756336	282930	274318	4984727	4169693
675132	560216	20367974	18206505	1822917	1733836	11568530	10727937
289672	195077	4878086	3740411	511338	483705	2606390	2287962
3618416	1773897	65549164	42142974	4329974	3791764	30739895	23569627
266201	253159	10108601	9887809	1311990	1296539	7626527	7466185
236732	225268	9650161	9318445	880200	866121	7083834	6911324

1-6 续表 7

项　目	管理费用		财务费用		营业利润	
	限额以上	大中型	限额以上	大中型	限额以上	大中型
(二)按国民经济行业分						
综合零售	10036461	9322969	1751074	1541104	6438826	5172667
百货零售	6376327	5949450	1212157	1095903	4627090	3936929
超级市场零售	3124540	2952227	475388	407626	1572372	1210707
食品、饮料及烟草制品专门零售	1461077	731578	252602	112311	2366595	971748
粮油零售	131332	46651	44996	19834	164436	60951
肉、禽、蛋、奶及水产品零售	234532	127746	49865	28230	454631	177010
酒、饮料及茶叶零售	362904	142512	66782	24267	668822	229032
烟草制品零售	97932	64665	-3202	-6367	161608	95953
纺织、服装及日用品专门零售	3296847	2827261	418145	320720	1900039	1343015
服装零售	2189418	1962739	292748	243719	1112261	905460
文化、体育用品及器材专门零售	1650378	1171463	213129	120332	1591458	1005097
体育用品及器材零售	114466	94636	11031	8527	55343	40416
图书、报刊零售	834157	693612	-2268	-4201	768110	630073
医药及医疗器材专门零售	1951016	1520999	462418	376652	1845535	1400498
药品零售	1766161	1442886	441562	366227	1656612	1306490
汽车、摩托车、燃料及零配件专门零售	9287979	6496134	3351201	2600748	9095203	5643526
汽车零售	7401494	5436306	3023769	2422425	4571218	3037605
机动车燃料零售	1559193	970453	264797	156179	4090971	2498048
家用电器及电子产品专门零售	2306023	1441472	412538	233704	2638592	1227424
日用家电设备零售	947845	658215	181874	114723	1058011	586348
计算机、软件及辅助设备零售	462111	216460	53382	17124	561076	267827
通信设备零售	307577	203847	61266	42885	275801	123953
五金、家具及室内装饰材料专门零售	1465724	862286	345639	209763	2637837	1363025
货摊、无店铺及其他零售业	2071461	1358865	254758	119809	1134395	289402
互联网零售	1319032	1024841	124485	59228	-35594	-254001
(三)按控股情况分						
国有控股	4857919	4261459	680621	611639	5950146	5107407
集体控股	1431343	1144182	280116	222759	1185947	706546
私人控股	18360679	12222573	5070811	3553834	16936198	7942428
港澳台控股	2648803	2571572	284683	250529	1188237	1212398
外商控股	2442522	2346652	285850	266050	1200670	1142336

单位：万元

利润总额		应交所得税		应付职工薪酬		应交增值税	
限额以上	大中型	限额以上	大中型	限额以上	大中型	限额以上	大中型
6777338	5639021	1435472	1327751	11469786	10805317	3505732	3232582
4920687	4290578	1043963	967744	5023940	4712199	2137500	1982660
1668747	1339821	357440	341289	5820990	5629451	1193073	1123610
2303992	990836	283428	161288	1804475	1199144	636400	344588
231801	84675	18676	5399	174926	72789	36100	15980
408986	173295	46786	28070	292298	199519	88522	40844
618935	214266	74204	35764	394506	226773	190973	90279
159943	103535	31745	21738	126086	95415	39688	21867
2051785	1544643	457177	390601	3270794	2952104	2248806	1184379
1173559	987373	301458	273913	2141423	1992936	958392	866207
1734432	1177500	129705	75411	1647678	1304342	342699	217213
58018	43528	8433	5796	102729	90540	29228	20831
904185	765255	31131	20997	948281	814686	64351	52971
1898870	1449774	324963	261612	2601859	2268067	1065325	874598
1721762	1362145	289055	241090	2486718	2205020	959386	818430
13062748	5527900	1611258	1121798	11438195	9042918	6665548	5222218
8727069	3044630	917396	732205	7964581	6214138	4394991	3532810
3888844	2372524	635058	371930	2725858	2250510	2051681	1628561
2449248	1170293	327155	186992	2537339	1674160	1249779	875554
1055413	599963	127628	78019	884461	588321	511517	374159
552402	280117	83236	48492	635524	364961	330331	238965
261880	118510	37435	24507	384608	311062	131715	103696
2476510	1292746	271323	152841	986726	587424	644315	355983
1206922	397175	262235	151875	1956879	1533998	854352	622395
48144	-168951	108842	67960	1328062	1120314	532863	454671
6187105	5347476	1016564	869523	6869826	6415318	3224643	2959077
1086421	659734	221300	162844	1398200	1138131	498148	390724
20745087	8127869	2263001	1364349	18769246	13723848	9287952	5717005
1440245	1439153	525084	516010	2806322	2754045	1195038	1165256
1270104	1209802	377361	365412	3105303	3065366	1015023	986955

1-7 大中型批发和零售业企业经济效益分析指标

项　目	负债比率(%)		主营业务毛利率(%)		人均主营业务收入(万元)		费用率(%)	
	限额以上	大中型	限额以上	大中型	限额以上	大中型	限额以上	大中型
总　计	**71.5**	**69.9**	**8.1**	**9.0**	**414.7**	**379.3**	**5.8**	**6.6**
一、批发业	**72.0**	**69.6**	**7.1**	**8.2**	**775.5**	**715.1**	**4.6**	**5.3**
(一)按登记注册类型分								
1.内资企业	**72.6**	**69.9**	**6.3**	**7.1**	**776.9**	**716.2**	**3.8**	**4.2**
国有企业	54.1	51.5	19.0	19.6	586.6	614.7	5.4	5.3
集体企业	72.2	71.7	7.9	8.5	284.8	282.7	5.1	5.4
股份合作企业	78.5	80.4	5.6	3.7	540.5	763.3	3.6	3.4
联营企业	79.0	78.2	11.0	12.9	220.8	178.3	7.6	9.2
国有联营企业	56.1	17.3	15.3	19.9	136.0	100.7	5.8	4.3
集体联营企业	88.3	92.1	9.6	12.0	108.3	34.9	5.7	12.0
国有与集体联营企业	90.1	90.1	9.5	11.0	416.3	368.9	8.9	10.2
其他联营企业	24.7	24.7	16.1	16.1	468.6	468.6	7.3	7.3
有限责任公司	74.6	73.7	5.1	5.5	1039.1	977.0	3.3	3.6
国有独资公司	71.0	70.3	4.7	5.0	1722.2	1665.6	2.5	2.6
其他有限责任公司	75.4	74.7	5.3	5.6	949.8	870.8	3.5	3.9
股份有限公司	63.0	63.1	5.5	5.6	703.8	690.1	4.3	4.3
私营企业	78.1	74.4	5.8	7.5	609.3	454.9	4.0	5.2
私营独资企业	64.2	72.2	14.4	13.1	389.7	534.1	4.9	4.4
私营合伙企业	61.1	56.5	11.7	13.9	421.2	500.6	17.6	5.5
私营有限责任公司	79.0	75.9	5.6	7.3	620.4	459.9	3.9	5.1
私营股份有限公司	55.3	48.1	9.4	10.6	400.2	354.8	5.7	6.3
其他企业	52.3	48.8	14.7	15.7	184.9	219.9	5.5	5.4
2.港、澳、台商投资企业	**70.3**	**69.2**	**11.2**	**13.0**	**560.5**	**469.6**	**9.3**	**10.9**
合资经营企业	70.3	69.1	5.1	5.5	1101.7	993.0	3.9	4.3
合作经营企业	69.4	57.4	11.5	12.7	217.8	170.1	7.8	9.4
独资经营企业	70.0	69.3	12.8	14.7	514.9	435.1	10.7	12.5
投资股份有限公司	80.5	64.1	4.3	14.1	667.4	210.3	3.6	11.1
其他港澳台商投资企业	73.0	73.5	9.2	10.5	275.1	241.0	7.3	7.8
3.外商投资企业	**67.9**	**67.8**	**12.5**	**12.9**	**950.0**	**920.2**	**10.2**	**10.6**
中外合资经营企业	83.9	84.2	8.1	8.2	2541.3	2597.3	6.4	6.6
中外合作经营企业	89.4	90.9	7.6	7.6	436.8	421.6	6.3	6.5
外资企业	64.0	63.6	14.5	15.1	762.8	725.1	11.8	12.4
外商投资股份有限公司	61.8	58.6	14.2	15.4	546.3	541.0	13.7	15.0
其他外商投资企业	61.7	61.4	11.6	12.3	578.0	570.7	7.4	7.8

注：费用率等于销售费用、管理费用、财务费用三项之和除以主营业务收入合计(下表同)。

1-7 续表 1

项目	负债比率(%)		主营业务毛利率(%)		人均主营业务收入(万元)		费用率(%)	
	限额以上	大中型	限额以上	大中型	限额以上	大中型	限额以上	大中型
(二)按国民经济行业分								
农、林、牧产品批发	70.0	70.3	6.5	6.2	371.8	411.1	5.5	5.6
食品、饮料及烟草制品批发	54.9	52.4	19.5	20.9	379.5	384.5	7.8	8.2
米、面制品及食用油批发	83.1	82.7	7.1	7.5	521.9	490.8	7.1	7.8
肉、禽、蛋、奶及水产品批发	66.9	64.7	14.2	16.2	266.2	243.7	6.8	7.3
酒、饮料及茶叶批发	59.5	61.9	24.9	25.4	278.5	257.8	12.8	14.5
烟草制品批发	22.9	22.7	27.6	27.7	561.5	561.4	5.7	5.8
纺织、服装及家庭用品批发	72.9	71.7	11.9	13.8	389.6	355.6	9.6	11.4
服装批发	65.7	62.7	15.7	18.0	278.4	247.4	11.9	14.2
鞋帽批发	64.1	61.6	16.7	20.0	292.1	264.6	11.6	14.2
家用电器批发	82.2	81.6	7.5	7.9	564.5	567.8	7.0	7.4
文化、体育用品及器材批发	67.9	66.9	9.2	9.8	410.5	401.4	6.7	7.3
文具用品批发	78.2	81.3	5.0	4.8	583.8	599.0	4.2	4.2
体育用品及器材批发	76.1	76.6	10.5	10.5	534.5	569.6	10.9	11.3
图书批发	58.3	58.3	16.9	17.0	206.0	213.4	11.6	11.6
医药及医疗器材批发	73.9	74.0	11.3	11.1	337.4	356.2	9.0	8.8
西药批发	74.6	74.4	9.1	8.9	374.5	395.1	7.3	7.1
中药批发	77.6	78.8	11.3	10.9	280.2	297.3	8.7	8.6
矿产品、建材及化工产品批发	74.4	70.8	3.2	3.5	1700.7	1569.0	2.3	2.5
煤炭及制品批发	76.1	72.8	4.2	3.9	1396.7	1409.8	3.1	3.0
石油及制品批发	71.1	67.1	3.4	3.7	1428.1	1261.8	2.3	2.4
金属及金属矿批发	80.0	78.1	2.0	2.1	3602.3	3362.7	1.6	1.8
建材批发	73.2	72.5	5.6	5.5	749.9	775.4	3.6	3.6
化肥批发	76.0	76.1	4.5	3.9	632.5	730.8	3.7	3.6
农药批发	68.6	67.7	10.8	11.5	277.1	277.0	8.7	9.6
机械设备、五金产品及电子产品批发	73.9	72.5	8.1	8.4	821.5	868.7	5.9	6.3
汽车批发	78.3	77.1	8.5	8.8	2307.8	2409.9	5.8	6.0
计算机、软件及辅助设备批发	77.2	74.0	5.0	5.5	606.9	558.5	4.0	4.6
通讯及广播电视设备批发	83.3	80.2	5.8	6.1	1095.6	1070.9	5.1	5.5
贸易经纪与代理	83.6	85.3	4.7	4.8	1379.6	1351.7	4.0	4.1
其他批发业	79.5	81.2	6.6	6.9	773.6	783.9	4.1	4.6
(三)按控股情况分								
国有控股	67.1	66.0	6.6	7.1	1233.8	1169.1	3.3	3.5
集体控股	77.9	77.8	4.6	5.0	688.3	672.6	3.5	3.8
私人控股	77.0	74.4	6.1	7.7	592.1	470.3	4.2	5.3
港澳台控股	69.7	68.7	12.3	14.3	503.9	420.7	10.2	12.1
外商控股	65.1	64.7	13.7	14.3	812.1	776.7	11.2	11.8

1-7 续表 2

项目	负债比率(%)		主营业务毛利率(%)		人均主营业务收入(万元)		费用率(%)	
	限额以上	大中型	限额以上	大中型	限额以上	大中型	限额以上	大中型
二、零售业	**69.7**	**70.8**	**11.8**	**11.7**	**158.3**	**148.8**	**9.8**	**10.7**
(一)按登记注册类型分								
1.内资企业	**69.8**	**71.2**	**11.0**	**10.6**	**161.1**	**151.0**	**8.8**	**9.5**
国有企业	60.1	59.1	13.3	13.4	136.2	122.4	9.3	9.6
集体企业	60.0	58.5	12.0	12.4	153.5	115.7	6.5	7.0
股份合作企业	67.2	71.9	12.3	12.2	106.8	71.6	8.9	9.7
联营企业	48.2	39.5	14.3	13.2	182.1	101.4	6.8	8.6
国有联营企业	62.0	133.7	18.5	18.9	58.9	16.0	7.8	13.9
集体联营企业	58.7	35.6	11.6	10.4	169.8	85.4	6.0	4.9
国有与集体联营企业	15.8	-16.0	11.5	6.6	336.0	251.0	4.7	7.4
其他联营企业	59.2	70.1	20.1	18.8	278.2	294.0	10.2	12.1
有限责任公司	73.7	75.0	10.6	10.5	167.0	157.4	9.1	9.7
国有独资公司	60.6	61.1	9.4	10.1	288.1	253.1	6.9	7.0
其他有限责任公司	74.4	75.8	10.6	10.5	163.7	154.7	9.3	9.8
股份有限公司	59.7	59.9	10.2	10.2	206.7	204.3	9.1	9.2
私营企业	72.1	76.9	11.5	10.9	145.5	127.2	8.4	9.3
私营独资企业	40.2	46.8	17.3	16.7	127.5	70.7	7.2	8.5
私营合伙企业	51.0	62.6	16.6	15.4	101.2	68.6	9.0	11.5
私营有限责任公司	73.3	77.8	11.1	10.6	148.8	131.3	8.5	9.3
私营股份有限公司	64.4	64.9	13.8	14.1	111.5	93.5	9.2	10.1
其他企业	39.1	43.1	19.5	18.8	84.9	55.1	8.9	10.4
2.港、澳、台商投资企业	**65.4**	**65.3**	**18.6**	**18.7**	**130.8**	**128.9**	**18.4**	**18.5**
合资经营企业	56.0	55.1	17.2	17.2	150.1	148.4	14.7	14.8
合作经营企业	48.0	49.4	15.8	15.3	134.6	133.5	15.5	15.9
独资经营企业	71.2	71.3	19.2	19.3	124.4	122.5	19.9	19.9
投资股份有限公司	53.4	53.8	20.2	20.7	124.6	119.4	22.7	23.7
其他港澳台商投资企业	85.0	88.6	16.9	17.1	129.1	128.9	16.1	16.6
3.外商投资企业	**72.0**	**72.3**	**17.9**	**17.8**	**147.5**	**145.5**	**17.0**	**17.1**
中外合资经营企业	64.4	65.2	14.8	14.6	155.4	155.8	13.4	13.6
中外合作经营企业	60.3	60.2	14.2	14.0	148.5	147.7	16.3	16.3
外资企业	75.2	75.3	21.9	21.8	125.4	122.3	21.2	21.2
外商投资股份有限公司	73.2	74.1	18.5	19.4	182.8	173.0	18.0	18.5
其他外商投资企业	82.5	82.7	9.5	9.5	471.3	481.5	9.0	9.0

1-7 续表 3

项目	负债比率(%)		主营业务毛利率(%)		人均主营业务收入(万元)		费用率(%)	
	限额以上	大中型	限额以上	大中型	限额以上	大中型	限额以上	大中型
(二)按国民经济行业分								
综合零售	70.2	71.0	14.7	14.7	90.5	88.0	14.8	15.5
百货零售	65.4	66.0	15.2	15.2	108.6	106.0	14.1	14.7
超级市场零售	79.6	80.1	14.1	14.1	74.5	74.1	15.9	16.2
食品、饮料及烟草制品专门零售	52.4	54.6	17.6	20.2	100.5	72.9	10.9	14.6
粮油零售	62.5	71.0	11.9	14.4	127.3	84.1	8.2	11.9
肉、禽、蛋、奶及水产品零售	53.4	59.2	14.7	15.3	99.7	71.6	8.3	10.6
酒、饮料及茶叶零售	49.9	56.0	20.3	25.3	118.6	93.1	11.7	16.8
烟草制品零售	35.5	31.7	16.7	18.8	130.7	106.4	10.6	12.8
纺织、服装及日用品专门零售	64.4	63.4	27.3	30.4	86.9	76.3	23.4	27.0
服装零售	63.7	62.5	29.6	32.0	81.9	75.1	25.9	28.5
文化、体育用品及器材专门零售	57.8	59.2	18.7	22.6	125.8	100.3	13.7	17.3
体育用品及器材零售	63.1	61.6	25.3	27.5	102.1	96.0	22.0	24.4
图书、报刊零售	53.9	54.8	23.5	24.0	94.7	93.4	16.9	17.3
医药及医疗器材专门零售	73.9	74.7	12.8	12.5	114.3	104.9	9.9	10.3
药品零售	74.6	75.2	12.3	12.2	112.8	104.3	9.7	10.1
汽车、摩托车、燃料及零配件专门零售	72.6	73.0	7.3	6.8	298.2	315.8	5.8	5.7
汽车零售	78.5	79.9	6.4	6.1	290.7	300.0	5.6	5.7
机动车燃料零售	57.0	58.1	9.7	8.5	342.8	387.0	6.1	5.9
家用电器及电子产品专门零售	66.3	67.9	11.0	10.3	173.1	172.1	8.7	9.6
日用家电设备零售	68.0	68.4	11.6	11.4	191.9	193.3	9.7	11.3
计算机、软件及辅助设备零售	52.7	58.0	9.9	8.9	161.7	163.4	7.0	6.9
通信设备零售	75.1	77.3	10.3	9.5	143.2	134.1	9.4	10.1
五金、家具及室内装饰材料专门零售	61.9	64.2	18.9	22.3	158.6	131.0	10.1	12.9
货摊、无店铺及其他零售业	78.8	84.8	13.5	13.1	236.6	244.0	12.2	13.1
互联网零售	89.9	96.2	12.0	11.7	294.9	310.3	12.4	12.7
(三)按控股情况分								
国有控股	62.0	62.1	10.3	10.2	225.7	219.0	8.4	8.5
集体控股	72.1	74.1	11.3	11.2	156.2	140.1	9.4	10.4
私人控股	72.4	75.3	11.3	10.8	148.4	134.7	8.8	9.7
港澳台控股	68.9	68.8	17.3	17.4	144.0	142.3	17.7	17.7
外商控股	76.8	77.0	18.0	17.9	130.7	128.1	17.9	17.9

1-8 大中型住宿和餐饮业企业基本情况

项　目	住宿业 大中型 2016年	住宿业 大中型 2015年	大型 2016年	大型 2015年	中型 2016年	中型 2015年
一、法人单位数(个)	**3764**	**3780**	**389**	**407**	**3375**	**3373**
二、年末从业人数(万人)	**103.3**	**106.7**	**23.6**	**25.0**	**79.7**	**81.6**
三、经营情况(亿元)						
营业额	2384.6	2309.3	804.5	790.0	1580.1	1519.3
客房收入	1070.3	1029.9	353.7	347.0	716.6	682.9
餐费收入	948.1	926.6	284.4	283.2	663.7	643.3
商品销售额	61.3	56.3	23.7	20.6	37.6	35.7
其他收入	304.9	296.5	142.7	139.1	162.1	157.3
四、实收资本及构成(亿元)						
实收资本	3036.9	2387.2	853.8	805.6	2183.2	1581.6
国家资本	793.9	716.8	331.2	260.1	462.7	456.7
集体资本	39.9	41.5	1.6	7.0	38.3	34.5
法人资本	908.4	836.1	260.7	266.8	647.7	569.3
个人资本	779.1	272.3	25.0	23.3	754.1	249.0
港澳台资本	356.4	359.9	169.9	183.4	186.5	176.5
外商资本	159.3	160.7	65.4	65.1	93.9	95.6
五、主要财务指标(亿元)						
(一)年末资产负债						
流动资产合计	2946.5	2825.3	1021.3	1004.2	1925.2	1821.1
固定资产原价	5602.5	5356.5	1992.1	1965.0	3610.4	3391.5
累计折旧	2327.3	2177.6	843.7	817.0	1483.6	1360.6
资产总计	8403.8	8036.3	2989.8	2934.2	5414.0	5102.1
负债合计	6107.5	5878.9	1933.5	1941.5	4174.0	3937.3
所有者权益	2296.3	2157.4	1056.3	992.7	1240.0	1164.7
(二)损益及分配						
主营业务收入	2321.8	2295.5	782.1	789.6	1539.7	1505.9
主营业务成本	812.8	792.7	251.2	253.5	561.6	539.2
主营业务税金及附加	61.0	122.5	21.3	42.0	39.7	80.5
主营业务利润	1448.0	1380.4	509.6	494.1	938.5	886.3
其他业务利润	40.4	47.7	15.0	17.0	25.4	30.7
销售费用	674.1	662.6	191.6	187.0	482.6	475.6
管理费用	727.3	698.6	240.2	234.1	487.2	464.5
财务费用	131.6	156.2	42.8	56.4	88.8	99.8
营业利润	-30.7	-97.8	57.3	32.3	-88.0	-130.1
利润总额	-14.6	-73.5	60.2	39.3	-74.8	-112.8
应交所得税	24.6	21.4	15.3	13.7	9.3	7.7
应付职工薪酬	584.4	551.2	186.2	174.5	398.1	376.7

1-8 续表

项　目	餐饮业					
	大中型		大型		中型	
	2016年	2015年	2016年	2015年	2016年	2015年
一、法人单位数(个)	**2714**	**2721**	**380**	**375**	**2334**	**2346**
二、年末从业人数(万人)	**120.2**	**118.1**	**71.1**	**67.4**	**49.1**	**50.6**
三、经营情况(亿元)						
营业额	2899.8	2711.1	1801.2	1666.6	1098.6	1044.5
客房收入	131.8	123.0	22.1	21.5	109.7	101.5
餐费收入	2635.5	2470.0	1719.1	1597.6	916.4	872.4
商品销售额	71.5	63.1	36.6	32.0	34.9	31.1
其他收入	61.0	55.0	23.4	15.5	37.6	39.5
四、实收资本及构成(亿元)						
实收资本	559.7	551.2	205.2	196.6	354.5	354.6
国家资本	52.8	48.6	11.9	12.0	40.9	36.6
集体资本	8.6	10.2	5.0	2.9	3.6	7.3
法人资本	209.9	203.0	62.2	56.4	147.8	146.6
个人资本	148.3	147.7	38.5	33.9	109.8	113.9
港澳台资本	67.3	64.1	31.0	31.7	36.3	32.4
外商资本	72.8	77.5	56.7	59.8	16.1	17.8
五、主要财务指标(亿元)						
(一)年末资产负债						
流动资产合计	1154.1	1149.4	488.5	447.7	665.6	701.6
固定资产原价	1212.7	1129.0	481.3	413.0	731.5	716.1
累计折旧	470.6	426.4	206.3	182.8	264.3	243.6
资产总计	2622.8	2606.5	1127.5	1043.2	1495.3	1563.3
负债合计	1878.6	1899.7	710.3	686.7	1168.2	1213.0
所有者权益	744.3	706.6	417.2	356.5	327.0	350.2
(二)损益及分配						
主营业务收入	2795.5	2688.2	1736.4	1664.7	1059.0	1023.5
主营业务成本	1264.1	1217.9	745.4	725.3	518.7	492.6
主营业务税金及附加	60.4	145.6	35.0	86.4	25.4	59.3
主营业务利润	1471.0	1324.7	956.1	853.0	514.9	471.7
其他业务利润	59.4	48.6	41.9	31.3	17.5	17.3
销售费用	1000.3	941.4	665.7	619.1	334.6	322.3
管理费用	316.0	299.5	156.8	146.1	159.2	153.4
财务费用	37.5	41.3	12.9	12.8	24.6	28.5
营业利润	142.5	102.7	134.8	86.3	7.8	16.4
利润总额	150.0	105.2	141.3	84.2	8.7	20.9
应交所得税	37.8	33.1	29.8	18.3	8.0	14.8
应付职工薪酬	530.7	527.0	320.7	298.0	210.0	229.0

1-9 大中型住宿和餐饮业企业单位数和从业人数

项目	法人单位数(个)		年末从业人数(人)	
	限额以上	大中型	限额以上	大中型
总计	**45855**	**6478**	**4074415**	**2234924**
一、住宿业	**19496**	**3764**	**1863303**	**1032969**
(一)按登记注册类型分				
1.内资企业	**18611**	**3279**	**1666152**	**861821**
国有企业	1732	449	219198	126313
集体企业	317	43	23784	9660
股份合作企业	62	7	4777	2059
联营企业	25	NA	2214	951
国有联营企业	9	NA	1262	951
集体联营企业	8		540	
国有与集体联营企业	5		345	
其他联营企业	NA		67	
有限责任公司	6901	1673	768790	469152
国有独资公司	382	172	69938	54016
其他有限责任公司	6519	1501	698852	415136
股份有限公司	554	129	61271	35964
私营企业	8811	962	573239	215153
私营独资企业	1042	33	43388	6141
私营合伙企业	261	13	13606	2921
私营有限责任公司	7115	858	487331	194548
私营股份有限公司	393	58	28914	11543
其他企业	209	13	12879	2569
2.港、澳、台商投资企业	**535**	**306**	**127510**	**111435**
合资经营企业	223	141	56929	50482
合作经营企业	53	32	12792	11320
独资经营企业	229	121	52363	45345
投资股份有限公司	23	10	4608	3719
其他港澳台商投资企业	7	NA	818	569
3.外商投资企业	**350**	**179**	**69641**	**59713**
中外合资经营企业	136	78	28488	24290
中外合作经营企业	38	27	11526	10794
外资企业	149	65	25677	21625
外商投资股份有限公司	15	5	2002	1426
其他外商投资企业	12	4	1948	1578
(二)按国民经济行业分				
旅游饭店	12008	3269	1466275	917404
一般旅馆	6857	431	355261	100662
其他住宿业	631	64	41767	14903
(三)按控股情况分				
国有控股	3197	1112	478077	327042
集体控股	669	136	63245	32759
私人控股	12889	1587	916671	379920
港澳台控股	423	241	95768	83364
外商控股	271	126	49693	41889

注：NA为小于或等于3(下表同)。

1-9 续表

项　　目	法人单位数(个)		年末从业人数(人)	
	限额以上	大中型	限额以上	大中型
二、餐饮业	**26359**	**2714**	**2211112**	**1201955**
(一)按登记注册类型分				
1.内资企业	**25310**	**2292**	**1681275**	**704811**
国有企业	381	62	34893	15785
集体企业	174	9	8675	2224
股份合作企业	81	9	6084	3186
联营企业	7		349	
国有联营企业				
集体联营企业	7		349	
国有与集体联营企业				
其他联营企业				
有限责任公司	6760	854	558764	278461
国有独资公司	112	32	19973	14427
其他有限责任公司	6648	822	538791	264034
股份有限公司	430	62	61084	42292
私营企业	17059	1282	992070	360523
私营独资企业	3561	56	120498	9896
私营合伙企业	378	18	16847	2638
私营有限责任公司	12602	1161	810511	326795
私营股份有限公司	518	47	44214	21194
其他企业	418	14	19356	2340
2.港、澳、台商投资企业	**614**	**269**	**206428**	**186579**
合资经营企业	117	41	44369	40167
合作经营企业	24	11	6181	5333
独资经营企业	456	212	154088	139846
投资股份有限公司	10	NA	939	673
其他港澳台商投资企业	7	NA	851	560
3.外商投资企业	**435**	**153**	**323409**	**310565**
中外合资经营企业	99	29	68939	66256
中外合作经营企业	15	5	3783	3298
外资企业	290	112	237849	229187
外商投资股份有限公司	16	NA	2122	1605
其他外商投资企业	15	4	10716	10219
(二)按国民经济行业分				
正餐服务	24537	2290	1644254	693261
快餐服务	967	271	422192	391987
饮料及冷饮服务	222	29	56604	50381
其他餐饮业	633	124	88062	66326
(三)按控股情况分				
国有控股	819	199	115204	74944
集体控股	387	41	36740	19295
私人控股	22457	1807	1382900	535674
港澳台控股	586	256	201476	182367
外商控股	378	138	292967	281707

1-10 大中型住宿和餐饮业

项　　目	营业额		客房收入	
	限额以上	大中型	限额以上	大中型
总　　计	**89381855**	**52843529**	**22154553**	**12021457**
一、住宿业	**38111189**	**23845579**	**19072278**	**10703229**
(一)按登记注册类型分				
1.内资企业	**32577444**	**18793821**	**16355554**	**8280178**
国有企业	3916408	2567526	1728822	1072062
集体企业	462149	204511	205651	77005
股份合作企业	95301	50601	40140	13722
联营企业	43497	18321	21744	10260
国有联营企业	25940	18321	14354	10260
集体联营企业	5797		2181	
国有与集体联营企业	7532		3444	
其他联营企业	4225		1766	
有限责任公司	15317792	10460954	7552941	4681602
国有独资公司	1380529	1114330	619885	484090
其他有限责任公司	13937266	9346627	6933062	4197516
股份有限公司	1260518	803780	588350	338517
私营企业	11256687	4618744	6097437	2051082
私营独资企业	983507	143902	537645	64858
私营合伙企业	265369	54433	119000	15396
私营有限责任公司	9430316	4154067	5149021	1864880
私营股份有限公司	577501	266346	291774	105948
其他企业	225095	69387	120484	35937
2.港、澳、台商投资企业	**3645290**	**3356335**	**1776507**	**1613879**
合资经营企业	1550739	1446751	728509	680297
合作经营企业	439853	412698	213635	199163
独资经营企业	1529739	1393613	775828	686334
投资股份有限公司	102964	92180	48060	42097
其他港澳台商投资企业	21999	11097	10480	5994
3.外商投资企业	**1888458**	**1695421**	**940218**	**809174**
中外合资经营企业	854483	775526	404949	351290
中外合作经营企业	249576	238888	122014	114495
外资企业	664962	574530	351777	290143
外商投资股份有限公司	50418	40770	29438	23484
其他外商投资企业	69020	65710	32046	29761
(二)按国民经济行业分				
旅游饭店	30011856	21304793	14062170	9385639
一般旅馆	7255444	2215153	4547430	1170856
其他住宿业	843894	325636	462682	146737
(三)按控股情况分				
国有控股	9808905	7432883	4419580	3228783
集体控股	1234250	698345	527493	255583
私人控股	17846657	8271928	9499464	3643157
港澳台控股	2676497	2442716	1323494	1190145
外商控股	1329654	1155680	703931	592592

企业经营情况

单位：万元

餐费收入		商品销售额		其他收入	
限额以上	大中型	限额以上	大中型	限额以上	大中型
59679628	**35835453**	**2685305**	**1327680**	**4862369**	**3658939**
14058207	**9480675**	**1063935**	**613136**	**3916769**	**3048539**
12208648	**7765046**	**906471**	**464412**	**3106771**	**2284185**
1566173	1035727	90071	57521	531342	402216
175104	80949	15738	7517	65656	39040
35049	21043	6539	5803	13573	10033
15017	5423	1155	436	5581	2202
7672	5423	499	436	3415	2202
3002		267		347	
1994		281		1813	
2350		110		-1	
5611045	4148387	392168	227557	1761638	1403408
497613	409413	22227	14004	240804	206823
5113437	3738973	369945	213553	1520822	1196585
473257	303785	58313	45256	140598	116222
4245841	2141899	334843	119208	578566	306555
369657	57185	39789	8911	36416	12948
120618	34463	13060	177	12691	4397
3514451	1915178	267817	103526	499027	270483
241122	135074	14178	6597	30427	18727
87167	27839	7654	1121	9790	4490
1214900	**1125324**	**110621**	**105765**	**543262**	**511367**
551655	509499	32428	29891	238147	227064
134591	127712	10071	10056	81556	75767
473331	442003	66150	64982	214430	200294
45525	41999	1747	800	7632	7284
9798	4114	226	38	1495	951
634659	**590306**	**46846**	**42957**	**266735**	**252984**
292738	273326	8584	6951	148212	143959
79148	77610	25952	25949	22462	20834
213578	193867	11390	9296	88217	81224
15674	12866	866	724	4440	3696
33526	32636	57	40	3391	3273
11738138	8591872	848657	567648	3362891	2759634
2069154	775869	176782	35613	462078	232815
250918	112940	38501	9878	91793	56081
3611850	2775496	256421	170584	1521054	1258020
504536	316414	40225	21960	161996	104388
6652171	3633905	502569	208149	1192453	786717
896695	823705	94736	91143	361572	337723
418472	384202	37551	33838	169700	145048

1-10 续表

项目	营业额		客房收入	
	限额以上	大中型	限额以上	大中型
二、餐饮业	**51270675**	**28997950**	**3082275**	**1318226**
(一)按登记注册类型分				
1.内资企业	**37347629**	**15902784**	**2989169**	**1247346**
国有企业	665532	296288	139168	69978
集体企业	247254	68189	32080	2367
股份合作企业	134650	77834	4104	2278
联营企业	7647		932	
国有联营企业				
集体联营企业	7647		932	
国有与集体联营企业				
其他联营企业				
有限责任公司	11543432	6200638	1079122	568215
国有独资公司	438997	306999	42749	22743
其他有限责任公司	11104436	5893636	1036371	545472
股份有限公司	1431976	1005617	93175	46063
私营企业	22855153	8200371	1608124	554653
私营独资企业	3538391	262721	186482	20512
私营合伙企业	379654	63524	32092	3231
私营有限责任公司	17920198	7320383	1323483	511681
私营股份有限公司	1016913	553744	66073	19228
其他企业	461996	53861	32470	3793
2.港、澳、台商投资企业	**5297361**	**4850189**	**67642**	**54862**
合资经营企业	1049762	973816	16455	13178
合作经营企业	159223	148611	5001	4398
独资经营企业	4037935	3693415	40568	32013
投资股份有限公司	30504	21794	261	
其他港澳台商投资企业	19936	12552	5356	5273
3.外商投资企业	**8625680**	**8244977**	**25466**	**16020**
中外合资经营企业	1815426	1749085	16776	12497
中外合作经营企业	70229	59341	1888	1888
外资企业	6424122	6142058	4122	1635
外商投资股份有限公司	45994	36202	1960	
其他外商投资企业	269913	258292	720	
(二)按国民经济行业分				
正餐服务	36914627	16263449	3043170	1299888
快餐服务	10419246	9617825	11425	4875
饮料及冷饮服务	1831100	1675883	621	
其他餐饮业	2105706	1440795	27059	13463
(三)按控股情况分				
国有控股	2496580	1617742	275802	156867
集体控股	703453	337720	83406	33649
私人控股	31122593	12226009	2319330	876143
港澳台控股	5221947	4785919	54984	41978
外商控股	7900503	7563259	17506	11806

单位：万元

餐费收入		商品销售额		其他收入	
限额以上	大中型	限额以上	大中型	限额以上	大中型
45621420	**26354779**	**1621367**	**714542**	**945613**	**610403**
32156612	**13635883**	**1410967**	**529247**	**790881**	**490308**
466428	195600	23686	9614	36250	21096
188972	53890	15374	6628	10828	5304
116742	63963	10876	9164	2928	2429
6514		197		4	
6514		197		4	
9646105	5170661	462084	222220	356121	239542
287951	192645	51146	38929	57151	52682
9358154	4978016	410938	183289	298973	186859
1192074	864728	111145	65327	35582	29499
20129364	7238806	771858	215212	345807	191700
3162509	233767	157631	6316	31769	2126
333044	57875	11280	2161	3238	257
15738259	6445811	562455	182978	296001	179913
895559	501352	40499	23759	14782	9405
410414	48242	15753	1081	3359	745
5117085	**4694563**	**66131**	**60705**	**46503**	**40059**
1011513	941638	8105	6572	13689	12428
149799	141790	2427	2155	1996	268
3915933	3585771	53735	51103	27699	24528
27563	19328	420	420	2260	2046
12276	6037	1445	454	859	788
8347725	**8024337**	**144270**	**124596**	**108219**	**80024**
1775609	1724168	7254	3127	15787	9293
51404	42920	428	409	16509	14124
6230840	5985402	134381	118904	54779	36117
27422	20296	2209	2156	14403	13750
262449	251554			6744	6738
31824387	14032117	1256584	438982	790486	492462
10162943	9416129	142946	117540	101932	79281
1691604	1553967	131014	119324	7861	2592
1942489	1352566	90827	38699	45331	36067
1841424	1214789	195226	113840	184128	132246
521899	250146	55468	27710	42680	26215
27248388	10730946	1062613	339319	492262	279601
5068236	4655538	61085	57251	37642	31152
7639287	7349065	141416	122625	102294	79763

1-11 大中型住宿和餐饮业

项 目	流动资产合计		固定资产原价	
	限额以上	大中型	限额以上	大中型
总 计	**64969228**	**41006298**	**102404029**	**68152479**
一、住宿业	**43092669**	**29464975**	**78861672**	**56025158**
(一)按登记注册类型分				
1.内资企业	**34720309**	**22164095**	**62049380**	**40858459**
国有企业	2984079	2083029	9704653	6810748
集体企业	307933	174736	847264	469870
股份合作企业	78578	49405	128746	51036
联营企业	42726	22073	88293	44795
国有联营企业	24222	22073	60054	44795
集体联营企业	2674		17633	
国有与集体联营企业	15827		10113	
其他联营企业	3		494	
有限责任公司	18845184	13365178	33778992	24947284
国有独资公司	1588970	1344607	4290854	3448103
其他有限责任公司	17256216	12020574	29488136	21499179
股份有限公司	1742750	1338393	2687244	1662314
私营企业	10585655	5089178	14541883	6778635
私营独资企业	403632	83803	856258	140361
私营合伙企业	92561	20814	207348	31852
私营有限责任公司	9559221	4787033	12747818	6280101
私营股份有限公司	530249	197532	730456	326326
其他企业	133414	42108	272320	93784
2.港、澳、台商投资企业	**5557006**	**4842646**	**10979777**	**9914982**
合资经营企业	2261952	2066133	4537629	4119467
合作经营企业	712650	650543	1301675	1182697
独资经营企业	2449264	2009864	4810023	4330852
投资股份有限公司	102339	85731	240634	214892
其他港澳台商投资企业	30801	30376	89818	67075
3.外商投资企业	**2815362**	**2458235**	**5832518**	**5251718**
中外合资经营企业	1157404	989129	2198871	2012140
中外合作经营企业	437961	410138	997569	925371
外资企业	1139371	986853	2206063	1918794
外商投资股份有限公司	50499	45669	343688	324546
其他外商投资企业	30125	26451	86329	70867
(二)按国民经济行业分				
旅游饭店	35883180	26033346	70072595	52618355
一般旅馆	5873752	2497224	7460391	2775852
其他住宿业	1335737	934409	1328686	630953
(三)按控股情况分				
国有控股	9158018	7214456	27511992	21342737
集体控股	917577	624128	2595664	1650428
私人控股	19387264	10653307	26080386	14187286
港澳台控股	4347975	3746081	8409523	7530518
外商控股	2458694	2005589	4473878	3996633

企业年末资产负债

单位：万元

累计折旧		资产总计		负债合计		所有者权益合计	
限额以上	大中型	限额以上	大中型	限额以上	大中型	限额以上	大中型
39931351	**27979002**	**171552366**	**110266456**	**123380620**	**79860773**	**48174232**	**30405683**
31794111	**23272941**	**121518951**	**84038182**	**87941935**	**61075192**	**33577018**	**22962989**
23822174	**16130947**	**98590524**	**63528326**	**71573411**	**46661479**	**27017107**	**16866849**
4417032	3095519	10949648	7903690	6099395	4191909	4850259	3711784
432426	246440	919899	464151	638405	311395	281497	152756
63645	25844	190736	106515	154615	77051	36121	29465
52413	25591	198509	44433	155276	15236	43231	29196
37221	25591	51488	44433	23849	15236	27638	29196
6744		16421		15345		1074	
8290		130208		115538		14670	
158		394		544		-149	
12520300	9306884	54385442	38954898	40435337	29185310	13950108	9769588
1845516	1511288	5725938	4712707	3074108	2464677	2651830	2248033
10674781	7795592	48659506	34242190	37361229	26720635	11298277	7521560
1108765	743562	4524865	3120509	3022031	1952111	1502832	1168399
5108362	2643184	27099317	12837144	20856190	10864949	6243130	1972197
265513	66779	1209014	209269	586086	128240	622930	81025
76331	15905	319340	53422	146521	41151	172821	12270
4511507	2445570	24262436	12005813	19188057	10327885	5074383	1677929
255013	114934	1308533	568643	935527	367673	373003	200972
119240	43932	322112	96997	212178	63529	109933	33470
5278279	**4753960**	**15472685**	**13839442**	**11340134**	**10019750**	**4132555**	**3819693**
2469406	2201097	6034426	5545592	4872484	4328047	1161947	1217545
774666	717848	1420178	1271350	1063873	915586	356305	355764
1920923	1738778	7626724	6703613	5107729	4537136	2518999	2166473
86806	75757	283611	230456	240529	202744	43082	27713
26478	20483	107749	88434	55525	36235	52223	52199
2693662	**2388038**	**7455746**	**6670414**	**5028388**	**4393964**	**2427356**	**2276452**
1212152	1096361	3033783	2743867	1863489	1653213	1170294	1090653
363424	309414	1121253	1068171	998442	879647	122811	188522
1003213	877950	2830360	2427976	1735597	1450076	1094759	977901
88945	82917	377814	353781	457734	439836	-79922	-86055
25929	21399	92540	76624	-26872	-28807	119413	105430
28759907	22026418	103515202	76182767	75593349	55341556	27921856	20841211
2545056	1015761	15178404	6101741	10300404	4474707	4878000	1627036
489152	230763	2825347	1753675	2048189	1258934	777160	494740
11765657	9183805	33283996	26140398	19681258	15010010	13602737	11130391
1250143	804116	3089399	1906007	2349174	1497676	740227	408333
8957618	5116702	49383344	26613370	39356418	23186016	10026928	3427357
3705335	3281206	12344806	10943174	9073111	7978643	3271704	2964536
1876835	1644524	6338852	5507941	4202162	3627640	2136691	1880304

1-11 续表

项目	流动资产合计		固定资产原价	
	限额以上	大中型	限额以上	大中型
二、餐饮业	**21876562**	**11541324**	**23542359**	**12127325**
(一)按登记注册类型分				
1.内资企业	**18585679**	**8861069**	**19927181**	**8944878**
国有企业	303166	175182	811814	494068
集体企业	79771	40871	91924	14390
股份合作企业	77370	61343	62717	47306
联营企业	4939		5393	
国有联营企业				
集体联营企业	4939		5393	
国有与集体联营企业				
其他联营企业				
有限责任公司	7012943	3793902	7523678	4008266
国有独资公司	242832	156634	343495	188076
其他有限责任公司	6770111	3637268	7180185	3820189
股份有限公司	1392731	737366	947089	632048
私营企业	9616704	4042262	10322669	3732860
私营独资企业	657558	71811	1180178	108668
私营合伙企业	74716	12817	120267	12175
私营有限责任公司	8299280	3630368	8583566	3438214
私营股份有限公司	585155	327271	438661	173803
其他企业	98066	10147	161897	15944
2.港、澳、台商投资企业	**2056493**	**1682656**	**1753550**	**1487893**
合资经营企业	382691	326725	450619	382889
合作经营企业	48095	42095	76198	57323
独资经营企业	1553440	1298274	1206362	1039668
投资股份有限公司	65995	10099	19662	7832
其他港澳台商投资企业	6275	5461	708	181
3.外商投资企业	**1234397**	**997604**	**1861636**	**1694553**
中外合资经营企业	290379	219509	577172	536637
中外合作经营企业	27155	16361	11403	7524
外资企业	846992	698968	1211209	1106974
外商投资股份有限公司	13588	10111	13633	7185
其他外商投资企业	56282	52658	48221	36235
(二)按国民经济行业分				
正餐服务	18225908	8500170	20509138	9451851
快餐服务	2238699	1936457	2342902	2175020
饮料及冷饮服务	575163	526012	303095	255080
其他餐饮业	836793	578687	387233	245374
(三)按控股情况分				
国有控股	1631425	1037650	2275425	1455161
集体控股	540700	261113	675440	321358
私人控股	14666974	6550069	14722514	5787617
港澳台控股	2006854	1630917	1632845	1380190
外商控股	1094591	894715	1712088	1565762

单位：万元

累计折旧		资产总计		负债合计		所有者权益合计	
限额以上	大中型	限额以上	大中型	限额以上	大中型	限额以上	大中型
8137242	**4706059**	**50033419**	**26228278**	**35438688**	**18785584**	**14597218**	**7442695**
6406706	**3184933**	**42182600**	**19514132**	**30324920**	**14514565**	**11860166**	**4999565**
317292	196851	1039909	646471	567555	289240	472353	357230
38874	8810	157340	52730	100134	29379	57210	23351
26416	16994	129405	103052	90959	68382	38447	34670
1377		14004		12106		1899	
1377		14004		12106		1899	
2494459	1436331	16049931	8445356	12445461	6624096	3604895	1821263
117599	70302	563404	309560	450299	272921	113105	36641
2376863	1366027	15486527	8135796	11995164	6351176	3491790	1784625
291025	188730	2743589	1598005	1804691	819321	938896	778686
3184717	1328784	21800921	8646265	15187618	6659741	6615368	1986528
327161	46516	1853288	186767	794838	110158	1058456	76613
36880	6315	190509	22562	74142	11241	116369	11322
2681969	1218743	18548961	7812624	13589764	6215072	4961262	1597553
138718	57213	1208165	624316	728885	323270	479287	301044
52559	8443	247509	22256	116407	24414	131104	-2158
785565	**661980**	**4102804**	**3432248**	**2616824**	**2080780**	**1485978**	**1351466**
196847	167367	927401	812136	588738	489461	338662	322672
53286	43819	103296	74463	127845	87162	-24548	-12699
527320	447597	2972736	2518560	1845572	1489653	1127166	1028904
7775	3088	92323	21533	48087	9314	44236	12219
342	110	7048	5560	6588	5190	461	369
944973	**859150**	**3748018**	**3281904**	**2496944**	**2190241**	**1251078**	**1091661**
290958	267754	843419	736379	531541	445866	311879	290513
8616	5679	34807	21817	20414	13015	14393	8802
615098	563401	2646154	2369430	1814172	1645755	831981	723678
6772	3684	82510	32289	38766	3616	43744	28673
23532	18634	141130	121989	92050	81990	49082	39999
6718313	3430778	42248104	19449077	30638862	14625899	11611728	4823180
1137257	1063737	5347279	4862858	3478566	3179471	1868712	1683386
136588	116404	1109681	1007952	623012	552114	486671	455838
145089	95142	1328358	908397	698251	428105	630107	480295
835345	554994	4000867	2468950	2555073	1367287	1445795	1101666
226873	83069	1218380	534384	1023453	453350	194929	81034
4555339	2049597	32741519	14126363	23706126	11166499	9037708	2959869
741875	624524	3907740	3252713	2438701	1921387	1469039	1331322
869244	794555	3407820	2995113	2285032	2012254	1122788	982857

1-12 大中型住宿和餐饮业

项目	实收资本		国家资本		集体资本	
	限额以上	大中型	限额以上	大中型	限额以上	大中型
总　计	**57656965**	**35966626**	**11213074**	**8466780**	**1168326**	**485662**
一、住宿业	**43764533**	**30369413**	**10362423**	**7938763**	**821024**	**399167**
(一)按登记注册类型分						
1.内资企业	**34579696**	**22705637**	**9469290**	**7090142**	**752687**	**347746**
国有企业	3839285	2511849	3404633	2261145	4345	469
集体企业	230497	73470	314		211043	65379
股份合作企业	31324	10315	4866	4742	7258	3128
联营企业	69073	22300	31511	21000	3155	
国有联营企业	25688	22300	23000	21000		
集体联营企业	5913				2875	
国有与集体联营企业	37049		8511		280	
其他联营企业	423					
有限责任公司	21504322	16595305	5505745	4443386	473587	252812
国有独资公司	2434205	2047370	1604832	1316157	404	374
其他有限责任公司	19070112	14547937	3900914	3127228	473183	252438
股份有限公司	1284557	805942	468906	329148	31670	15760
私营企业	7526232	2661308	21748	10855	20538	10197
私营独资企业	463509	63694	2255		661	
私营合伙企业	156810	13009				
私营有限责任公司	6549993	2455985	19426	10854	17630	10196
私营股份有限公司	355928	128620	67	1	2249	1
其他企业	94415	25153	31576	19873	1093	
2.港、澳、台商投资企业	**6070526**	**5107526**	**563036**	**527176**	**29676**	**18659**
合资经营企业	1983059	1713066	196699	176393	28517	17657
合作经营企业	539821	489541	92006	76903	1159	1002
独资经营企业	3338291	2714678	263500	263500		
投资股份有限公司	155746	137264	10380	10380		
其他港澳台商投资企业	53610	52977	451			
3.外商投资企业	**3114315**	**2556254**	**330098**	**321446**	**38661**	**32761**
中外合资经营企业	1087024	882275	116932	108281	12850	6950
中外合作经营企业	564344	513951	213165	213165	25811	25811
外资企业	1344442	1067187				
外商投资股份有限公司	40010	27843				
其他外商投资企业	78498	65000				
(二)按国民经济行业分						
旅游饭店	38315706	28311023	9552527	7503862	736192	382586
一般旅馆	4707371	1712746	563912	237389	69124	14336
其他住宿业	741463	345644	245986	197515	15711	2244
(三)按控股情况分						
国有控股	12759646	9752386	9236834	6928379	31469	18624
集体控股	1008432	542676	5434	200	517889	211910
私人控股	17817740	10433800	45210	21580	51109	11791
港澳台控股	5160247	4288109	315842	301277	18115	13578
外商控股	2574851	2068425	229218	224519	7370	6450

企业实收资本及构成

单位：万元

法人资本		个人资本		港澳台资本		外商资本	
限额以上	大中型	限额以上	大中型	限额以上	大中型	限额以上	大中型
19475410	**11183060**	**17487887**	**9273405**	**5259287**	**4236939**	**3052994**	**2320795**
14125575	**9083937**	**12046482**	**7790863**	**4361877**	**3563842**	**2047162**	**1592848**
12311682	**7528985**	**11914449**	**7705314**	**26745**	**2032**	**104847**	**31425**
424677	249210	4817	212	817	816	1	
18466	7779	676	311				
10298		8901	2445				
33319	1300	1089					
1600	1300	1089					
3038							
28258							
423							
7919733	5674675	7476285	6193223	25906	1215	103063	30000
827936	730839	1034					
7091800	4943835	7475251	6193223	25906	1215	103063	30000
476009	263601	306553	196010			1425	1425
3406517	1328855	4077053	1311400	22	1	358	
144669	32648	315907	31047	6		6	
89247	9013	67565	3996				
3000610	1234536	3511967	1200399	15		352	
171995	52659	181621	75958	1	1		
22667	3567	39079	1713				
1110570	**965993**	**69855**	**57839**	**4229411**	**3476780**	**67978**	**61077**
615171	518186	59762	49885	1055110	930035	27797	20908
125722	116612	4053	1938	309118	285323	7763	7763
364498	331196	520	495	2677370	2087081	32405	32405
5009				140357	126884		
169		5521	5521	47457	47457	13	
703323	**588956**	**62180**	**27712**	**105719**	**85030**	**1874336**	**1500348**
513264	442213	41710	27162	40683	34512	361586	263157
69352	54369	20150	550	14903	9009	220961	211045
108623	82011	56		41508	41508	1194256	943668
12035	10363			8626		19349	17480
50		264				78184	65000
11881377	8130911	10234174	7447102	4128672	3412959	1782769	1433610
1963116	852663	1639613	312199	213821	138161	257789	158000
281085	100362	172697	31564	19385	12721	6605	1240
3244809	2577959	74677	60844	110633	106475	61225	60109
468547	324244	15700	6320	30		833	
6366314	2963135	11301020	7391221	12924	10030	41164	36041
811592	696834	49103	46992	3925061	3189093	40533	40333
488856	431224	5540	1800	75002	59790	1768863	1344640

1-12 续表

项目	实收资本		国家资本		集体资本	
	限额以上	大中型	限额以上	大中型	限额以上	大中型
二、餐饮业	**13892437**	**5597217**	**850653**	**528018**	**347306**	**86496**
(一)按登记注册类型分						
1.内资企业	**11460935**	**3832075**	**839447**	**519112**	**335821**	**81214**
国有企业	389888	266507	364398	256178	632	100
集体企业	40926	2850			35927	2470
股份合作企业	14735	8314	5000	5000	2924	1231
联营企业	2535				2067	
国有联营企业						
集体联营企业	2535				2067	
国有与集体联营企业						
其他联营企业						
有限责任公司	4035510	1574825	357386	185508	224973	37152
国有独资公司	148052	81426	110489	61686	361	351
其他有限责任公司	3887459	1493399	246899	123822	224612	36801
股份有限公司	530701	294435	94206	71971	9820	5433
私营企业	6365744	1681582	16922	453	59153	34829
私营独资企业	733504	45616	351		2993	
私营合伙企业	92471	8129	6		613	
私营有限责任公司	5215366	1524314	13246	453	54311	34829
私营股份有限公司	324407	103524	3319		1238	
其他企业	80900	3562	1538		325	
2.港、澳、台商投资企业	**1168973**	**848866**	**5196**	**5029**	**4402**	
合资经营企业	233023	152896	3408	3241	3702	
合作经营企业	51580	33184	1788	1788	700	
独资经营企业	849379	650676				
投资股份有限公司	33035	11109				
其他港澳台商投资企业	1958	1000				
3.外商投资企业	**1262529**	**916279**	**6009**	**3877**	**7084**	**5282**
中外合资经营企业	253193	196286	5997	3877	7073	5282
中外合作经营企业	19036	9918				
外资企业	904754	666367	12		11	
外商投资股份有限公司	34164	13637				
其他外商投资企业	51379	30069				
(二)按国民经济行业分						
正餐服务	12091942	4226871	772689	453990	324925	81152
快餐服务	1271476	1070838	58295	55391	4479	3633
饮料及冷饮服务	198723	156510	6620	6482	102	
其他餐饮业	330294	142996	13050	12156	17801	1711
(三)按控股情况分						
国有控股	1136092	725452	742683	464230	20023	8788
集体控股	261711	42051	1772	1076	146543	22935
私人控股	9056237	2564415	32076	7119	78008	36258
港澳台控股	1128936	817016	2464	2464	4402	
外商控股	1146057	833906	4023	3877	5156	5073

单位：万元

法人资本		个人资本		港澳台资本		外商资本	
限额以上	大中型	限额以上	大中型	限额以上	大中型	限额以上	大中型
5349837	**2099120**	**5441403**	**1482546**	**897410**	**673097**	**1005832**	**727946**
4846581	**1749630**	**5417279**	**1468700**	**17645**	**11505**	**4168**	**1917**
23395	10228	1463					
3605	200	1393	180				
2316	660	4494	1423				
330		138					
330		138					
2097703	917827	1339239	424139	14961	10200	1250	
36861	19390	342					
2060843	898437	1338897	424139	14961	10200	1250	
168539	78846	256160	136271	64		1917	1917
2521770	740113	3764930	905382	2074	810	899	
217983	12956	512128	32661	27		28	
21078	1778	70773	6351				
2199745	710433	2945426	777791	1771	810	871	
82970	14946	236605	88578	276			
28930	1762	49461	1305	546	495	102	
301666	**200463**	**16848**	**13213**	**837672**	**627231**	**3191**	**2928**
107008	65523	13031	10213	104624	72930	1253	991
28194	16507	588		19612	14192	696	696
146186	117433	3230	3000	698725	529002	1242	1241
18427				14608	11109		
1851	1000			107			
201593	**149029**	**7278**	**632**	**42094**	**34361**	**998474**	**723098**
111980	82877	6414	632	36741	34361	84989	69258
4740	4346	25		4768		9504	5573
78041	55911	604		245		825843	610458
637						33527	13637
6196	5896	233		340		44609	24173
4852738	1731050	5123164	1351863	567392	374063	451039	234754
330068	269935	174455	93612	228456	213453	475726	434817
47057	34458	18307	671	78612	70370	48027	44529
119980	63681	125477	36400	22952	15208	31041	13842
311148	196042	56542	51998	2356	2000	3342	2394
105132	13793	8269	4247				
3870871	1226489	5067729	1292078	3375	810	4189	1664
263117	175805	9594	7378	846336	629432	3026	1937
149797	110808	1271		2124	1609	983685	712539

1-13 大中型住宿和餐饮业

项 目	主营业务收入		主营业务成本	
	限额以上	大中型	限额以上	大中型
总 计	**86432735**	**51173099**	**40546615**	**20768737**
一、住宿业	**36936967**	**23218407**	**14833954**	**8127802**
(一)按登记注册类型分				
1.内资企业	**31545499**	**18283778**	**13069077**	**6557155**
国有企业	3790490	2504333	1397577	773187
集体企业	448620	197239	185083	58858
股份合作企业	89547	48268	34146	17170
联营企业	42239	17615	12540	3208
国有联营企业	24916	17615	6084	3208
集体联营企业	5830		2824	
国有与集体联营企业	7266		1342	
其他联营企业	4225		2291	
有限责任公司	14838442	10178165	5706768	3568040
国有独资公司	1331423	1078983	501710	377230
其他有限责任公司	13507017	9099179	5205059	3190816
股份有限公司	1219135	782619	545759	326093
私营企业	10897772	4488592	5066486	1782257
私营独资企业	963347	140937	597066	78258
私营合伙企业	253715	52945	149176	30521
私营有限责任公司	9121874	4038302	4034492	1540198
私营股份有限公司	558841	256407	285761	133280
其他企业	219259	66957	120728	28348
2.港、澳、台商投资企业	**3512536**	**3241158**	**1192497**	**1073333**
合资经营企业	1485845	1395446	437671	395766
合作经营企业	427729	400917	161444	152799
独资经营企业	1452026	1321659	531963	477282
投资股份有限公司	100174	89292	35231	30455
其他港澳台商投资企业	46762	33849	26189	17036
3.外商投资企业	**1878936**	**1693476**	**572388**	**497316**
中外合资经营企业	841440	765895	194112	163858
中外合作经营企业	278573	268746	110558	107387
外资企业	643153	555527	223931	187186
外商投资股份有限公司	48732	40066	10443	7152
其他外商投资企业	67039	63240	33345	31735
(二)按国民经济行业分				
旅游饭店	29093860	20740152	11122762	7146073
一般旅馆	7017855	2159685	3340154	877161
其他住宿业	825257	318572	371040	104564
(三)按控股情况分				
国有控股	9467504	7197656	3440298	2367239
集体控股	1200990	677143	492405	239236
私人控股	17279775	8039291	7829721	3161032
港澳台控股	2587649	2367421	920966	821047
外商控股	1325710	1170690	435240	379177

企业损益及分配

单位：万元

主营业务税金及附加		主营业务利润		其他业务利润		销售费用	
限额以上	大中型	限额以上	大中型	限额以上	大中型	限额以上	大中型
2240377	**1214212**	**43645743**	**29190150**	**1366821**	**997460**	**24295330**	**16743888**
1017345	**610229**	**21085668**	**14480376**	**623984**	**403672**	**10313947**	**6741354**
861867	**467121**	**17614555**	**11259502**	**523400**	**310184**	**8965656**	**5539383**
98168	63900	2294745	1667246	78337	52040	1259758	872502
12597	5163	250940	133218	5980	1401	134207	71146
2363	972	53038	30126	52	40	28228	13611
1040	436	28659	13971	539	483	14169	7472
655	436	18177	13971	483	483	9984	7472
110		2896		39		1447	
146		5778		17		2297	
130		1804				441	
394067	254036	8737607	6356089	241952	144698	4314858	2959259
31629	25581	798084	676172	36296	31669	372906	295212
362442	228459	7939516	5679904	205658	113029	3941951	2664046
38007	23547	635369	432979	36270	29496	319514	207259
309390	117686	5521896	2588649	156729	81453	2859390	1398151
31850	4482	334431	58197	3099	203	105949	26364
8173	1143	96366	21281	4861	2220	40169	10889
252470	104397	4834912	2393707	138316	75475	2602452	1311388
16899	7668	256181	115459	10458	3556	110818	49515
6241	1387	92290	37222	3542	574	35540	9984
107718	**100889**	**2212321**	**2066936**	**82452**	**79161**	**841427**	**757697**
44598	42440	1003576	957240	67221	66200	379084	347867
14131	13356	252154	234762	996	1547	98108	88094
44783	41398	875280	802979	11932	10137	323338	286913
2621	2334	62322	56503	1991	964	34381	29611
1586	1365	18987	15448	313	313	6517	5215
47760	**42219**	**1258788**	**1153941**	**18134**	**14325**	**506865**	**444279**
25016	22823	622312	579214	4157	3915	232814	209280
4764	4415	163251	156944	2204	898	76601	71409
15718	12990	403504	355351	11037	9403	172673	142863
896	710	37393	32204	112		18566	15786
1370	1282	32324	30223	623	109	6216	4940
802066	550229	17169032	13043850	528059	376697	8420871	6064658
192726	51502	3484975	1231022	90012	26067	1709521	596355
22550	8495	431667	205513	5919	909	183559	80339
245264	185985	5781942	4644432	192722	149252	2953114	2248505
34811	19248	673774	418659	14818	8635	375428	239112
490519	207111	8959535	4671148	278747	161831	4498489	2314927
78959	73467	1587724	1472907	28177	24483	630892	563999
31079	26035	859391	765478	26488	10817	348125	290258

1-13 续表 1

项　目	主营业务收入		主营业务成本	
	限额以上	大中型	限额以上	大中型
二、餐饮业	**49495771**	**27954691**	**25712662**	**12640936**
(一)按登记注册类型分				
1.内资企业	**36153584**	**15387121**	**20190275**	**7478022**
国有企业	644400	292043	360370	141745
集体企业	234092	65255	154611	37108
股份合作企业	132001	76129	72691	39576
联营企业	7624		4913	
国有联营企业				
集体联营企业	7624		4913	
国有与集体联营企业				
其他联营企业				
有限责任公司	11194865	6031546	5759504	2712114
国有独资公司	450405	295799	272204	166539
其他有限责任公司	10744461	5735748	5487304	2545574
股份有限公司	1318784	920072	729319	483069
私营企业	22163639	7949418	12807716	4033781
私营独资企业	3449959	252432	2254205	146633
私营合伙企业	365533	62692	230457	38032
私营有限责任公司	17358895	7092145	9768795	3561703
私营股份有限公司	989254	542154	554264	287416
其他企业	458187	52664	301153	30635
2.港、澳、台商投资企业	**5087814**	**4654190**	**1827120**	**1641653**
合资经营企业	1025293	952755	426313	391835
合作经营企业	151894	141950	56963	53545
独资经营企业	3862135	3525808	1323379	1184251
投资股份有限公司	29257	21126	15215	9979
其他港澳台商投资企业	19234	12551	5253	2041
3.外商投资企业	**8254376**	**7913380**	**3695268**	**3521262**
中外合资经营企业	1756174	1695323	784399	749006
中外合作经营企业	68408	57925	46972	43581
外资企业	6122458	5873675	2748631	2623577
外商投资股份有限公司	44810	35080	18675	14012
其他外商投资企业	262529	251379	96590	91086
(二)按国民经济行业分				
正餐服务	35800737	15750054	19495048	7418710
快餐服务	10016221	9266695	4515225	4025696
饮料及冷饮服务	1680027	1535930	490438	409429
其他餐饮业	1998792	1402015	1211958	787102
(三)按控股情况分				
国有控股	2389880	1541708	1286038	750285
集体控股	657938	319619	357320	144124
私人控股	30215601	11862108	17171458	5894708
港澳台控股	5016070	4590755	1796104	1614452
外商控股	7555489	7252881	3359871	3207866

单位：万元

主营业务税金及附加		主营业务利润		其他业务利润		销售费用	
限额以上	大中型	限额以上	大中型	限额以上	大中型	限额以上	大中型
1223040	**603985**	**22560069**	**14709770**	**742837**	**593787**	**13981388**	**10002533**
958785	**357515**	**15004524**	**7551584**	**368912**	**225189**	**8580120**	**4887784**
16225	7313	267805	142985	9271	3498	147067	82792
5908	1706	73573	26441	131		35008	14345
3429	2034	55881	34519	325		35710	20358
99		2612				744	
99		2612				744	
285170	136963	5150191	3182469	137581	98924	3245680	2114682
11817	7352	166384	121908	6418	6109	101520	74179
273358	129612	4983799	3060562	131164	92812	3144161	2040506
33714	21249	555751	415754	15476	9449	309649	234346
598132	186965	8757791	3728672	198259	107058	4750977	2405818
111457	7291	1084297	98508	18297	2890	314231	50396
9925	1050	125151	23610	1441	164	54225	14541
452198	168450	7137902	3361992	159685	93701	4142059	2185485
24553	10175	410437	244563	18841	10303	240466	155401
16113	1289	140921	20740	7871	6262	55296	15448
98547	**88284**	**3162147**	**2924253**	**36021**	**32583**	**2343132**	**2162058**
19540	17727	579440	543193	5463	5101	431025	404293
2986	2609	91945	85796	-13	-23	62983	55279
75045	67233	2463711	2274324	30466	27501	1832693	1689997
603	467	13439	10680	100	4	9059	7797
377	252	13604	10258	1	1	7378	4692
165710	**158186**	**4393398**	**4233932**	**337907**	**336017**	**3058138**	**2952691**
33944	32674	937831	913643	4350	3887	627809	611072
1388	1072	20048	13272			9004	3225
123880	118605	3249947	3131493	331751	330761	2278334	2202146
823	575	25312	20493	1446	1369	15778	13506
5676	5263	160263	155030	362	2	127209	122743
961361	375972	15344328	7955372	318293	180165	8927228	5184291
191930	175197	5309066	5065802	396297	390954	3794277	3657567
32419	28053	1157170	1098448	14421	11984	835989	803290
37332	24768	749502	590145	13829	10686	423897	357382
53990	34382	1049852	757041	49508	39581	640227	472292
16959	7241	283659	168254	6696	3318	171103	100823
814718	280089	12229425	5687311	262247	142097	6839930	3681445
95973	85945	3123993	2890358	33824	30429	2327928	2150544
151402	144737	4044216	3900278	337981	335427	2838173	2743483

1-13 续表 2

项　　目	管理费用		财务费用	
	限额以上	大中型	限额以上	大中型
总　　计	**16103893**	**10433048**	**2513768**	**1691404**
一、住宿业	**10409748**	**7273357**	**1801233**	**1316058**
(一)按登记注册类型分				
1.内资企业	**8598731**	**5628461**	**1449907**	**989644**
国有企业	1215691	851428	50870	33197
集体企业	98337	50636	6251	2690
股份合作企业	20929	12629	2443	767
联营企业	13404	6339	856	673
国有联营企业	7712	6339	900	673
集体联营企业	1100		8	
国有与集体联营企业	3829		-84	
其他联营企业	762		33	
有限责任公司	4572912	3367795	812671	633468
国有独资公司	493503	410139	33320	32085
其他有限责任公司	4079412	2957659	779352	601385
股份有限公司	302107	203093	58200	32606
私营企业	2333358	1116820	515531	285748
私营独资企业	101199	18066	20585	4657
私营合伙企业	33221	7667	5603	1078
私营有限责任公司	2092052	1042624	462875	271790
私营股份有限公司	106891	48463	26469	8228
其他企业	42006	19727	3090	495
2.港、澳、台商投资企业	**1174935**	**1065869**	**261095**	**245127**
合资经营企业	503253	471927	110444	102754
合作经营企业	104939	92421	7988	6819
独资经营企业	534405	474534	138733	131763
投资股份有限公司	24403	21332	3071	2981
其他港澳台商投资企业	7939	5655	861	812
3.外商投资企业	**636087**	**579029**	**90234**	**81292**
中外合资经营企业	288468	266997	43946	41183
中外合作经营企业	90628	86227	12742	12631
外资企业	224286	197519	32186	26141
外商投资股份有限公司	16396	13637	652	527
其他外商投资企业	16315	14650	706	809
(二)按国民经济行业分				
旅游饭店	8720199	6598587	1576737	1216147
一般旅馆	1469994	559639	191776	78333
其他住宿业	219559	115131	32725	21582
(三)按控股情况分				
国有控股	3160700	2459573	282816	234860
集体控股	292947	182136	32750	22955
私人控股	3969979	2142674	951068	593858
港澳台控股	898026	805028	215799	202939
外商控股	486634	420878	71056	63611

单位：万元

营业利润		利润总额		应交所得税		应付职工薪酬	
限额以上	大中型	限额以上	大中型	限额以上	大中型	限额以上	大中型
1859004	**1118406**	**2048943**	**1354324**	**918719**	**623808**	**17742841**	**11150540**
-661308	**-306731**	**-444558**	**-145962**	**353496**	**245962**	**8909518**	**5843726**
-747571	**-459058**	**-521262**	**-299887**	**248455**	**146022**	**7610456**	**4651420**
-58200	40664	12803	74031	33202	23072	1193660	795590
23253	10773	22821	10808	5350	2707	113276	55936
1568	3067	-822	2313	680	557	25375	13677
633	-31	1021	98	589	159	15728	5755
64	-31	426	98	262	159	8122	5755
245		266		79		1727	
-244		-238		212		5366	
570		567		37		513	
-654833	-360235	-522911	-261595	124506	85622	3762070	2642549
-88968	-52968	-61034	-26540	15394	12738	431968	356192
-565867	-307266	-461880	-235053	109108	72889	3330105	2286357
-30934	-695	-31555	945	8681	6042	277165	190009
-43290	-159873	-15294	-134338	73840	27503	2168157	926213
106881	9129	92207	8373	8243	1571	131037	22043
19281	1779	17513	1818	1924	780	39657	8313
-185517	-183262	-138815	-157301	60810	24422	1899488	852012
16068	12488	13802	12773	2866	732	97977	43847
14224	7267	12678	7845	1617	359	55037	21706
-6008	**38472**	**-22119**	**32792**	**72360**	**69719**	**838454**	**772449**
8572	28902	8701	28584	29774	29333	369165	346173
40853	47675	36073	42115	18563	18154	97479	90235
-61091	-45968	-74160	-46976	21971	20226	344360	312422
1671	3781	3267	4977	729	684	23536	20620
3984	4078	4000	4085	1323	1323	3915	2997
92278	**113857**	**98818**	**121135**	**32681**	**30224**	**460612**	**419859**
104311	108741	101492	106895	17451	16850	198562	183469
-15041	-12660	-13632	-11334	2328	2287	75221	72565
-8150	5588	-973	13122	12071	10294	153890	134712
1980	2256	2707	2497	813	792	16933	14452
9178	9931	9222	9956	17		16009	14661
-837694	-314359	-626434	-168524	276031	220441	7301032	5290648
174900	17411	181326	31256	70725	23435	1427262	470204
1488	-9784	548	-8695	6745	2089	181222	82876
-393495	-135845	-239090	-30121	111643	91191	2880759	2196103
-8566	-16456	-10444	-18033	12540	6656	295414	173297
-239881	-278080	-165519	-213896	119734	53949	3565653	1726597
-83189	-42660	-97281	-48299	38412	36099	612172	560884
30340	51683	39450	60133	20320	17671	322066	278450

1-13 续表 3

项目	管理费用		财务费用	
	限额以上	大中型	限额以上	大中型
二、餐饮业	**5694144**	**3159691**	**712540**	**375347**
(一)按登记注册类型分				
1.内资企业	**4386062**	**2003564**	**639532**	**310954**
国有企业	124238	67933	7497	1750
集体企业	21962	6430	1604	66
股份合作企业	15456	9745	1316	1151
联营企业	596		122	
国有联营企业				
集体联营企业	596		122	
国有与集体联营企业				
其他联营企业				
有限责任公司	1518871	842186	200429	115978
国有独资公司	69312	51086	3435	2598
其他有限责任公司	1449563	791099	196992	113381
股份有限公司	156636	104442	60275	30045
私营企业	2512522	969820	363404	161114
私营独资企业	259659	26302	43880	4723
私营合伙企业	34102	5518	4458	299
私营有限责任公司	2115580	886000	294951	146311
私营股份有限公司	103186	52000	20117	9784
其他企业	35790	3010	4888	853
2.港、澳、台商投资企业	**516293**	**438228**	**41680**	**35833**
合资经营企业	97559	85165	11118	8966
合作经营企业	26938	22982	1015	674
独资经营企业	384291	324281	29333	26091
投资股份有限公司	4273	2976	193	82
其他港澳台商投资企业	3233	2823	23	22
3.外商投资企业	**791797**	**717900**	**31330**	**28559**
中外合资经营企业	169643	159303	5399	4635
中外合作经营企业	8912	6606	230	201
外资企业	587851	530111	24127	22249
外商投资股份有限公司	4032	1755	-83	-133
其他外商投资企业	21358	20124	1654	1607
(二)按国民经济行业分				
正餐服务	4482959	2119827	654525	327153
快餐服务	895672	814965	45887	41078
饮料及冷饮服务	102478	80354	4363	2817
其他餐饮业	213036	144548	7763	4299
(三)按控股情况分				
国有控股	410656	268223	23766	11432
集体控股	88164	45164	20607	15657
私人控股	3473210	1454177	552484	261494
港澳台控股	498279	421537	35649	30589
外商控股	724387	656239	28081	25668

单位：万元

营业利润		利润总额		应交所得税		应付职工薪酬	
限额以上	大中型	限额以上	大中型	限额以上	大中型	限额以上	大中型
2520309	**1425135**	**2493503**	**1500285**	**565225**	**377846**	**8833322**	**5306816**
1780261	**639638**	**1741662**	**688805**	**329276**	**146455**	**6366754**	**3004047**
-2216	-5848	12149	982	3282	1860	153378	75557
14533	6007	12060	6041	2669	1623	44163	20338
3752	3332	4467	3808	1504	1115	25286	14973
1133		1655		6		915	
1133		1655		6		915	
298788	185511	307140	197336	111649	68765	2243626	1246866
-368	1064	3400	887	3456	3141	97514	74122
299149	184446	303739	196453	108193	65627	2146116	1172746
98589	110099	104335	116445	9469	7513	248809	189802
1321584	339054	1262829	362397	197196	65114	3585534	1445893
458013	13896	431059	13091	43834	2209	389849	33961
31959	3360	27350	3404	2827	288	56338	9727
666661	179273	639788	198683	134699	50935	2999190	1335525
164949	142529	164636	147217	15836	11682	140163	66682
44102	1485	37028	1800	3510	466	65048	10623
271166	**293214**	**268918**	**289662**	**88003**	**85183**	**1051967**	**956581**
37869	41799	35445	39235	14524	14154	203245	185752
1176	6940	721	6517	2328	2306	34495	31050
228366	241234	228784	240545	71097	68714	803851	731487
765	529	986	635	8	8	5014	3931
2994	2715	2985	2734	46		5364	4363
468882	**492280**	**482927**	**521812**	**147951**	**146216**	**1414609**	**1346188**
133415	136418	132711	136250	41285	40980	329953	313112
2001	3250	2309	3272	694	614	27903	25129
319077	337803	333646	367379	100768	99478	991183	946565
5947	5646	5977	5650	1431	1413	6842	4718
8447	9165	8284	9261	3774	3729	58730	56666
1508340	468630	1443282	500760	332519	153522	6411349	3105746
579836	550238	613348	584652	145777	141152	1741443	1626763
218363	212259	216543	214518	62723	61929	336501	312996
213774	194012	220333	200356	24213	21246	344038	261316
74094	85973	121403	104183	22491	19329	615022	437703
14650	15727	14224	16515	6382	4227	150673	83495
1583450	451436	1498038	477014	265881	97504	4999201	2118478
271407	292478	268601	287830	87578	84801	1032134	938331
411156	433533	424113	461879	129891	128336	1280962	1223557

1-14 大中型住宿和餐饮业企业经济效益分析指标

项 目	负债比率(%)		主营业务毛利率(%)		人均主营业务收入(万元)		费用率(%)	
	限额以上	大中型	限额以上	大中型	限额以上	大中型	限额以上	大中型
总 计	**71.9**	**72.4**	**53.1**	**59.4**	**21.2**	**22.9**	**49.6**	**56.4**
一、住宿业	**72.4**	**72.7**	**59.8**	**65.0**	**19.8**	**22.5**	**61.0**	**66.0**
(一)按登记注册类型分								
1.内资企业	**72.6**	**73.4**	**58.6**	**64.1**	**18.9**	**21.2**	**60.3**	**66.5**
国有企业	55.7	53.0	63.1	69.1	17.3	19.8	66.6	70.2
集体企业	69.4	67.1	58.7	70.2	18.9	20.4	53.2	63.1
股份合作企业	81.1	72.3	61.9	64.4	18.7	23.4	57.6	56.0
联营企业	78.2	34.3	70.3	81.8	19.1	18.5	67.3	82.2
国有联营企业	46.3	34.3	75.6	81.8	19.7	18.5	74.6	82.2
集体联营企业	93.4		51.6		10.8		43.8	
国有与集体联营企业	88.7		81.5		21.1		83.2	
其他联营企业	138.1		45.8		63.1		29.3	
有限责任公司	74.3	74.9	61.5	64.9	19.3	21.7	65.4	68.4
国有独资公司	53.7	52.3	62.3	65.0	19.0	20.0	67.6	68.3
其他有限责任公司	76.8	78.0	61.5	64.9	19.3	21.9	65.2	68.4
股份有限公司	66.8	62.6	55.2	58.3	19.9	21.8	55.8	56.6
私营企业	77.0	84.6	53.5	60.3	19.0	20.9	52.4	62.4
私营独资企业	48.5	61.3	38.0	44.5	22.2	23.0	23.6	34.8
私营合伙企业	45.9	77.0	41.2	42.4	18.6	18.1	31.1	37.1
私营有限责任公司	79.1	86.0	55.8	61.9	18.7	20.8	56.5	65.0
私营股份有限公司	71.5	64.7	48.9	48.0	19.3	22.2	43.7	41.4
其他企业	65.9	65.5	44.9	57.7	17.0	26.1	36.8	45.1
2.港、澳、台商投资企业	**73.3**	**72.4**	**66.1**	**66.9**	**27.5**	**29.1**	**64.8**	**63.8**
合资经营企业	80.7	78.0	70.5	71.6	26.1	27.6	66.8	66.1
合作经营企业	74.9	72.0	62.3	61.9	33.4	35.4	49.3	46.7
独资经营企业	67.0	67.7	63.4	63.9	27.7	29.1	68.6	67.6
投资股份有限公司	84.8	88.0	64.8	65.9	21.7	24.0	61.7	60.4
其他港澳台商投资企业	51.5	41.0	44.0	49.7	57.2	59.5	32.8	34.5
3.外商投资企业	**67.4**	**65.9**	**69.5**	**70.6**	**27.0**	**28.4**	**65.6**	**65.2**
中外合资经营企业	61.4	60.3	76.9	78.6	29.5	31.5	67.2	67.6
中外合作经营企业	89.0	82.4	60.3	60.0	24.2	24.9	64.6	63.4
外资企业	61.3	59.7	65.2	66.3	25.0	25.7	66.7	66.0
外商投资股份有限公司	121.2	124.3	78.6	82.1	24.3	28.1	73.1	74.8
其他外商投资企业	-29.0	-37.6	50.3	49.8	34.4	40.1	34.7	32.3
(二)按国民经济行业分								
旅游饭店	73.0	72.6	61.8	65.5	19.8	22.6	64.3	66.9
一般旅馆	67.9	73.3	52.4	59.4	19.8	21.5	48.0	57.2
其他住宿业	72.5	71.8	55.0	67.2	19.8	21.4	52.8	68.1
(三)按控股情况分								
国有控股	59.1	57.4	63.7	67.1	19.8	22.0	67.6	68.7
集体控股	76.0	78.6	59.0	64.7	19.0	20.7	58.4	65.6
私人控股	79.7	87.1	54.7	60.7	18.9	21.2	54.5	62.8
港澳台控股	73.5	72.9	64.4	65.3	27.0	28.4	67.4	66.4
外商控股	66.3	65.9	67.2	67.6	26.7	27.9	68.3	66.2

1-14 续表

项　目	负债比率 (%)		主营业务毛利率 (%)		人均主营业务收入 (万元)		费用率 (%)	
	限额以上	大中型	限额以上	大中型	限额以上	大中型	限额以上	大中型
二、餐饮业	**70.8**	**71.6**	**48.1**	**54.8**	**22.4**	**23.3**	**41.2**	**48.4**
(一)按登记注册类型分								
1.内资企业	**71.9**	**74.4**	**44.2**	**51.4**	**21.5**	**21.8**	**37.6**	**46.8**
国有企业	54.6	44.7	44.1	51.5	18.5	18.5	43.3	52.2
集体企业	63.6	55.7	34.0	43.1	27.0	29.3	25.0	31.9
股份合作企业	70.3	66.4	44.9	48.0	21.7	23.9	39.8	41.1
联营企业	86.4		35.6		21.8		19.2	
国有联营企业								
集体联营企业	86.4		35.6		21.8		19.2	
国有与集体联营企业								
其他联营企业								
有限责任公司	77.5	78.4	48.6	55.0	20.0	21.7	44.4	50.9
国有独资公司	79.9	88.2	39.6	43.7	22.6	20.5	38.7	43.2
其他有限责任公司	77.5	78.1	48.9	55.6	19.9	21.7	44.6	51.3
股份有限公司	65.8	51.3	44.7	47.5	21.6	21.8	39.9	40.1
私营企业	69.7	77.0	42.2	49.3	22.3	22.0	34.4	44.5
私营独资企业	42.9	59.0	34.7	41.9	28.6	25.5	17.9	32.3
私营合伙企业	38.9	49.8	37.0	39.3	21.7	23.8	25.4	32.5
私营有限责任公司	73.3	79.6	43.7	49.8	21.4	21.7	37.7	45.4
私营股份有限公司	60.3	51.8	44.0	47.0	22.4	25.6	36.8	40.1
其他企业	47.0	109.7	34.3	41.8	23.7	22.5	20.9	36.7
2.港、澳、台商投资企业	**63.8**	**60.6**	**64.1**	**64.7**	**24.6**	**24.9**	**57.0**	**56.6**
合资经营企业	63.5	60.3	58.4	58.9	23.1	23.7	52.6	52.3
合作经营企业	123.8	117.1	62.5	62.3	24.6	26.6	59.9	55.6
独资经营企业	62.1	59.1	65.7	66.4	25.1	25.2	58.2	57.9
投资股份有限公司	52.1	43.3	48.0	52.8	31.2	31.4	46.2	51.4
其他港澳台商投资企业	93.5	93.3	72.7	83.7	22.6	22.4	55.3	60.1
3.外商投资企业	**66.6**	**66.7**	**55.2**	**55.5**	**25.5**	**25.5**	**47.0**	**46.7**
中外合资经营企业	63.0	60.5	55.3	55.8	25.5	25.6	45.7	45.7
中外合作经营企业	58.6	59.7	31.3	24.8	18.1	17.6	26.5	17.3
外资企业	68.6	69.5	55.1	55.3	25.7	25.6	47.2	46.9
外商投资股份有限公司	47.0	11.2	58.3	60.1	21.1	21.9	44.0	43.1
其他外商投资企业	65.2	67.2	63.2	63.8	24.5	24.6	57.2	57.5
(二)按国民经济行业分								
正餐服务	72.5	75.2	45.5	52.9	21.8	22.7	39.3	48.5
快餐服务	65.1	65.4	54.9	56.6	23.7	23.6	47.3	48.7
饮料及冷饮服务	56.1	54.8	70.8	73.3	29.7	30.5	56.1	57.7
其他餐饮业	52.6	47.1	39.4	43.9	22.7	21.1	32.3	36.1
(三)按控股情况分								
国有控股	63.9	55.4	46.2	51.3	20.7	20.6	45.0	48.8
集体控股	84.0	84.8	45.7	54.9	17.9	16.6	42.5	50.6
私人控股	72.4	79.0	43.2	50.3	21.8	22.1	36.0	45.5
港澳台控股	62.4	59.1	64.2	64.8	24.9	25.2	57.1	56.7
外商控股	67.1	67.2	55.5	55.8	25.8	25.7	47.5	47.2

地区篇

简要说明：

一、本篇资料主要内容为分地区大中型批发和零售业、住宿和餐饮业企业单位数和从业人员数情况；分地区大中型批发和零售业企业商品购、销、存情况；分地区大中型住宿和餐饮业企业经营情况；分地区大中型批发和零售业、住宿和餐饮业企业主要财务及经济效益分析指标等。

二、批发和零售业、住宿和餐饮业统计采用“法人在地统计”原则，即按法人企业主要经营活动所在地确定法人企业所在地区。

2-1 各地区大中型批发和零售业企业基本情况

地区	大中型		大型		中型	
	法人单位数(个)	年末从业人数(人)	法人单位数(个)	年末从业人数(人)	法人单位数(个)	年末从业人数(人)
全国	**57679**	**9514727**	**4797**	**4601489**	**52882**	**4913238**
北京	3114	686247	350	418188	2764	268059
天津	1182	179343	84	92229	1098	87114
河北	1557	306871	155	148209	1402	158662
山西	1019	190177	103	93839	916	96338
内蒙古	617	104413	61	49065	556	55348
辽宁	1296	245431	143	133851	1153	111580
吉林	643	100068	58	43639	585	56429
黑龙江	616	113486	77	49979	539	63507
上海	3083	757648	540	512379	2543	245269
江苏	4767	711246	350	337753	4417	373493
浙江	4535	573226	282	226682	4253	346544
安徽	1795	280457	174	123101	1621	157356
福建	2463	299131	129	110631	2334	188500
江西	1014	175783	83	83813	931	91970
山东	4903	728830	324	341745	4579	387085
河南	3736	541838	196	172980	3540	368858
湖北	2223	415717	167	225306	2056	190411
湖南	1819	284800	128	125064	1691	159736
广东	7534	1217681	567	588694	6967	628987
广西	1059	147249	89	49753	970	97496
海南	221	40863	23	19687	198	21176
重庆	1569	255909	121	127805	1448	128104
四川	2133	385522	193	187987	1940	197535
贵州	723	111743	45	42747	678	68996
云南	994	177441	88	88517	906	88924
西藏	51	8946	5	4031	46	4915
陕西	1354	236650	114	110893	1240	125757
甘肃	535	79830	48	27861	487	51969
青海	162	24470	15	10134	147	14336
宁夏	196	32410	16	12558	180	19852
新疆	766	101301	69	42369	697	58932

2-2 各地区大中型批发和零售业企业商品购、销、存情况

单位：万元

地区	商品购进额	进口	商品销售额	出口	期末商品库存额
全国	**3647738333**	**298724092**	**4081075342**	**157570295**	**294990376**
北京	442698289	69684292	473858436	20005469	39404854
天津	178715571	13726369	195654200	3944137	10520816
河北	78425745	1644806	85642585	525889	5451826
山西	63496544	176687	70211748	46827	3739708
内蒙古	28601237	259973	32779068	79790	4744558
辽宁	91265624	1911389	99997879	1883991	6070237
吉林	26940589	232436	30943631	108552	5201721
黑龙江	32723535	4026080	38461325	198344	3977683
上海	514326071	100801884	586477823	29612195	40484678
江苏	266467516	7217353	292063174	13966714	22438221
浙江	248286560	14250852	276307518	26099059	16928739
安徽	71755027	1448701	82416554	1265074	6309114
福建	125394502	8125355	137339057	7078990	7805536
江西	28685318	320128	34912377	407497	4815305
山东	198124912	5549605	218380132	6724612	12373510
河南	107881632	1855304	122201895	578494	7327685
湖北	134477677	6970334	149487378	709059	10958441
湖南	58428375	796592	70136718	282244	8595731
广东	476634403	42915274	523066297	36633986	39793467
广西	38048498	636850	48287294	1021039	3186649
海南	19281882	553888	21535048	246430	929957
重庆	73209420	2950778	86832035	1700087	4651882
四川	93516608	2748967	105144554	1281557	6978149
贵州	27807322	224138	37967231	599002	2868953
云南	58710582	787263	71888134	1315555	6463303
西藏	1480561	311	1997956		702513
陕西	65277417	684957	79912238	775782	4326383
甘肃	33018073	362510	38383917	183770	1956360
青海	5595598	45820	6674705	52722	413340
宁夏	8779052	152592	9355518	266	644171
新疆	49684193	7662604	52758917	243162	4926886

2-3 各地区大型批发和零售业企业商品购、销、存情况

单位：万元

地　区	商品购进额	进　口	商品销售额	出　口	期末商品库存额
全　国	**1548255095**	**128761145**	**1790146867**	**50367834**	**121800219**
北　京	250484230	32702385	263261107	8912089	20228521
天　津	51228815	3181865	59039518	278615	3231689
河　北	42306512	6229	46912821	408	2656261
山　西	23357346	767	27897602		1743807
内蒙古	8185795	57593	10605140	195	506305
辽　宁	22381477	797765	27126223	735116	1613526
吉　林	12268768	1107	15393857		1405461
黑龙江	13478676	87500	17186212		944681
上　海	269813382	72332542	319514642	15607145	22905720
江　苏	109791035	3029654	118812449	6925914	11321053
浙　江	82706924	2234647	100264384	3771617	4924018
安　徽	26383256	43771	32352179	588516	2178584
福　建	42991613	2879034	46693778	628211	1847378
江　西	11753283	7561	16407764	234744	1220951
山　东	64544563	917629	74343220	2686623	5077665
河　南	39458575	94748	44881995		2633448
湖　北	76112151	15830	86383250	14983	4984461
湖　南	25120843	32331	32361658	49139	4372508
广　东	204734860	9864940	226654497	8890196	12994123
广　西	7199597	2248	15949998		686561
海　南	4164447	113526	5188963		440366
重　庆	25298716	61363	32935008	233444	2000471
四　川	42799170	165019	50275337	46	2860150
贵　州	10504068		18321481		1569241
云　南	23751744	58016	31970575	546753	3631241
西　藏	400903		547130		17106
陕　西	28950895	24502	37192871	253463	1826696
甘　肃	7843221		8959041		318658
青　海	1647082		2072343		81596
宁　夏	2712897		2828649		230695
新　疆	15880251	48573	17813175	10617	1347278

2-4 各地区中型批发和零售业企业商品购、销、存情况

单位：万元

地区	商品购进额	进口	商品销售额	出口	期末商品库存额
全国	**2099483233**	**169962953**	**2290928477**	**107202465**	**173190153**
北京	192214060	36981907	210597329	11093379	19176333
天津	127486756	10544503	136614681	3665522	7289127
河北	36119232	1638578	38729764	525481	2795565
山西	40139198	175921	42314146	46827	1995900
内蒙古	20415442	202380	22173928	79596	4238253
辽宁	68884147	1113624	72871656	1148876	4456711
吉林	14671821	231330	15549774	108552	3796260
黑龙江	19244859	3938581	21275113	198344	3033003
上海	244512689	28469343	266963180	14005050	17578958
江苏	156676481	4187699	173250725	7040800	11117168
浙江	165579635	12016205	176043134	22327442	12004721
安徽	45371771	1404931	50064376	676558	4130529
福建	82402889	5246321	90645279	6450780	5958157
江西	16932035	312567	18504614	172754	3594354
山东	133580349	4631976	144036912	4037990	7295845
河南	68423057	1760556	77319900	578494	4694236
湖北	58365525	6954504	63104127	694076	5973980
湖南	33307532	764261	37775061	233105	4223223
广东	271899543	33050335	296411800	27743790	26799344
广西	30848901	634601	32337296	1021039	2500088
海南	15117434	440362	16346085	246430	489591
重庆	47910704	2889415	53897028	1466643	2651410
四川	50717438	2583948	54869217	1281511	4117999
贵州	17303254	224138	19645750	599002	1299711
云南	34958838	729247	39917559	768802	2832062
西藏	1079658	311	1450827		685408
陕西	36326521	660455	42719367	522319	2499687
甘肃	25174851	362510	29424876	183770	1637702
青海	3948516	45820	4602362	52722	331744
宁夏	6066155	152592	6526870	266	413476
新疆	33803942	7614032	34945741	232545	3579608

2-5 各地区大中型批发业企业商品购、销、存情况

单位：万元

地 区	商品购进额	进 口	商品销售额	出 口	期末商品库存额
全 国	**2822162998**	**270582289**	**3113663028**	**156818058**	**208223655**
北 京	375728187	67843925	403518965	19995348	34057959
天 津	164003701	13528933	176677036	3923036	9330286
河 北	53914081	1063770	58212525	522408	2992546
山 西	50220310	86031	54522230	46827	1819946
内蒙古	18234828	172417	19671983	79790	3896905
辽 宁	69594163	1394876	73658503	1883055	4038941
吉 林	14934646	87273	15620547	108552	4283312
黑龙江	23373916	3853763	26742445	198344	3133707
上 海	465213363	96984088	525130019	29600116	31596961
江 苏	190209993	5851668	202957511	13966565	14103964
浙 江	193060541	12117578	211960504	26017696	10865345
安 徽	45280417	1174793	51078032	1264874	3836813
福 建	100440632	7145690	109149323	7075082	5654328
江 西	16385949	129672	20700330	404575	1504132
山 东	134240012	4832884	147314137	6703906	7245271
河 南	73829419	1192144	82572794	559558	4317226
湖 北	80400267	419592	89702898	688120	5532080
湖 南	29526072	230829	35118182	281736	5059478
广 东	393649991	39395799	421601330	36128588	30204578
广 西	26481336	338653	34710309	1021039	1982714
海 南	15020880	299289	16526315	246430	445041
重 庆	50645092	2412406	58210513	1700087	2883648
四 川	52719882	1433289	58957177	1281557	3854677
贵 州	17033610	70320	24176822	584142	1954855
云 南	44879286	529369	54635641	1298398	5011520
西 藏	693915	73	1072665		597229
陕 西	41548621	108013	51814049	758780	1938282
甘 肃	27666258	257991	31682384	183770	1451575
青 海	3980982	19897	4802590	52722	244991
宁 夏	6159430	27630	6489865	266	338066
新 疆	43093218	7579634	44675404	242691	4047279

2-6 各地区大中型零售业企业商品购、销、存情况

单位：万元

地区	商品购进额	进口	商品销售额	出口	期末商品库存额
全国	**825575331**	**28141808**	**967412315**	**752236**	**86766721**
北京	66970103	1840367	70339471	10121	5346895
天津	14711870	197436	18977163	21100	1190530
河北	24511663	581037	27430061	3481	2459280
山西	13276234	90657	15689518		1919762
内蒙古	10366409	87556	13107085		847652
辽宁	21671461	516513	26339376	936	2031296
吉林	12005943	145163	15323084		918408
黑龙江	9349619	172318	11718880		843977
上海	49112708	3817797	61347804	12079	8887718
江苏	76257523	1365684	89105663	149	8334257
浙江	55226019	2133274	64347014	81363	6063394
安徽	26474610	273908	31338522	200	2472300
福建	24953870	979665	28189734	3908	2151208
江西	12299369	190456	14212047	2922	3311173
山东	63884900	716721	71065995	20706	5128239
河南	34052213	663160	39629101	18936	3010459
湖北	54077410	6550742	59784480	20939	5426361
湖南	28902304	565762	35018536	508	3536253
广东	82984412	3519475	101464967	505399	9588890
广西	11567162	298197	13576985		1203935
海南	4261002	254599	5008733		484915
重庆	22564327	538373	28621522		1768234
四川	40796725	1315678	46187377		3123472
贵州	10773712	153819	13790409	14860	914098
云南	13831296	257894	17252493	17157	1451783
西藏	786645	238	925292		105284
陕西	23728796	576944	28098189	17002	2388101
甘肃	5351814	104520	6701533		504785
青海	1614615	25922	1872115		168350
宁夏	2619622	124962	2865653		306105
新疆	6590975	82971	8083513	470	879607

2-7 各地区大中型批发和零售业企业年末资产负债

单位：万元

地 区	流动资产合计	固定资产原价	累计折旧	资产总计	负债合计	所有者权益合计
全 国	**1425107932**	**204443866**	**75074484**	**1958108186**	**1368947504**	**588578901**
北 京	230443935	13387256	5755561	344524003	227098127	117425876
天 津	63343538	7164113	3645786	84523428	65319525	19203902
河 北	33241770	6162689	1981350	44007471	33860930	10146540
山 西	26810387	7082353	2169634	41159035	30570831	10588204
内蒙古	12628892	3369012	1079358	18753479	14353708	4399771
辽 宁	29223805	6477534	2503023	39381385	31267894	7947222
吉 林	13788234	3816720	1171367	18222848	14595300	3587774
黑龙江	19587980	3633505	1163974	24887789	20385863	4423224
上 海	167315793	15539847	7221503	217094018	150459915	66634103
江 苏	111331300	16737947	5917079	149637309	103266596	46370714
浙 江	97093047	12016823	4333295	133430527	98554356	34876140
安 徽	30172510	5172075	1837982	42865398	29133866	13731531
福 建	48951621	5484421	2073472	67869542	43043064	24826477
江 西	13013149	3234420	1117631	17659650	11916088	5732491
山 东	64858678	16037057	5350326	88450292	65523889	23025913
河 南	33461429	7269276	2004521	45505670	30804176	14701494
湖 北	39371214	11490148	3693943	56080253	40744037	15336216
湖 南	20854438	6396448	1969924	32272207	20750139	11522069
广 东	188776187	19495094	7951172	235703911	170855666	64848295
广 西	15382569	2878932	1035390	21922494	14427086	7495408
海 南	8565824	1144204	401209	10997524	6937878	4059646
重 庆	23919655	4094094	1414133	32182763	22201620	9981143
四 川	32489740	6194994	2162147	43981535	30381890	13599645
贵 州	21458566	2436428	861320	26938947	16791624	10254510
云 南	24715104	5092237	1877800	38602802	21705090	16897712
西 藏	786846	244924	97488	1120174	642015	478160
陕 西	19839399	4499970	1372688	30910571	19919719	11009961
甘 肃	6101078	2169632	855960	9488169	5304386	4166031
青 海	2525750	766219	255259	3370569	1938148	1432421
宁 夏	3914762	791518	282552	5242126	3962807	1279319
新 疆	21140732	4163976	1517637	31322297	22231271	8596989

2-8 各地区大型批发和零售业企业年末资产负债

单位：万元

地 区	流动资产合计	固定资产原价	累计折旧	资产总计	负债合计	所有者权益合计
全 国	**630709031**	**106626791**	**42701756**	**878259579**	**582737834**	**294997264**
北 京	122706271	7812372	3712119	178125857	118404514	59721343
天 津	16620019	4460062	2761110	21993917	17330019	4663897
河 北	20219246	3616037	1171581	26791119	20235036	6556083
山 西	12568708	4758656	1352893	21452532	15129097	6323435
内蒙古	2212521	1286645	522858	3896254	2654099	1242154
辽 宁	9192663	2821153	1230232	13067354	8360860	4540516
吉 林	4794004	2081910	652673	7183394	5284424	1898970
黑龙江	8882213	1622187	668972	11307479	8871928	2356850
上 海	87343966	9830850	4992694	111406850	76107125	35299725
江 苏	62888512	7751349	2822852	84937319	56609853	28327467
浙 江	29102524	4401862	1646404	38560155	25473646	13086509
安 徽	11587215	2327112	897223	15557994	11011974	4546020
福 建	15446980	2305095	910173	22755898	11985423	10770475
江 西	6888541	1959741	727174	9461188	5898600	3562588
山 东	27352519	7400315	2724535	37890366	27758265	10231611
河 南	11596414	2609727	910093	15470378	10732851	4737527
湖 北	19218410	7815454	2548317	29394548	19802496	9592052
湖 南	10777198	3975963	1318238	17521538	10512304	7009234
广 东	83815710	10407318	4409416	110668604	74252329	36416275
广 西	3580166	1622563	626751	5539654	3008687	2530968
海 南	1283454	491333	191512	1780481	994329	786153
重 庆	8554041	2040394	828180	12587608	7873131	4714477
四 川	13559710	3356077	1273346	20038149	12266081	7772068
贵 州	11070377	1512724	561223	13537800	6254188	7390799
云 南	10132907	2493502	1064266	14057002	5796134	8260868
西 藏	99158	19386	8801	168517	155826	12691
陕 西	8924155	1982618	712261	15432579	8953682	6498006
甘 肃	1370024	1089461	459340	2878593	1458229	1408791
青 海	1076313	445505	147289	1465554	822992	642562
宁 夏	671539	388974	146014	1303262	719078	584184
新 疆	7173553	1940446	703216	12027636	8020634	3512966

2-9 各地区中型批发和零售业企业年末资产负债

单位：万元

地 区	流动资产合计	固定资产原价	累计折旧	资产总计	负债合计	所有者权益合计
全 国	**794398901**	**97817073**	**32372731**	**1079848605**	**786209676**	**293581635**
北 京	107737664	5574884	2043442	166398145	108693613	57704533
天 津	46723519	2704051	884677	62529511	47989506	14540005
河 北	13022524	2546652	809769	17216352	13625895	3590457
山 西	14241679	2323697	816740	19706503	15441734	4264769
内蒙古	10416371	2082368	556500	14857225	11699608	3157616
辽 宁	20031141	3656381	1272791	26314031	22907035	3406705
吉 林	8994231	1734809	518694	11039454	9310877	1688804
黑龙江	10705767	2011318	495002	13580310	11513935	2066375
上 海	79971827	5708997	2228809	105687168	74352790	31334378
江 苏	48442787	8986598	3094228	64699990	46656743	18043247
浙 江	67990523	7614960	2686891	94870371	73080710	21789631
安 徽	18585296	2844963	940759	27307404	18121893	9185511
福 建	33504641	3179326	1163299	45113644	31057641	14056002
江 西	6124608	1274679	390458	8198462	6017488	2169903
山 东	37506159	8636742	2625791	50559926	37765624	12794302
河 南	21865015	4659548	1094428	30035292	20071325	9963967
湖 北	20152804	3674694	1145626	26685705	20941542	5744163
湖 南	10077240	2420485	651686	14750670	10237835	4512835
广 东	104960477	9087776	3541755	125035307	96603337	28432020
广 西	11802403	1256369	408640	16382840	11418400	4964440
海 南	7282370	652871	209697	9217042	5943550	3273493
重 庆	15365613	2053700	585954	19595155	14328489	5266665
四 川	18930030	2838916	888801	23943386	18115809	5827577
贵 州	10388189	923704	300097	13401147	10537436	2863711
云 南	14582197	2598735	813534	24545800	15908956	8636844
西 藏	687688	225538	88687	951657	486189	465469
陕 西	10915244	2517353	660426	15477992	10966037	4511955
甘 肃	4731055	1080171	396620	6609576	3846157	2757240
青 海	1449436	320714	107971	1905015	1115156	789859
宁 夏	3243224	402544	136538	3938864	3243729	695135
新 疆	13967179	2223530	814421	19294661	14210637	5084024

2-10 各地区大中型批发业企业年末资产负债

单位：万元

地区	流动资产合计	固定资产原价	累计折旧	资产总计	负债合计	所有者权益合计
全国	**1104647004**	**105422092**	**40461440**	**1475587833**	**1027422577**	**447929834**
北京	200664898	8239202	3492626	304961843	197176985	107784858
天津	57321682	4804472	2808623	73801419	57456187	16345232
河北	23781128	2624162	825062	30111839	23108484	7003355
山西	21020244	4294599	1250812	31946490	23484547	8461943
内蒙古	9330080	1532118	475320	13255994	9980928	3275067
辽宁	20973450	2611542	1068565	25675026	20482358	5064887
吉林	9513553	1097073	426195	10777814	8899646	1878169
黑龙江	15442491	1615926	563691	18497325	15486433	2932191
上海	146416807	8706376	4204498	186977743	128873306	58104438
江苏	72917987	7156115	2553028	90249054	62458980	27790073
浙江	76816225	5545243	2152616	102729810	74971320	27758490
安徽	20464170	2051450	777598	26369405	19117381	7252024
福建	40908057	3396778	1264597	55945693	36076526	19869167
江西	7807439	1837791	692984	10357304	6997100	3349133
山东	42567325	8010017	2593720	55058994	39819668	15232251
河南	22452357	3756426	1091009	29214493	18846452	10368041
湖北	24952862	5575379	1860379	32677727	23315998	9361728
湖南	11280611	2032926	674193	15893894	10222719	5671176
广东	149063352	12821201	5005060	186016961	137353852	48663160
广西	10697410	1780002	618419	15745845	10266701	5479144
海南	7017337	434013	135344	8669425	5443260	3226165
重庆	16885984	1763035	630893	20489339	14095399	6393940
四川	20876757	2258948	826026	25750341	18226089	7524253
贵州	17152509	1352089	530831	19954134	11597674	8356460
云南	19039197	3231016	1279618	29340110	15741987	13598123
西藏	594979	105264	43816	743030	394273	348757
陕西	12045314	1716175	628613	16354042	11658512	4714639
甘肃	4351690	1311529	564497	6370336	3198771	3171565
青海	1874905	425456	172864	2358642	1219294	1139347
宁夏	2775925	463484	159297	3569041	2824674	744367
新疆	17640279	2872285	1090646	25724720	18627073	7067691

2-11 各地区大中型零售业企业年末资产负债

单位：万元

地　区	流动资产合计	固定资产原价	累计折旧	资产总计	负债合计	所有者权益合计
全　国	**320460927**	**99021775**	**34613043**	**482520350**	**341524930**	**140649072**
北　京	29779037	5148054	2262935	39562159	29921142	9641018
天　津	6021856	2359641	837163	10722009	7863339	2858671
河　北	9460642	3538526	1156288	13895631	10752446	3143186
山　西	5790142	2787754	918821	9212545	7086284	2126261
内蒙古	3298812	1836895	604039	5497484	4372780	1124704
辽　宁	8250354	3865992	1434458	13706359	10785536	2882335
吉　林	4274681	2719646	745172	7445034	5695655	1709606
黑龙江	4145490	2017580	600283	6390464	4899430	1491034
上　海	20898986	6833472	3017006	30116274	21586609	8529665
江　苏	38413313	9581832	3364051	59388256	40807615	18580640
浙　江	20276822	6471580	2180679	30700717	23583036	7117651
安　徽	9708340	3120625	1060384	16495993	10016486	6479507
福　建	8043564	2087643	808875	11923849	6966538	4957311
江　西	5205710	1396629	424647	7302346	4918989	2383358
山　东	22291353	8027039	2756605	33391298	25704221	7793662
河　南	11009072	3512850	913512	16291177	11957724	4333453
湖　北	14418352	5914769	1833564	23402526	17428039	5974487
湖　南	9573828	4363522	1295731	16378313	10527420	5850893
广　东	39712835	6673894	2946112	49686949	33501814	16185135
广　西	4685159	1098930	416971	6176649	4160385	2016264
海　南	1548487	710191	265865	2328098	1494618	833481
重　庆	7033670	2331059	783240	11693424	8106222	3587202
四　川	11612983	3936046	1336121	18231194	12155801	6075392
贵　州	4306057	1084339	330489	6984813	5193950	1898050
云　南	5675907	1861221	598181	9262692	5963103	3299590
西　藏	191867	139660	53672	377145	247741	129403
陕　西	7794085	2783796	744075	14556529	8261207	6295322
甘　肃	1749388	858103	291463	3117833	2105615	994466
青　海	650845	340762	82395	1011928	718854	293074
宁　夏	1138837	328034	123255	1673085	1138133	534952
新　疆	3500453	1291691	426991	5597577	3604198	1529299

2-12 各地区大中型批发和零售业企业实收资本及构成

单位：万元

地 区	实收资本	国家资本	集体资本	法人资本	个人资本	港澳台资本	外商资本
全 国	**279944400**	**61683025**	**5395698**	**110767406**	**59057361**	**19631553**	**23409366**
北 京	44304471	9467042	253713	19778728	3056121	3964963	7783904
天 津	11668490	4526286	51473	4671122	1028646	940386	450576
河 北	6234035	722750	113748	2060388	3210527	87299	39322
山 西	4363891	1502967	178906	1266566	1357177	43077	15198
内蒙古	2815774	1080732	18556	1175564	533199	3312	4412
辽 宁	6097598	1752082	53327	1853333	1349767	469323	619767
吉 林	2260655	1031510	31798	718388	431373	20585	27002
黑龙江	2595628	715883	94758	1120534	601108	49735	13611
上 海	30867299	4592978	174591	8848438	3313906	5553549	8383837
江 苏	20789750	4436476	275925	7293353	5918473	1679750	1185773
浙 江	19146359	2222511	472275	6539469	8335628	998425	578050
安 徽	6881516	1407886	73386	3634774	1647378	83981	34110
福 建	13679564	3097959	364975	6913631	2192651	742041	368308
江 西	3326128	976129	18716	921853	1336848	46561	26022
山 东	11133215	1671994	409574	4702698	3501992	506217	340739
河 南	6935596	1017463	142708	2913413	2664004	159596	38414
湖 北	11829127	2159474	139387	6381994	2757500	178209	212564
湖 南	4923399	1507614	146594	1930712	1170982	89873	77624
广 东	29576022	5666343	579084	13548657	4693339	2729839	2358760
广 西	7994382	2311947	27974	1098311	4486712	57284	12154
海 南	2170586	394607	8280	1499730	95300	5380	167289
重 庆	4334821	594566	51527	2522757	869085	178515	118372
四 川	6350155	2068935	93624	2090883	1546159	270027	280526
贵 州	1957433	877707	59586	651277	321250	37698	9916
云 南	4504529	2153123	55695	1572036	524034	140209	59432
西 藏	126360	79156	3474	24626	18144	961	
陕 西	5238934	1444262	236497	2429761	840558	123943	163913
甘 肃	1817917	992110	32856	449497	326207	15247	2000
青 海	1285376	44858	1028525	126877	76460	3386	5270
宁 夏	702060	60470	830	551540	79585	8089	1548
新 疆	4033330	1105205	203336	1476496	773248	444093	30953

2-13 各地区大型批发和零售业企业实收资本及构成

单位：万元

地 区	实收资本	国家资本	集体资本	法人资本	个人资本	港澳台资本	外商资本
全 国	**96753869**	**28549683**	**1667939**	**31058591**	**10131923**	**10073061**	**15272684**
北 京	21491394	3005666	38838	8503603	777039	3007119	6159130
天 津	2281594	369290	6158	880362	140037	679662	206086
河 北	2586869	435271	47076	898051	1130284	62239	13949
山 西	1486153	759087	59546	244626	407132	3712	12050
内蒙古	523825	282592	925	162145	74850	3312	
辽 宁	2227947	912336	28880	528318	222137	76076	460200
吉 林	1012239	738012	4585	214539	31014	17501	6588
黑龙江	1272595	413225	13540	524004	301346	18667	1814
上 海	13822777	2379046	43424	2595014	559430	2805403	5440460
江 苏	7716955	3133778	137294	1259988	1947893	727620	510382
浙 江	3277459	889038	136337	1162747	533619	380057	175662
安 徽	1368073	578040	28013	469972	230655	37999	23394
福 建	4176977	1557734	300000	1519051	306906	221309	271977
江 西	1085185	757758	6762	189336	113217	4432	13680
山 东	3069291	1057710	162671	1120860	510947	163783	53320
河 南	934887	284051	20991	349910	205040	58653	16242
湖 北	3197360	1525847	50181	1224925	193402	40213	162792
湖 南	1793663	884767	69174	586683	182403	9692	60944
广 东	12732985	3470646	248267	5120378	1108658	1467005	1318031
广 西	586126	348505	8548	137724	74162	8346	8842
海 南	408461	361878		33377	2000	1294	9913
重 庆	1109183	249848	7044	639877	125930	48666	37818
四 川	3043716	1630439	1101	635294	484763	144028	148093
贵 州	361841	263451	9117	70517	7787	7041	3927
云 南	1438137	969855	21692	290988	74785	32850	47968
西 藏	3661			2700		961	
陕 西	2164931	597200	165488	1064313	204292	44010	89629
甘 肃	338578	182387	3175	63759	87847	1411	
青 海	51348	15141	20863	10075			5270
宁 夏	173999	18436		151963	3600		
新 疆	1015660	478649	28249	403492	90748		14523

2-14　各地区中型批发和零售业企业实收资本及构成

单位：万元

地　区	实收资本	国家资本	集体资本	法人资本	个人资本	港澳台资本	外商资本
全　国	**183190531**	**33133346**	**3727760**	**79708816**	**48925441**	**9558495**	**8136682**
北　京	22813078	6461377	214875	11275125	2279083	957844	1624774
天　津	9386895	4156996	45315	3790761	888609	260725	244490
河　北	3647166	287480	66672	1162337	2080243	25060	25373
山　西	2877738	743880	119360	1021940	950045	39366	3148
内蒙古	2291949	798140	17631	1013419	458348		4412
辽　宁	3869651	839746	24447	1325016	1127630	393246	159567
吉　林	1248416	293498	27213	503849	400358	3084	20414
黑龙江	1323033	302658	81218	596530	299761	31068	11797
上　海	17044523	2213931	131168	6253424	2754476	2748146	2943377
江　苏	13072795	1302698	138631	6033365	3970580	952130	675390
浙　江	15868900	1333473	335938	5376722	7802010	618369	402388
安　徽	5513443	829845	45373	3164802	1416724	45982	10717
福　建	9502587	1540226	64975	5394579	1885745	520732	96330
江　西	2240943	218371	11953	732517	1223631	42129	12343
山　东	8063923	614284	246903	3581839	2991045	342434	287419
河　南	6000710	733412	121717	2563502	2458964	100943	22171
湖　北	8631767	633627	89205	5157069	2564098	137996	49772
湖　南	3129736	622847	77420	1344029	988580	80181	16679
广　东	16843037	2195697	330817	8428279	3584681	1262834	1040730
广　西	7408256	1963443	19426	960587	4412551	48938	3312
海　南	1762125	32729	8280	1466353	93300	4086	157376
重　庆	3225638	344719	44482	1882880	743155	129848	80554
四　川	3306439	438496	92524	1455590	1061396	126000	132434
贵　州	1595592	614256	50469	580759	313463	30657	5989
云　南	3066391	1183268	34004	1281048	449250	107359	11464
西　藏	122699	79156	3474	21926	18144		
陕　西	3074003	847062	71010	1365448	636266	79933	74284
甘　肃	1479339	809723	29681	385739	238360	13837	2000
青　海	1234028	29718	1007662	116802	76460	3386	
宁　夏	528061	42034	830	399576	75985	8089	1548
新　疆	3017670	626556	175087	1073004	682500	444093	16430

2-15 各地区大中型批发业企业实收资本及构成

单位：万元

地区	实收资本						
		国家资本	集体资本	法人资本	个人资本	港澳台资本	外商资本
全　国	**188147341**	**48892980**	**2481086**	**70495948**	**36589154**	**12297035**	**17391141**
北　京	39115979	9231706	187984	17095216	2410416	3401566	6789090
天　津	9052783	4455907	31154	3049552	792126	385388	338656
河　北	3381283	462415	49773	1093896	1668773	86003	20423
山　西	2408713	1054114	152849	665819	511286	24645	
内蒙古	1989279	999314	14673	659690	315602		
辽　宁	3642891	1105414	7466	942747	974112	221254	391898
吉　林	1299322	976502	17390	184185	116246		5000
黑龙江	1653268	597867	49426	662569	343395	10	
上　海	24436811	3730994	109670	7272922	2877852	3721112	6724262
江　苏	10481976	3631535	204599	2642336	2774116	714999	514392
浙　江	11981685	1700754	297049	4324303	4961748	543503	154328
安　徽	2711687	802132	46032	1202388	645477	6813	8845
福　建	8583091	2303009	37875	3909132	1672767	442586	217721
江　西	1168788	628982	3583	344075	187060	5088	
山　东	6583366	1427246	136362	2740357	1848964	286056	144381
河　南	4123454	892146	70775	1654883	1424287	73618	7745
湖　北	5343136	1555222	74418	1875307	1701796	119208	17185
湖　南	2056565	647566	19654	848480	516870	18371	5624
广　东	22981564	4035697	425358	10991264	3595274	2098793	1835179
广　西	7024910	2133834	9405	637477	4233815	9113	1268
海　南	1616631	38219	1980	1399105	40876	4086	132364
重　庆	2730426	378318	19452	1669466	535354	78447	49389
四　川	2660989	971025	58984	815618	784469	26161	4732
贵　州	1297351	759241	28626	344178	158216	7090	
云　南	2669331	1600223	23187	782009	244797	18287	828
西　藏	31906	16691		12784	1470	961	
陕　西	2242680	850922	179306	786326	413853	1306	10967
甘　肃	1322311	865754	26718	248920	180136	784	
青　海	130152	29067	5062	49053	41700		5270
宁　夏	434421	51499	125	371275	11522		
新　疆	2990592	959665	192151	1220616	604779	1787	11594

2-16 各地区大中型零售业企业实收资本及构成

单位：万元

地区	实收资本	国家资本	集体资本	法人资本	个人资本	港澳台资本	外商资本
全国	**91797060**	**12790046**	**2914611**	**40271460**	**22468209**	**7334518**	**6018224**
北京	5188492	235336	65728	2683512	645705	563396	994814
天津	2615707	70378	20319	1621571	236520	554999	111920
河北	2852752	260336	63975	966492	1541754	1296	18899
山西	1955179	448853	26057	600747	845891	18432	15198
内蒙古	826495	81418	3883	515874	217597	3312	4412
辽宁	2454707	646668	45862	910586	375654	248069	227869
吉林	961332	55008	14408	534203	315126	20585	22002
黑龙江	942361	118015	45332	457965	257713	49725	13611
上海	6430489	861983	64922	1575517	436054	1832437	1659575
江苏	10307774	804941	71326	4651018	3144357	964751	671381
浙江	7164674	521757	175226	2215166	3373880	454923	423722
安徽	4169829	605754	27354	2432387	1001901	77167	25265
福建	5096474	794950	327100	3004498	519884	299455	150587
江西	2157340	347146	15132	577779	1149788	41472	26022
山东	4549849	244748	273212	1962342	1653029	220161	196358
河南	2812142	125317	71933	1258529	1239716	85978	30669
湖北	6485991	604252	64969	4506687	1055704	59001	195379
湖南	2866834	860049	126940	1082232	654112	71503	72000
广东	6594457	1630646	153726	2557393	1098065	631045	523581
广西	969472	178114	18569	460834	252898	48171	10886
海南	553955	356388	6300	100625	54424	1294	34925
重庆	1604395	216249	32075	853290	333731	100068	68982
四川	3689166	1097910	34640	1275265	761690	243866	275794
贵州	660081	118466	30960	307099	163034	30608	9916
云南	1835198	552900	32508	790027	279238	121922	58604
西藏	94454	62465	3474	11841	16674		
陕西	2996254	593341	57191	1643435	426706	122637	152946
甘肃	495606	126356	6138	200577	146072	14464	2000
青海	1155224	15791	1023463	77824	34760	3386	
宁夏	267639	8971	704	180265	68063	8089	1548
新疆	1042738	145540	11185	255880	168469	442306	19359

2-17 各地区大中型批发和

地 区	主营业务收入	主营业务成本	主营业务税金及附加	主营业务利润	其他业务利润	销售费用
全 国	**3608885510**	**3284638852**	**25751925**	**298494733**	**17520878**	**149426721**
北 京	403078733	370568790	924551	31585392	4952579	18508669
天 津	167860488	159237076	1281574	7341838	370994	3676441
河 北	81691205	76219534	764190	4707481	428865	2277423
山 西	63352551	59748422	488260	3115869	216928	1624666
内 蒙 古	29929169	27335247	441201	2152721	91839	992027
辽 宁	88860044	84014671	597610	4247763	260179	2303978
吉 林	25978054	23389336	322497	2266221	227563	1168106
黑 龙 江	35364251	31814050	445554	3104647	116799	1098388
上 海	512877700	460917495	1152789	50807416	1889595	31089399
江 苏	256340626	230749037	1656973	23934616	1238762	11139428
浙 江	246237318	227633378	1517115	17086825	1011480	8956689
安 徽	71875097	64621872	876345	6376880	216890	3398797
福 建	122095367	112984261	822364	8288742	361751	3928691
江 西	32424120	28319241	577333	3527546	138364	1574135
山 东	204471102	184793961	1739154	17937987	759238	6878169
河 南	108072076	95513811	1534885	11023380	424303	3490115
湖 北	121120886	108395903	988275	11736708	810355	5979791
湖 南	63203512	55214110	1136226	6853176	153763	3151997
广 东	469398700	429463835	2362059	37572806	1889071	19183959
广 西	41945113	38467248	535264	2942601	142920	1345400
海 南	19634856	17673815	207298	1753743	57601	805123
重 庆	79573408	71352897	1068310	7152201	336313	2960527
四 川	94653212	84776053	1179474	8697685	444713	4434582
贵 州	35084687	28428029	699868	5956790	82582	1408779
云 南	63819800	56516875	708404	6594521	388794	2433847
西 藏	1853284	1468330	80523	304431	12291	179677
陕 西	70505018	64057943	761971	5685104	278144	2709982
甘 肃	36571563	34305277	310268	1956018	68698	871197
青 海	6737988	5991139	155149	591700	27723	195775
宁 夏	8299775	7724180	93533	482062	44361	307641
新 疆	45975807	42943036	322908	2709863	77420	1353323

零售业企业损益及分配

单位：万元

管理费用	财务费用	营业利润	利润总额	应交所得税	应付职工薪酬	应交增值税
69974215	**17591568**	**87459178**	**94665589**	**19892020**	**72009276**	**44756648**
8741399	2135670	9369472	10649251	2028466	8960178	4143313
1568323	1062403	1231402	1446132	370185	1600370	1679882
1299847	447025	1222562	1245028	234901	1415149	827472
1000450	423713	267949	426026	143938	919451	446788
608848	300395	436148	660792	100586	525956	682481
1498011	490620	583457	684160	234606	1270575	720383
737604	358471	275949	809470	103902	548058	343494
728228	333124	1233033	1410866	142276	677299	479777
10972172	1761569	10925276	12026468	3170869	10363795	4097954
5644218	1247961	7747870	8077912	1664040	4819331	3546103
4296196	1270806	5078629	5467166	1108164	4771263	3264063
1370838	314841	1779327	1834088	318155	1409794	910393
1942942	647874	2405428	2772559	523213	2170020	1009906
798062	133876	1084198	1127863	238738	968792	744028
3922425	1108306	6832539	6797685	994925	3706716	2593098
2311440	662373	4995846	4954808	508239	2327179	1541245
2689498	603579	2795383	2938675	661948	2814885	1553381
1655693	340668	2023580	2026080	393329	1606562	1054343
9245737	1690877	10651399	11455578	3501139	9672872	6528958
738276	233401	750828	844104	161119	857526	585267
266616	121363	510262	522129	139789	308335	220180
1591201	299914	2513053	2953143	350403	1710682	1254497
1934742	465752	2450026	2505876	502750	2248880	1325344
769473	142172	3652968	3669145	877380	862518	822546
991620	267540	3190159	3350893	742493	1884018	1140491
69176	-645	59808	68413	8896	95035	54756
1148145	301052	1878085	1888956	265457	1230886	1158288
483420	112914	594790	660932	141560	915016	858789
136467	9305	287658	326321	89066	304277	206230
129433	57079	91055	93844	28522	188598	240168
683715	247570	541039	971226	142966	855260	723030

2-18 各地区大型批发和

地 区	主营业务收入	主营业务成本	主营业务税金及附加	主营业务利润	其他业务利润	销售费用
全 国	**1564294263**	**1374700033**	**18720627**	**170873603**	**9411218**	**92499175**
北 京	218005684	197489487	418752	20097445	2320911	13000094
天 津	49828653	46312652	671560	2844441	113062	1768350
河 北	46631601	43211839	616837	2802925	260529	1274186
山 西	24358509	22085448	452163	1820898	136046	908499
内蒙古	9197754	8057731	304886	835137	22108	414879
辽 宁	23520991	20802363	521366	2197262	150137	1144441
吉 林	11548447	10173527	257232	1117688	151516	582888
黑龙江	14830549	13284897	256350	1289302	54351	602820
上 海	277999526	239651356	877763	37470407	1143035	24210743
江 苏	105102673	90262746	1302088	13537839	703010	6720450
浙 江	88823573	79187851	1272814	8362908	412057	4374259
安 徽	28413474	23996587	734775	3682112	104530	2053731
福 建	40492085	36534032	533876	3424177	160936	1775330
江 西	14857356	12222631	517494	2117231	62628	880249
山 东	72845166	63845808	1072334	7927024	475784	3758567
河 南	39553233	33770717	1062482	4720034	239621	1504940
湖 北	70010898	62059911	644834	7306153	673573	3946199
湖 南	28948377	24312115	914844	3721418	78137	1800804
广 东	201185610	179875676	1591965	19717969	962651	11067403
广 西	13319911	11330649	494905	1494357	53416	591565
海 南	4475087	3584949	191603	698535	17206	413097
重 庆	29819364	25657026	601991	3560347	244218	1626642
四 川	44153462	38245309	974246	4933907	281093	2599306
贵 州	15937196	10758373	639556	4539267	13842	739001
云 南	27553253	22482250	599841	4471162	287844	1467408
西 藏	523957	384258	2913	136786	5320	125766
陕 西	31384278	27649582	581380	3153316	196071	1714843
甘 肃	10483743	9282708	214904	986131	31305	415838
青 海	2624149	2209477	114429	300243	12707	93406
宁 夏	2451817	2147749	67119	236949	14373	175067
新 疆	15413887	13830329	213325	1370233	29201	748404

零售业企业损益及分配

单位：万元

管理费用	财务费用	营业利润	利润总额	应交所得税	应付职工薪酬	应交增值税
35016174	**4628528**	**54345318**	**57900748**	**11910535**	**40449255**	**25008365**
5123170	757431	6396948	7287365	1211640	5631434	2644610
640973	113947	389827	428288	168815	855033	723100
686399	191401	900772	950063	155222	678234	508402
548130	214031	308701	397008	113730	554280	287153
179692	50146	221863	313016	67499	282455	451032
701344	70202	702810	647924	138728	705865	343439
296085	104116	309356	414199	57833	311086	185757
354922	135200	334504	351862	91131	357071	338105
6878435	723882	7560824	8503674	2190800	7300593	3138303
3117292	282863	4580424	4739368	1076126	2652001	1805050
1561771	127739	3498759	3573824	637288	2097299	1250697
651370	46023	1061937	1052876	235637	719582	511025
610405	142659	1333958	1388126	279941	924940	509713
474273	41836	791060	839169	201642	580515	423538
1858979	373677	2266353	2282120	438519	1982693	1200960
899340	137982	2413311	2433474	296150	988150	719432
1464143	175159	1902692	2007575	471532	1686344	965890
859531	63031	1257921	1327803	317895	851272	711673
4012916	490677	6429274	6840094	1175223	4807953	2812796
346019	472	561115	564098	104759	388551	336166
104433	12925	174107	173392	54990	177223	102569
752538	67172	1264885	1348062	222074	959600	601661
932581	126961	1629069	1657413	357534	1295731	816342
427397	-16487	3384919	3389528	825687	511888	583804
456028	-7615	2684989	2897182	626075	1267532	857522
5516	-106	12712	19056	1452	25747	21596
519845	90165	1059497	1053906	183228	707611	608061
166179	28746	434680	512908	49331	653804	680796
52008	5546	164790	176242	74988	38153	162548
46763	3764	53024	53014	14992	83631	184973
287697	74983	260237	278119	70074	372984	521652

2-19 各地区中型批发和

地区	主营业务收入	主营业务成本	主营业务税金及附加	主营业务利润	其他业务利润	销售费用
全国	**2044591248**	**1909938821**	**7031298**	**127621129**	**8109664**	**56927542**
北京	185073048	173079303	505799	11487946	2631668	5508575
天津	118031835	112924424	610014	4497397	257932	1908091
河北	35059604	33007695	147353	1904556	168336	1003237
山西	38994042	37662973	36097	1294972	80882	716167
内蒙古	20731415	19277516	136315	1317584	69731	577148
辽宁	65339053	63212308	76244	2050501	110042	1159536
吉林	14429607	13215809	65264	1148534	76047	585218
黑龙江	20533702	18529153	189204	1815345	62447	495568
上海	234878174	221266139	275026	13337009	746560	6878655
江苏	151237953	140486291	354886	10396776	535752	4418978
浙江	157413745	148445527	244300	8723918	599423	4582430
安徽	43461623	40625285	141570	2694768	112361	1345065
福建	81603283	76450229	288488	4864566	200815	2153361
江西	17566763	16096610	59839	1410314	75736	693886
山东	131625936	120948153	666820	10010963	283455	3119602
河南	68518843	61743095	472403	6303345	184682	1985175
湖北	51109989	46335992	343442	4430555	136782	2033592
湖南	34255135	30901995	221382	3131758	75626	1351193
广东	268213090	249588159	770094	17854837	926420	8116556
广西	28625202	27136600	40359	1448243	89504	753834
海南	15159769	14088866	15694	1055209	40395	392026
重庆	49754044	45695871	466319	3591854	92095	1333886
四川	50499750	46530744	205229	3763777	163620	1835276
贵州	19147490	17669656	60312	1417522	68741	669779
云南	36266548	34034625	108563	2123360	100950	966439
西藏	1329327	1084073	77610	167644	6971	53910
陕西	39120740	36408361	180591	2531788	82073	995139
甘肃	26087820	25022569	95364	969887	37393	455358
青海	4113839	3781662	40720	291457	15017	102369
宁夏	5847959	5576431	26414	245114	29988	132574
新疆	30561920	29112707	109583	1339630	48220	604919

零售业企业损益及分配

单位：万元

管理费用	财务费用	营业利润	利润总额	应交所得税	应付职工薪酬	应交增值税
34958041	**12963041**	**33113858**	**36764834**	**7981487**	**31560018**	**19748284**
3618229	1378239	2972524	3361885	816826	3328744	1498704
927350	948455	841575	1017843	201370	745336	956782
613448	255623	321789	294964	79680	736915	319069
452320	209682	-40752	29018	30208	365170	159635
429156	250249	214285	347776	33088	243501	231449
796667	420419	-119353	36236	95878	564710	376944
441519	254355	-33407	395271	46068	236971	157737
373306	197924	898529	1059004	51146	320228	141672
4093738	1037687	3364453	3522794	980069	3063202	959651
2526926	965098	3167446	3338544	587914	2167329	1741054
2734425	1143067	1579869	1893342	470876	2673963	2013366
719468	268819	717390	781212	82518	690212	399368
1332538	505216	1071469	1384434	243272	1245080	500193
323789	92040	293138	288694	37097	388276	320489
2063447	734630	4566186	4515565	556406	1724023	1392139
1412101	524390	2582535	2521334	212088	1339030	821813
1225355	428420	892691	931100	190416	1128541	587491
796162	277637	765659	698276	75434	755291	342670
5232820	1200200	4222125	4615484	2325915	4864919	3716161
392257	232929	189713	280006	56361	468975	249101
162183	108438	336155	348737	84799	131112	117610
838663	232742	1248169	1605080	128329	751082	652836
1002161	338792	820957	848463	145216	953149	509002
342076	158659	268050	279617	51693	350630	238743
535592	275155	505169	453711	116418	616487	282969
63659	-539	47096	49356	7445	69288	33160
628300	210887	818587	835049	82229	523275	550228
317241	84168	160110	148024	92228	261212	177993
84459	3759	122868	150079	14078	266124	43682
82669	53315	38031	40830	13530	104967	55195
396017	172586	280802	693106	72892	482276	201378

2-20 各地区大中型批发业

地区	主营业务收入	主营业务成本	主营业务税金及附加	主营业务利润	其他业务利润	销售费用
全国	**2769430499**	**2543417740**	**22341100**	**203671659**	**8176702**	**91380679**
北京	342519629	317097936	716038	24705655	3484455	12983784
天津	151204290	144390150	1223835	5590305	200273	2340933
河北	58712299	55405191	675947	2631161	118802	1016595
山西	49446477	47013596	456718	1976163	69302	847263
内蒙古	18216139	16727441	375518	1113180	20401	390836
辽宁	66441331	63843162	500439	2097730	25082	953926
吉林	14503614	13159190	260374	1084050	34415	613610
黑龙江	25609419	23223465	399416	1986538	-4227	592163
上海	459005354	417142912	931359	40931083	1087183	23706986
江苏	179696340	162535208	1414251	15746881	342947	6463807
浙江	191035473	178253274	1355287	11426912	358521	5309282
安徽	45057241	40570288	790980	3695973	48176	1911122
福建	96901098	90619664	718829	5562605	169435	2176210
江西	19120147	16455201	525382	2139564	21747	898099
山东	140024465	127580179	1436372	11007914	200385	3593081
河南	73722069	65253654	1307327	7161088	88973	1852574
湖北	76342442	68687103	805142	6850197	422962	3220116
湖南	31934233	27385459	977449	3571325	26041	1179381
广东	379680203	350926372	2102924	26650907	769782	11864808
广西	29957684	27646089	501915	1809680	27623	660658
海南	15273243	13954134	181898	1137211	14352	508119
重庆	53420653	48561624	902765	3956264	65352	1340594
四川	52954143	47589148	1035568	4329427	102605	1601258
贵州	22831674	17330752	662738	4838184	22573	812787
云南	48496126	43009128	663586	4823412	304739	1461882
西藏	958212	650470	73130	234612	1097	138966
陕西	46295581	42864416	558313	2872852	72547	1350256
甘肃	30315624	28813951	281263	1220410	31411	521423
青海	5010335	4444615	150816	414904	7700	86299
宁夏	5842805	5539198	83103	220504	19334	116503
新疆	38902156	36744770	272418	1884968	22714	867358

企业损益及分配

单位：万元

管理费用	财务费用	营业利润	利润总额	应交所得税	应付职工薪酬	应交增值税
44241204	**11956439**	**69042783**	**75475705**	**16061867**	**40641815**	**31827153**
6716717	1737670	8158374	9278939	1662772	6245296	3118656
1026995	928489	1162220	1374064	315674	974433	1346376
557166	233236	860638	833986	162981	494453	540622
588993	294870	291802	390299	114520	497307	345987
347074	219844	287164	542637	72700	210221	320149
624696	264119	310578	444362	155977	589874	383489
222588	212811	53002	594713	72914	253733	223616
376000	241775	904867	1078937	88978	355484	343412
8097800	1525243	10399983	11269184	2824069	7652404	3357615
3385800	688971	5898532	6187347	1282880	2638177	2222422
2636698	867425	4266850	4558502	876852	2720134	2482316
719737	167509	1225611	1261743	248531	674189	608053
1297920	515115	1867049	2261501	440643	1168495	674276
461956	30373	709324	803364	199243	509176	449233
2135782	606088	4929328	4947522	674767	1845467	1622292
1248351	377722	3731437	3735728	387136	1094772	1026347
1322695	258684	1921793	2043838	442902	1196173	972643
842065	175201	1397182	1420533	300269	697109	723640
6740922	1275683	8393492	8958426	2951579	5458310	4895324
430658	187930	530797	565989	115728	436471	411881
121810	83424	334269	342576	90236	142896	157603
838285	155329	1626847	2035696	227088	707662	823836
927785	222369	1642818	1706488	384883	928259	863659
545746	85078	3402990	3454918	840074	565355	549146
656538	181395	2667222	2694756	684890	880149	850878
44286	-2630	54637	60442	7455	66143	47237
451821	155302	974396	1015570	164475	532216	782235
354583	53033	313747	444645	60495	327649	709059
67709	-5630	275880	300503	84662	154419	193409
57709	31968	57397	57492	19016	83093	164645
394319	188043	392557	811005	107478	542296	617097

2-21 各地区大中型零售业

地区	主营业务收入	主营业务成本	主营业务税金及附加	主营业务利润	其他业务利润	销售费用
全国	**839455009**	**741221117**	**3410823**	**94823069**	**9344182**	**58046040**
北京	60559104	53470854	208513	6879737	1468125	5524886
天津	16656198	14846926	57739	1751533	170721	1335507
河北	22978905	20814344	88243	2076318	310063	1260829
山西	13906074	12734825	31542	1139707	147626	777403
内蒙古	11713030	10607806	65683	1039541	71439	601191
辽宁	22418713	20171509	97171	2150033	235097	1350052
吉林	11474440	10230145	62123	1182172	193148	554496
黑龙江	9754832	8590585	46137	1118110	121025	506225
上海	53872346	43774583	221430	9876333	802412	7382413
江苏	76644286	68213829	242723	8187734	895815	4675621
浙江	55201845	49380104	161827	5659914	652959	3647407
安徽	26817856	24051584	85365	2680907	168714	1487675
福建	25194270	22364598	103535	2726137	192316	1752481
江西	13303973	11864040	51951	1387982	116617	676035
山东	64446637	57213782	302781	6930074	558853	3285088
河南	34350007	30260158	227558	3862291	335331	1637540
湖北	44778444	39708800	183134	4886510	387394	2759675
湖南	31269280	27828651	158777	3281852	127722	1972616
广东	89718497	78537464	259134	10921899	1119289	7319151
广西	11987429	10821159	33349	1132921	115298	684742
海南	4361613	3719682	25400	616531	43249	297003
重庆	26152754	22791273	165545	3195936	270961	1619933
四川	41699069	37186905	143906	4368258	342109	2833324
贵州	12253012	11097277	37130	1118605	60009	595992
云南	15323674	13507747	44818	1771109	84055	971965
西藏	895072	817861	7393	69818	11194	40710
陕西	24209436	21193528	203658	2812250	205597	1359726
甘肃	6255938	5491326	29005	735607	37287	349774
青海	1727653	1546524	4333	176796	20024	109477
宁夏	2456971	2184982	10430	261559	25027	191138
新疆	7073651	6198266	50490	824895	54706	485965

企业损益及分配

单位：万元

管理费用	财务费用	营业利润	利润总额	应交所得税	应付职工薪酬	应交增值税
25733007	**5635134**	**18416398**	**19189878**	**3830154**	**31367459**	**12929499**
2024681	398000	1211098	1370311	365694	2714881	1024658
541328	133914	69182	72067	54510	625937	333506
742681	213788	361924	411041	71920	920696	286849
411457	128843	-23853	35728	29418	422144	100801
261773	80551	148984	118155	27886	315736	362332
873315	226501	272880	239798	78629	680701	336894
515017	145660	222947	214757	30988	294325	119879
352228	91349	328166	331929	53298	321815	136365
2874372	236326	525293	757284	346800	2711391	740339
2258417	558990	1849339	1890565	381160	2181154	1323681
1659498	403382	811779	908664	231312	2051129	781747
651100	147333	553715	572345	69624	735605	302340
645023	132759	538379	511058	82570	1001525	335630
336106	103503	374874	324499	39495	459616	294795
1786643	502218	1903211	1850163	320158	1861248	970806
1063090	284651	1264409	1219080	121102	1232407	514898
1366803	344896	873590	894837	219047	1618712	580738
813628	165468	626398	605547	93060	909454	330704
2504814	415194	2257907	2497152	549560	4214562	1633633
307618	45471	220031	278115	45391	421055	173387
144806	37940	175992	179553	49553	165438	62577
752916	144585	886206	917447	123316	1003019	430661
1006957	243383	807208	799387	117867	1320622	461685
223727	57094	249979	214226	37306	297163	273400
335081	86145	522937	656137	57603	1003869	289613
24889	1985	5171	7971	1442	28892	7519
696324	145750	903689	873385	100983	698669	376054
128837	59882	281044	216287	81064	587367	149730
68758	14935	11779	25817	4404	149858	12822
71724	25111	33658	36352	9506	105504	75523
289396	59527	148482	160221	35488	312965	105933

2-22 各地区大中型批发和零售业企业经济效益分析指标

地　区	负债比率 (%)	主营业务毛利率 (%)	人均主营业务收入 (万元)	费用率 (%)
全　国	**69.9**	**9.0**	**379.3**	**6.6**
北　京	65.9	8.1	587.4	7.3
天　津	77.3	5.1	936.0	3.8
河　北	76.9	6.7	266.2	4.9
山　西	74.3	5.7	333.1	4.8
内蒙古	76.5	8.7	286.6	6.4
辽　宁	79.4	5.5	362.1	4.8
吉　林	80.1	10.0	259.6	8.7
黑龙江	81.9	10.0	311.6	6.1
上　海	69.3	10.1	676.9	8.5
江　苏	69.0	10.0	360.4	7.0
浙　江	73.9	7.6	429.6	5.9
安　徽	68.0	10.1	256.3	7.1
福　建	63.4	7.5	408.2	5.3
江　西	67.5	12.7	184.5	7.7
山　东	74.1	9.6	280.5	5.8
河　南	67.7	11.6	199.5	6.0
湖　北	72.7	10.5	291.4	7.7
湖　南	64.3	12.6	221.9	8.1
广　东	72.5	8.5	385.5	6.4
广　西	65.8	8.3	284.9	5.5
海　南	63.1	10.0	480.5	6.1
重　庆	69.0	10.3	310.9	6.1
四　川	69.1	10.4	245.5	7.2
贵　州	62.3	19.0	314.0	6.6
云　南	56.2	11.4	359.7	5.8
西　藏	57.3	20.8	207.2	13.4
陕　西	64.4	9.1	297.9	5.9
甘　肃	55.9	6.2	458.1	4.0
青　海	57.5	11.1	275.4	5.1
宁　夏	75.6	6.9	256.1	6.0
新　疆	71.0	6.6	453.9	5.0

注：费用率等于销售费用、管理费用、财务费用三项之和除以主营业务收入合计(下表同)。

2-23 各地区大型批发和零售业企业经济效益分析指标

地区	负债比率 (%)	主营业务毛利率 (%)	人均主营业务收入 (万元)	费用率 (%)
全国	**66.4**	**12.1**	**340.0**	**8.4**
北京	66.5	9.4	521.3	8.7
天津	78.8	7.1	540.3	5.1
河北	75.5	7.3	314.6	4.6
山西	70.5	9.3	259.6	6.9
内蒙古	68.1	12.4	187.5	7.0
辽宁	64.0	11.6	175.7	8.1
吉林	73.6	11.9	264.6	8.5
黑龙江	78.5	10.4	296.7	7.4
上海	68.3	13.8	542.6	11.4
江苏	66.6	14.1	311.2	9.6
浙江	66.1	10.8	391.8	6.8
安徽	70.8	15.5	230.8	9.7
福建	52.7	9.8	366.0	6.2
江西	62.3	17.7	177.3	9.4
山东	73.3	12.4	213.2	8.2
河南	69.4	14.6	228.7	6.4
湖北	67.4	11.4	310.7	8.0
湖南	60.0	16.0	231.5	9.4
广东	67.1	10.6	341.7	7.7
广西	54.3	14.9	267.7	7.0
海南	55.8	19.9	227.3	11.9
重庆	62.5	14.0	233.3	8.2
四川	61.2	13.4	234.9	8.3
贵州	46.2	32.5	372.8	7.2
云南	41.2	18.4	311.3	7.0
西藏	92.5	26.7	130.0	25.0
陕西	58.0	11.9	283.0	7.4
甘肃	50.7	11.5	376.3	5.8
青海	56.2	15.8	258.9	5.8
宁夏	55.2	12.4	195.2	9.2
新疆	66.7	10.3	363.8	7.2

2-24 各地区中型批发和零售业企业经济效益分析指标

地　区	负债比率 (%)	主营业务毛利率 (%)	人均主营业务收入 (万元)	费用率 (%)
全　国	**72.8**	**6.6**	**416.1**	**5.1**
北　京	65.3	6.5	690.4	5.7
天　津	76.7	4.3	1354.9	3.2
河　北	79.1	5.9	221.0	5.3
山　西	78.4	3.4	404.8	3.5
内蒙古	78.7	7.0	374.6	6.1
辽　宁	87.1	3.3	585.6	3.6
吉　林	84.3	8.4	255.7	8.9
黑龙江	84.8	9.8	323.3	5.2
上　海	70.4	5.8	957.6	5.1
江　苏	72.1	7.1	404.9	5.2
浙　江	77.0	5.7	454.2	5.4
安　徽	66.4	6.5	276.2	5.4
福　建	68.8	6.3	432.9	4.9
江　西	73.4	8.4	191.0	6.3
山　东	74.7	8.1	340.0	4.5
河　南	66.8	9.9	185.8	5.7
湖　北	78.5	9.3	268.4	7.2
湖　南	69.4	9.8	214.4	7.1
广　东	77.3	6.9	426.4	5.4
广　西	69.7	5.2	293.6	4.8
海　南	64.5	7.1	715.9	4.4
重　庆	73.1	8.2	388.4	4.8
四　川	75.7	7.9	255.6	6.3
贵　州	78.6	7.7	277.5	6.1
云　南	64.8	6.2	407.8	4.9
西　藏	51.1	18.4	270.5	8.8
陕　西	70.8	6.9	311.1	4.7
甘　肃	58.2	4.1	502.0	3.3
青　海	58.5	8.1	287.0	4.6
宁　夏	82.4	4.6	294.6	4.6
新　疆	73.7	4.7	518.6	3.8

2-25 各地区大中型批发业企业经济效益分析指标

地 区	负债比率 (%)	主营业务毛利率 (%)	人均主营业务收入 (万元)	费用率 (%)
全 国	**69.6**	**8.2**	**715.1**	**5.3**
北 京	64.7	7.4	997.5	6.3
天 津	77.9	4.5	1581.4	2.8
河 北	76.7	5.6	691.2	3.1
山 西	73.5	4.9	706.5	3.5
内蒙古	75.3	8.2	699.8	5.3
辽 宁	79.8	3.9	975.7	2.8
吉 林	82.6	9.3	512.3	7.2
黑龙江	83.7	9.3	740.9	4.7
上 海	68.9	9.1	1088.5	7.3
江 苏	69.2	9.6	647.6	5.9
浙 江	73.0	6.7	702.7	4.6
安 徽	72.5	10.0	494.6	6.2
福 建	64.5	6.5	822.5	4.1
江 西	67.6	13.9	275.4	7.3
山 东	72.3	8.9	514.9	4.5
河 南	64.5	11.5	402.1	4.7
湖 北	71.4	10.0	501.9	6.3
湖 南	64.3	14.2	370.5	6.9
广 东	73.8	7.6	602.9	5.2
广 西	65.2	7.7	561.4	4.3
海 南	62.8	8.6	1035.0	4.7
重 庆	68.8	9.1	615.4	4.4
四 川	70.8	10.1	444.4	5.2
贵 州	58.1	24.1	498.4	6.3
云 南	53.7	11.3	777.7	4.7
西 藏	53.1	32.1	241.3	18.8
陕 西	71.3	7.4	695.6	4.2
甘 肃	50.2	5.0	1241.0	3.1
青 海	51.7	11.3	518.2	3.0
宁 夏	79.1	5.2	747.1	3.5
新 疆	72.4	5.5	717.2	3.7

2-26 各地区大中型零售业企业经济效益分析指标

地 区	负债比率 (%)	主营业务毛利率 (%)	人均主营业务收入 (万元)	费用率 (%)
全 国	**70.8**	**11.7**	**148.8**	**10.7**
北 京	75.6	11.7	176.6	13.1
天 津	73.3	10.9	198.9	12.1
河 北	77.4	9.4	103.5	9.6
山 西	76.9	8.4	115.7	9.5
内蒙古	79.5	9.4	149.4	8.1
辽 宁	78.7	10.0	126.4	10.9
吉 林	76.5	10.8	159.9	10.6
黑龙江	76.7	11.9	123.6	9.7
上 海	71.7	18.7	160.4	19.5
江 苏	68.7	11.0	176.7	9.8
浙 江	76.8	10.5	183.2	10.3
安 徽	60.7	10.3	141.6	8.5
福 建	58.4	11.2	138.9	10.0
江 西	67.4	10.8	125.1	8.4
山 东	77.0	11.2	141.1	8.6
河 南	73.4	11.9	95.8	8.7
湖 北	74.5	11.3	169.9	10.0
湖 南	64.3	11.0	157.4	9.4
广 东	67.4	12.5	152.6	11.4
广 西	67.4	9.7	127.7	8.7
海 南	64.2	14.7	167.1	11.0
重 庆	69.3	12.9	154.7	9.6
四 川	66.7	10.8	156.6	9.8
贵 州	74.4	9.4	185.8	7.2
云 南	64.4	11.9	133.2	9.1
西 藏	65.7	8.6	179.9	7.6
陕 西	56.8	12.5	142.3	9.1
甘 肃	67.5	12.2	112.9	8.6
青 海	71.0	10.5	116.7	11.2
宁 夏	68.0	11.1	99.9	11.7
新 疆	64.4	12.4	150.3	11.8

2-27 各地区大中型住宿和餐饮业企业基本情况

地区	大中型		大型		中型	
	法人单位数（个）	年末从业人数（人）	法人单位数（个）	年末从业人数（人）	法人单位数（个）	年末从业人数（人）
全国	**6478**	**2234924**	**769**	**946981**	**5709**	**1287943**
北京	621	276910	141	178610	480	98300
天津	99	40100	8	18265	91	21835
河北	106	28353	NA	1614	103	26739
山西	66	25704	5	7185	61	18519
内蒙古	85	21241	NA	2164	82	19077
辽宁	117	35814	13	12236	104	23578
吉林	43	12646	5	3537	38	9109
黑龙江	33	9620	5	2302	28	7318
上海	500	233049	118	158027	382	75022
江苏	511	173474	42	67548	469	105926
浙江	559	165450	60	58100	499	107350
安徽	168	55162	10	19491	158	35671
福建	268	88142	32	31721	236	56421
江西	106	26229	4	3048	102	23181
山东	354	105625	26	31045	328	74580
河南	190	47881	8	9153	182	38728
湖北	203	64499	15	20702	188	43797
湖南	242	67933	13	15272	229	52661
广东	931	367714	145	179961	786	187753
广西	108	33759	9	10238	99	23521
海南	121	42090	24	15942	97	26148
重庆	204	70405	24	30491	180	39914
四川	274	84732	20	35377	254	49355
贵州	69	15649	NA	1363	66	14286
云南	133	40208	11	10637	122	29571
西藏	10	2079			10	2079
陕西	209	63704	15	17832	194	45872
甘肃	59	14622	4	2698	55	11924
青海	17	4181			17	4181
宁夏	17	3921			17	3921
新疆	55	14028	NA	2422	52	11606

注：NA为小于或等于3(下表同)。

2-28 各地区大中型住宿和餐饮业企业经营情况

单位：万元

地　区	营业额	客房收入	餐费收入	商品销售额	其他收入
全　国	**52843529**	**12021457**	**35835453**	**1327680**	**3658939**
北　京	7412222	1417959	5157635	97784	738844
天　津	894553	133987	691175	10913	58478
河　北	457122	154213	252752	7791	42366
山　西	365649	75534	272623	2592	14900
内蒙古	490641	103683	362262	5309	19387
辽　宁	1098619	187937	830553	17133	62996
吉　林	230457	88644	121764	3077	16972
黑龙江	194948	76864	93252	10955	13877
上　海	7325578	1058553	5546362	157666	562997
江　苏	3703499	779728	2641015	111095	171661
浙　江	4061181	1025294	2735143	63342	237402
安　徽	1017803	232002	690742	57072	37987
福　建	1829596	461196	1179648	102627	86125
江　西	520291	161614	319408	10844	28425
山　东	2274717	648682	1425168	67719	133148
河　南	930213	299136	532014	38015	61048
湖　北	1557143	315542	1148656	22039	70906
湖　南	1428366	424333	853619	66004	84410
广　东	8657859	1969120	5762691	194681	731367
广　西	589691	193537	331092	22145	42917
海　南	926064	544128	311743	6886	63307
重　庆	1828080	303498	1391230	69123	64229
四　川	2012093	423426	1425252	58337	105078
贵　州	301100	118753	152767	7357	22223
云　南	793321	280170	409129	33255	70767
西　藏	38385	22328	11796	389	3872
陕　西	1230598	275830	822431	70772	61565
甘　肃	306472	120956	161468	5920	18128
青　海	58642	23212	28539	676	6215
宁　夏	59057	20197	34541	630	3689
新　疆	249569	81401	138983	5532	23653

2-29 各地区大型住宿和餐饮业企业经营情况

单位：万元

地　区	营业额	客房收入	餐费收入	商品销售额	其他收入
全　国	**26057224**	**3758394**	**20034264**	**602936**	**1661630**
北　京	4974249	711823	3729930	70048	462448
天　津	469351	14446	439877	6320	8708
河　北	44454	12396	27246	498	4314
山　西	106188	10008	94876	334	970
内蒙古	186275		186275		
辽　宁	622413	50792	546091	2587	22943
吉　林	76783	21388	50746	545	4104
黑龙江	66052	17185	43192	3194	2481
上　海	5148024	589869	4058569	136392	363194
江　苏	1554625	161963	1275633	56956	60073
浙　江	1669306	286512	1293346	14921	74527
安　徽	384650	26978	311153	36826	9693
福　建	718814	114934	514292	61469	28119
江　西	107025	10773	86417	798	9037
山　东	703368	165864	475079	15997	46428
河　南	162587	26160	128175	3306	4946
湖　北	623658	36380	571444	1087	14747
湖　南	375156	41737	310599	4026	18794
广　东	5009000	868286	3618615	110554	411545
广　西	180623	34667	143952	416	1588
海　南	469080	285161	143267	5260	35392
重　庆	777467	43316	701578	18219	14354
四　川	906706	106033	754741	11430	34502
贵　州	40879	12144	23737	1855	3143
云　南	222425	41828	156212	14502	9883
西　藏					
陕　西	332763	40878	255847	23089	12949
甘　肃	69429	15784	51392	1219	1034
青　海					
宁　夏					
新　疆	55874	11089	41983	1088	1714

2-30 各地区中型住宿和餐饮业企业经营情况

单位：万元

地区	营业额	客房收入	餐费收入	商品销售额	其他收入
全　国	**26786305**	**8263066**	**15801194**	**724745**	**1997300**
北　京	2437973	706137	1427705	27737	276394
天　津	425202	119541	251299	4593	49769
河　北	412668	141817	225506	7292	38053
山　西	259460	65527	177748	2258	13927
内蒙古	304366	103683	175986	5309	19388
辽　宁	476206	137146	284462	14546	40052
吉　林	153674	67256	71018	2533	12867
黑龙江	128896	59679	50060	7761	11396
上　海	2177554	468684	1487794	21274	199802
江　苏	2148874	617765	1365382	54139	111588
浙　江	2391875	738781	1441798	48421	162875
安　徽	633154	205024	379589	20246	28295
福　建	1110782	346263	665356	41158	58005
江　西	413266	150841	232991	10046	19388
山　东	1571349	482817	950089	51722	86721
河　南	767626	272976	403839	34709	56102
湖　北	933484	279162	577212	20952	56158
湖　南	1053210	382596	543020	61978	65616
广　东	3648859	1100834	2144077	84128	319820
广　西	409068	158870	187140	21729	41329
海　南	456984	258967	168477	1626	27914
重　庆	1050614	260182	689652	50904	49876
四　川	1105387	317392	670511	46907	70577
贵　州	260221	106610	129030	5502	19079
云　南	570896	238342	252917	18753	60884
西　藏	38385	22328	11796	389	3872
陕　西	897835	234952	566584	47682	48617
甘　肃	237043	105172	110076	4701	17094
青　海	58642	23212	28539	676	6215
宁　夏	59057	20197	34541	630	3689
新　疆	193695	70313	97000	4444	21938

2-31 各地区大中型住宿业企业经营情况

单位：万元

地 区	营业额	客房收入	餐费收入	商品销售额	其他收入
全 国	**23845579**	**10703229**	**9480675**	**613136**	**3048539**
北 京	2854603	1399333	779530	32442	643298
天 津	233968	106867	89176	2790	35135
河 北	356868	136380	176336	5742	38410
山 西	128827	48756	67886	853	11332
内蒙古	182789	70510	94570	453	17256
辽 宁	415661	174699	183568	7404	49990
吉 林	146907	69889	61043	3074	12901
黑龙江	156852	74744	59295	9597	13216
上 海	2198204	1025738	642889	44142	485435
江 苏	1568925	598108	781372	57533	131912
浙 江	2137859	857145	1088484	13847	178383
安 徽	403943	171519	197800	8452	26172
福 建	1114863	429023	527276	82848	75716
江 西	318838	145067	139838	6232	27701
山 东	1202017	473132	594916	37527	96442
河 南	572787	246171	252260	25254	49102
湖 北	523799	247078	209608	11295	55818
湖 南	901324	375938	406475	47046	71865
广 东	4006124	1836177	1424189	102944	642814
广 西	373190	184674	136479	12191	39846
海 南	887937	544128	273960	6542	63307
重 庆	575941	259576	245785	21642	48938
四 川	831086	366267	366204	27602	71013
贵 州	224571	111869	87946	6771	17985
云 南	494364	269278	158639	14566	51881
西 藏	38385	22328	11796	389	3872
陕 西	545363	236738	254757	14127	39741
甘 肃	213515	113090	78240	4441	17744
青 海	36322	17506	12882	676	5258
宁 夏	34453	15872	14746	406	3429
新 疆	165294	75629	62730	4308	22627

2-32 各地区大中型餐饮业企业经营情况

单位：万元

地　区	营业额	客房收入	餐费收入	商品销售额	其他收入
全　国	**28997950**	**1318226**	**26354779**	**714542**	**610403**
北　京	4557619	18627	4378105	65342	95545
天　津	660585	27120	602000	8123	23342
河　北	100254	17832	76415	2049	3958
山　西	236822	26778	204737	1738	3569
内蒙古	307852	33174	267692	4856	2130
辽　宁	682959	13238	646985	9728	13008
吉　林	83551	18754	60721	4	4072
黑龙江	38096	2120	33957	1358	661
上　海	5127374	32815	4903474	113524	77561
江　苏	2134573	181620	1859643	53561	39749
浙　江	1923321	168148	1646659	49495	59019
安　徽	613860	60483	492942	48620	11815
福　建	714733	32173	652372	19779	10409
江　西	201453	16546	179570	4612	725
山　东	1072700	175550	830252	30193	36705
河　南	357426	52965	279753	12761	11947
湖　北	1033344	68464	939048	10744	15088
湖　南	527042	48395	447144	18959	12544
广　东	4651735	132943	4338502	91737	88553
广　西	216501	8863	194613	9954	3071
海　南	38127		37783	344	
重　庆	1252139	43922	1145445	47481	15291
四　川	1181007	57158	1059048	30735	34066
贵　州	76529	6885	64822	586	4236
云　南	298957	10892	250490	18689	18886
西　藏					
陕　西	685235	39092	567674	56644	21825
甘　肃	92957	7866	83228	1478	385
青　海	22320	5706	15657		957
宁　夏	24604	4325	19795	224	260
新　疆	84275	5772	76253	1224	1026

2-33 各地区大中型住宿和餐饮业企业年末资产负债

单位：万元

地区	流动资产合计	固定资产原价	累计折旧	资产总计	负债合计	所有者权益合计
全国	**41006298**	**68152479**	**27979002**	**110266456**	**79860773**	**30405683**
北京	5831973	8677065	3994019	14910417	10898579	4011838
天津	445780	858252	299130	1335208	1131140	204068
河北	874218	1160470	432188	2026773	1695693	331080
山西	259669	601725	257845	840423	765004	75419
内蒙古	385187	903012	308326	1221435	841936	379499
辽宁	744026	1867265	860964	2175930	1540323	635607
吉林	206705	600399	224622	717181	445344	271837
黑龙江	163588	398165	165564	480936	284152	196784
上海	4006593	6012611	2831355	9846087	5575014	4271073
江苏	2497885	5446821	2079594	8207605	6050020	2157585
浙江	3100845	6267365	2512895	9255191	7174339	2080852
安徽	782938	1478472	438929	2694906	2051098	643808
福建	1319386	2321799	795371	3980970	2663800	1317171
江西	443493	659853	236438	1385342	936403	448939
山东	1835725	3682345	1435508	5127121	3800493	1326628
河南	1052186	1161034	426131	2213418	1599777	613641
湖北	809058	1716895	689027	2640573	1935722	704852
湖南	1233728	2190482	862683	3392768	2340271	1052497
广东	7141812	9879470	4515507	16942344	13756362	3185983
广西	514959	1157046	489960	1512363	1152061	360301
海南	1829604	1825750	626859	4255611	2731170	1524441
重庆	1084033	1338673	515008	2588663	1987933	600730
四川	1925821	2261846	908763	4321691	3216086	1105605
贵州	240103	517220	153047	722698	612084	110614
云南	937517	1564790	625894	2371288	1517230	854058
西藏	45491	210714	63375	211097	43374	167723
陕西	744330	2255012	786452	3250646	2143411	1107235
甘肃	181984	360985	148056	494320	300642	193678
青海	114193	165295	63216	268489	107693	160796
宁夏	51121	187193	55379	199181	231398	-32218
新疆	202347	424455	176897	675781	332221	343559

2-34 各地区大型住宿和餐饮业企业年末资产负债

单位：万元

地区	流动资产合计	固定资产原价	累计折旧	资产总计	负债合计	所有者权益合计
全国	**15098690**	**24733485**	**10499564**	**41173312**	**26438329**	**14734984**
北京	3313882	4987838	2349662	8862758	5540112	3322647
天津	80111	250469	71967	358056	192607	165449
河北	44095	117389	43316	134276	177186	-42909
山西	37113	78669	33946	115949	94968	20981
内蒙古	49642	44154	9922	119330	55117	64213
辽宁	131725	562189	254481	658504	390004	268500
吉林	40100	194629	73996	176991	62942	114049
黑龙江	43991	101780	44797	128171	56941	71230
上海	2603837	4102689	1940396	6820896	3421668	3399227
江苏	515273	1465483	514997	2066662	1363559	703104
浙江	1055243	2196057	859843	3070122	2160782	909341
安徽	133070	247002	75727	383669	282731	100939
福建	392696	649131	237566	1143195	839621	303573
江西	14665	22447	5860	55566	26087	29479
山东	647404	1009815	401908	1514449	1107158	407290
河南	227310	150677	70866	360283	276173	84111
湖北	192129	290975	140403	679848	540059	139788
湖南	575843	400070	209377	1026369	672607	353762
广东	3243634	5107145	2198706	8531262	6166615	2364647
广西	118300	206790	78535	307417	206657	100760
海南	505989	683633	190042	1416575	911069	505506
重庆	284364	355578	144019	816013	508022	307990
四川	481361	462457	207627	1094904	521690	573214
贵州	23994	61910	31895	57411	35398	22013
云南	105148	335380	126427	367313	264104	103208
西藏						
陕西	201514	598129	147727	838469	531410	307059
甘肃	24335	31250	27361	32886	18271	14616
青海						
宁夏						
新疆	11922	19750	8195	35968	14771	21197

2-35 各地区中型住宿和餐饮业企业年末资产负债

单位：万元

地区	流动资产合计	固定资产原价	累计折旧	资产总计	负债合计	所有者权益合计
全国	**25907608**	**43418996**	**17479440**	**69093147**	**53422445**	**15670699**
北京	2518090	3689228	1644356	6047659	5358467	689192
天津	365669	607783	227164	977152	938533	38619
河北	830123	1043081	388872	1892496	1518507	373989
山西	222556	523057	223899	724475	670037	54438
内蒙古	335545	858858	298404	1102105	786819	315286
辽宁	612300	1305076	606483	1517426	1150319	367107
吉林	166606	405769	150627	540190	382402	157788
黑龙江	119597	296384	120766	352765	227211	125554
上海	1402756	1909922	890959	3025191	2153345	871846
江苏	1982612	3981339	1564597	6140943	4686462	1454481
浙江	2045602	4071308	1653052	6185069	5013558	1171511
安徽	649868	1231470	363203	2311237	1768368	542869
福建	926691	1672667	557806	2837776	1824178	1013597
江西	428828	637406	230578	1329777	910316	419460
山东	1188321	2672530	1033601	3612672	2693334	919338
河南	824877	1010357	355264	1853135	1323604	529531
湖北	616929	1425920	548625	1960726	1395663	565063
湖南	657885	1790413	653306	2366399	1667664	698735
广东	3898178	4772325	2316801	8411082	7589747	821335
广西	396658	950255	411425	1204946	945404	259542
海南	1323616	1142118	436817	2839036	1820101	1018935
重庆	799669	983095	370989	1772650	1479911	292739
四川	1444460	1799390	701136	3226788	2694397	532391
贵州	216108	455310	121152	665287	576685	88601
云南	832369	1229410	499466	2003975	1253126	750850
西藏	45491	210714	63375	211097	43374	167723
陕西	542816	1656883	638725	2412178	1612001	800177
甘肃	157650	329735	120695	461433	282371	179062
青海	114193	165295	63216	268489	107693	160796
宁夏	51121	187193	55379	199181	231398	-32218
新疆	190424	404705	168702	639812	317450	322362

2-36 各地区大中型住宿业企业年末资产负债

单位：万元

地 区	流动资产合计	固定资产原价	累计折旧	资产总计	负债合计	所有者权益合计
全 国	**29464975**	**56025158**	**23272941**	**84038182**	**61075192**	**22962989**
北 京	4276211	7890271	3572270	12153426	8968477	3184949
天 津	225398	627971	209586	841665	780431	61234
河 北	802282	1089150	402652	1801801	1433530	368271
山 西	161037	347759	152837	494819	460839	33980
内蒙古	191132	606933	236558	662322	451305	211017
辽 宁	518494	1497858	700831	1567778	1062867	504911
吉 林	177388	474433	189886	564371	401077	163294
黑龙江	141340	379395	159672	432301	266537	165764
上 海	2448532	5042635	2417378	6955757	3650884	3304873
江 苏	1559686	4186160	1617931	5779917	4175557	1604361
浙 江	2240065	4944717	2030232	6915206	5332228	1582978
安 徽	414878	1024427	313452	1681134	1263951	417183
福 建	1126094	2130235	708769	3525218	2338794	1186425
江 西	375384	595303	215830	1215362	821873	393489
山 东	1274832	2311354	992901	3268830	2330583	938247
河 南	825379	973184	365870	1749490	1311943	437547
湖 北	466993	1258770	502617	1670303	1085029	585274
湖 南	998283	1884367	752860	2852084	1969537	882547
广 东	5317880	8276454	3756655	13305536	11318757	1986779
广 西	452292	1077274	460798	1351417	1007140	344276
海 南	1817278	1815543	620790	4234136	2714202	1519934
重 庆	764397	963276	371185	1836449	1560561	275888
四 川	1141488	1695260	695366	2692660	2126338	566322
贵 州	186808	475001	135826	630279	537043	93236
云 南	581961	1407584	576052	1850348	1176164	674183
西 藏	45491	210714	63375	211097	43374	167723
陕 西	479500	1898374	651188	2576205	1716704	859501
甘 肃	159914	291531	140192	389015	267297	121718
青 海	92708	127102	50991	186566	49787	136778
宁 夏	32836	165016	48511	156313	179846	-23533
新 疆	169014	357107	159880	486377	272537	213840

2-37 各地区大中型餐饮业企业年末资产负债

单位：万元

地区	流动资产合计	固定资产原价	累计折旧	资产总计	负债合计	所有者权益合计
全国	**11541324**	**12127325**	**4706059**	**26228278**	**18785584**	**7442695**
北京	1555762	786795	421749	2756992	1930102	826889
天津	220382	230281	89545	493543	350709	142834
河北	71936	71321	29536	224972	262163	-37191
山西	98632	253966	105009	345605	304166	41439
内蒙古	194055	296079	71768	559113	390631	168482
辽宁	225532	369407	160133	608152	477456	130696
吉林	29317	125966	34737	152810	44267	108543
黑龙江	22248	18770	5892	48635	17615	31020
上海	1558061	969975	413976	2890329	1924130	966200
江苏	938199	1260661	461663	2427688	1874464	553225
浙江	860780	1322648	482662	2339985	1842111	497874
安徽	368060	454046	125478	1013772	787147	226625
福建	193292	191564	86602	455752	325006	130746
江西	68109	64551	20608	169980	114530	55450
山东	560894	1370991	442608	1858291	1469910	388381
河南	226807	187851	60260	463929	287834	176095
湖北	342065	458125	186411	970271	850693	119577
湖南	235445	306115	109822	540684	370733	169950
广东	1823932	1603016	758852	3636808	2437605	1199203
广西	62667	79772	29162	160946	144921	16025
海南	12326	10208	6069	21475	16969	4507
重庆	319635	375397	143822	752214	427372	324842
四川	784333	566586	213396	1629031	1089748	539283
贵州	53295	42219	17220	92419	75041	17378
云南	355557	157206	49842	520940	341066	179875
西藏						
陕西	264830	356638	135263	674441	426707	247734
甘肃	22071	69454	7864	105305	33345	71960
青海	21485	38193	12225	81924	57906	24018
宁夏	18285	22176	6868	42868	51553	-8685
新疆	33332	67348	17017	189404	59684	129720

2-38 各地区大中型住宿和餐饮业企业实收资本及构成

单位：万元

地区	实收资本	国家资本	集体资本	法人资本	个人资本	港澳台资本	外商资本
全国	**35966626**	**8466780**	**485662**	**11183060**	**9273405**	**4236939**	**2320795**
北京	3877030	921522	22914	1760055	251202	641947	279390
天津	437213	152469	5994	188898	58349	9790	21714
河北	574925	157927	513	183245	144741	88500	
山西	192655	88718		39021	63177		1739
内蒙古	325161	98867	5667	65287	61867	93473	
辽宁	697045	121072	1000	180482	85769	231920	76802
吉林	180452	74530	30	35568	50765	1800	17759
黑龙江	240932	120894	990	50331	31301	20189	17227
上海	3629418	1629164	104060	724138	232796	424295	514966
江苏	2648529	858843	30663	783559	454272	265075	256118
浙江	2520677	469200	30121	1106336	477191	349763	88067
安徽	5666363	56631	7726	298754	5204317	97043	1892
福建	1284746	395071	7032	307905	267518	198561	108661
江西	350685	119278	610	88560	121672	5000	15566
山东	1078092	268085	29882	358046	134585	265362	22132
河南	673294	126979	51966	314389	129709	48514	1738
湖北	639447	172992	13446	204194	143959	72914	31944
湖南	872397	275777	10845	380388	182154	4750	18483
广东	3938284	712058	52293	1607945	364999	796363	404626
广西	509203	89657	425	153959	49189	186863	29110
海南	1557124	252436	55592	919710	14973	293345	21069
重庆	534279	79839	8169	289204	74927	7779	74360
四川	960005	195588	14157	390021	222039	9389	128811
贵州	150680	37075	1450	88049	16327	6800	980
云南	606817	208248	6677	186626	122971	60311	21985
西藏	160089	67846		4000	5000		83243
陕西	992403	315730	20517	333330	219573	55193	48061
甘肃	190226	124919	246	32217	19162	2000	11682
青海	101279	46210	542	1875	30604		22049
宁夏	31934	23166		5368	3400		
新疆	345242	205989	2135	101600	34897		621

2-39 各地区大型住宿和餐饮业企业实收资本及构成

单位：万元

地区	实收资本	国家资本	集体资本	法人资本	个人资本	港澳台资本	外商资本
全国	**10589824**	**3430890**	**65816**	**3228657**	**634281**	**2008917**	**1221263**
北京	2263466	458909	2000	1030934	70712	499522	201389
天津	92942	59120	994	11697	6804		14328
河北	46370			5541	40830		
山西	22653	2985		6929	11000		1739
内蒙古	12542			417	12125		
辽宁	283734	61018		11971		181563	29182
吉林	44953	16653		6600	5000		16700
黑龙江	30269	1097		11945			17227
上海	2468096	1307486	42585	390339	86944	241075	399668
江苏	669467	264151	2942	205160	18704	54301	124209
浙江	869853	235822	6694	261832	104424	223681	37400
安徽	45616	5500		25211	4905	10000	
福建	200380	21165	1050	75385	21788	73273	7718
江西	17058			8850	6100		2108
山东	236497	42816	950	11958	25184	148959	6630
河南	107855	24572		25049	27209	29286	1738
湖北	93934	16738		7429	11960	36556	21251
湖南	206047	111558		85748	5610	1390	1741
广东	1713113	435802	1870	759243	104481	228359	183357
广西	111582			11000	1926	96421	2235
海南	309721	53060		75960	200	180501	
重庆	128678	15000		54712	7458		51507
四川	230410	66155	1231	89582	11950	2292	59199
贵州	9916	6026		240	3650		
云南	78926	57895		8645	11331		1057
西藏							
陕西	275387	155957	5500	45280	28063	1738	38849
甘肃	5515	3105		1000			1410
青海							
宁夏							
新疆	14844	8300			5923		621

2-40 各地区中型住宿和餐饮业企业实收资本及构成

单位：万元

地区	实收资本	国家资本	集体资本	法人资本	个人资本	港澳台资本	外商资本
全　国	**25376804**	**5035887**	**419847**	**7954403**	**8639124**	**2228019**	**1099531**
北　京	1613564	462613	20914	729121	180491	142425	78001
天　津	344271	93349	5000	177201	51546	9790	7386
河　北	528555	157927	513	177704	103911	88500	
山　西	170002	85733		32092	52177		
内蒙古	312619	98867	5667	64870	49742	93473	
辽　宁	413311	60054	1000	168512	85769	50356	47620
吉　林	135498	57877	30	28969	45765	1800	1059
黑龙江	210663	119797	990	38386	31301	20189	
上　海	1161322	321678	61475	333799	145853	183221	115297
江　苏	1979063	594692	27722	578399	435567	210774	131909
浙　江	1650824	233377	23427	844504	372767	126082	50668
安　徽	5620747	51131	7726	273543	5199411	87043	1892
福　建	1084367	373906	5982	232519	245729	125288	100943
江　西	333627	119278	610	79710	115572	5000	13457
山　东	841594	225269	28932	346088	109400	116403	15502
河　南	565440	102407	51966	289340	102500	19228	
湖　北	545513	156253	13446	196764	131999	36358	10693
湖　南	666350	164219	10845	294640	176545	3359	16742
广　东	2225171	276256	50423	848701	260518	568003	221269
广　西	397621	89657	425	142959	47263	90443	26875
海　南	1247403	199376	55592	843750	14773	112843	21069
重　庆	405601	64839	8169	234492	67469	7779	22853
四　川	729595	129432	12926	300439	210089	7096	69612
贵　州	140765	31049	1450	87809	12677	6800	980
云　南	527891	150353	6677	177981	111641	60311	20928
西　藏	160089	67846		4000	5000		83243
陕　西	717016	159773	15017	288051	191509	53455	9212
甘　肃	184711	121814	246	31217	19162	2000	10272
青　海	101279	46210	542	1875	30604		22049
宁　夏	31934	23166		5368	3400		
新　疆	330398	197689	2135	101600	28974		

2-41 各地区大中型住宿业企业实收资本及构成

单位：万元

地区	实收资本	国家资本	集体资本	法人资本	个人资本	港澳台资本	外商资本
全国	**30369413**	**7938763**	**399167**	**9083937**	**7790863**	**3563842**	**1592848**
北京	3452141	899183	21207	1627803	165839	548970	189139
天津	336562	151066	5994	149129	18065	9555	2753
河北	537182	153785	513	163478	130906	88500	
山西	133955	82718		19762	31475		
内蒙古	212613	49328	5667	35450	28745	93423	
辽宁	594345	114765	1000	140325	75731	217317	45207
吉林	151408	55877		31568	44405	1800	17759
黑龙江	218692	120894	990	33191	26201	20189	17227
上海	2735583	1577424	69919	486914	132806	240094	228427
江苏	2070559	835177	13043	523182	302801	172561	223794
浙江	1996986	463183	22357	832716	301450	314499	62782
安徽	5474837	37275	6576	237902	5104149	87043	1892
福建	1128908	384977	6092	263685	244270	145585	84299
江西	314553	116347	610	76420	103233	5000	12943
山东	768227	199714	24905	250424	35178	242505	15502
河南	532842	126447	50866	240522	66494	48514	
湖北	477225	165786	13446	140870	95231	56528	5365
湖南	749238	274541	10845	301473	141550	4750	16080
广东	3267091	672752	46069	1336976	251093	658454	301747
广西	492579	89352		142378	47141	186833	26875
海南	1553248	252436	55592	917480	14973	291698	21069
重庆	350381	77302	7710	191276	38387	3100	32606
四川	756497	183914	10426	311413	134210	7096	109437
贵州	132357	37075	1450	72225	13827	6800	980
云南	554394	200919	6677	166708	100614	58548	20928
西藏	160089	67846		4000	5000		83243
陕西	766102	295614	14571	256522	106442	52480	40473
甘肃	133595	83817		27717	9789	2000	10272
青海	77183	46210	542	1875	6508		22049
宁夏	26956	22607		3850	500		
新疆	213085	100432	2100	96703	13850		

2-42 各地区大中型餐饮业企业实收资本及构成

单位：万元

地区	实收资本	国家资本	集体资本	法人资本	个人资本	港澳台资本	外商资本
全国	**5597217**	**528018**	**86496**	**2099120**	**1482546**	**673097**	**727946**
北京	424889	22339	1708	132252	85364	92977	90251
天津	100651	1403		39768	40284	235	18961
河北	37744	4142		19767	13835		
山西	58700	6000		19259	31702		1739
内蒙古	112548	49539		29837	33122	50	
辽宁	102700	6307		40157	10038	14603	31595
吉林	29043	18653	30	4000	6360		
黑龙江	22240			17140	5100		
上海	893835	51740	34141	237224	99990	184201	286538
江苏	577970	23666	17620	260376	151470	92515	32323
浙江	523691	6017	7764	273620	175741	35264	25285
安徽	191526	19356	1150	60852	100168	10000	
福建	155838	10094	940	44220	23247	52976	24362
江西	36133	2931		12140	18439		2623
山东	309865	68372	4978	107622	99407	22857	6630
河南	140452	532	1100	73867	63215		1738
湖北	162222	7206		63323	48728	16386	26579
湖南	123159	1236		78915	40605		2403
广东	671193	39306	6224	270969	113907	137909	102879
广西	16625	305	425	11581	2049	30	2235
海南	3877			2230		1647	
重庆	183898	2537	459	97928	36540	4679	41754
四川	203508	11673	3731	78608	87830	2292	19375
贵州	18323			15823	2500		
云南	52423	7329		19918	22358	1763	1057
西藏							
陕西	226302	20116	5945	76809	113131	2713	7588
甘肃	56631	41102	246	4500	9373		1410
青海	24096				24096		
宁夏	4978	560		1518	2900		
新疆	132157	105557	35	4897	21047		621

2-43　各地区大中型住宿和餐饮业企业损益及分配

单位：万元

地　区	主营业务收入	主营业务成本	主营业务税金及附加	主营业务利润	其他业务利润	销售费用	管理费用	财务费用	营业利润	利润总额	应交所得税	应付职工薪酬
全　国	**51173099**	**20768737**	**1214212**	**29190150**	**997460**	**16743888**	**10433048**	**1691404**	**1118406**	**1354324**	**623808**	**11150540**
北　京	7126681	2397291	161411	4567979	52699	2681909	1524110	189346	363296	381298	124040	1987572
天　津	866490	362359	16900	487231	17006	319059	161147	15635	-494	1338	10498	205963
河　北	451471	183169	10229	258073	10510	183282	134236	34593	-74873	-67618	1305	119894
山　西	358500	162522	8916	187062	12862	138855	73150	11515	-33638	-30984	1321	73700
内蒙古	482490	265593	7545	209352	5334	109747	109200	21634	-21215	-21708	1004	85238
辽　宁	1084782	427589	23787	633406	229176	381706	243509	34725	-68081	-66475	10342	148219
吉　林	226613	83360	4509	138744	21705	76515	65441	12483	-14881	-16662	154	48222
黑龙江	195123	56529	4719	133875	13606	75718	56673	4109	833	2955	1869	38578
上　海	6891956	2575263	151370	4165323	231200	2541176	1143419	104570	437135	490742	133702	1353610
江　苏	3629629	1498376	83392	2047861	23083	1159341	826794	118871	-16099	-12440	39787	718430
浙　江	3937840	1544360	92009	2301471	100213	1267775	883427	196193	38645	62988	48462	872245
安　徽	997078	452176	24622	520280	20735	301901	196831	44988	-7373	6437	9309	186961
福　建	1786571	747221	43690	995660	18844	569896	383574	69039	5746	33881	16573	398679
江　西	516796	242685	13857	260254	4385	133301	108472	27071	-6934	-4618	4628	95503
山　东	2227681	993427	53643	1180611	20074	633272	448456	97174	20633	23423	20349	451980
河　南	901341	421787	26547	453007	9509	219237	180812	39994	19829	22820	5659	178823
湖　北	1528019	676241	39561	812217	6315	494521	345722	38765	28395	33544	15503	311385
湖　南	1379625	636754	39698	703173	25545	342725	310029	55721	-762	8882	5249	279267
广　东	8424224	3427053	194129	4803042	81161	2874038	1462760	279916	244372	265764	98000	1931700
广　西	567197	227118	13597	326482	7064	177211	137311	25612	-6824	740	6964	119206
海　南	934282	239034	27418	667830	15277	267699	365057	30385	19331	12389	10660	256989
重　庆	1759731	946127	43034	770570	15421	389422	252003	60118	84773	86262	10102	293401
四　川	1956366	835185	46178	1075003	22274	582595	355063	78263	187944	195805	26997	314694
贵　州	290660	134055	7026	149579	8125	73101	61633	25183	-5803	-3252	2301	65169
云　南	746298	328979	20869	396450	6394	191893	192598	34243	-14668	-12670	6314	167963
西　藏	38343	7351	898	30094		20608	19040	361	-8385	-8520	97	20313
陕　西	1200548	602239	35291	563018	12698	329526	241176	29592	-39814	-36088	4722	265660
甘　肃	305386	148909	11190	145287	1696	76709	57838	2765	7389	20266	4760	62825
青　海	57227	18854	876	37497	2708	25522	16077	1599	-5374	-5919	10	19367
宁　夏	58711	23835	1526	33350	20	24765	20316	2665	-14273	-13811	145	15553
新　疆	245440	103296	5775	136369	1821	80863	57174	4276	-424	5555	2982	63431

2-44 各地区大型住宿和

地　区	主营业务收入	主营业务成本	主营业务税金及附加	主营业务利润	其他业务利润	销售费用
全　国	**25185568**	**9965686**	**563129**	**14656753**	**568354**	**8572415**
北　京	4807929	1658056	109087	3040786	22757	1791223
天　津	454281	193433	8772	252076	1248	168086
河　北	43013	20565	1440	21008	2	25780
山　西	105668	44238	2523	58907	7717	38707
内蒙古	186275	137642	1244	47389	436	19743
辽　宁	608935	256534	13384	339017	211286	216427
吉　林	76068	35671	951	39446	6309	21056
黑龙江	65452	15388	1327	48737	8763	31045
上　海	4853402	1751142	107741	2994519	184268	1806115
江　苏	1545145	671947	35499	837699	1721	479295
浙　江	1608066	616892	37126	954048	50124	513166
安　徽	378401	166662	8323	203416	8260	154797
福　建	698732	307153	16353	375226	5630	204565
江　西	106200	55656	2984	47560		26918
山　东	675964	250531	13312	412121	1251	233325
河　南	160519	59864	4421	96234	1617	53541
湖　北	615018	265063	14483	335472	-81	239112
湖　南	353012	132719	8139	212154	11495	121544
广　东	4850408	1985907	101448	2763053	34954	1640183
广　西	173029	66146	3692	103191	539	59178
海　南	482331	119411	14548	348372	677	114066
重　庆	761078	451116	20619	289343	2251	150595
四　川	883916	367669	18759	497488	6313	269417
贵　州	38747	17531	1224	19992	456	7906
云　南	202218	93386	4228	104604	307	49033
西　藏						
陕　西	327367	160693	7683	158991	-23	109223
甘　肃	69300	36216	2704	30380		14725
青　海						
宁　夏						
新　疆	55094	28455	1115	25524	77	13644

餐饮业企业损益及分配

单位：万元

管理费用	财务费用	营业利润	利润总额	应交所得税	应付职工薪酬
3969510	**557419**	**1920519**	**2015110**	**451120**	**5069545**
877869	108853	413685	415353	98656	1317831
51734	4216	26322	26140	8167	91368
6632	3667	-15120	-13559		2496
16388	493	1865	1848	911	13065
5114	3643	18917	17213	484	7619
93627	5769	-18597	-19357	7697	44763
18893	2983	-3493	-4754		13297
14212	563	2917	2768	929	9010
725793	70016	425124	468062	115869	913244
239284	37926	87096	86501	27221	228782
265838	70763	142258	150961	33052	322946
27131	2288	26077	29426	6179	54629
121335	19632	32742	45553	9568	124091
10684	1006	9383	8678	471	17669
141887	26133	20946	20118	6282	126031
35731	4264	1358	2211	531	31510
58184	7634	26915	26740	6830	135769
68053	10555	15513	21194	1384	72313
698622	126821	342044	349006	75064	1041715
28344	5503	10648	12129	3629	25607
168748	13936	56291	50432	10046	110198
74027	13064	52651	63192	6091	116073
121735	9437	208277	215074	22040	120567
6024	1521	4998	5034	1291	9423
37424	4646	14451	15367	3360	31967
39410	2067	6118	8640	2780	80161
11677	-64	4251	4111	1617	3560
5110	84	6882	7029	971	3841

2-45 各地区中型住宿和

地区	主营业务收入	主营业务成本	主营业务税金及附加	主营业务利润	其他业务利润	销售费用
全国	**25987532**	**10803057**	**651081**	**14533394**	**429102**	**8171473**
北京	2318752	739235	52324	1527193	29941	890686
天津	412209	168925	8128	235156	15758	150974
河北	408457	162603	8789	237065	10508	157502
山西	252832	118285	6393	128154	5145	100149
内蒙古	296214	127952	6302	161960	4898	90005
辽宁	475848	171055	10403	294390	17890	165279
吉林	150545	47690	3558	99297	15395	55458
黑龙江	129671	41141	3392	85138	4843	44673
上海	2038554	824121	43629	1170804	46932	735061
江苏	2084484	826429	47893	1210162	21362	680045
浙江	2329775	927468	54883	1347424	50089	754608
安徽	618677	285514	16299	316864	12475	147104
福建	1087838	440068	27337	620433	13214	365331
江西	410596	187028	10873	212695	4385	106383
山东	1551718	742896	40332	768490	18823	399947
河南	740822	361923	22126	356773	7891	165696
湖北	913001	411178	25078	476745	6397	255409
湖南	1026613	504036	31559	491018	14050	221181
广东	3573816	1441146	92681	2039989	46207	1233855
广西	394168	160973	9904	223291	6525	118033
海南	451951	119624	12870	319457	14600	153633
重庆	998653	495011	22415	481227	13170	238827
四川	1072451	467517	27418	577516	15961	313178
贵州	251913	116525	5801	129587	7669	65194
云南	544080	235593	16641	291846	6086	142861
西藏	38343	7351	898	30094		20608
陕西	873181	441546	27608	404027	12720	220303
甘肃	236086	112694	8485	114907	1696	61984
青海	57227	18854	876	37497	2708	25522
宁夏	58711	23835	1526	33350	20	24765
新疆	190346	74841	4660	110845	1744	67219

餐饮业企业损益及分配

单位：万元

管理费用	财务费用	营业利润	利润总额	应交所得税	应付职工薪酬
6463537	**1133987**	**-802115**	**-660791**	**172695**	**6080994**
646241	80493	-50389	-34055	25384	669741
109413	11419	-26817	-24802	2332	114596
127604	30926	-59753	-54060	1305	117398
56762	11022	-35503	-32832	410	60635
104085	17992	-40131	-38921	520	77619
149882	28956	-49485	-47119	2646	103456
46548	9500	-11388	-11908	154	34926
42461	3546	-2085	187	941	29568
417626	34554	12011	22680	17834	440366
587510	80945	-103196	-98941	12566	489648
617589	125430	-103613	-87974	15411	549299
169700	42701	-33449	-22990	3131	132331
262239	49407	-26996	-11673	7006	274588
97788	26065	-16317	-13296	4157	77833
306569	71041	-314	3306	14067	325949
145082	35730	18471	20609	5128	147313
287538	31130	1480	6804	8673	175616
241976	45166	-16275	-12312	3865	206953
764139	153095	-97672	-83242	22937	889985
108967	20109	-17472	-11389	3335	93599
196308	16449	-36960	-38043	613	146791
177975	47055	32122	23070	4011	177327
233328	68826	-20333	-19269	4957	194127
55609	23662	-10800	-8286	1010	55747
155174	29597	-29118	-28037	2954	135996
19040	361	-8385	-8520	97	20313
201767	27525	-45933	-44728	1942	185499
46161	2829	3138	16155	3143	59266
16077	1599	-5374	-5919	10	19367
20316	2665	-14273	-13811	145	15553
52063	4192	-7306	-1475	2011	59589

2-46 各地区大中型住宿业

地区	主营业务收入	主营业务成本	主营业务税金及附加	主营业务利润	其他业务利润	销售费用
全国	**23218407**	**8127802**	**610229**	**14480376**	**403672**	**6741354**
北京	2750895	723751	78595	1948549	26610	799024
天津	232271	87030	4569	140672	426	76588
河北	350521	131441	8062	211018	9219	141442
山西	127419	42633	3253	81533	1668	55698
内蒙古	174251	73570	4206	96475	1693	55041
辽宁	409523	131641	9721	268161	16723	140351
吉林	145127	47424	3436	94267	8429	50615
黑龙江	157669	43367	3794	110508	11403	55959
上海	2136233	651343	57003	1427887	77479	524522
江苏	1519223	551795	35491	931937	15933	468955
浙江	2085326	667134	53375	1364817	87535	674685
安徽	394548	162793	9694	222061	9301	98428
福建	1089393	408547	26851	653995	14354	328717
江西	318697	136265	9372	173060	4177	80582
山东	1185167	466611	29395	689161	18469	355232
河南	552613	238688	17047	296878	5231	134357
湖北	511406	196893	14318	300195	2606	143060
湖南	865923	373848	26291	465784	8082	194559
广东	3891164	1445000	97964	2348200	37420	1099315
广西	364554	124634	9315	230605	3941	116239
海南	896301	223620	26524	646157	11205	253295
重庆	561102	224453	14174	322475	7142	155817
四川	807587	292698	19020	495869	8123	246192
贵州	216008	96099	5155	114754	4591	57150
云南	459956	165306	12886	281764	5166	131957
西藏	38343	7351	898	30094		20608
陕西	529802	216579	15333	297890	1581	151463
甘肃	213120	103829	8747	100544	958	49621
青海	36357	11816	509	24032	2703	15862
宁夏	34211	14016	1071	19124		14999
新疆	163697	67627	4160	91910	1504	51021

企业损益及分配

单位：万元

管理费用	财务费用	营业利润	利润总额	应交所得税	应付职工薪酬
7273357	**1316058**	**-306731**	**-145962**	**245962**	**5843726**
1036520	167215	115669	130944	50963	880320
88341	10960	-32771	-31369	373	73719
114146	27113	-53462	-46887	993	100223
36303	6677	-17510	-15144	258	37187
63692	7246	-22053	-21036	225	47045
166263	25312	-100599	-98283	597	82758
46243	11077	-13078	-15046	5	34114
53205	3395	1404	3985	1864	33634
674822	71767	193497	206461	53017	492690
516580	85388	-106409	-100465	8965	360399
640192	155639	-63284	-46595	21165	511747
124745	28615	-21815	-14652	1584	91917
301108	62001	-19668	8130	8802	264241
84343	23391	-14241	-11711	3720	64660
302580	55355	-13258	-9892	9170	267404
144462	32040	-4521	-2926	3626	122727
238050	25828	-8693	-3668	3230	110883
255834	42409	-20625	-13771	4014	186893
1030077	242937	41709	47287	40574	1015105
116315	23282	-19446	-11313	2725	86637
358766	29978	18692	11988	10127	249112
136289	46472	-5430	10689	3563	113565
224303	53249	-16862	-18598	4075	163793
49835	23213	-12850	-10728	1718	46763
162974	28420	-37115	-34412	3263	117748
19040	361	-8385	-8520	97	20313
172510	19767	-51125	-52568	2641	147320
48653	2114	-769	12580	2890	51955
10497	871	-2987	-3577	-8	13563
12408	1467	-9728	-9584	69	9601
44261	2499	-1018	2719	1657	45690

2-47 各地区大中型餐饮业

地区	主营业务收入	主营业务成本	主营业务税金及附加	主营业务利润	其他业务利润	销售费用
全国	**27954691**	**12640936**	**603985**	**14709770**	**593787**	**10002533**
北京	4375786	1673540	82815	2619431	26089	1882885
天津	634219	275329	12330	346560	16580	242472
河北	100949	51728	2167	47054	1291	41840
山西	231081	119889	5663	105529	11194	83157
内蒙古	308239	192023	3339	112877	3641	54706
辽宁	675259	295948	14066	365245	212453	241355
吉林	81486	35937	1074	44475	13276	25900
黑龙江	37454	13162	925	23367	2203	19758
上海	4755723	1923920	94367	2737436	153721	2016654
江苏	2110405	946580	47902	1115923	7151	690385
浙江	1852515	877226	38634	936655	12678	593089
安徽	602530	289383	14928	298219	11434	203473
福建	697178	338674	16840	341664	4490	241179
江西	198100	106420	4485	87195	208	52720
山东	1042515	526816	24248	491451	1604	278040
河南	348729	183099	9500	156130	4278	84880
湖北	1016613	479348	25243	512022	3709	351461
湖南	513701	262906	13407	237388	17463	148165
广东	4533059	1982053	96165	2454841	43741	1774723
广西	202643	102484	4281	95878	3123	60972
海南	37981	15414	893	21674	4072	14404
重庆	1198629	721674	28860	448095	8279	233605
四川	1148779	542487	27158	579134	14151	336403
贵州	74652	37956	1871	34825	3534	15951
云南	286342	163673	7984	114685	1228	59937
西藏						
陕西	670745	385659	19959	265127	11116	178063
甘肃	92266	45081	2443	44742	738	27088
青海	20870	7038	368	13464	5	9660
宁夏	24500	9819	455	14226	20	9766
新疆	81743	35670	1615	44458	317	29842

企业损益及分配

单位：万元

管理费用	财务费用	营业利润	利润总额	应交所得税	应付职工薪酬
3159691	**375347**	**1425135**	**1500285**	**377846**	**5306816**
487590	22131	247627	250354	73077	1107253
72805	4674	32276	32707	10125	132245
20090	7480	-21411	-20732	313	19671
36847	4838	-16127	-15840	1062	36513
45508	14388	839	-672	780	38192
77245	9413	32518	31808	9745	65461
19198	1406	-1803	-1616	150	14108
3468	714	-572	-1030	5	4944
468597	32803	243638	284281	80685	860921
310215	33482	90310	88025	30822	358031
243235	40554	101930	109582	27297	360498
72086	16373	14442	21089	7725	95044
82466	7038	25414	25750	7771	134439
24129	3680	7307	7093	908	30843
145876	41820	33891	33316	11179	184576
36351	7954	24349	25746	2032	56096
107672	12937	37088	37212	12273	200502
54195	13312	19863	22653	1236	92373
432683	36980	202663	218477	57427	916595
20996	2330	12622	12052	4239	32569
6291	407	638	401	532	7877
115714	13647	90203	75574	6539	179835
130760	25014	204805	214403	22922	150901
11798	1970	7047	7477	584	18407
29624	5823	22447	21742	3051	50215
68666	9825	11311	16480	2081	118340
9185	651	8158	7686	1869	10871
5581	728	-2387	-2342	17	5804
7908	1198	-4545	-4226	75	5952
12912	1777	594	2835	1325	17740

2-48 各地区大中型住宿和餐饮业企业经济效益分析指标

地区	负债比率(%)	主营业务毛利率(%)	人均主营业务收入(万元)	费用率(%)
全国	**72.4**	**59.4**	**22.9**	**56.4**
北京	73.1	66.4	25.7	61.7
天津	84.7	58.2	21.6	57.2
河北	83.7	59.4	15.9	78.0
山西	91.0	54.7	13.9	62.3
内蒙古	68.9	45.0	22.7	49.9
辽宁	70.8	60.6	30.3	60.8
吉林	62.1	63.2	17.9	68.2
黑龙江	59.1	71.0	20.3	70.0
上海	56.6	62.6	29.6	55.0
江苏	73.7	58.7	20.9	58.0
浙江	77.5	60.8	23.8	59.6
安徽	76.1	54.6	18.1	54.5
福建	66.9	58.2	20.3	57.2
江西	67.6	53.0	19.7	52.0
山东	74.1	55.4	21.1	52.9
河南	72.3	53.2	18.8	48.8
湖北	73.3	55.7	23.7	57.5
湖南	69.0	53.8	20.3	51.4
广东	81.2	59.3	22.9	54.8
广西	76.2	60.0	16.8	60.0
海南	64.2	74.4	22.2	71.0
重庆	76.8	46.2	25.0	39.9
四川	74.4	57.3	23.1	51.9
贵州	84.7	53.9	18.6	55.0
云南	64.0	55.9	18.6	56.1
西藏	20.5	80.8	18.4	104.3
陕西	65.9	49.8	18.8	50.0
甘肃	60.8	51.2	20.9	45.0
青海	40.1	67.1	13.7	75.5
宁夏	116.2	59.4	15.0	81.3
新疆	49.2	57.9	17.5	58.0

注：费用率等于销售费用、管理费用、财务费用三项之和除以主营业务收入合计(下表同)。

2-49 各地区大型住宿和餐饮业企业经济效益分析指标

地区	负债比率(%)	主营业务毛利率(%)	人均主营业务收入(万元)	费用率(%)
全国	**64.2**	**60.4**	**26.6**	**52.0**
北京	62.5	65.5	26.9	57.8
天津	53.8	57.4	24.9	49.3
河北	132.0	52.2	26.6	83.9
山西	81.9	58.1	14.7	52.6
内蒙古	46.2	26.1	86.1	15.3
辽宁	59.2	57.9	49.8	51.9
吉林	35.6	53.1	21.5	56.4
黑龙江	44.4	76.5	28.4	70.0
上海	50.2	63.9	30.7	53.6
江苏	66.0	56.5	22.9	49.0
浙江	70.4	61.6	27.7	52.8
安徽	73.7	56.0	19.4	48.7
福建	73.4	56.0	22.0	49.5
江西	46.9	47.6	34.8	36.4
山东	73.1	62.9	21.8	59.4
河南	76.7	62.7	17.5	58.3
湖北	79.4	56.9	29.7	49.6
湖南	65.5	62.4	23.1	56.7
广东	72.3	59.1	27.0	50.8
广西	67.2	61.8	16.9	53.8
海南	64.3	75.2	30.3	61.5
重庆	62.3	40.7	25.0	31.2
四川	47.6	58.4	25.0	45.3
贵州	61.7	54.8	28.4	39.9
云南	71.9	53.8	19.0	45.1
西藏				
陕西	63.4	50.9	18.4	46.0
甘肃	55.6	47.7	25.7	38.0
青海				
宁夏				
新疆	41.1	48.4	22.7	34.2

2-50 各地区中型住宿和餐饮业企业经济效益分析指标

地区	负债比率(%)	主营业务毛利率(%)	人均主营业务收入(万元)	费用率(%)
全国	**77.3**	**58.4**	**20.2**	**60.7**
北京	88.6	68.1	23.6	69.8
天津	96.0	59.0	18.9	65.9
河北	80.2	60.2	15.3	77.4
山西	92.5	53.2	13.7	66.4
内蒙古	71.4	56.8	15.5	71.6
辽宁	75.8	64.1	20.2	72.3
吉林	70.8	68.3	16.5	74.1
黑龙江	64.4	68.3	17.7	69.9
上海	71.2	59.6	27.2	58.2
江苏	76.3	60.4	19.7	64.7
浙江	81.1	60.2	21.7	64.3
安徽	76.5	53.9	17.3	58.1
福建	64.3	59.5	19.3	62.2
江西	68.5	54.4	17.7	56.1
山东	74.6	52.1	20.8	50.1
河南	71.4	51.1	19.1	46.8
湖北	71.2	55.0	20.8	62.9
湖南	70.5	50.9	19.5	49.5
广东	90.2	59.7	19.0	60.2
广西	78.5	59.2	16.8	62.7
海南	64.1	73.5	17.3	81.1
重庆	83.5	50.4	25.0	46.4
四川	83.5	56.4	21.7	57.4
贵州	86.7	53.7	17.6	57.3
云南	62.5	56.7	18.4	60.2
西藏	20.5	80.8	18.4	104.3
陕西	66.8	49.4	19.0	51.5
甘肃	61.2	52.3	19.8	47.0
青海	40.1	67.1	13.7	75.5
宁夏	116.2	59.4	15.0	81.3
新疆	49.6	60.7	16.4	64.9

2-51 各地区大中型住宿业企业经济效益分析指标

地区	负债比率(%)	主营业务毛利率(%)	人均主营业务收入(万元)	费用率(%)
全国	**72.7**	**65.0**	**22.5**	**66.0**
北京	73.8	73.7	28.7	72.8
天津	92.7	62.5	19.0	75.7
河北	79.6	62.5	16.0	80.7
山西	93.1	66.5	12.9	77.4
内蒙古	68.1	57.8	15.7	72.3
辽宁	67.8	67.9	19.0	81.1
吉林	71.1	67.3	17.7	74.4
黑龙江	61.7	72.5	19.7	71.4
上海	52.5	69.5	38.7	59.5
江苏	72.2	63.7	22.0	70.5
浙江	77.1	68.0	23.4	70.5
安徽	75.2	58.7	18.3	63.8
福建	66.3	62.5	21.8	63.5
江西	67.6	57.2	17.7	59.1
山东	71.3	60.6	21.2	60.2
河南	75.0	56.8	18.6	56.3
湖北	65.0	61.5	19.6	79.6
湖南	69.1	56.8	19.4	56.9
广东	85.1	62.9	22.8	61.0
广西	74.5	65.8	17.9	70.2
海南	64.1	75.1	22.3	71.6
重庆	85.0	60.0	24.8	60.3
四川	79.0	63.8	22.7	64.9
贵州	85.2	55.5	19.3	60.3
云南	63.6	64.1	17.3	70.3
西藏	20.5	80.8	18.4	104.3
陕西	66.6	59.1	17.1	64.9
甘肃	68.7	51.3	22.1	47.1
青海	26.7	67.5	13.3	74.9
宁夏	115.1	59.0	14.5	84.4
新疆	56.0	58.7	17.1	59.7

2-52 各地区大中型餐饮业企业经济效益分析指标

地　区	负债比率 (%)	主营业务毛利率 (%)	人均主营业务收入 (万元)	费用率 (%)
全　国	**71.6**	**54.8**	**23.3**	**48.4**
北　京	70.0	61.8	24.2	54.7
天　津	71.1	56.6	22.7	50.4
河　北	116.5	48.8	15.8	68.8
山　西	88.0	48.1	14.6	54.0
内蒙古	69.9	37.7	30.4	37.2
辽　宁	78.5	56.2	47.3	48.6
吉　林	29.0	55.9	18.3	57.1
黑龙江	36.2	64.9	23.0	63.9
上　海	66.6	59.5	26.7	52.9
江　苏	77.2	55.1	20.2	49.0
浙　江	78.7	52.6	24.2	47.3
安　徽	77.6	52.0	17.9	48.5
福　建	71.3	51.4	18.3	47.4
江　西	67.4	46.3	24.2	40.7
山　东	79.1	49.5	21.0	44.7
河　南	62.0	47.5	19.3	37.0
湖　北	87.7	52.8	26.4	46.4
湖　南	68.6	48.8	22.1	42.0
广　东	67.0	56.3	23.0	49.5
广　西	90.0	49.4	15.1	41.6
海　南	79.0	59.4	19.9	55.6
重　庆	56.8	39.8	25.1	30.3
四　川	66.9	52.8	23.4	42.8
贵　州	81.2	49.2	16.8	39.8
云　南	65.5	42.8	21.0	33.3
西　藏				
陕　西	63.3	42.5	20.6	38.2
甘　肃	31.7	51.1	18.6	40.0
青　海	70.7	66.3	14.4	76.5
宁　夏	120.3	59.9	15.7	77.0
新　疆	31.5	56.4	18.4	54.5

行业篇

简要说明：

一、本篇资料主要内容为分行业分地区大中型批发和零售业、住宿和餐饮业企业单位数和从业人员数情况；分行业分地区大中型批发和零售业企业商品购、销、存情况；分行业分地区大中型住宿和餐饮业企业经营情况；分行业分地区大中型批发和零售业、住宿和餐饮业企业主要财务及经济效益分析指标等。

二、行业分类按照《国民经济行业分类》（GB/T 4754-2011）列示，包括批发和零售业、住宿和餐饮业两个门类，批发业、零售业、住宿业、餐饮业四个大类和25个行业中类。

3-1 大中型批发业企业分行业基本情况

地区	批发业		农、林、牧产品批发		食品、饮料及烟草制品批发	
	法人单位数（个）	年末从业人数（人）	法人单位数（个）	年末从业人数（人）	法人单位数（个）	年末从业人数（人）
全　国	**29571**	**3872625**	**1603**	**137461**	**4223**	**873128**
北　京	2102	343373	41	6074	231	53853
天　津	804	95614	22	1073	78	11817
河　北	581	84945	43	3789	66	15387
山　西	342	69984	6	816	43	13899
内蒙古	217	26032	33	3012	40	8005
辽　宁	600	68095	35	2098	87	14308
吉　林	218	28309	42	7998	27	6097
黑龙江	231	34564	45	5665	41	7554
上　海	2161	421688	22	1803	209	53463
江　苏	2487	277492	151	12547	277	47277
浙　江	2645	271851	34	2765	246	50286
安　徽	683	91106	48	4021	119	29280
福　建	1369	117807	48	2967	226	36537
江　西	359	69423	22	2708	62	15693
山　东	2612	271960	247	14191	409	63278
河　南	1409	183365	194	17771	226	62826
湖　北	989	152118	111	7677	218	42892
湖　南	703	86183	52	3945	114	38898
广　东	4926	629762	110	13395	608	130406
广　西	380	53367	22	1720	58	16251
海　南	92	14757	NA	87	13	2021
重　庆	894	86807	30	1835	203	21806
四　川	866	119170	33	2817	217	38718
贵　州	257	45807	NA	99	60	25017
云　南	403	62356	16	1136	87	25984
西　藏	18	3971			7	704
陕　西	390	66558	14	753	81	17575
甘　肃	225	24428	8	362	72	9930
青　海	63	9669	NA	30	14	1784
宁　夏	54	7821	NA	58	11	1941
新　疆	491	54243	167	14249	73	9641

注：NA为小于或等于3(下表同)。

3-1 续表 1

地区	纺织、服装及家庭用品批发		文化、体育用品及器材批发		医药及医疗器材批发	
	法人单位数（个）	年末从业人数（人）	法人单位数（个）	年末从业人数（人）	法人单位数（个）	年末从业人数（人）
全国	**3936**	**677927**	**1034**	**156284**	**4135**	**539780**
北京	251	70595	119	25691	308	42221
天津	66	24391	26	1767	74	7854
河北	19	2691	7	860	140	15544
山西	12	3956	9	911	56	8510
内蒙古	7	1477	NA	338	35	3107
辽宁	56	14239	20	2780	109	8856
吉林	9	539	7	906	65	4598
黑龙江	14	1439	NA	197	41	3712
上海	390	128847	78	17492	166	53935
江苏	431	75340	90	11722	175	42370
浙江	859	86459	120	9037	234	29467
安徽	75	14251	17	1682	178	16881
福建	351	27432	41	2412	109	8427
江西	23	1737	NA	100	123	23494
山东	191	26636	41	13609	232	31328
河南	89	9166	37	5296	186	27933
湖北	71	11340	16	6245	206	35073
湖南	52	6671	35	2722	147	16349
广东	752	130017	292	41203	665	63867
广西	37	4907	9	575	64	7728
海南	6	919	NA	315	40	9291
重庆	40	8866	16	5104	164	13054
四川	63	8011	15	1435	264	25274
贵州	10	1540	NA	381	65	5924
云南	15	2417	7	611	92	12885
西藏			NA	83	5	2747
陕西	20	10862	12	924	75	7882
甘肃	10	1107	5	905	47	4952
青海	NA	50	NA	253	11	978
宁夏	NA	50	NA	79	7	682
新疆	14	1975	NA	649	52	4857

3-1 续表 2

地区	矿产品、建材及化工产品批发		机械设备、五金产品及电子产品批发	
	法人单位数(个)	年末从业人数(人)	法人单位数(个)	年末从业人数(人)
全国	**8396**	**827744**	**5134**	**566848**
北京	421	49881	652	86919
天津	316	22832	164	19017
河北	230	25220	68	20828
山西	188	39244	23	2374
内蒙古	82	8727	17	1303
辽宁	181	17716	98	5814
吉林	34	5887	27	1978
黑龙江	52	13425	32	2262
上海	523	48258	641	104366
江苏	849	50101	401	32693
浙江	645	56315	461	34841
安徽	129	15614	87	6211
福建	389	24495	157	11758
江西	79	21461	35	3677
山东	1067	87187	333	30360
河南	483	44799	155	13186
湖北	223	39372	119	8315
湖南	194	11004	88	5471
广东	1103	100098	1111	128803
广西	128	16259	58	5782
海南	20	1510	10	614
重庆	287	17362	114	13151
四川	161	26857	101	11926
贵州	88	8620	26	3813
云南	145	14944	30	2704
西藏	NA	125	4	312
陕西	137	24284	42	3446
甘肃	61	5780	22	1392
青海	29	6201	5	373
宁夏	22	4470	8	394
新疆	129	19696	45	2765

3-1 续表 3

地区	贸易经纪与代理		其他批发业	
	法人单位数(个)	年末从业人数(人)	法人单位数(个)	年末从业人数(人)
全国	**332**	**29513**	**778**	**63940**
北京	32	3930	47	4209
天津	16	3717	42	3146
河北	NA	113	6	513
山西			5	274
内蒙古			NA	63
辽宁	4	1754	10	530
吉林			7	306
黑龙江	NA	79	NA	231
上海	58	3654	74	9870
江苏	26	1199	87	4243
浙江	15	760	31	1921
安徽			30	3166
福建	13	1773	35	2006
江西	4	156	9	397
山东	24	1809	68	3562
河南	NA	88	38	2300
湖北	NA	70	23	1134
湖南	NA	22	20	1101
广东	124	9955	161	12018
广西			4	145
海南				
重庆	NA	30	39	5599
四川	NA	95	11	4037
贵州			4	413
云南	NA	125	9	1550
西藏				
陕西	NA	139	6	693
甘肃				
青海				
宁夏			NA	147
新疆	NA	45	6	366

3-2 大中型批发业企业分行业商品购、销、存情况

农、林、牧产品批发　　　　单位：万元

地区	商品购进额	进口	商品销售额	出口	期末商品库存额
全国	**59791102**	**6402687**	**60410213**	**799625**	**17560318**
北京	9496762	4238114	9451241	52070	1327344
天津	865914	8592	843893	13153	521849
河北	1296006	3809	1406243	63	182448
山西	116793	1500	133364	1950	89373
内蒙古	3075924		1555754	61586	2405857
辽宁	1603181	750	1688797	3666	276092
吉林	3197538		2742894	24105	3131911
黑龙江	1720733		1473078	756	1715616
上海	3911756	985037	4147313	619	330254
江苏	3160254	1831	3608435	23589	372976
浙江	632031	83217	642779	97852	180237
安徽	1198901	3839	1331496	706	279500
福建	1061386	23496	1137791		372525
江西	250669		310695	13145	208779
山东	4308751	49083	4729663	149663	402095
河南	3736407	424442	4110737	76309	956307
湖北	2361783	120	2523257	21028	930247
湖南	586882	7821	764949	670	140782
广东	6272952	510329	7024798	241494	936490
广西	358491	168	410040		90001
海南	20041		22242		327
重庆	764244		827927		67815
四川	1126029		1149229		395954
贵州	10080		13320		1621
云南	121331	1778	166609	9007	37724
西藏					
陕西	300995		307375	8194	18285
甘肃	140845		144398		11977
青海	7733		7450		2157
宁夏	26347		31262		6692
新疆	8060343	58761	7703184		2167083

3-2 续表 1

食品、饮料及烟草制品批发　　单位：万元

地区	商品购进额	进口	商品销售额	出口	期末商品库存额
全国	**298512810**	**10899366**	**378305814**	**5706700**	**38747807**
北京	17186713	2797518	20677907	177894	3042926
天津	6057830	7142	7612214	14601	512840
河北	4858371	11180	6608857	18232	1017224
山西	3114614		4368382		230439
内蒙古	3276009	64	3968621	195	437892
辽宁	4199400	61337	5803233	23280	469929
吉林	1823317	1027	2180105		541067
黑龙江	4040093	90720	6220364		594243
上海	32761000	4740404	38195036	1737384	2546788
江苏	14312936	47764	18936694	126490	1079849
浙江	17639720	149200	22359993	206411	1567254
安徽	7736739	590413	10125056	93456	1182866
福建	14275433	676737	16900689	747157	888437
江西	4342294	14743	5386281	6872	618316
山东	21227859	234788	25891651	422175	1238754
河南	19490320	10320	23238217	36070	1115344
湖北	13436469	16632	15955580	24139	1263864
湖南	8637549	5319	11919015	53854	2106405
广东	39604563	1182792	46859655	933025	9079744
广西	4910638	14958	6389476	31334	507390
海南	2383474	223	2731803	142	170265
重庆	10242472	124931	13466838	1038	713740
四川	11765391	34266	15789704	47761	1500020
贵州	6118252		11723299	99840	1430113
云南	9465110	71659	14750404	724206	3115313
西藏	414643	73	633224		574776
陕西	4898984		7049304	138552	430605
甘肃	4274914	79	5458775	33488	264556
青海	993588		1196914		32046
宁夏	1018334		1238245		49893
新疆	4005781	15077	4670278	9104	424909

3-2 续表 2

纺织、服装及家庭用品批发　　　　单位：万元

地区	商品购进额	进口	商品销售额	出口	期末商品库存额
全国	**243287777**	**13277136**	**271243598**	**43573870**	**27729315**
北京	40388969	2691875	43780461	509947	5024205
天津	4368881	191231	5444851	542912	328261
河北	762087	2127	889999	66393	159802
山西	525685	12608	632762		73093
内蒙古	272746		307073		16790
辽宁	1754410	56243	2050627	436507	194950
吉林	116390		124280	12036	11366
黑龙江	317709	48292	401329	123461	12281
上海	29948517	4919575	41941275	5257398	6071201
江苏	53911306	931258	50060598	7073353	5102668
浙江	29005759	1181019	32828521	13723657	1545232
安徽	5631563	52012	6687332	694084	379660
福建	12496264	828774	14238569	3928341	837250
江西	732442		796136	98255	59574
山东	11326557	594005	12557164	2260735	652837
河南	3048529	64313	3375847	134350	374458
湖北	2904003	153	3413147	157584	212719
湖南	1444497	35361	1607667	23560	1649259
广东	33484012	1516600	37976422	7902367	3915372
广西	1200696	2854	1304390	128507	159760
海南	184626		213608		32942
重庆	3101572	144658	3400724	224	330851
四川	1880283	4178	2016631	369891	205526
贵州	229907		252684		37778
云南	264780		830573		66158
西藏					
陕西	3465500		3560936	86525	170870
甘肃	194187		210494		23409
青海	32425		35465	35465	5696
宁夏	9099		9732		2557
新疆	284376		294301	8318	72790

3-2 续表 3

文化、体育用品及器材批发　　　　单位：万元

地　区	商品购进额	进　口	商品销售额	出　口	期末商品库存额
全　国	**61604271**	**3900438**	**69748958**	**4026861**	**9988881**
北　京	12006885	437181	13129031	132914	1739907
天　津	1138844	15794	1229396	92945	67274
河　北	615204		750883	5180	14461
山　西	527598		547984	16846	107572
内蒙古	67910		69690		1109
辽　宁					
吉　林	96751		97544		19563
黑龙江	45943		52404		621
上　海	10535304	1529201	11792659	954174	1590398
江　苏	3563858	56154	4173523	280854	522121
浙　江	4012535	174147	4480527	846486	678888
安　徽	2137708	236974	2494654	172087	414402
福　建	1191947	128535	1290024	275098	231380
江　西	11733		14169		7750
山　东	3412165	3256	3599925	43780	358292
河　南	1571734		1907987	4631	149323
湖　北	1792402	25517	2203340		175695
湖　南	1180212		1307894	25731	83850
广　东	13585187	531126	16100018	522623	3196516
广　西	318029		345886	12476	29134
海　南	51806		50529		8462
重　庆	315932	6136	577737	6667	141273
四　川	1633229	756417	1613611	618570	137499
贵　州	137734		142732		7762
云　南	369567		367829		58509
西　藏	15099		11889		3210
陕　西	349149		378953		36682
甘　肃	207291		219633		35182
青　海	19937		23712		8720
宁　夏	28886		25649		5881
新　疆	263186		265733		44262

3-2 续表 4

医药及医疗器材批发 单位：万元

地区	商品购进额	进口	商品销售额	出口	期末商品库存额
全国	**189054648**	**12890983**	**216876032**	**2412093**	**20722151**
北京	19219263	3159743	21453957	413473	2936968
天津	4535800	41455	5355728	56485	343562
河北	5187712	505	5101980	35142	509492
山西	2086098	45	2298828		215653
内蒙古	753465		842530		112173
辽宁	4329929	162977	4727919	16524	316201
吉林	1604965		1890147		141756
黑龙江	1514590	3188	1854945		62255
上海	21294065	7173831	27417539	617756	3738563
江苏	10668826	75401	13216019	149393	1283397
浙江	12616871	413339	13866776	501287	1347522
安徽	8249615	21286	9354930	79382	494501
福建	3078972	15279	3573708	17	270755
江西	3409024	5	4003596		253289
山东	10852861	48438	12243596	1468	1001009
河南	10563142	130119	11606281	43232	796918
湖北	11009583	31790	12099324	22642	1254320
湖南	5157333	13802	5752876		418412
广东	26204977	1366475	29118085	251104	2617437
广西	1627789	2401	1862060	146231	109689
海南	1079667	754	1588226	7303	145752
重庆	4905296	68904	6061177	34081	492375
四川	7188118	95357	7961752	15440	639453
贵州	1601066	9506	1926038		169840
云南	4246383	23811	4439815	21126	384049
西藏	219001		380759		10997
陕西	2747571	10991	3520367		272354
甘肃	1343958		1516017		130968
青海	192462	19897	215303		12062
宁夏	281316		306093		21127
新疆	1284930	1684	1319661	7	219302

3-2 续表 5

矿产品、建材及化工产品批发　　单位：万元

地　区	商品购进额	进　口	商品销售额	出　口	期末商品库存额
全　国	**1374286030**	**94246008**	**1448695820**	**37815623**	**53498309**
北　京	162472517	21795611	165988814	10337724	7702605
天　津	117037775	8395585	120595252	1697672	5324284
河　北	28113551	1035678	29717662	120972	739021
山　西	43104476	66082	45718693	21340	1030184
内蒙古	10500059	172353	12611550	12011	893097
辽　宁	53552981	903571	54182617	1252405	2192167
吉　林	6479640	69790	6780613	67534	338164
黑龙江	14836719	3656762	15697901	47719	632037
上　海	204318913	12494758	212841259	3848019	6611496
江　苏	81142012	3791509	86949936	3786230	3993992
浙　江	97751136	9682536	104502525	5551941	4619338
安　徽	13570782	185327	13841831	124374	735572
福　建	55475836	3990494	58410693	830846	1915059
江　西	5235522	107548	7630752	31182	268181
山　东	69899030	2788346	72992092	1032637	2189601
河　南	26007798	541230	28283444	85844	667162
湖　北	37985064	124689	39969937	174005	1211576
湖　南	7935158	130025	8696396	163966	450761
广　东	156380276	14449392	156974596	6328021	5646459
广　西	16280707	301427	22334689	38091	935994
海　南	10798936	298312	11295454	228889	70059
重　庆	17987683	908702	19546094	826615	667058
四　川	20842575	392022	21594148	146871	542564
贵　州	8036872	49428	9166783	427926	215329
云　南	26146413	276368	28603969	168104	960341
西　藏	13530		11353		3841
陕　西	28046196	31447	35134620	157679	902568
甘　肃	20274313	257912	22825856	123427	938769
青　海	2696396		3216126	17256	173018
宁　夏	4659177	14989	4734266	266	213297
新　疆	26703987	7334115	27845899	166057	714715

3-2 续表 6

机械设备、五金产品及电子产品批发　　　　单位：万元

地　区	商品购进额	进　口	商品销售额	出　口	期末商品库存额
全　国	**505982814**	**112754171**	**568616288**	**42870152**	**34762841**
北　京	106254435	30209722	119598157	5650765	10643428
天　津	22202641	4627355	25649823	414546	1860246
河　北	12961740	10441	13591677	209681	352878
山　西	686263	511	755961	6692	46146
内蒙古	284705		310768		29958
辽　宁	3415516	188862	4313107	122517	402504
吉　林	1454425	16287	1625788	3670	83635
黑龙江	819071	110	953064	24874	108015
上　海	156171677	63338498	179773152	15965174	9987550
江　苏	18820508	803564	20962808	1828592	1570246
浙　江	30143379	391003	31935163	4527695	896134
安　徽	3605462	84941	3860435	100785	282354
福　建	4412410	327669	5051241	339270	633235
江　西	2254057	7376	2393071	255120	85105
山　东	9519921	791663	11312636	2398391	1269696
河　南	8191821	2393	8758294	175912	176503
湖　北	10691240	220691	13288136	276372	469768
湖　南	4248605	38501	4627809	13955	194056
广　东	80549074	10105129	88378450	8360620	3874292
广　西	1625325	16845	1900486	664400	144651
海　南	502329		624455	10096	17236
重　庆	12446805	1157950	13371069	822654	458196
四　川	7804156	151049	8221055	72027	408355
贵　州	801759	11385	845905	56376	84887
云　南	767340	19780	816141	166444	95743
西　藏	31643		35439		4406
陕　西	1599468	64030	1711811	322773	101822
甘　肃	1230751		1307211	26854	46715
青　海	38441		107621		11291
宁　夏	66273		75578		32052
新　疆	2381574	168416	2459977	53897	391738

3-2 续表 7

贸易经纪与代理

单位：万元

地区	商品购进额	进口	商品销售额	出口	期末商品库存额
全国	**40084330**	**7665473**	**44997750**	**10841411**	**1505836**
北京	4326182	1618605	4692603	1481453	220350
天津	2546500	128426	4399583	809944	185004
河北	64788	29	66896	66744	124
山西					
内蒙古					
辽宁	85861	4298	114736	5382	57046
吉林					
黑龙江	4341		6101		438
上海	2163056	814254	2621888	600117	193607
江苏	1618842	72324	1815843	594534	37079
浙江	324486	1630	364380	306461	6184
安徽					
福建	920321	36383	1105531	476627	61039
江西	28915		30005		867
山东	920993	13163	1069163	84484	40422
河南	5217		5490		99
湖北	11077		12351	12351	8
湖南	18245		25696		245
广东	25349689	4838382	25920932	6312488	628027
广西					
海南					
重庆	3375	1124	8858	8807	
四川	13506		11129	10996	2956
贵州					
云南	1607089	133729	2653108	21027	63715
西藏					
陕西	52282	1545	56757	45056	4923
甘肃					
青海					
宁夏					
新疆	19565	1581	16700	4940	3703

3-2 续表 8

其他批发业　　　　单位：万元

地　区	商品购进额	进　口	商品销售额	出　口	期末商品库存额
全　国	**49559222**	**8546020**	**52806410**	**8771721**	**3708217**
北　京	4376461	895557	4741628	1239107	1420227
天　津	5249516	113351	5480272	280778	186968
河　北	54622		70705		17098
山　西	58784	5285	66256		27486
内蒙古	4010		5998	5998	30
辽　宁	252379	16839	245339	6974	16870
吉　林	161620	169	174849	1208	15849
黑龙江	74719	54690	71605	1535	8202
上　海	4109075	988530	5979128	619476	527103
江　苏	3011451	71865	2920665	103529	141636
浙　江	934624	41486	972791	255907	24555
安　徽	3149646		3302289		67960
福　建	7528063	1118321	7431411	477727	444648
江　西	121292		127985		2272
山　东	2771875	310143	2798364	310574	92566
河　南	1214452	19327	1228318	3210	81112
湖　北	208646		190509		13883
湖　南	317592		250732		15710
广　东	12219261	4895573	12868005	5276846	310241
广　西	159661		145060		6096
海　南					
重　庆	877714		824447		12341
四　川	466596		592923		22352
贵　州	97940		106031		7525
云　南	1891272	2243	1983051	188484	229968
西　藏					
陕　西	88476		59336		173
甘　肃					
青　海					
宁　夏	69999	12641	69041		6568
新　疆	89476		99672	368	8778

3-3 大中型批发业企业分行业年末资产负债

农、林、牧产品批发

单位：万元

地区	流动资产合计	固定资产原价	累计折旧	资产总计	负债合计	所有者权益合计
全　国	**43193588**	**5892570**	**1854914**	**62978638**	**44245145**	**18733497**
北　京	8025287	406520	131705	17144784	10899156	6245628
天　津	649659	33218	7683	689404	547710	141694
河　北	605419	172461	52094	1015082	717418	297665
山　西	134935	51394	12596	184220	119032	65187
内蒙古	3023928	249392	62455	3291505	2988052	303453
辽　宁	1174546	138576	37964	1507659	1238285	269374
吉　林	4933212	272269	99504	5318183	4475429	842754
黑龙江	3042106	225782	50467	3536388	3042124	494264
上　海	1767127	252268	80804	3312087	1663253	1648834
江　苏	1205322	530909	154473	1868578	1175213	693365
浙　江	503112	125369	36478	968037	697038	270999
安　徽	591533	163879	48142	909962	545273	364689
福　建	781625	132720	45427	942610	735277	207334
江　西	271064	114124	56943	365495	299961	65534
山　东	1706144	608150	150369	2700283	1467296	1232987
河　南	2934224	489401	102614	3781244	2486731	1294514
湖　北	1609632	295161	75147	2037975	1571111	466864
湖　南	368320	133156	37396	586711	279563	307148
广　东	2126575	312967	110481	3343636	1580807	1762829
广　西	340858	53384	17219	537492	412207	125285
海　南	2916	68	50	2940	2197	744
重　庆	137607	52195	17151	229082	131777	97305
四　川	672982	112484	46664	889659	650548	239111
贵　州	5301	1232	89	6448	2141	4307
云　南	98941	24489	6385	154258	89630	64629
西　藏						
陕　西	87027	44913	10620	158459	121957	36502
甘　肃	41820	8696	2620	51669	43046	8623
青　海	8875	4111	578	12408	5108	7300
宁　夏	13085	3680	682	16374	9878	6496
新　疆	6330406	879602	400114	7416006	6247927	1168079

3-3 续表 1

食品、饮料及烟草制品批发　　单位：万元

地区	流动资产合计	固定资产原价	累计折旧	资产总计	负债合计	所有者权益合计
全国	**138459783**	**22846105**	**9333999**	**179964413**	**94226891**	**85737231**
北京	11205906	834698	346266	14713868	10865931	3847937
天津	3068540	272747	94517	3574880	2791580	783300
河北	2066097	398575	192089	2441802	1055432	1386370
山西	1208756	437332	202864	1599643	613158	986485
内蒙古	1244565	293973	129290	1508752	692701	816051
辽宁	2812071	476899	194708	3363292	1361526	2001474
吉林	1348123	278718	119446	1556985	937111	619874
黑龙江	2888125	463280	171780	3624435	2414660	1209775
上海	13324441	1032477	527304	19160080	12016401	7143679
江苏	9021289	1225218	497198	10611213	4644425	5966788
浙江	9266278	1124298	505908	12094754	6899844	5194910
安徽	4496681	584396	231524	5706203	2686646	3019557
福建	5739702	1082146	437074	8141924	3442492	4699432
江西	2048482	502864	219948	2628559	1045953	1582606
山东	5483954	2058020	700528	7616162	3934559	3681604
河南	3797305	1265650	431586	5073734	1885472	3188262
湖北	6076062	1288654	509234	7758899	4604714	3154185
湖南	4020753	1298770	479589	6317452	3149056	3168396
广东	15613839	1911012	764273	20308616	11853831	8454785
广西	2860702	386240	178683	3797750	2478661	1319089
海南	622106	82703	46643	709535	165360	544175
重庆	2768967	700645	298204	3973180	1810856	2162323
四川	6598453	982913	409205	7813081	4117551	3695530
贵州	8627258	905621	401025	9487841	3191336	6296504
云南	6954037	1429447	690114	8993070	2635557	6357513
西藏	269154	82747	36534	351686	77384	274302
陕西	1858181	661649	245624	2458177	972140	1486037
甘肃	824052	290589	91536	1232442	417215	815227
青海	449655	50059	25402	500661	135529	365133
宁夏	465847	59491	26480	606420	232844	373576
新疆	1430402	384274	129423	2239317	1096966	1142352

3-3 续表 2

纺织、服装及家庭用品批发

单位：万元

地区	流动资产合计	固定资产原价	累计折旧	资产总计	负债合计	所有者权益合计
全国	**110267107**	**7083162**	**2963578**	**136615770**	**97938468**	**38677302**
北京	13847488	599369	221477	18350399	12117707	6232692
天津	1681002	103560	35262	1977475	1499774	477701
河北	529591	15022	6348	551751	455011	96740
山西	1248685	11125	4988	3113321	652969	2460352
内蒙古	116413	26235	991	165108	146428	18681
辽宁	483240	112339	23590	613849	440328	173521
吉林	27238	1525	882	28218	31199	-2981
黑龙江	77986	52387	5955	157960	145178	12782
上海	19271924	1879786	961491	24495257	15854453	8640804
江苏	24335475	1236794	491906	28351700	20925666	7426033
浙江	13835938	871131	379074	16658650	13103278	3555372
安徽	1921699	118251	47761	2288014	2364049	-76035
福建	6545669	393951	122873	7927667	5397243	2530424
江西	406504	7087	2656	431859	402130	29729
山东	5498957	239198	88305	6114460	5400311	714149
河南	1006480	123803	15487	1367858	851213	516645
湖北	1016391	88613	25071	1160448	1100880	59569
湖南	608468	23016	7678	683569	585965	97604
广东	14294787	903482	421645	17953665	13281855	4671809
广西	462411	34387	8937	551752	406576	145176
海南	86004	960	783	86438	75127	11311
重庆	1077999	74752	22231	1198465	975120	223345
四川	606776	55725	17426	747945	493701	254244
贵州	102888	1616	1112	111707	96200	15507
云南	497962	6404	3425	696596	461422	235174
西藏						
陕西	430390	64076	32425	501079	424827	76252
甘肃	41865	13934	2462	56203	40226	15977
青海	15708	396	153	15962	13640	2322
宁夏	4136	30	27	4140	3868	272
新疆	187033	24208	11157	254255	192124	62131

3-3 续表 3

文化、体育用品及器材批发　　　　单位：万元

地区	流动资产合计	固定资产原价	累计折旧	资产总计	负债合计	所有者权益合计
全国	**34488392**	**2314771**	**915135**	**44977938**	**30087600**	**14890390**
北京	6398080	453294	195144	9467299	6298008	3169292
天津	349259	37370	6664	665195	212284	452911
河北	255944	34910	7396	438441	246117	192325
山西	309173	29635	10932	410080	272345	137736
内蒙古	42128	27458	10747	134834	91197	43637
辽宁	226343	25347	13675	262127	167211	94916
吉林	84171	22639	8552	122644	88676	33968
黑龙江	33894	41411	1543	89247	64439	24808
上海	4600672	169205	79024	5264050	3358688	1905362
江苏	2278667	194224	79013	3619987	1853771	1766216
浙江	1844175	129610	58336	2301660	1698490	603170
安徽	2071455	24698	13324	2511171	1626251	884919
福建	465355	44230	22834	762845	448256	314589
江西	4869	340	189	5020	1630	3390
山东	1897334	265704	96224	2238440	1794031	444409
河南	617800	67383	15781	1043689	484146	559543
湖北	860778	106184	39581	1010363	701725	308638
湖南	948090	49808	19957	1495393	1025049	470344
广东	7617784	348219	142783	8584658	6119730	2464978
广西	377510	23522	7698	631544	399107	232436
海南	43708	23007	5689	93796	27077	66719
重庆	318138	24060	13304	334144	251635	82510
四川	1881494	48132	5419	2102794	1926504	176290
贵州	245637	8711	4654	276687	211626	65061
云南	197895	16188	9467	327817	185462	142355
西藏	9627	3805	1550	11931	5878	6053
陕西	141781	18752	8419	237549	150970	86579
甘肃	180899	31804	15211	241598	175073	66525
青海	28596	10547	5576	38971	30728	8243
宁夏	19085	3365	2004	30091	15457	14634
新疆	138051	31209	14445	223873	156039	67834

3-3 续表 4

医药及医疗器材批发 单位：万元

地 区	流动资产合计	固定资产原价	累计折旧	资产总计	负债合计	所有者权益合计
全 国	**95732926**	**6879081**	**2735556**	**113213618**	**83767877**	**29445741**
北 京	10905499	547726	277197	14044503	9601740	4442763
天 津	2419000	111157	40746	2596372	1978513	617859
河 北	2175444	137513	40713	2428384	2024745	403639
山 西	1134832	90961	22241	1314091	1142638	171453
内蒙古	500082	34775	8742	544777	443049	101728
辽 宁	2016904	150800	29931	2297730	1724031	573700
吉 林	1100505	84136	17344	1266596	1054547	212049
黑龙江	502482	23190	8139	592403	473444	118959
上 海	11392413	1693222	967013	13925834	9427236	4498597
江 苏	5727934	334108	129939	6389791	5196321	1193470
浙 江	5390539	393854	158044	6696416	4367988	2328428
安 徽	3054915	301303	90490	3586156	2950635	635521
福 建	1218160	69112	23584	1415984	989124	426861
江 西	1445127	120962	31301	1670820	1290718	380101
山 东	6144098	444419	111645	7129625	5511842	1617783
河 南	5701611	254179	60727	6241126	4972381	1268745
湖 北	6630489	622817	191276	7869605	5944710	1924895
湖 南	2197724	186883	45973	2523947	2018104	505842
广 东	11841003	486355	216694	14066319	10080813	3985506
广 西	687124	66091	19986	801596	662876	138720
海 南	1414924	20345	8595	2159306	1300179	859127
重 庆	2093034	95706	31448	2316170	1740573	575597
四 川	3416231	205367	76231	3813784	2974344	839440
贵 州	1027284	75732	18112	1217143	942062	275081
云 南	1892005	114230	44134	2085798	1541073	544726
西 藏	271629	3565	795	313777	273307	40470
陕 西	1729245	59749	21018	1829682	1613473	216209
甘 肃	740486	44943	13789	980185	699800	280385
青 海	130913	4015	1769	149048	113302	35746
宁 夏	144815	14533	2350	162737	127260	35477
新 疆	686475	87333	25590	783913	587049	196864

3-3 续表 5

矿产品、建材及化工产品批发　　　　单位：万元

地　区	流动资产合计	固定资产原价	累计折旧	资产总计	负债合计	所有者权益合计
全　国	**413991602**	**48915116**	**18360627**	**607955353**	**430194287**	**177525884**
北　京	70926543	2602934	1125266	124396463	74792262	49604201
天　津	37393075	3462348	2347429	49686396	38857435	10828962
河　北	11770462	1607042	450859	14695927	11668551	3027376
山　西	16473950	3608295	978179	24732930	20168656	4564275
内蒙古	4271958	887725	259158	7455552	5517607	1937944
辽　宁	9135304	1595681	722105	11263736	10064813	1071434
吉　林	1547728	368109	162902	1938520	1915379	23142
黑龙江	8505422	761099	308948	10030099	8989154	962244
上　海	43446126	2123807	845044	59271349	41687160	17584189
江　苏	21487441	2918084	942807	28957403	20838280	8119123
浙　江	35179642	2398059	804014	51079944	38363526	12716418
安　徽	4940624	717664	291209	7637205	5647507	1989698
福　建	20887341	1410283	523663	29884845	19969453	9915392
江　西	2685701	1031077	364226	4226080	2989359	1225650
山　东	16413370	3450569	1180482	22268728	16631908	5629744
河　南	6522734	1254486	408399	9185975	6193292	2992683
湖　北	5482925	2996856	947230	9208563	6223201	2985362
湖　南	2258651	250821	60586	3177780	2285856	891925
广　东	41259591	7026477	2725014	58099865	41763413	16336452
广　西	4964115	1161544	361473	7998292	4881458	3116834
海　南	4751594	305845	72856	5517199	3791193	1726006
重　庆	5038547	583009	209403	6237462	4305878	1931584
四　川	4961526	745867	218865	7283639	5632708	1650931
贵　州	6489574	340565	98679	8098948	6542266	1556682
云　南	7440664	1539516	481719	14865693	9367113	5498580
西　藏	27055	6546	2721	40251	26178	14073
陕　西	7046519	775558	287710	10307878	7654766	2672221
甘　肃	2211919	911754	434313	3470209	1519167	1951042
青　海	1182434	350265	137441	1548800	857799	691001
宁　夏	1892762	372337	124696	2404122	2165675	238446
新　疆	7396305	1350894	483231	12985500	8883274	4072270

3-3 续表 6

机械设备、五金产品及电子产品批发　　单位：万元

地　区	流动资产合计	固定资产原价	累计折旧	资产总计	负债合计	所有者权益合计
全　国	**210791917**	**9076122**	**3531927**	**258377501**	**187402030**	**70975469**
北　京	62472577	2456852	1079169	82697303	52793506	29903796
天　津	9275307	660757	230268	11805010	9057338	2747672
河　北	6295864	245266	72163	8437894	6870673	1567221
山　西	464911	57607	16056	540258	477208	63050
内蒙古	114835	12526	3913	137363	86756	50607
辽　宁	4464982	88284	37796	5532856	4797934	734922
吉　林	329899	46796	14018	383975	279670	104305
黑龙江	365369	46032	15314	432529	312431	120098
上　海	48302167	1337310	648645	56593699	41268210	15325489
江　苏	7774730	568562	207762	9179927	6915160	2264767
浙　江	10341762	442427	186776	12370530	9413231	2957299
安　徽	1662680	68734	27874	1818536	1593249	225287
福　建	2378924	154044	60176	2742364	1916178	826186
江　西	924342	55852	15548	1002287	951617	50670
山　东	4101118	680251	175264	5224486	3817514	1406971
河　南	1582737	137378	31267	2019752	1570201	449551
湖　北	3220600	155562	69104	3540807	3122735	418072
湖　南	827459	75722	18961	1041585	840971	200614
广　东	33027680	1237129	452334	38013603	29509791	8503812
广　西	977771	54253	24357	1394635	997623	397011
海　南	96087	1086	728	100212	82129	18083
重　庆	5363030	149078	30455	5909681	4762027	1147653
四　川	2636695	92839	44891	2985463	2348212	637251
贵　州	622324	16954	6411	704315	580531	123784
云　南	587299	31119	15839	705094	531793	173301
西　藏	17515	8602	2216	25385	11527	13858
陕　西	720265	87850	21261	823371	696739	126632
甘　肃	310648	9809	4567	338029	304243	33787
青　海	58724	6063	1945	92792	63189	29603
宁　夏	61608	6185	1691	68488	61842	6647
新　疆	1412008	85193	15158	1715272	1367802	347470

3-3 续表 7

贸易经纪与代理 单位：万元

地　区	流动资产合计	固定资产原价	累计折旧	资产总计	负债合计	所有者权益合计
全　国	**31411515**	**754226**	**222567**	**36438258**	**31073965**	**5364292**
北　京	11556445	211080	65585	13957002	11248068	2708934
天　津	1158949	38049	13402	1308612	1357872	-49261
河　北	18817	127	52	18976	18376	601
山　西						
内蒙古						
辽　宁	163028	8917	5086	167058	83638	83420
吉　林						
黑龙江	3693	70	30	3752	2599	1153
上　海	1175317	60816	29827	1269404	892342	377062
江　苏	314765	25157	9490	344460	280178	64282
浙　江	177158	11491	3551	205428	166440	38987
安　徽						
福　建	364093	45004	11834	592867	440876	151991
江　西	4181	1576	730	5991	4194	1797
山　东	306635	42198	6845	429979	381068	48912
河　南	326	28	2	353	152	200
湖　北	5773	140	69	6114	3484	2630
湖　南		300	79	385	185	200
广　东	15533364	299473	71246	17477946	15593016	1884930
广　西						
海　南						
重　庆	13362	3	1	14369	9368	5001
四　川	9093	4309	1578	12746	5444	7301
贵　州						
云　南	561855	1249	732	572568	545321	27247
西　藏						
陕　西	22766	536	143	23586	17261	6325
甘　肃						
青　海						
宁　夏						
新　疆	21895	3703	2285	26662	24083	2580

3-3 续表 8

其他批发业

单位：万元

地　区	流动资产合计	固定资产原价	累计折旧	资产总计	负债合计	所有者权益合计
全　国	**26310184**	**1660959**	**543149**	**35066367**	**28486327**	**6580036**
北　京	5327073	126730	50817	10190223	8560608	1629615
天　津	1326892	85267	32653	1498076	1153683	344393
河　北	63491	13247	3348	83581	52162	31419
山　西	45003	8250	2957	51947	38542	13405
内蒙古	16170	35	23	18105	15138	2967
辽　宁	497033	14701	3711	666720	604593	62126
吉　林	142678	22882	3548	162694	117635	45059
黑龙江	23412	2676	1515	30513	42403	-11890
上　海	3136619	157484	65345	3685984	2705562	980422
江　苏	772364	123059	40440	925996	629966	296030
浙　江	277621	49004	20435	354392	261485	92907
安　徽	1724583	72526	27275	1912159	1703772	208387
福　建	2527188	65288	17133	3534587	2737627	796959
江　西	17170	3911	1444	21194	11538	9656
山　东	1015716	221510	84059	1336831	881139	455693
河　南	289139	164117	25147	500763	402864	97898
湖　北	50214	21393	3667	84952	43439	41513
湖　南	51146	14450	3975	67074	37970	29103
广　东	7748729	296088	100589	8168655	7570597	598058
广　西	26919	582	66	32785	28193	4592
海　南						
重　庆	75301	83589	8696	276787	108164	168622
四　川	93508	11314	5748	101231	77077	24154
贵　州	32244	1660	750	51046	31512	19534
云　南	808539	68373	27803	939217	384618	554599
西　藏						
陕　西	9141	3091	1393	14262	6379	7883
甘　肃						
青　海						
宁　夏	174587	3862	1367	276670	207850	68820
新　疆	37704	25870	9245	79923	71811	8112

3-4 大中型批发业企业分行业实收资本及构成

农、林、牧产品批发　　　　　　　　　　　　　　　　　　　　　　　　单位：万元

地　区	实收资本	国家资本	集体资本	法人资本	个人资本	港澳台资本	外商资本
全　国	**8919644**	**3342808**	**134117**	**3217888**	**1388421**	**411030**	**425384**
北　京	2191292	1206916		414697	33690	349665	186324
天　津	133416	102136		21692	9526		64
河　北	122494	26457	2075	53361	40601		
山　西	29356	12091		1765	15500		
内蒙古	113430	44424		14001	55004		
辽　宁	121130	24839	2000	41410	52881		
吉　林	799463	720747		57348	21367		
黑龙江	359274	40220		291813	27241		
上　海	643779	20033	1800	380499	14930	1740	224777
江　苏	342594	168816	9393	49837	114548		
浙　江	97530	33666	14250	33267	16346		
安　徽	151240	40488	2161	26873	81718		
福　建	91654	19152	400	27689	25998	12200	6216
江　西	28060	13153	477	11950	2480		
山　东	527573	42520	3909	306367	168983		5795
河　南	766270	201093	11272	215394	301411	36050	1050
湖　北	227731	63658	20769	88505	52519	2280	
湖　南	192030	112100	723	28438	50769		
广　东	1102776	148263	138	862916	83522	7937	
广　西	76652	58791		7353	10508		
海　南	700			445	255		
重　庆	37028	9653	1293	21607	4476		
四　川	84064	10897	1950	28014	43204		
贵　州	4000			1000	3000		
云　南	33636			4936	28699		
西　藏							
陕　西	28994	3806	18273	1000	5916		
甘　肃	6619	1852	1332	1100	2335		
青　海	3960				3960		
宁　夏	1407	407		1000			
新　疆	601492	216630	41902	223611	117034	1158	1158

3-4 续表 1

食品、饮料及烟草制品批发 单位：万元

地区	实收资本	国家资本	集体资本	法人资本	个人资本	港澳台资本	外商资本
全国	**15312751**	**4378732**	**262201**	**5378543**	**2304717**	**1521741**	**1466823**
北京	1952580	315248	30000	1064712	133244	356755	52622
天津	216839	38978	6131	117322	27062	15940	11407
河北	108181	21143	10569	34117	42352		
山西	79118	25996	11645	32461	9016		
内蒙古	84857	62546		13369	8942		
辽宁	301852	36102	700	56641	46709		161700
吉林	40969	36847		1832	2290		
黑龙江	259913	50137	107	190792	18866	10	
上海	2365980	245874	30000	458191	109013	744127	778776
江苏	572815	135781	2212	167484	153530	78036	35772
浙江	706358	174922	41021	223373	200931	39666	26446
安徽	352819	170207	1991	86055	94566		
福建	1433652	857536		323169	189246	59835	3866
江西	170753	118116	277	41961	10400		
山东	747930	62418	17862	336606	220980	109067	997
河南	512259	204913	24541	132396	145886	1700	2823
湖北	492689	138647	14272	245206	88484	1081	5000
湖南	417995	120666	5161	237549	54347		273
广东	2131888	429722	15789	881698	318972	98780	386927
广西	296127	181042	681	82552	31851		
海南	29236	11911		16175	1100	50	
重庆	335603	68682	8424	206588	51909		
四川	439577	192127	1615	83706	161929	200	
贵州	243797	189377	21495	22088	10837		
云南	405474	213453	1358	141647	32572	16444	
西藏	18569	9165		8934	470		
陕西	165800	31372	2078	77521	54615		214
甘肃	118652	36390	2223	29369	50620	50	
青海	30581	16570		9812	4200		
宁夏	15990	11245		3745	1000		
新疆	263898	171599	12049	51472	28778		

3-4 续表 2

纺织、服装及家庭用品批发　　　　单位：万元

地区	实收资本	国家资本	集体资本	法人资本	个人资本	港澳台资本	外商资本
全　国	**14086617**	**1015281**	**171295**	**4700765**	**2705089**	**2878838**	**2615353**
北　京	3271425	144935	1742	543053	162410	1076833	1342452
天　津	173905	11000	1379	99849	28512	13826	19340
河　北	23350	4129	500	15341	3340	40	
山　西	151136			1562	145861	3713	
内蒙古	16150			16000	150		
辽　宁	133591	630		85309	44516	100	3036
吉　林	1590			1310	280		
黑龙江	26474			1143	25331		
上　海	3100967	151898	44855	759313	298132	832670	1014099
江　苏	1956179	352129	7693	706268	433978	417898	38214
浙　江	1334790	26736	80097	535204	567040	103563	22150
安　徽	124946	15767	600	43497	56582	500	8000
福　建	960724	60034	2441	558955	241358	77939	19997
江　西	10013	1516	1289	3062	4145		
山　东	333156	500	3564	207748	109480	6808	5056
河　南	145095	10198	54	60824	74019		
湖　北	115579	2000	2294	39003	25545	46237	500
湖　南	45595	12804	201	19035	13553		1
广　东	1820961	176204	21543	857304	341695	281708	142508
广　西	52191			30431	12647	9113	
海　南	4478			1748	2731		
重　庆	76391	31038	2200	12956	30197		
四　川	61774	3834	534	31846	24761	800	
贵　州	11065		200	1135	2640	7090	
云　南	10086		109	5700	4277		
西　藏							
陕　西	51966	4914		25627	21426		
甘　肃	11031			6731	4300		
青　海	2500				2500		
宁　夏	100			100			
新　疆	59409	5015		30711	23683		

3-4 续表 3

文化、体育用品及器材批发　　　　单位：万元

地区	实收资本	国家资本	集体资本	法人资本	个人资本	港澳台资本	外商资本
全国	**6673062**	**1949228**	**48763**	**2100728**	**1138452**	**912485**	**523412**
北京	1378644	732437	32215	322164	97836	161594	32398
天津	317043	11181	138	282036	19064	3012	1613
河北	17344	6149	3053	4842	3300		
山西	27693	15693		7960	4040		
内蒙古	27774	27774					
辽宁	63822	300		53444	10078		
吉林	29065	21851		1693	5521		
黑龙江	26167	24167		2000			
上海	1099565	28096	290	185923	64235	448396	372626
江苏	584378	325930	2714	54229	86319	21461	93724
浙江	247914	88253		83265	76397		
安徽	248995	208212		32364	8420		
福建	199317	40920		48727	93288	15606	776
江西	1100			500	600		
山东	100712	4620	60	50211	45821		
河南	219317	27510		44773	144962		2072
湖北	128013	83091		16015	3283	25625	
湖南	222733	167878	1200	43130	10525		
广东	1395000	45927	7368	684123	429886	213730	13967
广西	143417	1010		130096	11044		1268
海南	5698	5698					
重庆	44174	1275	1225	15145	3468	23061	
四川	38970	80		29932	8957		
贵州	5600	5600					
云南	14477	12549	500	600			828
西藏	2310	2310					
陕西	43240	27000		5870	6230		4140
甘肃	16732	11369		1663	3700		
青海	3070	3070					
宁夏	7009	7009					
新疆	13769	12269		23	1478		

3-4 续表 4

医药及医疗器材批发　　　　　　　　　　　　　　　　单位：万元

地　区	实收资本	国家资本	集体资本	法人资本	个人资本	港澳台资本	外商资本
全　国	**14643803**	**2095383**	**149968**	**6171957**	**4771185**	**329775**	**1125542**
北　京	1773534	437435	13421	933454	248099	41013	100112
天　津	404554	158684	1100	139840	44300	51249	9381
河　北	271934	17778	10094	129202	114861		
山　西	114727	11273	174	35231	68050		
内蒙古	69049	1470	1780	37028	28771		
辽　宁	839702	124467	194	136616	571771	500	6153
吉　林	87508	1445		61573	24490		
黑龙江	82572	25293	169	38375	18736		
上　海	1692180	482219	5426	489536	65287	76831	572882
江　苏	756907	25921	5040	373970	201814	7640	142522
浙　江	1829871	78170	4622	453474	1270739	20616	2250
安　徽	427833	34315	10319	201270	181628		300
福　建	307365	30749	5100	186931	78585	6000	
江　西	253334	2758	900	143101	106575		
山　东	624063	31888	8337	316186	173058	4594	90000
河　南	643918	61704	17302	347056	216956	900	
湖　北	493458	9847	8993	336734	131245	6639	
湖　南	338030	15477	774	154107	167662	11	
广　东	1569117	246670	20265	760553	372174	99366	70090
广　西	98737	1549	1050	33967	62172		
海　南	311891	3360	380	151438	22677	4036	130000
重　庆	307292	52656		78335	175252	750	300
四　川	434887	48362	1599	238545	137669	7161	1552
贵　州	177246	19481	787	81721	75258		
云　南	266845	106300	806	100286	57946	1508	
西　藏	3761			1800	1000	961	
陕　西	178324	33828	1080	83899	59516		
甘　肃	130818	3242	17450	52499	57627		
青　海	17681	4400		1200	12081		
宁　夏	16672	751	125	13062	2733		
新　疆	119993	23891	12681	60968	22453		

3-4 续表 5

矿产品、建材及化工产品批发

单位：万元

地区	实收资本	国家资本	集体资本	法人资本	个人资本	港澳台资本	外商资本
全国	**87747985**	**30563764**	**1382120**	**35137663**	**13248613**	**3884668**	**3531167**
北京	16039448	4198092	53248	7925858	1077208	920238	1864804
天津	6167361	3553969	2509	2052847	393408	142582	22047
河北	1641762	367708	11637	708132	447899	85963	20423
山西	1923147	981012	140629	558249	243257		
内蒙古	1645922	862081	12287	557429	214125		
辽宁	1528269	873612	2771	448620	191165	7200	4902
吉林	270376	186111		49013	35252		
黑龙江	852815	453723	46150	115892	237050		
上海	10100549	2037651	22928	4149007	2020317	921196	949452
江苏	4931046	2375996	151463	819394	1374593	146210	63391
浙江	6413869	1195720	146601	2294706	2390772	324068	62002
安徽	1216804	324727	28330	703343	160404		
福建	4777599	1101182	22634	2518445	799106	243340	92892
江西	615520	478729	640	97703	38448		
山东	3467764	1243083	89325	1138172	870979	101587	24619
河南	1417478	279594	13605	739051	350260	34968	
湖北	2422500	1178063	20141	1050980	137968	31348	4000
湖南	685186	203804	10763	302458	162451	360	5350
广东	9133867	2114789	244640	4434989	1012970	923909	402571
广西	2217513	1807241	5918	324072	80282		
海南	1255728	17250	1000	1224701	10414		2364
重庆	655445	201166	5664	244599	203516		500
四川	1171721	697689	51774	290870	131388		
贵州	752871	517969	6144	184631	44127		
云南	1743951	1237878	12815	391157	101767	335	
西藏	4329	4329					
陕西	1687555	732354	146549	562352	240937		5363
甘肃	1011365	802101	5713	148830	53988	734	
青海	65551	5027	4553	32741	17959		5270
宁夏	294913	32086		259617	3210		
新疆	1635761	499028	121689	809805	203393	630	1217

3-4 续表 6

机械设备、五金产品及电子产品批发　　单位：万元

地区	实收资本	国家资本	集体资本	法人资本	个人资本	港澳台资本	外商资本
全　国	**34732002**	**3767128**	**96116**	**10942117**	**10338581**	**2156100**	**7431965**
北　京	10153102	1390944	4578	4552829	615729	464993	3124029
天　津	1342805	442740	6950	275402	226896	155303	235515
河　北	1167916	5044	3500	143301	1016070		
山　西	75097	7742	401	28405	17617	20932	
内蒙古	28098	1020	606	17863	8609		
辽　宁	538847	32464	1800	60708	38892	190000	214983
吉　林	48762	8500	100	8916	26246		5000
黑龙江	44452	4327	3000	22053	15072		
上　海	4870411	607906	2951	658973	285355	604467	2710759
江　苏	1153993	224620	6300	411406	332142	43754	135770
浙　江	1256307	90237	10459	656645	402004	55590	41374
安　徽	139028	618	1900	82931	46721	6313	545
福　建	476281	12293	7300	148880	186167	27667	93975
江　西	84468	13910		44261	21209	5088	
山　东	596511	23667	11470	280282	202283	64000	14810
河　南	343331	86546	3220	79404	172362		1800
湖　北	1438840	79916	5872	84426	1254941	5999	7685
湖　南	130697	10357		53427	48912	18000	
广　东	4493999	538594	4055	1953417	784437	428515	784982
广　西	4136664	84201	1755	25397	4025312		
海　南	8900		600	4600	3700		
重　庆	1246624	11516	550	1079978	59818	46173	48589
四　川	411664	12057	440	107157	270830	18000	3180
贵　州	88190	16815		52021	19355		
云　南	49558	7201	6800	19672	15885		
西　藏	2937	887		2050			
陕　西	81227	16611	11000	27507	23553	1306	1250
甘　肃	27094	10800		8728	7566		
青　海	6809		509	5300	1000		
宁　夏	8330			3751	4579		
新　疆	281060	25595		42427	205319		7719

3-4 续表 7

贸易经纪与代理

单位：万元

地　区	实收资本	国家资本	集体资本	法人资本	个人资本	港澳台资本	外商资本
全　国	**3000555**	**900135**	**104036**	**1492319**	**258746**	**76886**	**168434**
北　京	1534522	466472	1230	959743	12591	20000	74486
天　津	101434	53162	1196	2871	7081		37124
河　北	800			500	300		
山　西							
内蒙古							
辽　宁	37254	11800		2000		23454	
吉　林							
黑龙江	100				100		
上　海	148740	10480	200	58442	10570	18749	50299
江　苏	42427	19473	150	13464	9341		
浙　江	28926	13000		4198	11620		108
安　徽							
福　建	35670	13139		17120	5411		
江　西	650				650		
山　东	36559	550		11439	24570		
河　南	100			100			
湖　北	2200		2000	200			
湖　南	200			200			
广　东	1003704	305856	98933	403542	174273	14683	6417
广　西							
海　南							
重　庆	5000			5000			
四　川	6017	5279			738		
贵　州							
云　南	11000			10000	1000		
西　藏							
陕　西	3251	924	327	2000			
甘　肃							
青　海							
宁　夏							
新　疆	2001			1500	501		

3-4 续表 8

其他批发业 单位：万元

地区	实收资本	国家资本	集体资本	法人资本	个人资本	港澳台资本	外商资本
全国	**3030927**	**880529**	**132477**	**1353978**	**435361**	**125516**	**103065**
北京	821433	339228	51551	378706	29610	10475	11864
天津	195426	84059	11752	57694	36279	3477	2165
河北	27503	14008	8345	5100	50		
山西	8438	308		186	7944		
内蒙古	4000			4000			
辽宁	78424	1200		58000	18100		1124
吉林	21590	1000	17290	2500	800		
黑龙江	1500			500	1000		
上海	414640	146839	1220	133039	10014	72936	50591
江苏	141637	2870	19635	46283	67851		4998
浙江	66122	50		40172	25900		
安徽	50022	7798	732	26054	15438		
福建	300829	168004		79217	53608		
江西	4889	800		1537	2552		
山东	149098	18000	1836	93346	32812		3105
河南	75686	20588	781	35886	18431		
湖北	22126		77	14238	7811		
湖南	24099	4480	832	10135	8652		
广东	330253	29673	12628	152723	77344	30165	27718
广西	3610			3610			
海南							
重庆	22869	2332	96	5259	6719	8463	
四川	12316	700	1072	5549	4995		
贵州	14583	10000		1583	3000		
云南	134304	22843	800	108011	2650		
西藏							
陕西	2322	113		550	1659		
甘肃							
青海							
宁夏	90000			90000			
新疆	13208	5636	3830	100	2142		1500

3-5 大中型批发业企业

农、林、牧产品批发

地　区	主营业务收入	主营业务成本	主营业务税金及附加	主营业务利润	其他业务利润	销售费用
全　国	**56509702**	**53002677**	**131111**	**3375914**	**180481**	**1109689**
北　京	8449837	8111679	5785	332373	62778	107336
天　津	771342	744846	368	26128	10	40880
河　北	1301454	1238863	1438	61153	2920	24798
山　西	138057	131106	41	6910	356	3283
内蒙古	1526955	1478923	619	47413	74	40370
辽　宁	1593104	1537151	890	55063	2330	40042
吉　林	2741580	2661112	1186	79282	21971	88266
黑龙江	1448131	1363642	2590	81899	788	61808
上　海	3765279	3704459	1783	59037	3988	31669
江　苏	3329083	3017240	12082	299761	5655	67174
浙　江	623235	583072	2683	37480	28659	23201
安　徽	1281553	1210573	1022	69958	17	29138
福　建	1171552	1118137	795	52620	323	25288
江　西	299545	278317	125	21103	1630	6293
山　东	4591552	4032022	38373	521157	547	87735
河　南	3902970	3295500	37217	570253	5644	82207
湖　北	2213653	2118351	9766	85536	2376	45772
湖　南	732092	667157	4754	60181	1614	27024
广　东	6505069	6092676	2545	409848	30884	108141
广　西	413457	381907	2401	29149	1136	7943
海　南	21355	18986	6	2363		1721
重　庆	774410	742004	1515	30891		9429
四　川	1082605	1025758	538	56309	-34	14125
贵　州	14946	14338	18	590		
云　南	163173	141927	71	21175	14	4668
西　藏						
陕　西	307257	297645	1379	8233	676	3491
甘　肃	144339	139448	54	4837	868	2019
青　海	7432	6170	3	1259	226	103
宁　夏	29428	28176	7	1245		186
新　疆	7165257	6821492	1057	342708	5031	125579

分行业损益及分配

单位：万元

管理费用	财务费用	营业利润	利润总额	应交所得税	应付职工薪酬	应交增值税
1078217	**965876**	**850879**	**2251427**	**144723**	**919945**	**229405**
214485	133687	135966	293833	21617	147834	50709
9010	18111	-40531	3177	423	26343	2171
18731	7404	11873	9050	1441	14104	957
3869	2250	-5475	2421	4	3002	5
34929	114774	-141038	28732	2232	13317	-12441
23717	34217	-28294	24155	1662	11147	-5454
28019	158679	-184998	159960	3245	32845	-3220
37128	75277	-57632	83478	6282	30856	1233
48221	33525	27228	83766	4289	34251	1438
75744	26134	137988	171026	18869	56937	21929
27625	17027	8613	25347	4372	21616	3692
26898	8124	14049	19328	945	20775	3915
26893	19266	-14927	27673	3123	18756	1988
12120	1362	-7415	3190	378	7743	38
82289	36889	518233	516103	33019	64532	57552
97017	84165	307474	331517	8764	69839	26387
39204	57555	-71698	64879	7802	30024	8113
27016	10797	6621	26717	2165	18883	1908
87091	36830	199630	235235	11703	83482	20905
8086	10251	4237	15641	2486	5531	1843
279	9	354	354	85	644	
12061	1995	7707	14949	978	8878	1662
18905	18844	5423	28029	1264	14455	2140
205	36	349	349		311	
5989	3223	7321	8647	393	3801	91
3201	1148	1238	4756	26	2241	1520
1541	1088	188	674	17	1386	326
259	197	924	739	263	122	5
175	161	723	761		208	7
107510	52851	6748	66941	6876	176082	39986

3-5 续表 1

食品、饮料及烟草制品批发

地　区	主营业务收入	主营业务成本	主营业务税金及附加	主营业务利润	其他业务利润	销售费用
全　国	**335706953**	**265411090**	**17698221**	**52597642**	**951758**	**16980593**
北　京	16811394	14151661	312622	2347111	143124	1845456
天　津	6303160	4933914	265260	1103986	7846	477345
河　北	5690509	4246662	632533	811314	10243	197098
山　西	3773750	2869619	396077	508054	2433	84406
内蒙古	3684690	2775007	343520	566163	1919	104688
辽　宁	5171137	4029397	460689	681051	3646	142411
吉　林	2044608	1494152	240225	310231	-705	77394
黑龙江	5537357	3949319	375647	1212391	186	133811
上　海	33902487	29423448	410774	4068265	89261	2727292
江　苏	16856640	12697031	1129092	3030517	26487	758379
浙　江	19522981	15561544	1199819	2761618	55850	969292
安　徽	8983182	6857944	662794	1462444	7376	542576
福　建	14282373	11969909	624614	1687850	19817	464188
江　西	5013689	3639549	488306	885834	1729	157261
山　东	23716774	19045739	1069085	3601950	85648	934669
河　南	21621386	17113731	1107148	3400507	16683	618737
湖　北	13617602	10145929	682226	2789447	19259	1192695
湖　南	11248628	8510339	879338	1858951	2408	453739
广　东	41606352	34873480	1548256	5184616	126471	2127083
广　西	5553520	4399883	476117	677520	10263	153911
海　南	2336294	1965939	170540	199815	552	22314
重　庆	12354617	10099311	804526	1450780	31456	344737
四　川	14142173	10955785	940124	2246264	20281	630823
贵　州	10269110	5390118	641076	4237916	8282	552593
云　南	13103069	9327163	618488	3157418	246117	628553
西　藏	551704	399644	69966	82094	605	15959
陕　西	6445517	5023140	484049	938328	5453	255354
甘　肃	5244308	4309163	264676	670469	5159	222014
青　海	1078581	916967	72233	89381	67	12527
宁　夏	1064125	868899	79744	115482	1453	21813
新　疆	4175236	3466704	248657	459875	2389	111475

单位：万元

管理费用	财务费用	营业利润	利润总额	应交所得税	应付职工薪酬	应交增值税
10393944	**176053**	**27210720**	**28004999**	**5667459**	**10248729**	**9292591**
431275	65407	538189	581610	121470	739058	388284
157058	16313	361512	367571	71979	125752	160342
221707	-20723	424973	456546	92268	200813	231705
156074	-19414	289532	283991	69547	109253	157791
181283	-14895	300140	296729	57201	103296	158166
181036	-24697	387641	417420	60389	169623	151295
89950	16346	123121	163780	40814	119919	79752
161907	13316	924437	931913	49983	119393	138129
1021512	114386	766226	861567	194513	763944	300526
424142	-92023	1958193	1990416	487867	417056	624292
530433	-16120	1567162	1628903	370939	679545	595530
278180	-26649	723153	742658	191743	279887	289267
401094	27584	919211	943109	190496	387207	296388
200633	-20573	541174	595289	150266	170329	213646
792383	57476	1870094	1878601	248402	581486	503721
565846	17281	2213489	2214134	207756	569672	496554
509848	9750	1053614	1069469	227007	507666	376642
442512	43637	934901	993602	255748	426363	429482
1238025	50415	2151341	2271849	402001	1355606	860942
190128	43444	302313	319923	84017	197642	186637
48558	-16599	176947	167337	36031	48604	59650
383667	-4757	736660	755074	128304	319073	323923
419246	6765	1204921	1234449	282326	428730	558730
419799	-19266	3317882	3352612	823765	390375	448030
331907	-27561	2262398	2326867	585738	453925	572713
37434	-2576	31480	31121	2700	43495	21333
204265	15645	471686	469700	108082	213042	221262
194525	124	247706	242897	50932	165504	156182
28793	-11028	66179	65892	11836	25060	156145
35445	-6175	100354	100751	14601	32569	71941
115279	1220	244091	249219	48738	104842	63591

3-5 续表 2

纺织、服装及家庭用品批发

地 区	主营业务收入	主营业务成本	主营业务税金及附加	主营业务利润	其他业务利润	销售费用
全 国	**241061392**	**207799408**	**574849**	**32687135**	**780782**	**18774667**
北 京	37520115	33442945	51607	4025563	164826	2542162
天 津	4450237	3915440	12204	522593	9976	301639
河 北	762864	706790	749	55325	8526	30570
山 西	607983	463047	657	144279	-40	87678
内蒙古	302886	266094	3905	32887	1189	14630
辽 宁	1929218	1750061	2053	177104	1427	80878
吉 林	120533	110159	160	10214		5669
黑龙江	382193	371930	255	10008	3110	11588
上 海	36958110	26333446	139664	10485000	171527	7101206
江 苏	44302269	38725615	88175	5488479	57286	2274870
浙 江	30960156	27919824	36566	3003766	78938	1610155
安 徽	5827874	5100712	8873	718289	6793	622274
福 建	12969643	11719672	19820	1230151	33780	565610
江 西	718948	681495	906	36547	1090	26632
山 东	11475230	10698715	40055	736460	24840	350978
河 南	3085626	2837600	16082	231944	287	80261
湖 北	2995182	2627979	7397	359806	143095	228608
湖 南	1444711	1306955	3108	134648	2818	76816
广 东	34192105	29774493	112690	4304922	58024	2230910
广 西	1053708	963206	2404	88098	3546	47521
海 南	184194	164217	340	19637	-8	10498
重 庆	2927743	2562236	8283	357224	145	171427
四 川	1859343	1706565	2600	150178	5312	91032
贵 州	217194	196466	384	20344	144	13313
云 南	641612	457970	2931	180711	928	119136
西 藏						
陕 西	2668322	2537205	12388	118729	2574	53794
甘 肃	187083	172896	273	13914		8554
青 海	35465	34516	14	935		93
宁 夏	9732	8595	14	1123		513
新 疆	271113	242564	292	28257	649	15652

单位：万元

管理费用	财务费用	营业利润	利润总额	应交所得税	应付职工薪酬	应交增值税
7929974	**722168**	**6711397**	**7400222**	**1625370**	**6290735**	**3903084**
1253382	33814	571521	710040	121488	929012	444628
80659	12054	162605	191773	44994	128464	48776
13130	4065	11141	20582	3908	13288	4328
12209	2561	46298	44871	363	14449	4251
8970	1293	9568	9817	11	6849	2433
49840	1393	49544	51537	3690	70111	39183
1630	33	4024	4020	255	3488	863
3313	2874	-5768	-4293	-29	4769	1455
1947812	175768	1671856	1851972	581058	1848311	1224123
1601051	107862	1702806	1814130	389630	683715	494062
665066	160965	736390	834565	113118	722784	319770
87197	22694	1357	-20100	5620	116193	66359
344641	43568	300631	328038	57025	233883	101299
7584	411	2458	4002	566	7775	4478
128936	47476	249177	267948	45080	150908	82734
33031	13541	98012	97078	16554	35163	23378
110429	9063	12263	12068	2119	55045	11890
27904	5879	31704	30932	4607	30112	76347
1383407	48095	790648	881529	192052	1024950	775761
22028	6301	11651	12232	2848	24054	13653
2429	272	6057	6227	1580	4208	2044
70957	8011	108219	112353	19330	39926	96532
28194	4946	33901	33614	7308	46285	15077
3436	775	2955	3004	650	7481	1993
7675	2530	52230	51381	7809	33111	28184
23176	1115	43326	43514	3228	43955	15409
3320	985	1088	1106	264	2541	2116
408	537	-102	-33	11	133	5
300	60	249	249	25	238	56
7860	3227	5588	6066	208	9534	1897

3-5 续表 3

文化、体育用品及器材批发

地 区	主营业务收入	主营业务成本	主营业务税金及附加	主营业务利润	其他业务利润	销售费用
全 国	**62733974**	**56569786**	**148548**	**6015640**	**261212**	**2856322**
北 京	12342615	11217175	21794	1103646	143235	452910
天 津	1060617	988926	1821	69870	4671	27558
河 北	525975	377379	4520	144076	121	4327
山 西	453562	416746	542	36274	308	10772
内蒙古	50301	44957	42	5302		2357
辽 宁	428027	370308	1678	56041	2654	30824
吉 林	83650	70205	299	13146	40	3680
黑龙江	41455	36291	10	5154		960
上 海	10512046	9013865	38614	1459567	27275	761892
江 苏	3596762	3194458	8840	393464	7600	175501
浙 江	4088988	3809914	4437	274637	7981	140256
安 徽	2186026	2071712	631	113683	2710	40635
福 建	1171376	1064085	8618	98673	4105	29310
江 西	14102	11730	9	2363		828
山 东	3766701	3460614	4141	301946	11845	115633
河 南	1593330	1488217	4202	100911	3053	35820
湖 北	1840053	1666208	4534	169311	8349	65599
湖 南	1198696	1037711	3767	157218	2535	42957
广 东	14115500	12899412	36378	1179710	29476	775300
广 西	306680	263945	124	42611	432	25362
海 南	38151	33076	3	5072	854	3343
重 庆	552780	480129	1785	70866		40519
四 川	1582960	1535450	424	47086	372	14968
贵 州	141009	119640		21369		6152
云 南	254631	232410	136	22085	963	14064
西 藏	11889	10325		1564		295
陕 西	359504	291353	893	67258	886	12023
甘 肃	168676	148052	66	20558		7438
青 海	23712	15385	47	8280	1432	5370
宁 夏	20984	18621	1	2362	159	719
新 疆	203216	181487	192	21537	156	8950

单位：万元

管理费用	财务费用	营业利润	利润总额	应交所得税	应付职工薪酬	应交增值税
1410412	**285507**	**1955621**	**2055042**	**358371**	**1503674**	**307112**
285752	60346	523411	543887	117850	304446	130633
23380	1992	20657	25759	5935	17322	5531
17189	654	21926	9879	66	9291	62236
10386	-926	16773	17116	4629	3805	632
4198	-130	2587	2587		2584	
12969	1449	13561	14335	3463	16922	2750
9335	231	3042	3636	784	8131	207
2776	337	1210	1163	4	1137	1
225745	53300	284684	314084	77905	266412	-211541
94793	7836	137818	148981	22944	103537	51853
80990	11182	62082	68450	7248	73818	22225
19017	31650	120264	126267	948	16330	2970
34307	10321	46230	46979	4117	22156	7303
976	-56	615	615	152	351	73
100553	572	85697	89156	6791	111398	7805
22046	3307	41580	43508	5646	19306	8132
45033	3489	61414	65696	9616	55694	21735
40073	113	71992	71593	4624	32941	11352
301232	67784	332933	347111	76467	339664	165627
8976	2970	7674	6280	199	8829	358
2080	-15	911	1120		2401	
9902	1087	19460	21751	3858	32803	13545
12841	27150	-3837	-2668	952	9887	2110
5341	1282	8615	8642		4340	-3
4625	432	20271	22529	1097	7961	558
442	-14	919	1176	104	310	
7513	-446	48708	49110	538	7461	1128
14304	-100	-1083	-199	27	5827	-591
4112	-51	362	623	140	6206	88
1360	-15	426	448		1378	
8166	-224	4719	5428	2267	11026	395

3-5 续表 4

医药及医疗器材批发

地　区	主营业务收入	主营业务成本	主营业务税金及附加	主营业务利润	其他业务利润	销售费用
全　国	**192291360**	**170963915**	**440002**	**20887443**	**980176**	**11291395**
北　京	18554838	16180593	45772	2328473	184465	1262509
天　津	4579021	4170884	9077	399060	1656	206301
河　北	4656072	4390885	5813	259374	10642	111919
山　西	2044501	1838274	4192	202035	7538	110507
内蒙古	801082	735210	1521	64351	889	27969
辽　宁	4272145	3916391	11281	344473	8895	109064
吉　林	1801437	1490134	6226	305077	363	163552
黑龙江	1705478	1595571	3530	106377	1215	52659
上　海	24274758	20114520	42234	4118004	294817	2480187
江　苏	11415593	9550376	35805	1829412	170850	1544543
浙　江	12145540	11044417	21292	1079831	16827	525413
安　徽	8147218	7591502	14029	541687	12840	272882
福　建	3182969	2993904	6470	182595	1819	59468
江　西	3858943	3252170	14176	592597	3470	353004
山　东	11083343	9932759	29472	1121112	14231	571825
河　南	10490725	9699323	22583	768819	45086	243299
湖　北	10484367	9666707	26257	791403	47153	319922
湖　南	5098735	4683727	17289	397719	12462	157926
广　东	25889997	23061502	51959	2776536	67820	1303485
广　西	1564170	1430704	3832	129634	753	54859
海　南	1498817	1060231	6265	432321	8705	385072
重　庆	5433464	4999803	12879	420782	8416	170337
四　川	7052179	6399472	23351	629356	20415	290455
贵　州	1654695	1467148	2679	184868	7902	54279
云　南	3931117	3595193	9100	326824	13146	176430
西　藏	347917	195702	3064	149151	492	116450
陕　西	3246411	3083396	5095	157920	7138	68493
甘　肃	1397746	1300758	1877	95111	7196	35430
青　海	199343	182610	327	16406		4127
宁　夏	261312	238664	348	22300	94	10952
新　疆	1217427	1101385	2207	113835	2881	48077

单位：万元

管理费用	财务费用	营业利润	利润总额	应交所得税	应付职工薪酬	应交增值税
4631689	**1036251**	**5114708**	**5406231**	**1133369**	**4947254**	**3486684**
547117	97337	711364	704478	191582	724400	328776
84670	21150	92299	101107	25835	83850	66453
72415	18027	64306	49034	10369	56012	68178
51732	22862	21749	22081	5253	46834	30063
21819	3666	11904	13036	1237	12401	29831
90887	25480	123219	125006	28224	48145	57549
56959	12691	71534	238424	13451	20199	92690
29871	3836	24482	59835	2678	19340	10591
993438	99310	796410	877431	210686	1191294	335087
251253	50986	149316	170728	69016	637501	259552
234497	65469	372258	376223	72975	231840	155692
142423	34508	106443	107681	22022	74713	99262
51449	18645	58668	56316	10658	48638	36381
114453	13099	117820	125648	17702	120096	116579
238016	68629	248945	259086	56075	176830	220580
170410	79126	277650	277931	53717	107420	203422
183766	102839	231371	233282	42125	197937	124919
105309	33171	99467	86873	16112	80580	87706
625697	121695	952479	952167	195056	503655	565508
47180	9437	19656	18318	3164	31966	35342
40035	3429	3545	4186	8159	65463	50657
102004	31970	120038	116915	13568	76283	134948
161368	27040	161355	161266	25738	153421	99956
35141	12311	81458	76186	6369	29407	20730
62913	16514	76408	79587	13060	82490	160782
4251	-268	28719	23321	4522	19869	25828
48220	22911	22794	23525	5195	45862	25123
23471	12283	25852	23846	2537	21529	11745
5137	1227	5901	4548	574	4315	2797
4295	-35	6099	6239	1039	5257	2506
31493	6906	31199	31927	4671	29707	27451

3-5 续表 5

矿产品、建材及化工产品批发

地区	主营业务收入	主营业务成本	主营业务税金及附加	主营业务利润	其他业务利润	销售费用
全国	**1298698226**	**1253790517**	**1808216**	**43099493**	**2951647**	**17440197**
北京	144167830	139785918	97363	4284549	1737629	1690391
天津	103901673	101753914	364698	1783061	101887	610190
河北	33758693	32821344	20927	916422	85022	395332
山西	41635530	40554360	53952	1027218	53032	523103
内蒙古	11550050	11151794	25306	372950	15747	189106
辽宁	48762241	48208122	19396	534723	-6124	456398
吉林	5928281	5747945	6305	174031	11273	133415
黑龙江	15496250	15029952	9499	456799	-10975	299095
上海	184442508	178902514	86756	5453238	141965	1933473
江苏	76870210	73502592	94184	3273434	41397	1044201
浙江	93221033	90375165	63201	2782667	121957	1119185
安徽	12334055	11798521	22200	513334	7551	270666
福建	51820354	50058942	44127	1717285	91759	831517
江西	6833891	6379827	15327	438737	11843	206234
山东	71686813	67950804	208104	3527905	48529	1148549
河南	24073453	22502407	88881	1482165	14737	517438
湖北	34753305	33173095	41522	1538688	191836	575513
湖南	7970594	7385235	46317	539042	2110	170757
广东	140602959	135223852	193268	5185839	97981	1996242
广西	19146332	18410410	14346	721576	9276	306895
海南	10719467	10276135	4408	438924	3952	44295
重庆	18378810	17423129	45822	909859	12585	251392
四川	19449648	18682716	39468	727464	29265	333973
贵州	9682041	9348040	17796	316205	5783	156264
云南	26153601	25227465	21054	905082	32318	436413
西藏	10036	12866	7	-2837		4250
陕西	31561703	30011649	50573	1499481	51174	913120
甘肃	22000684	21605442	13651	381591	17559	224228
青海	3557810	3190230	78151	289429	5915	62231
宁夏	4318508	4244215	2635	71658	17071	77837
新疆	23909863	23051917	18972	838974	7593	518494

单位：万元

管理费用	财务费用	营业利润	利润总额	应交所得税	应付职工薪酬	应交增值税
8817996	**6787918**	**14110943**	**15928645**	**4164520**	**8408444**	**8899650**
1092958	1086043	2110164	2189337	264721	1008144	480417
322855	694745	322596	365080	82434	218836	441844
151179	183812	250869	213499	41080	161169	144116
341462	281743	-94708	-3441	34429	307431	144681
86568	114255	101255	185963	10891	64085	136264
197031	173382	-272747	-260971	50436	211777	106633
17928	24692	-151	-6128	4791	48649	30024
110371	142832	-37290	-40829	22626	127288	188541
1366607	645345	2272940	2299755	617494	1139762	401499
601081	468081	1219497	1294900	198938	437221	468781
758142	603501	1218635	1290257	220120	671922	1239419
89034	62037	216604	245266	12476	101616	79998
296534	286264	502718	802745	149209	330000	175012
94067	34707	70016	82771	27144	174188	99700
573439	308189	1438109	1421222	210148	525742	608901
269210	141896	595473	574236	76490	214507	209865
236468	62719	489312	470375	77181	273319	250887
109517	73862	183148	162375	15251	60130	60656
1074205	459277	1769173	1920976	1689540	896218	1379963
127483	111920	145981	152868	15757	130334	148033
21115	96631	154841	171247	41348	16340	42642
136216	82157	436831	815630	33393	120339	158764
101750	100104	211499	223864	37766	140482	127750
67804	81006	-14571	7335	7468	111463	71606
198012	166049	162361	126542	55826	253499	67286
1124	58	-7925	2083		523	
132171	117449	382444	420549	44678	190150	507319
108869	36247	36379	173263	5729	124605	535126
26617	2059	198553	228443	71838	117398	34219
11531	34906	-46333	-46548	3316	40148	89162
96648	111950	95270	445981	42002	191159	470542

3-5 续表 6

机械设备、五金产品及电子产品批发

地　区	主营业务收入	主营业务成本	主营业务税金及附加	主营业务利润	其他业务利润	销售费用
全　国	**492412418**	**451209606**	**1270772**	**39932040**	**1856335**	**21083479**
北　京	95047585	85430134	168690	9448761	975020	4825213
天　津	22273879	20355416	546536	1371927	53302	427327
河　北	11897281	11509146	9910	378225	983	248476
山　西	730497	682644	1108	46745	5672	23975
内蒙古	294176	271447	588	22141	583	10154
辽　宁	3916379	3690975	3967	221437	1871	79106
吉　林	1600687	1419378	5392	175917	1474	138350
黑龙江	920534	803766	7802	108966	1263	28537
上　海	157067889	142585642	199907	14282340	290091	8165873
江　苏	18810589	17584164	26994	1199431	32676	531931
浙　江	28973564	27520606	23686	1429272	45077	890755
安　徽	3346284	3202931	3107	140246	9738	94080
福　建	4539594	4215023	7538	317033	7378	94606
江　西	2220338	2065331	5245	149762	1980	143552
山　东	9911180	8897139	33711	980330	13098	324003
河　南	7774277	7330600	21744	421933	3479	220931
湖　北	10197071	9076242	31295	1089534	10691	784576
湖　南	3826156	3438033	14827	373296	2094	238368
广　东	81183864	74688106	122582	6373176	343756	3022143
广　西	1767780	1651281	2636	113863	2216	61831
海　南	474965	435549	337	39079	296	40876
重　庆	12037273	11436321	21060	579892	12311	329498
四　川	7216871	6851660	6662	358549	26994	187637
贵　州	755005	708683	558	45764	464	27033
云　南	822212	749774	967	71471	5159	38883
西　藏	36666	31933	93	4640		2012
陕　西	1557227	1486588	2071	68568	4645	38957
甘　肃	1172789	1138193	666	33930	629	21739
青　海	107992	98737	40	9215	61	1846
宁　夏	74653	69457	280	4916	425	3823
新　疆	1857161	1784707	773	71681	2909	37388

单位：万元

管理费用	财务费用	营业利润	利润总额	应交所得税	应付职工薪酬	应交增值税
8611881	**1286281**	**11566613**	**12764075**	**2623076**	**7258667**	**4877033**
2652287	109828	3117751	3762390	719863	2154428	1266504
281799	135617	246439	263207	70221	274328	478821
60045	39055	72286	71645	12919	37148	28573
10138	5334	20102	25712	107	10894	7763
8433	306	3789	6189	1128	6935	4414
55409	45169	47267	82059	5937	52035	27899
15934	374	25068	19849	6841	19590	19883
29203	2163	56760	48745	6531	8990	2878
2111639	413622	4297958	4688638	1063943	2171449	1229897
285008	91132	507603	510171	78137	269060	202556
319990	20432	284566	319696	82738	303279	131793
35812	17051	-2758	-2885	4159	35874	9164
104099	22558	47154	46615	21037	88618	34191
28689	760	-19580	-11941	2198	25502	12537
188260	67260	407456	406455	59874	207481	85487
70346	15970	109892	112030	14770	69939	43372
192567	10636	135987	118139	76098	71686	172443
75089	2155	50881	34957	1369	40866	53192
1703167	187742	1984807	2084375	331353	1073704	883464
26165	3930	34685	36065	6947	36786	25530
7313	-304	-8386	-7896	3034	5236	2610
94436	33341	138102	155104	25718	88667	80061
161151	28251	-13201	-15146	20242	117685	38166
10433	8266	3176	3630	795	18248	5930
20036	12741	5901	-4101	1269	17601	6419
1036	171	1444	2741	128	1946	76
28830	-2722	-295	-74	2526	25038	8326
8554	2405	3618	3058	990	6258	4156
2383	1429	4063	291		1185	150
2418	877	-685	-618	28	1934	578
21212	10732	4763	4975	2176	16277	10200

3-5 续表 7

贸易经纪与代理

地区	主营业务收入	主营业务成本	主营业务税金及附加	主营业务利润	其他业务利润	销售费用
全国	**39891762**	**37990529**	**42504**	**1858729**	**101975**	**737965**
北京	5324780	4894230	7656	422894	60779	124690
天津	3071521	2877872	5997	187652	20084	219085
河北	66896	64788	1	2107	5	2317
山西						
内蒙古						
辽宁	113240	104245	202	8793		7715
吉林						
黑龙江	5649	2825	37	2787		332
上海	2379331	2112413	2318	264600	4349	125166
江苏	1601080	1534977	333	65770	490	25627
浙江	636742	612718	1661	22363	12	11645
安徽						
福建	1014414	932953	1505	79956	1111	40186
江西	28670	26183	14	2473		1717
山东	969559	877917	4535	87107	1112	29221
河南	5228	4534	22	672		174
湖北	11454	10246	4	1204		597
湖南	25696	16325	1799	7572		1285
广东	22895005	22226221	6851	661933	10074	133931
广西						
海南						
重庆	7093	7040		53		
四川	11295	9757	19	1519		1054
贵州						
云南	1651194	1608271	9514	33409	3802	10050
西藏						
陕西	56757	51853	3	4901		2917
甘肃						
青海						
宁夏						
新疆	16158	15161	33	964	157	256

单位：万元

管理费用	财务费用	营业利润	利润总额	应交所得税	应付职工薪酬	应交增值税
478353	**402965**	**434448**	**512903**	**129131**	**415467**	**295433**
118793	113050	304392	324707	63840	128067	39741
25368	10984	-43904	-38370	1171	71754	1534
450	-384	-269	-22		391	
7066	1819	-7770	-7680	919	5800	950
502	-55	2009	1977	689	518	311
106563	6756	54084	58227	17138	77949	12756
13415	12151	16140	14846	1894	8795	1951
8812	-776	4638	6613	1701	5685	95
14170	8997	13118	13663	3292	10315	7798
650	45	61	65	7	611	167
9248	10674	38047	35818	8910	6655	28183
163	145	190	190		295	31
555	-6	60	78	16	519	3
1542	1149	3597	3597		81	112
166579	227280	35108	83382	23705	93377	195871
82	-30	1	1		159	
588	-98	355	394	96	864	1920
2277	10871	13827	14454	5620	2760	3949
913	-122	1032	1034	130	690	25
617	515	-268	-71	3	182	36

3-5 续表 8

其他批发业

地 区	主营业务收入	主营业务成本	主营业务税金及附加	主营业务利润	其他业务利润	销售费用
全 国	**50124719**	**46680225**	**226886**	**3217608**	**112343**	**1106385**
北 京	4300635	3883602	4751	412282	12600	133118
天 津	4792840	4648938	17873	126029	842	30611
河 北	52555	49335	56	3164	340	1759
山 西	62598	57801	148	4649	3	3540
内蒙古	5998	4010	16	1972		1562
辽 宁	255842	236511	283	19048	10383	7488
吉 林	182836	166105	581	16150		3285
黑龙江	72372	70170	46	2156	187	3374
上 海	5702946	4952605	9309	741032	63911	380228
江 苏	2914115	2728755	18747	166613	505	41581
浙 江	863234	826014	1943	35277	3219	19380
安 徽	2951050	2736393	78325	136332	1152	38871
福 建	6748823	6547039	5343	196441	9342	66037
江 西	132019	120599	1274	10146	6	2579
山 东	2823314	2684471	8896	129947	535	30468
河 南	1175074	981741	9449	183884	3	53710
湖 北	229756	202348	2143	25265	202	6834
湖 南	388926	339978	6251	42697		10510
广 东	12689352	12086631	28394	574327	5297	167573
广 西	152037	144754	56	7227		2336
海 南						
重 庆	954463	811651	6896	135916	439	23256
四 川	557069	421986	22382	112701		37191
贵 州	97675	86320	226	11129		3154
云 南	1775518	1668957	1327	105234	2293	33685
西 藏						
陕 西	92883	81586	1863	9434		2106
甘 肃						
青 海						
宁 夏	64064	62571	74	1419	133	661
新 疆	86725	79354	234	7137	951	1488

单位：万元

管理费用	财务费用	营业利润	利润总额	应交所得税	应付职工薪酬	应交增值税
888745	**293426**	**1087459**	**1152174**	**215857**	**648912**	**536172**
120668	38159	145616	168657	40341	109907	-11036
42196	17523	40547	94760	12681	27784	140905
2321	1326	3535	3773	931	2238	530
3123	459	-2469	-2450	189	1639	802
874	576	-1040	-416		755	1483
6741	5909	-1843	-1500	1259	4314	2683
2833	-234	11361	11173	2734	912	3418
929	1196	-3342	-3052	215	43193	274
276263	-16770	228597	233745	57043	159033	63829
39314	16813	69173	72150	15586	24355	97446
11144	5745	12507	8450	3641	9645	14100
41178	18094	46500	43530	10618	28802	57118
24732	77914	-5753	-3636	1686	28923	13917
2784	619	4177	3725	832	2582	2016
22659	8922	73571	73135	6470	20435	27329
20281	22290	87676	85104	3439	8631	15207
4825	2639	9470	9854	937	4282	6012
13103	4438	14870	9888	392	7152	2884
161519	76566	177372	181802	29702	87654	47284
613	-323	4601	4662	311	1330	485
28960	1556	59830	43919	1939	21536	14401
23741	9367	42402	42687	9191	16451	17810
3589	667	3125	3160	1027	3731	861
23105	-3404	66505	68849	14079	25002	10896
3532	324	3462	3457	71	3777	2124
2185	2189	-3437	-3790	7	1362	395
5533	866	446	538	536	3487	2999

3-6 大中型批发业企业分行业经济效益分析指标

农、林、牧产品批发

地 区	负债比率 (%)	主营业务毛利率 (%)	人均主营业务收入 (万元)	费用率 (%)
全 国	**70.3**	**6.2**	**411.1**	**5.6**
北 京	63.6	4.0	1391.1	5.4
天 津	79.4	3.4	718.9	8.8
河 北	70.7	4.8	343.5	3.9
山 西	64.6	5.0	169.2	6.8
内蒙古	90.8	3.1	507.0	12.4
辽 宁	82.1	3.5	759.3	6.2
吉 林	84.2	2.9	342.8	10.0
黑龙江	86.0	5.8	255.6	12.0
上 海	50.2	1.6	2088.3	3.0
江 苏	62.9	9.4	265.3	5.1
浙 江	72.0	6.4	225.4	10.9
安 徽	59.9	5.5	318.7	5.0
福 建	78.0	4.6	394.9	6.1
江 西	82.1	7.1	110.6	6.6
山 东	54.3	12.2	323.6	4.5
河 南	65.8	15.6	219.6	6.7
湖 北	77.1	4.3	288.3	6.4
湖 南	47.6	8.9	185.6	8.9
广 东	47.3	6.3	485.6	3.6
广 西	76.7	7.6	240.4	6.4
海 南	74.7	11.1	245.5	9.4
重 庆	57.5	4.2	422.0	3.0
四 川	73.1	5.3	384.3	4.8
贵 州	33.2	4.1	151.0	1.6
云 南	58.1	13.0	143.6	8.5
西 藏				
陕 西	77.0	3.1	408.0	2.6
甘 肃	83.3	3.4	398.7	3.2
青 海	41.2	17.0	247.7	7.5
宁 夏	60.3	4.3	507.4	1.8
新 疆	84.2	4.8	502.9	4.0

注：费用率等于销售费用、管理费用、财务费用三项之和除以主营业务收入合计(下表同)。

3-6 续表 1

食品、饮料及烟草制品批发

地　区	负债比率 (%)	主营业务毛利率 (%)	人均主营业务收入 (万元)	费用率 (%)
全　国	**52.4**	**20.9**	**384.5**	**8.2**
北　京	73.8	15.8	312.2	13.9
天　津	78.1	21.7	533.4	10.3
河　北	43.2	25.4	369.8	7.0
山　西	38.3	24.0	271.5	5.9
内蒙古	45.9	24.7	460.3	7.4
辽　宁	40.5	22.1	361.4	5.8
吉　林	60.2	26.9	335.3	9.0
黑龙江	66.6	28.7	733.0	5.6
上　海	62.7	13.2	634.1	11.4
江　苏	43.8	24.7	356.6	6.5
浙　江	57.0	20.3	388.2	7.6
安　徽	47.1	23.7	306.8	8.8
福　建	42.3	16.2	390.9	6.3
江　西	39.8	27.4	319.5	6.7
山　东	51.7	19.7	374.8	7.5
河　南	37.2	20.8	344.1	5.6
湖　北	59.3	25.5	317.5	12.6
湖　南	49.8	24.3	289.2	8.4
广　东	58.4	16.2	319.1	8.2
广　西	65.3	20.8	341.7	7.0
海　南	23.3	15.9	1156.0	2.3
重　庆	45.6	18.3	566.6	5.9
四　川	52.7	22.5	365.3	7.5
贵　州	33.6	47.5	410.5	9.3
云　南	29.3	28.8	504.3	7.1
西　藏	22.0	27.6	783.7	9.2
陕　西	39.5	22.1	366.7	7.4
甘　肃	33.9	17.8	528.1	7.9
青　海	27.1	15.0	604.6	2.8
宁　夏	38.4	18.3	548.2	4.8
新　疆	49.0	17.0	433.1	5.5

3-6 续表 2

纺织、服装及家庭用品批发

地　区	负债比率 (%)	主营业务毛利率 (%)	人均主营业务收入 (万元)	费用率 (%)
全　国	**71.7**	**13.8**	**355.6**	**11.4**
北　京	66.0	10.9	531.5	10.2
天　津	75.8	12.0	182.5	8.9
河　北	82.5	7.4	283.5	6.3
山　西	21.0	23.8	153.7	16.9
内蒙古	88.7	12.1	205.1	8.2
辽　宁	71.7	9.3	135.5	6.8
吉　林	110.6	8.6	223.6	6.1
黑龙江	91.9	2.7	265.6	4.7
上　海	64.7	28.7	286.8	25.0
江　苏	73.8	12.6	588.0	9.0
浙　江	78.7	9.8	358.1	7.9
安　徽	103.3	12.5	408.9	12.6
福　建	68.1	9.6	472.8	7.4
江　西	93.1	5.2	413.9	4.8
山　东	88.3	6.8	430.8	4.6
河　南	62.2	8.0	336.6	4.1
湖　北	94.9	12.3	264.1	11.6
湖　南	85.7	9.5	216.6	7.7
广　东	74.0	12.9	263.0	10.7
广　西	73.7	8.6	214.7	7.2
海　南	86.9	10.8	200.4	7.2
重　庆	81.4	12.5	330.2	8.6
四　川	66.0	8.2	232.1	6.7
贵　州	86.1	9.5	141.0	8.1
云　南	66.2	28.6	265.5	20.2
西　藏				
陕　西	84.8	4.9	245.7	2.9
甘　肃	71.6	7.6	169.0	6.9
青　海	85.5	2.7	709.3	2.9
宁　夏	93.4	11.7	194.6	9.0
新　疆	75.6	10.5	137.3	9.9

3-6 续表 3

文化、体育用品及器材批发

地　区	负债比率 (%)	主营业务毛利率 (%)	人均主营业务收入 (万元)	费用率 (%)
全　国	**66.9**	**9.8**	**401.4**	**7.3**
北　京	66.5	9.1	480.4	6.5
天　津	31.9	6.8	600.2	5.0
河　北	56.1	28.3	611.6	4.2
山　西	66.4	8.1	497.9	4.5
内蒙古	67.6	10.6	148.8	12.8
辽　宁	63.8	13.5	154.0	10.6
吉　林	72.3	16.1	92.3	15.8
黑龙江	72.2	12.5	210.4	9.8
上　海	63.8	14.3	601.0	9.9
江　苏	51.2	11.2	306.8	7.7
浙　江	73.8	6.8	452.5	5.7
安　徽	64.8	5.2	1299.7	4.2
福　建	58.8	9.2	485.6	6.3
江　西	32.5	16.8	141.0	12.4
山　东	80.1	8.1	276.8	5.8
河　南	46.4	6.6	300.9	3.8
湖　北	69.5	9.4	294.6	6.2
湖　南	68.5	13.4	440.4	6.9
广　东	71.3	8.6	342.6	8.1
广　西	63.2	13.9	533.4	12.2
海　南	28.9	13.3	121.1	14.2
重　庆	75.3	13.1	108.3	9.3
四　川	91.6	3.0	1103.1	3.5
贵　州	76.5	15.2	370.1	9.1
云　南	56.6	8.7	416.7	7.5
西　藏	49.3	13.2	143.2	6.1
陕　西	63.6	19.0	389.1	5.3
甘　肃	72.5	12.2	186.4	12.8
青　海	78.8	35.1	93.7	39.8
宁　夏	51.4	11.3	265.6	9.8
新　疆	69.7	10.7	313.1	8.3

3-6 续表 4

医药及医疗器材批发

地　区	负债比率 (%)	主营业务毛利率 (%)	人均主营业务收入 (万元)	费用率 (%)
全　国	**74.0**	**11.1**	**356.2**	**8.8**
北　京	68.4	12.8	439.5	10.3
天　津	76.2	8.9	583.0	6.8
河　北	83.4	5.7	299.5	4.3
山　西	87.0	10.1	240.2	9.1
内蒙古	81.3	8.2	257.8	6.7
辽　宁	75.0	8.3	482.4	5.3
吉　林	83.3	17.3	391.8	12.9
黑龙江	79.9	6.4	459.4	5.1
上　海	67.7	17.1	450.1	14.7
江　苏	81.3	16.3	269.4	16.2
浙　江	65.2	9.1	412.2	6.8
安　徽	82.3	6.8	482.6	5.5
福　建	69.9	5.9	377.7	4.1
江　西	77.3	15.7	164.3	12.5
山　东	77.3	10.4	353.8	7.9
河　南	79.7	7.5	375.6	4.7
湖　北	75.5	7.8	298.9	5.8
湖　南	80.0	8.1	311.9	5.8
广　东	71.7	10.9	405.4	7.9
广　西	82.7	8.5	202.4	7.1
海　南	60.2	29.3	161.3	28.6
重　庆	75.1	8.0	416.2	5.6
四　川	78.0	9.3	279.0	6.8
贵　州	77.4	11.3	279.3	6.1
云　南	73.9	8.5	305.1	6.5
西　藏	87.1	43.8	126.7	34.6
陕　西	88.2	5.0	411.9	4.3
甘　肃	71.4	6.9	282.3	5.1
青　海	76.0	8.4	203.8	5.3
宁　夏	78.2	8.7	383.2	5.8
新　疆	74.9	9.5	250.7	7.1

3-6 续表 5

矿产品、建材及化工产品批发

地 区	负债比率 (%)	主营业务毛利率 (%)	人均主营业务收入 (万元)	费用率 (%)
全 国	**70.8**	**3.5**	**1569.0**	**2.5**
北 京	60.1	3.0	2890.2	2.7
天 津	78.2	2.1	4550.7	1.6
河 北	79.4	2.8	1338.6	2.2
山 西	81.5	2.6	1060.9	2.8
内蒙古	74.0	3.4	1323.5	3.4
辽 宁	89.4	1.1	2752.4	1.7
吉 林	98.8	3.0	1007.0	3.0
黑龙江	89.6	3.0	1154.3	3.6
上 海	70.3	3.0	3822.0	2.1
江 苏	72.0	4.4	1534.3	2.7
浙 江	75.1	3.1	1655.3	2.7
安 徽	73.9	4.3	789.9	3.4
福 建	66.8	3.4	2115.5	2.7
江 西	70.7	6.6	318.4	4.9
山 东	74.7	5.2	822.2	2.8
河 南	67.4	6.5	537.4	3.9
湖 北	67.6	4.5	882.7	2.5
湖 南	71.9	7.3	724.3	4.4
广 东	71.9	3.8	1404.7	2.5
广 西	61.0	3.8	1177.6	2.9
海 南	68.7	4.1	7099.0	1.5
重 庆	69.0	5.2	1058.6	2.6
四 川	77.3	3.9	724.2	2.8
贵 州	80.8	3.4	1123.2	3.2
云 南	63.0	3.5	1750.1	3.1
西 藏				
陕 西	74.3	4.9	1299.7	3.7
甘 肃	43.8	1.8	3806.3	1.7
青 海	55.4	10.3	573.7	2.6
宁 夏	90.1	1.7	966.1	2.9
新 疆	68.4	3.6	1213.9	3.0

3-6 续表 6

机械设备、五金产品及电子产品批发

地区	负债比率(%)	主营业务毛利率(%)	人均主营业务收入(万元)	费用率(%)
全国	**72.5**	**8.4**	**868.7**	**6.3**
北京	63.8	10.1	1093.5	8.0
天津	76.7	8.6	1171.3	3.8
河北	81.4	3.3	571.2	2.9
山西	88.3	6.6	307.7	5.4
内蒙古	63.2	7.7	225.8	6.4
辽宁	86.7	5.8	673.6	4.6
吉林	72.8	11.3	809.2	9.7
黑龙江	72.2	12.7	407.0	6.5
上海	72.9	9.2	1505.0	6.8
江苏	75.3	6.5	575.4	4.8
浙江	76.1	5.0	831.6	4.2
安徽	87.6	4.3	538.8	4.4
福建	69.9	7.1	386.1	4.9
江西	94.9	7.0	603.8	7.8
山东	73.1	10.2	326.5	5.8
河南	77.7	5.7	589.6	4.0
湖北	88.2	11.0	1226.3	9.7
湖南	80.7	10.1	699.4	8.2
广东	77.6	8.0	630.3	6.1
广西	71.5	6.6	305.7	5.2
海南	82.0	8.3	773.6	10.1
重庆	80.6	5.0	915.3	3.8
四川	78.7	5.1	605.1	5.2
贵州	82.4	6.1	198.0	6.1
云南	75.4	8.8	304.1	8.7
西藏	45.4	12.9	117.5	8.8
陕西	84.6	4.5	451.9	4.2
甘肃	90.0	2.9	842.5	2.8
青海	68.1	8.6	289.5	5.2
宁夏	90.3	7.0	189.5	9.5
新疆	79.7	3.9	671.7	3.7

3-6 续表 7

贸易经纪与代理

地区	负债比率(%)	主营业务毛利率(%)	人均主营业务收入(万元)	费用率(%)
全国	**85.3**	**4.8**	**1351.7**	**4.1**
北京	80.6	8.1	1354.9	6.7
天津	103.8	6.3	826.3	8.3
河北	96.8	3.2	592.0	3.6
山西				
内蒙古				
辽宁	50.1	7.9	64.6	14.7
吉林				
黑龙江	69.3	50.0	71.5	13.8
上海	70.3	11.2	651.2	10.0
江苏	81.3	4.1	1335.3	3.2
浙江	81.0	3.8	837.8	3.1
安徽				
福建	74.4	8.0	572.1	6.2
江西	70.0	8.7	183.8	8.4
山东	88.6	9.5	536.0	5.1
河南	43.1	13.3	59.4	9.2
湖北	57.0	10.5	163.6	10.0
湖南	48.1	36.5	1168.0	15.5
广东	89.2	2.9	2299.8	2.3
广西				
海南				
重庆	65.2	0.7	236.4	0.7
四川	42.7	13.6	118.9	13.7
贵州				
云南	95.2	2.6	13209.6	1.4
西藏				
陕西	73.2	8.6	408.3	6.5
甘肃				
青海				
宁夏				
新疆	90.3	6.2	359.1	8.6

3-6 续表 8

其他批发业

地区	负债比率(%)	主营业务毛利率(%)	人均主营业务收入(万元)	费用率(%)
全国	**81.2**	**6.9**	**783.9**	**4.6**
北京	84.0	9.7	1021.8	6.8
天津	77.0	3.0	1523.5	1.9
河北	62.4	6.1	102.4	10.3
山西	74.2	7.7	228.5	11.4
内蒙古	83.6	33.1	95.2	50.2
辽宁	90.7	7.6	482.7	7.9
吉林	72.3	9.2	597.5	3.2
黑龙江	139.0	3.0	313.3	7.6
上海	73.4	13.2	577.8	11.2
江苏	68.0	6.4	686.8	3.4
浙江	73.8	4.3	449.4	4.2
安徽	89.1	7.3	932.1	3.3
福建	77.5	3.0	3364.3	2.5
江西	54.4	8.7	332.5	4.5
山东	65.9	4.9	792.6	2.2
河南	80.5	16.5	510.9	8.2
湖北	51.1	11.9	202.6	6.2
湖南	56.6	12.6	353.2	7.2
广东	92.7	4.7	1055.9	3.2
广西	86.0	4.8	1048.5	1.7
海南				
重庆	39.1	15.0	170.5	5.6
四川	76.1	24.2	138.0	12.6
贵州	61.7	11.6	236.5	7.6
云南	41.0	6.0	1145.5	3.0
西藏				
陕西	44.7	12.2	134.0	6.4
甘肃				
青海				
宁夏	75.1	2.3	435.8	7.9
新疆	89.9	8.5	237.0	9.1

3-7 大中型零售业企业分行业基本情况

地区	零售业		综合零售		食品、饮料及烟草制品专门零售	
	法人单位数(个)	年末从业人数(人)	法人单位数(个)	年末从业人数(人)	法人单位数(个)	年末从业人数(人)
全国	**28108**	**5642102**	**7269**	**2340748**	**1508**	**242791**
北京	1012	342874	168	119059	44	16317
天津	378	83729	83	29043	16	4282
河北	976	221926	326	127706	13	1482
山西	677	120193	178	41646	34	4608
内蒙古	400	78381	101	26975	14	1773
辽宁	696	177336	235	97550	16	2281
吉林	425	71759	119	32158	17	2089
黑龙江	385	78922	141	38693	6	1266
上海	922	335960	180	110425	53	18784
江苏	2280	433754	488	179069	172	24547
浙江	1890	301375	326	103464	58	9891
安徽	1112	189351	388	93651	72	8740
福建	1094	181324	242	69899	98	19088
江西	655	106360	180	45014	51	7654
山东	2291	456870	671	216818	122	16446
河南	2327	358473	664	159204	116	14078
湖北	1234	263599	337	135795	102	16949
湖南	1116	198617	327	87040	87	13924
广东	2608	587919	461	184816	93	17432
广西	679	93882	216	41249	16	1427
海南	129	26106	44	9566	4	311
重庆	675	169102	136	74459	60	7975
四川	1267	266352	357	119444	72	11881
贵州	466	65936	136	23866	19	1806
云南	591	115085	165	35109	57	6974
西藏	33	4975	13	2112	NA	99
陕西	964	170092	365	81221	60	6506
甘肃	310	55402	104	20447	25	3316
青海	99	14801	22	6347	NA	198
宁夏	142	24589	33	12721	6	422
新疆	275	47058	63	16182	NA	245

注：NA为小于或等于3(下表同)。

3-7 续表 1

地区	纺织、服装及日用品专门零售		文化、体育用品及器材专门零售		医药及医疗器材专门零售	
	法人单位数（个）	年末从业人数（人）	法人单位数（个）	年末从业人数（人）	法人单位数（个）	年末从业人数（人）
全国	**1823**	**503117**	**1038**	**178453**	**2180**	**484986**
北京	110	35232	58	12644	50	9772
天津	38	7205	22	4316	13	2753
河北	45	7403	27	7341	65	18289
山西	60	10587	19	2504	58	13547
内蒙古	31	8213	9	1244	33	5363
辽宁	52	7406	25	4454	69	21116
吉林	33	3926	14	1339	40	9388
黑龙江	35	9818	16	3062	45	10754
上海	180	116199	38	9075	46	12784
江苏	104	32932	132	16613	192	36816
浙江	120	24865	75	8849	150	23959
安徽	44	6632	29	3305	119	19191
福建	77	16528	23	4716	78	10852
江西	27	4054	16	7252	58	11953
山东	109	27737	58	10974	174	40335
河南	132	16364	151	18084	155	27230
湖北	80	15785	38	5855	110	18107
湖南	55	8575	41	6694	73	22965
广东	212	82558	89	18467	181	48877
广西	10	1277	21	2637	74	14686
海南	6	2862	5	469	NA	1588
重庆	64	15523	16	4457	61	15078
四川	67	17263	25	10360	85	16455
贵州	9	2015	13	1210	53	9375
云南	18	4654	27	4062	52	30340
西藏					NA	55
陕西	53	8287	19	4199	67	15020
甘肃	17	3311	11	1543	29	8054
青海	4	951	NA	247	8	1357
宁夏	9	1686	NA	438	19	2305
新疆	22	3269	16	2043	19	6622

3-7 续表 2

地区	汽车、摩托车、燃料及零配件专门零售		家用电器及电子产品专门零售	
	法人单位数(个)	年末从业人数(人)	法人单位数(个)	年末从业人数(人)
全国	**10788**	**1212709**	**1694**	**354204**
北京	415	53459	73	71427
天津	165	23766	16	5462
河北	401	42712	65	12886
山西	251	34990	33	3781
内蒙古	165	26118	24	4002
辽宁	238	29342	39	9895
吉林	154	17879	29	3393
黑龙江	103	9994	27	4011
上海	320	35483	25	11200
江苏	926	91257	144	30260
浙江	911	88497	102	17859
安徽	346	38473	47	7443
福建	407	39397	60	9199
江西	244	20012	45	6317
山东	825	85296	156	23935
河南	724	75303	153	19513
湖北	420	48193	68	10551
湖南	397	44516	68	7492
广东	1218	157860	182	40825
广西	272	23678	50	6255
海南	50	8744	10	2013
重庆	240	34216	56	9342
四川	518	62323	91	14729
贵州	204	23585	18	2473
云南	229	28017	31	4214
西藏	15	2036	NA	673
陕西	287	33044	45	9422
甘肃	96	12130	11	1636
青海	50	4579	6	724
宁夏	60	5054	9	1597
新疆	137	12756	8	1675

3-7 续表 3

地区	五金、家具及室内装饰材料专门零售		货摊、无店铺及其他零售业	
	法人单位数（个）	年末从业人数（人）	法人单位数（个）	年末从业人数（人）
全 国	**773**	**130039**	**1035**	**195055**
北 京	32	7461	62	17503
天 津	7	1002	18	5900
河 北	23	2824	11	1283
山 西	13	1066	31	7464
内蒙古	14	3592	9	1101
辽 宁	14	3288	8	2004
吉 林	10	738	9	849
黑龙江	8	814	4	510
上 海	31	5969	49	16041
江 苏	56	9565	66	12695
浙 江	21	2695	127	21296
安 徽	24	3613	43	8303
福 建	32	3261	77	8384
江 西	17	1962	17	2142
山 东	104	23348	72	11981
河 南	111	14664	121	14033
湖 北	38	4461	41	7903
湖 南	27	3006	41	4405
广 东	55	7807	117	29277
广 西	5	331	15	2342
海 南	4	320	NA	233
重 庆	26	5000	16	3052
四 川	24	4515	28	9382
贵 州	NA	203	12	1403
云 南	10	1504	NA	211
西 藏				
陕 西	50	8909	18	3484
甘 肃	11	4551	6	414
青 海	NA	108	NA	290
宁 夏	NA	172	NA	194
新 疆	NA	3290	8	976

3-8 大中型零售业企业分行业商品购、销、存情况

综合零售 单位：万元

地区	商品购进额	进口	商品销售额	出口	期末商品库存额
全国	**201497118**	**1322312**	**251164579**	**57712**	**21118391**
北京	14154041	278504	16916211		1202340
天津	2438565		3822640		253734
河北	9081041	715	10447251		822290
山西	2050968	767	2861540		269286
内蒙古	1579544	14443	2385609		122383
辽宁	5899333	21583	8971250	936	454029
吉林	4318929	90	6740604		230715
黑龙江	3150753	2598	4917789		182697
上海	12031902	476700	14996494	2407	1508005
江苏	18485011	9014	23293678		1729183
浙江	11570444	6595	13920746	28950	1485929
安徽	8029947	10527	9568314		778034
福建	5005965	86019	5777791	9	436409
江西	2447367	1713	3011512	2	324219
山东	22159821	49977	25009118	4059	1460600
河南	8568630	78546	11176322	795	725020
湖北	14817106	3179	17042792	5942	1802207
湖南	8980741	29278	9741456		1816144
广东	17776100	108533	20576874		2038595
广西	2452474	2509	3463777		244299
海南	639860	113540	849592		75405
重庆	4137607	120	7881180		605626
四川	8788959	19170	10759877		732513
贵州	1627182	1717	2063027		220787
云南	2535552	124	2978380	14612	335396
西藏	82567	238	92055		57897
陕西	5156197	5142	7159451		868828
甘肃	1005158	957	1490960		124435
青海	343974	10	473196		29340
宁夏	866931		940172		79493
新疆	1314449	4	1834921		102553

3-8 续表 1

食品、饮料及烟草制品专门零售

单位：万元

地区	商品购进额	进口	商品销售额	出口	期末商品库存额
全国	**15380539**	**158032**	**19143640**	**2942**	**1488936**
北京	514508	6024	886887	81	79287
天津	146815		200168		10772
河北	24168		36391		6116
山西	245932		401196		38101
内蒙古	123040		172658		22381
辽宁	85889	6624	128669		12632
吉林	108547		150460		52918
黑龙江	119659		129669		10675
上海	719015	5147	1019244		50883
江苏	1204051	4	1502356		92818
浙江	492312	200	571860		52712
安徽	1035708	1207	1147227		48885
福建	1334547	5094	1511347	210	74330
江西	277135	382	370824		21828
山东	1435999	6121	1618254	152	108165
河南	674202		841916		59490
湖北	2173530	4803	2515353		161435
湖南	904956	16077	1226254		97459
广东	1025850	93771	1485178		164781
广西	67619		74359		5429
海南	16415		17614		3939
重庆	483869	4680	590765		29513
四川	961337	4060	1137130		153564
贵州	48183		61360		7813
云南	573812	3786	666780	2499	55501
西藏	42977		47243		4449
陕西	382736	52	431851		33037
甘肃	127891		167518		26755
青海	5832		8920		37
宁夏	21221		21552		3062
新疆	2784		2637		169

3-8 续表 2

纺织、服装及日用品专门零售　　　　单位：万元

地　区	商品购进额	进　口	商品销售额	出　口	期末商品库存额
全　国	**29520230**	**2323859**	**43864427**	**24631**	**7646821**
北　京	1982471	130225	3270879	53	466614
天　津	778672		1015873		112287
河　北	454689	643	518207	1506	87676
山　西	545958	1028	862192		98575
内蒙古	372458		513639		72282
辽　宁	616499	27551	686761		184035
吉　林	415781		591012		52429
黑龙江	594333	62	785911		44847
上　海	6539281	1974309	12398250	3510	2350006
江　苏	2014460	6694	2595100	149	382647
浙　江	2099852	69427	3121001	552	621864
安　徽	542575		708220		89374
福　建	974720	50	1372202		137493
江　西	179001		214156		53603
山　东	1608015	17925	1961033	1942	324614
河　南	796074	689	887695	95	58943
湖　北	1552325	16	1790582		182528
湖　南	598460	30	764474	450	191108
广　东	2608010	87388	4485063	16374	1271600
广　西	51294		68038		13395
海　南	371503		518227		135034
重　庆	786961		1019257		141981
四　川	754158		1066247		222003
贵　州	80236		126257		29680
云　南	252250	7822	355581		67308
西　藏					
陕　西	1487973		1559228		171618
甘　肃	64590		80827		22578
青　海	44671		56602		6354
宁　夏	30556		38892		13710
新　疆	322404		433021		40635

3-8 续表 3

文化、体育用品及器材专门零售 单位：万元

地区	商品购进额	进口	商品销售额	出口	期末商品库存额
全国	**16657317**	**476982**	**19569836**	**12948**	**4037206**
北京	1886751	361286	2152805	4462	644286
天津	540096		831046		60768
河北	442577		487582		73038
山西	164746		200011		93055
内蒙古	58525		62546		19864
辽宁	204282		256482		59023
吉林	69525		72011		16741
黑龙江	107374		180485		48346
上海	1081282	111043	1470876	5756	477347
江苏	2418941		2853230		585491
浙江	967732	613	1039262		317515
安徽	451444		473226		73449
福建	816548	2805	869261	2587	158328
江西	889452		911459		48518
山东	850005	683	943327		172823
河南	864783		1087526		163880
湖北	499011		623658		93374
湖南	820879		955606		70861
广东	994386	312	1138677	97	301891
广西	126667		157867		17656
海南	13126		15188		2851
重庆	488793		572579		42296
四川	636716		693923		155611
贵州	114250		111711		17416
云南	285839		501657	46	79872
西藏					
陕西	456268	240	493984		117763
甘肃	157842		167678		27187
青海	4982		4592		1138
宁夏	25212		20346		13682
新疆	219283		221235		83136

3-8 续表 4

医药及医疗器材专门零售　　　　单位：万元

地区	商品购进额	进口	商品销售额	出口	期末商品库存额
全　国	**51828079**	**101276**	**57969732**	**120**	**6283775**
北　京	2450952	34252	2612764		244821
天　津	626070		731264		66681
河　北	2210115	1	2414448		243403
山　西	1274546	4	1361457		145359
内蒙古	199647		269116		35400
辽　宁	1813983		1946073		236679
吉　林	696614	443	776342		103933
黑龙江	1358214	111	1503983		149965
上　海	1857890		2129256		194172
江　苏	7591241	10129	8008809		1046634
浙　江	3198628	3750	3428941	61	393827
安　徽	2539409		2719776		261867
福　建	1464892	435	1624859		143637
江　西	1552848		1830522		293843
山　东	4795840	21	5473884		371190
河　南	1445131	2280	1615800		162407
湖　北	2376702	13161	2853867	59	285467
湖　南	2032315	120	2312755		180542
广　东	3170795	18221	3709203		522210
广　西	2306576	922	2501487		200112
海　南	50971		47476		13592
重　庆	2097843		2485476		199681
四　川	870232	753	972967		153390
贵　州	725661	4520	892209		94722
云　南	724456	680	1059659		135079
西　藏	8421		9632		2848
陕　西	694171	64	807319		112408
甘　肃	255586		313615		53213
青　海	56004		61112		13415
宁　夏	277980	11409	309586		31610
新　疆	1104346		1186075		191668

3-8 续表 5

汽车、摩托车、燃料及零配件专门零售　　　　单位：万元

地区	商品购进额	进口	商品销售额	出口	期末商品库存额
全国	**376069319**	**22832525**	**427653137**	**62794**	**33961743**
北京	23206052	876818	23689647	293	1799859
天津	7125259	155126	7862691		548649
河北	11135762	578647	12101237	1975	1097479
山西	7843914	88858	8735081		1203108
内蒙古	7061775	73113	8604969		363763
辽宁	9702874	460755	11091551		835924
吉林	5841188	144630	6388181		416502
黑龙江	3242253	169547	3381253		313038
上海	14006753	873046	15403382		2547774
江苏	34238600	1317738	38851645		3105988
浙江	30090871	2021403	34318035		2314054
安徽	11460942	259938	13564978		971147
福建	11419997	863856	12493330		880516
江西	5433920	187417	6231727		461128
山东	24507465	641993	26414249	1679	2143004
河南	18251117	579601	19821746	11554	1585622
湖北	20703841	6529311	22498325	14938	2524166
湖南	13375643	520167	17498276		1034559
广东	40341582	3027346	51353665	23	3859375
广西	5857226	294766	6408659		639452
海南	2915559	141059	3304807		171732
重庆	10400061	482343	11467211		631871
四川	22548639	1290068	24243714		1500724
贵州	7279569	147582	9488395	14860	510039
云南	8715913	245482	10669902		711338
西藏	601098		725050		30036
陕西	9856272	571445	10997626	17002	948589
甘肃	3402575	103563	3912346		226955
青海	1048600	25912	1106017		111443
宁夏	1134438	113553	1273983		127154
新疆	3319561	47442	3751459	470	346755

3-8 续表 6

家用电器及电子产品专门零售 单位：万元

地区	商品购进额	进口	商品销售额	出口	期末商品库存额
全国	**72622743**	**105786**	**74548445**	**41577**	**5246101**
北京	19048984	67733	16304474		537384
天津	1518327	17160	1819659	20391	104972
河北	919159	1031	1108727		96357
山西	547458		604012		49336
内蒙古	481502		533223		91647
辽宁	1505824		1384680		221318
吉林	478780		510339		37394
黑龙江	722487		747167		88053
上海	3654749		3583223		436039
江苏	5055836	10526	5794357		330654
浙江	2367027	4591	2742398		247431
安徽	1317545		1507626		95561
福建	1383393		1539307		98065
江西	976126		1071447		54824
山东	4504425		4969533	12874	364379
河南	2047665		2249522	2521	184115
湖北	8758538	272	8701658		326201
湖南	1480314	90	1588276		112108
广东	6856301	2756	7176272	5791	1175532
广西	630249		793366		78299
海南	237114		232973		75458
重庆	1659428		1858519		53666
四川	2735753	1627	2951406		153309
贵州	447838		481044		14179
云南	347021		617095		43569
西藏	51583		51312		10053
陕西	2239413		2769489		88801
甘肃	182796		242626		9086
青海	56024		93898		5032
宁夏	257447		250940		35079
新疆	153637		269877		28200

3-8 续表 7

五金、家具及室内装饰材料专门零售　　　　单位：万元

地　区	商品购进额	进　口	商品销售额	出　口	期末商品库存额
全　国	**16061982**	**64357**	**19669527**	**8733**	**3943836**
北　京	556982	18739	1200805	5222	105988
天　津	232623	67	318575	709	11333
河　北	187574		247501		23901
山　西	184936		209105		10167
内蒙古	385534		433255		114007
辽　宁	264383		378607		26039
吉　林	18933		22398		4574
黑龙江	42499		57495		4425
上　海	468834	4049	713359	406	71924
江　苏	1721594	3572	1841220		884395
浙　江	282550		358157		33788
安　徽	474387		530864		25862
福　建	974409		1066438		54663
江　西	257971		275940		2040087
山　东	1833657		2292919		117206
河　南	878579	660	1045760	2139	43334
湖　北	602368		728429		27217
湖　南	292125		352542		11478
广　东	831526	1745	1049106	257	106196
广　西	7037		9736		3028
海　南	8164		11327		5955
重　庆	2343402		2544408		29856
四　川	585776		681997		23536
贵　州	16001		17964		5190
云　南	394360		400489		23339
西　藏					
陕　西	1930717		2228596		40868
甘　肃	126808		273546		7636
青　海	48221		56731		1
宁　夏	2849		5406		1401
新　疆	107183	35525	316852		86442

3-8 续表 8

货摊、无店铺及其他零售业 单位：万元

地 区	商品购进额	进 口	商品销售额	出 口	期末商品库存额
全 国	**45938018**	**756679**	**53829006**	**540782**	**3039916**
北 京	3169364	66786	3304998	11	266316
天 津	1305444	25083	2375249		21334
河 北	56579		68717		9019
山 西	417777		454925		12775
内蒙古	104385		132071		5926
辽 宁	1578394		1495302		1618
吉 林	57647		71737		3204
黑龙江	12048		15128		1932
上 海	8753001	373503	9633721		1251568
江 苏	3527790	8007	4365267		176447
浙 江	4156605	26695	4846615	51800	596274
安 徽	622653	2236	1118292	200	128122
福 建	1579399	21407	1935200	1103	167767
江 西	285548	944	294461	2920	13122
山 东	2189674		2383679		66259
河 南	526032	1384	902812	1833	27648
湖 北	2593988		3029818		23766
湖 南	416871		578898	58	21993
广 东	9379861	179404	10490929	482857	148709
广 西	68021		99694		2266
海 南	8291		11529		950
重 庆	166363	51230	202129		33743
四 川	2915157		3680117		28822
贵 州	434793		548443		14273
云 南	2093		2952		381
西 藏					
陕 西	1525050		1650645		6188
甘 肃	28569		52416		6939
青 海	6306		11048		1591
宁 夏	2987		4777		914
新 疆	47328		67437		50

3-9 大中型零售业企业分行业年末资产负债

综合零售 单位：万元

地　区	流动资产合计	固定资产原价	累计折旧	资产总计	负债合计	所有者权益合计
全　国	**82358541**	**45223399**	**15932445**	**146062989**	**103659137**	**42403856**
北　京	7761294	2571955	1101184	12080303	8273619	3806684
天　津	953363	737850	289172	2914319	2251882	662438
河　北	3024718	2037262	575102	5421022	4362766	1058257
山　西	1353715	616284	200709	2210543	1876537	334006
内蒙古	788607	400683	117313	1237936	1084097	153839
辽　宁	3837904	2215557	799884	6762221	5474156	1288065
吉　林	1577866	1740864	438144	3524149	2768723	755426
黑龙江	1547236	1295047	383882	2955751	2114836	840915
上　海	5439182	3754524	1626274	9484651	6679538	2805113
江　苏	7479623	4429180	1681438	13814223	9791928	4022294
浙　江	5713846	2905028	995593	10274231	7284357	2989874
安　徽	2227086	1559785	567220	3990254	3072433	917821
福　建	2225222	741232	308057	3794896	1946297	1848600
江　西	1038008	655812	219143	1761933	1325170	436763
山　东	8381488	4166446	1459572	13456025	10022215	3433810
河　南	2983739	1581600	406533	5023119	4004552	1018566
湖　北	3398122	2858899	869563	7061946	5109473	1952473
湖　南	2664560	2282375	648616	5893671	3592667	2301004
广　东	7255833	2229039	1097881	9955218	7189193	2766025
广　西	1045970	570954	231158	1716692	1170301	546391
海　南	443988	245471	83261	741417	562932	178485
重　庆	2047263	985373	348098	3535185	2674086	861099
四　川	2866774	1375232	526110	4811624	3473651	1337974
贵　州	553257	272857	83501	952359	689272	263087
云　南	1111133	449996	159195	1729616	1014379	715237
西　藏	36360	19748	3430	64617	55422	9195
陕　西	2900223	1440111	352545	7517298	3411614	4105684
甘　肃	543151	271935	109036	1032838	660035	372803
青　海	154959	166651	31186	324386	253362	71025
宁　夏	335136	143024	60790	615515	357458	258057
新　疆	668915	502625	158855	1405031	1112186	292846

3-9 续表 1

食品、饮料及烟草制品专门零售 单位：万元

地区	流动资产合计	固定资产原价	累计折旧	资产总计	负债合计	所有者权益合计
全国	**6658436**	**2588275**	**747759**	**10304579**	**5621199**	**4683385**
北京	550618	228056	87985	786385	367448	418938
天津	127325	27484	12210	175471	46694	128777
河北	27125	12031	3076	46171	36541	9630
山西	102459	91676	22465	220404	182378	38026
内蒙古	77066	81839	17956	164874	89075	75799
辽宁	31378	17215	6047	48883	27465	21418
吉林	169581	40586	14078	203707	188485	15222
黑龙江	22767	8952	3604	32612	25304	7308
上海	253860	131827	72743	382225	292771	89454
江苏	518072	290241	81053	881809	486323	395486
浙江	225551	75641	31802	314844	228548	86296
安徽	199438	63862	18207	325231	177738	147493
福建	287177	133885	43705	453605	164680	288925
江西	246224	68786	14679	358507	122922	235585
山东	371195	344436	83120	714339	438622	275718
河南	158275	137962	23674	312070	144091	167979
湖北	671594	177357	39669	899375	370683	528692
湖南	209592	94917	18916	413273	274926	138347
广东	782881	162565	51438	1231180	483675	747506
广西	29285	7903	2002	50729	16561	34168
海南	9696	3739	694	13794	10306	3489
重庆	107231	60291	16313	254503	112053	142450
四川	962123	66260	23270	1084948	777114	307835
贵州	55761	19994	2764	116043	78234	37809
云南	236025	97174	28021	377390	225626	151764
西藏	4781	4722	2201	7840	625	7215
陕西	107869	97296	16132	243830	109357	134473
甘肃	97245	27983	5452	155968	120600	35368
青海	7220	6883	1646	18174	5732	12442
宁夏	7384	6232	2707	14408	14427	-19
新疆	1638	480	130	1987	2195	-208

3-9 续表 2

纺织、服装及日用品专门零售　　　　单位：万元

地　区	流动资产合计	固定资产原价	累计折旧	资产总计	负债合计	所有者权益合计
全　国	**19372608**	**4378973**	**1622803**	**29484128**	**18697454**	**10786674**
北　京	1411268	242147	123386	1827250	1514882	312368
天　津	334910	149947	34620	493320	383649	109670
河　北	340679	129176	52726	581454	495559	85895
山　西	284005	172787	57681	573548	404623	168926
内蒙古	157222	56963	22475	216863	174755	42108
辽　宁	357256	115110	37734	511081	460676	50404
吉　林	176978	145810	33695	312456	229100	83356
黑龙江	245298	200303	54299	445851	297565	148285
上　海	5339033	1212361	646810	7156318	4816236	2340082
江　苏	1617283	262612	60572	2664299	1842637	821663
浙　江	1477206	350849	84753	2250784	1760160	490624
安　徽	199082	73252	13248	2843474	238296	2605177
福　建	365723	43357	13297	423735	268126	155609
江　西	129264	16739	5046	157070	75309	81761
山　东	562949	155087	60600	764043	446308	317735
河　南	183254	83796	20307	292593	188359	104234
湖　北	1063880	135726	28783	1245993	991155	254839
湖　南	197419	49467	14945	269611	203412	66199
广　东	2922075	262350	110261	3628666	2213379	1415287
广　西	26916	4935	1817	33119	21377	11742
海　南	305755	74044	10886	401744	142274	259470
重　庆	452512	133063	20405	687285	484635	202650
四　川	432975	84306	26335	595390	342395	252995
贵　州	50637	5357	3099	55104	40266	14838
云　南	148783	16095	11298	169893	116788	53105
西　藏						
陕　西	298266	71179	30308	458806	187457	271349
甘　肃	59224	19627	3576	86180	52177	34003
青　海	22533	23246	4154	52302	54314	-2012
宁　夏	35967	8369	3087	41640	36066	5575
新　疆	174256	80913	32600	244256	215519	28737

3-9 续表 3

文化、体育用品及器材专门零售　　单位：万元

地区	流动资产合计	固定资产原价	累计折旧	资产总计	负债合计	所有者权益合计
全国	**12384844**	**3607674**	**1396351**	**18544988**	**10979179**	**7565809**
北京	2314219	193694	88047	2783481	2103392	680089
天津	445616	246188	100012	862271	642440	219831
河北	348922	97140	34861	506689	245547	261142
山西	166930	78238	28618	256558	125599	130959
内蒙古	49054	20142	7736	78186	49554	28633
辽宁	140772	66836	28899	221209	166717	54492
吉林	27479	17587	7604	45356	40067	5289
黑龙江	184198	66089	8846	260332	155470	104862
上海	808500	263195	105243	1069748	753917	315832
江苏	1360698	280563	123340	1920725	1284290	636435
浙江	725679	256011	79379	1045335	613350	431985
安徽	324611	31787	17781	371931	127093	244837
福建	640481	150895	68432	921189	414984	506204
江西	660537	151280	33787	995841	266739	729102
山东	396587	125445	41195	576913	376735	200177
河南	391568	119963	43936	594029	313747	280281
湖北	290649	128227	31352	471829	330008	141821
湖南	518152	82458	37435	640020	247549	392472
广东	662444	370868	201853	982518	629040	353478
广西	73523	43030	19005	143799	60773	83026
海南	36202	14298	6153	50506	70636	-20130
重庆	246411	149754	63189	659768	346692	313076
四川	655530	239223	85277	1383402	527353	856049
贵州	124751	6352	2343	130832	90303	40529
云南	338031	124145	45942	746721	545493	201228
西藏						
陕西	260408	100956	31147	422926	261105	161821
甘肃	39337	50381	15577	93056	65222	27835
青海	5601	5835	3860	8429	4744	3685
宁夏	22719	16248	3241	47387	23840	23547
新疆	125235	110846	32261	254002	96780	157222

3-9 续表 4

医药及医疗器材专门零售　　单位：万元

地区	流动资产合计	固定资产原价	累计折旧	资产总计	负债合计	所有者权益合计
全国	**27054341**	**2472912**	**848522**	**33416535**	**24962420**	**8454094**
北京	2024116	63460	33202	3435487	2762780	672708
天津	447253	17565	5452	500123	355807	144317
河北	1115683	68521	26592	1247399	1031955	215444
山西	611056	32309	14345	682219	488561	193657
内蒙古	114366	17183	6308	139758	109299	30459
辽宁	969409	73372	27659	1070076	861056	209021
吉林	529092	46200	13022	613194	480312	132883
黑龙江	608527	90124	29538	692790	501068	191723
上海	815737	58531	31192	942276	777122	165154
江苏	3152359	298698	109002	3655878	2834003	821875
浙江	1365960	154379	55337	1912980	1425386	487565
安徽	1252728	140932	45860	1421207	1089607	331601
福建	636770	75559	24803	807640	483690	323950
江西	880721	65980	21913	1057157	908021	149137
山东	2236389	234374	86076	2700016	2040086	659930
河南	550897	97335	23224	693673	531115	162559
湖北	1641991	99487	32679	1859335	1495860	363475
湖南	1366166	92042	26989	1707152	1052164	654988
广东	1459958	163534	53862	1755481	1279560	475922
广西	1350384	114866	27666	1513751	927465	586286
海南	26431	2600	1584	28081	13937	14144
重庆	1206695	105484	38609	1685298	1061859	623439
四川	395171	79992	21515	504592	424803	79788
贵州	436586	36652	13130	509298	398872	110426
云南	552763	97660	30504	799412	520152	279260
西藏	6774	153	33	6973	6009	964
陕西	332758	40562	15900	375491	304777	70714
甘肃	155966	22682	7390	198122	150632	47490
青海	58369	7600	1886	64846	48476	16371
宁夏	156058	18389	6901	181010	144336	36674
新疆	597208	56687	16349	655820	453650	202170

3-9 续表 5

汽车、摩托车、燃料及零配件专门零售　　　　单位：万元

地　区	流动资产合计	固定资产原价	累计折旧	资产总计	负债合计	所有者权益合计
全　国	**120456604**	**31785259**	**11509989**	**171117826**	**124882310**	**45782614**
北　京	6984883	1435513	631435	8906089	7165637	1740452
天　津	1732732	886031	325108	3231522	1817678	1413844
河　北	3972128	995796	412286	5180660	3886893	1293767
山　西	2657940	1098516	385971	3923080	2864940	1058140
内蒙古	1570385	1025040	389822	2791257	2288170	503087
辽　宁	2527416	1103659	451391	4385931	3197896	1149547
吉　林	1586814	650518	229108	2442619	1772082	630763
黑龙江	1301545	234115	91112	1623766	1496138	127629
上　海	3878542	705940	290039	5054259	3585534	1468725
江　苏	10665475	3005486	1057565	14814308	10474373	4339934
浙　江	8325772	2178663	795162	11583158	9705993	1877166
安　徽	4578031	1036672	351120	6224002	4336767	1887235
福　建	2919446	791550	298604	4193401	2843286	1350115
江　西	1759378	376073	107759	2342056	1821675	520381
山　东	7454110	2009416	745599	10440793	8818229	1622564
河　南	5646931	1059357	314416	7645230	5818253	1826977
湖　北	5909228	2029607	733349	9758725	7654410	2104315
湖　南	4204063	1621307	516527	6638086	4683234	1954853
广　东	21250235	2803638	1175389	25781855	16972733	8809122
广　西	1821028	308764	116313	2306290	1670750	635540
海　南	590717	343926	153044	926017	547520	378498
重　庆	2269801	659767	230428	3782585	2812034	970552
四　川	5020178	1855623	579864	8085783	5387065	2698718
贵　州	2722288	707831	212105	4800133	3588935	1318385
云　南	3110879	1042581	314153	5199209	3377835	1821374
西　藏	124312	111399	47288	270665	169167	101498
陕　西	3042813	680410	204803	4264562	3221521	1043042
甘　肃	684442	409964	137494	1308965	895279	395934
青　海	317900	101339	34302	421955	296864	125091
宁　夏	444698	119815	38565	613035	452820	160215
新　疆	1382494	396943	139868	2177830	1258599	455151

3-9 续表 6

家用电器及电子产品专门零售　　　　单位：万元

地　区	流动资产合计	固定资产原价	累计折旧	资产总计	负债合计	所有者权益合计
全　国	**32459768**	**2682456**	**729662**	**42692476**	**28994080**	**13804980**
北　京	7058277	164816	81925	7655326	5020620	2634706
天　津	1004763	15679	6110	1232755	1059926	172829
河　北	509080	61404	21348	582486	491596	90890
山　西	207829	22179	5760	237773	208678	29095
内蒙古	355681	88338	9054	526845	365178	161666
辽　宁	289102	92089	29007	439643	322494	117149
吉　林	184784	63021	7129	263660	200382	63278
黑龙江	199714	90759	23592	293608	241648	51961
上　海	1103624	71165	35613	1993473	775413	1218060
江　苏	11156414	537663	94339	16287887	10728244	5559643
浙　江	895504	112048	46639	1085710	812431	273279
安　徽	509714	84600	13496	725501	560921	164579
福　建	406340	51545	19080	564227	398747	165480
江　西	317347	27677	10505	412632	271129	141504
山　东	1134912	241492	56647	1569761	1245538	430809
河　南	689876	118432	30094	871508	600357	271152
湖　北	782407	288504	51487	1150564	726546	424018
湖　南	257160	53933	15792	394787	253884	140903
广　东	2703943	171318	65836	3068526	2457575	610950
广　西	291342	23519	6989	341651	258748	82903
海　南	115944	22304	7919	137688	121605	16083
重　庆	297403	41699	14998	351648	235371	116276
四　川	878966	79802	27124	1147511	773886	373625
贵　州	96829	3104	1463	105644	68489	37155
云　南	142005	16319	5981	183604	129377	54226
西　藏	19641	3638	720	27050	16519	10531
陕　西	486907	115424	32685	616425	352176	264249
甘　肃	63975	2416	1312	81976	60105	21870
青　海	40094	4798	1108	46104	18115	27989
宁　夏	130667	9025	3297	150617	101843	48774
新　疆	129524	3746	2613	145886	116539	29348

3-9 续表 7

五金、家具及室内装饰材料专门零售　　单位：万元

地　区	流动资产合计	固定资产原价	累计折旧	资产总计	负债合计	所有者权益合计
全　国	**5772094**	**2882883**	**792645**	**11972969**	**7687638**	**4285333**
北　京	483529	158896	64912	660809	513781	147028
天　津	88831	217472	52216	339497	347736	-8239
河　北	54103	50985	13512	111903	82005	29899
山　西	51683	23272	5124	117013	76841	40172
内蒙古	75221	48201	16309	120014	57496	62518
辽　宁	52558	146018	43794	189853	194911	-5058
吉　林	12953	11449	1215	26869	9760	17108
黑龙江	20436	9694	2491	42690	39350	3339
上　海	279738	361159	87782	724694	585589	139105
江　苏	1472607	309463	107114	4144263	2391694	1752569
浙　江	88344	189398	31933	313382	244859	68522
安　徽	112721	94268	28275	232960	166817	66143
福　建	105548	29892	14426	172749	101317	71432
江　西	84474	23169	8362	115705	63497	52208
山　东	528456	275032	78877	935856	493835	442021
河　南	211054	107692	17743	357759	174984	182775
湖　北	401524	90226	15876	592626	498059	94567
湖　南	17274	19809	4133	48946	17380	31566
广　东	568670	137419	41885	765625	529100	236526
广　西	7189	775	586	8139	5266	2874
海　南	11226	2478	1339	15218	19003	-3785
重　庆	284708	184925	48025	556016	266806	289211
四　川	65729	92375	19029	195818	126508	69310
贵　州	801	609	81	1514	1232	282
云　南	27812	10060	1792	39983	24164	15820
西　藏						
陕　西	211973	162641	47927	423942	286720	137222
甘　肃	61761	37169	6077	100696	66546	34150
青　海	308	339	30	2017	823	1194
宁　夏	3102	1757	979	4144	6243	-2099
新　疆	387761	86241	30801	612269	295316	316953

3-9 续表 8

货摊、无店铺及其他零售业

单位：万元

地　区	流动资产合计	固定资产原价	累计折旧	资产总计	负债合计	所有者权益合计
全　国	**13943707**	**3399947**	**1032877**	**18923864**	**16041527**	**2882338**
北　京	1190834	89515	50861	1427029	2198984	-771955
天　津	887064	61425	12264	972731	957527	15204
河　北	68205	86213	16785	217848	119585	98262
山　西	354524	652494	198149	991407	858127	133280
内蒙古	111211	98506	17065	221753	155157	66595
辽　宁	44560	36135	10043	77463	80165	-2702
吉　林	9134	3613	1178	13025	6745	6281
黑龙江	15770	22497	2920	43064	28052	15012
上　海	2980770	274770	121310	3308630	3320490	-11860
江　苏	990782	167925	49630	1204863	974122	230741
浙　江	1458960	249564	60081	1920294	1507954	412339
安　徽	304929	35467	5176	361434	246813	114621
福　建	456857	69728	18472	592408	345413	246995
江　西	89757	11113	3454	101446	64527	36919
山　东	1225267	475312	144919	2233552	1822653	410898
河　南	193479	206712	33585	501196	182266	318930
湖　北	258957	106735	30806	362133	251845	110288
湖　南	139442	67215	12378	372766	202205	170562
广　东	2106795	373163	147707	2517879	1747558	770321
广　西	39522	24184	11435	62478	29144	33334
海　南	8529	1329	985	13633	6405	7228
重　庆	121647	10703	3175	181136	112687	68450
四　川	335538	63231	27596	422126	323028	99098
贵　州	265147	31583	12002	313887	238348	75539
云　南	8477	7192	1296	16863	9288	7576
西　藏						
陕　西	152869	75217	12627	233249	126479	106770
甘　肃	44287	15948	5550	60033	35020	25013
青　海	43861	24071	4224	73715	36425	37290
宁　夏	3108	5175	3688	5329	1101	4228
新　疆	33425	53212	13516	100494	53414	47081

3-10 大中型零售业企业分行业实收资本及构成

综合零售　　单位：万元

地区	实收资本	国家资本	集体资本	法人资本	个人资本	港澳台资本	外商资本
全国	**23722213**	**1944078**	**1135585**	**10258047**	**4103708**	**3137396**	**3143401**
北京	1702897	87246	33321	846328	142149	181845	412009
天津	1042019	2475	18188	514066	22403	454483	30404
河北	789152	25042	44845	524286	179735	1296	13949
山西	293648	4430	8007	154313	122920	1331	2648
内蒙古	172539	2300	1995	128933	34788	1372	3152
辽宁	907366	15696	34453	454883	169409	131217	101708
吉林	351191	4512	9764	256773	55186	18851	6104
黑龙江	439165	28528	29682	199282	134533	39986	7155
上海	2350530	642190	23015	547871	109408	372957	655089
江苏	2555444	130763	45348	594272	686372	611650	487039
浙江	1415059	45020	65406	666559	222519	207015	208539
安徽	632806	119415	12910	241299	178281	56388	24513
福建	1536899	22271	319047	768953	73654	218310	134664
江西	252982	1900	12637	145768	58768	13332	20578
山东	1518106	17545	182298	758016	317415	111329	131502
河南	800436	16740	55197	301011	337587	71950	17951
湖北	713258	112969	36196	262730	128401	37464	135497
湖南	778889	16884	65408	398109	184915	43599	69975
广东	1617088	489457	38257	388749	115253	256355	329016
广西	293515	14049	9895	169685	78318	13181	8386
海南	88272	750		24325	28013	1294	33890
重庆	402739	15357	16550	280933	39530	38357	12013
四川	1095977	57306	15380	430919	302383	155414	134576
贵州	137410	3373	9272	63794	35447	16858	8666
云南	214032		10831	63127	70980	13816	55278
西藏	5957		851	3130	1976		
陕西	1245458	46385	7213	905524	134988	65049	86299
甘肃	126060	4220	4205	54070	60154	1411	2000
青海	38482	10640	15863	2663	8030	1286	
宁夏	68790	500	366	59086	8837		
新疆	136047	6115	9185	48590	61356		10801

3-10 续表 1

食品、饮料及烟草制品专门零售　　　　单位：万元

地　区	实收资本	国家资本	集体资本	法人资本	个人资本	港澳台资本	外商资本
全　国	**2144928**	**327782**	**67603**	**847783**	**744065**	**127317**	**30380**
北　京	140173	2031	20385	75742	30833	3183	8000
天　津	34609	7977	50	16089	7432	3061	
河　北	8042			4992	3050		
山　西	45547	4593	1066	28520	11368		
内蒙古	18324	754		5617	11954		
辽　宁	15142	1000		9272	4870		
吉　林	27756	18869		1969	6918		
黑龙江	3429	734	195	2444	56		
上　海	128495	20388	1400	29880	8367	57779	10683
江　苏	171983	12692	2584	66168	86018	4522	
浙　江	65449	5386	229	32860	21421		5553
安　徽	77295	3063	1164	33528	39535	3	2
福　建	112273	4436	862	32389	50101	23781	704
江　西	103546	549		15151	84578	3268	
山　东	151694	10293	13421	70715	51218	4337	1709
河　南	87980	1790	51	45016	39874		1248
湖　北	153950	20486	4424	54769	73486		785
湖　南	102134	21538	9508	52813	18274		
广　东	298826	162393	5219	90385	26353	13482	995
广　西	24557	591	126	6897	16943		
海　南	1367	767			600		
重　庆	32710	3816	3677	12180	13037		
四　川	96315	235	830	30100	65150		
贵　州	26186	8560	13	15906	1708		
云　南	81602	8966	647	30675	37180	4133	
西　藏	2953	2953					
陕　西	102951	877	1545	72749	17311	9768	701
甘　肃	23710	2045	207	9157	12300		
青　海	2200			1600	600		
宁　夏	3630			100	3530		
新　疆	100			100			

3-10 续表 2

纺织、服装及日用品专门零售　　　　单位：万元

地区	实收资本	国家资本	集体资本	法人资本	个人资本	港澳台资本	外商资本
全　国	**5824607**	**353837**	**30003**	**2324697**	**865425**	**1292847**	**957799**
北　京	439301	567	2438	83643	33692	115981	202981
天　津	135891	1000		67435	3788	55226	8442
河　北	63814	100	380	31172	32162		
山　西	84455	436	1446	31264	45209	1100	5000
内蒙古	40254	401		27253	10660	1940	
辽　宁	109446	271		60283	26535	21914	443
吉　林	77297	711		64206	11546	833	
黑龙江	104435		1000	71105	31130	1200	
上　海	1621193	16711	153	240087	73328	631065	659850
江　苏	365769	124911	1301	73741	54131	108286	3400
浙　江	307641	1700		135968	66788	67095	36090
安　徽	549313	12500	29	519500	8455	8830	
福　建	87059	50		40161	31505	15343	
江　西	40390	351		33681	4038	2320	
山　东	206699	228	2691	131778	45208	24055	2740
河　南	69285	454	3406	28751	35781	893	
湖　北	146209	17951	200	93479	24408	8125	2045
湖　南	41578	816	2327	16612	19313	2510	
广　东	649608	1050	8759	303910	205793	107856	22240
广　西	4863	896		1510	330	2127	
海　南	182036	170055		7800	4181		
重　庆	145567			108247	20185	6135	11000
四　川	114984	18	535	49023	14372	50717	318
贵　州	4016			1000	1766		1250
云　南	42016	1020		7360	5951	27685	
西　藏							
陕　西	133383	640		75362	27569	29811	
甘　肃	18990			7385	10605	1000	
青　海	8900		5000	3900			
宁　夏	7109		338	2450	4321		
新　疆	23106	1000		6631	12675	800	2000

3-10 续表 3

文化、体育用品及器材专门零售 单位：万元

地 区	实收资本	国家资本	集体资本	法人资本	个人资本	港澳台资本	外商资本
全 国	**3188671**	**1282393**	**28123**	**776054**	**619389**	**130955**	**351758**
北 京	224540	62071	1530	68616	29928	7750	54646
天 津	195342	17156		86072	67567	24547	
河 北	35498	13150		15565	6783		
山 西	77103	2751	254	49792	23158	1148	
内 蒙 古	24065	4233		10630	9202		
辽 宁	45940	19483	548	623	17611		7675
吉 林	9306	5530		3276	500		
黑 龙 江	42224	28260	150	9988	370		3456
上 海	311454	14395	350	33056	17001	61967	184685
江 苏	195744	27153	1250	53777	104049	5586	3929
浙 江	128763	53780	235	41676	32573		500
安 徽	68087	35907		17605	14575		
福 建	288847	206086	590	37185	41197	3788	
江 西	332706	280006		18537	34163		
山 东	78794	5483	7978	29372	35461		500
河 南	136187	39424		53000	42405	1359	
湖 北	120693	62775	7150	19805	24794	4169	2000
湖 南	251261	159135		81573	8302	225	2025
广 东	169980	51533	363	52236	44431	20416	1000
广 西	82306	70541		5314	5951		500
海 南	9188	1500	1000	6688			
重 庆	25125	13610	4206	3661	3648		
四 川	146567	61117	1367	20922	18967		44194
贵 州	8281	3981		2840	1460		
云 南	55815	12174	1152	28210	12637		1643
西 藏							
陕 西	61775	3620		7550	5600		45005
甘 肃	8872	3087		4651	1134		
青 海	1650			1628	22		
宁 夏	21937	4000		2837	15100		
新 疆	30621	20452		9369	800		

3-10 续表 4

医药及医疗器材专门零售 单位：万元

地区	实收资本	国家资本	集体资本	法人资本	个人资本	港澳台资本	外商资本
全国	**4749889**	**888355**	**135248**	**1707485**	**1947112**	**62518**	**9173**
北京	196845	4602		175576	11880	1000	3787
天津	130668	3818		120900	5950		
河北	1093182	11631	540	29978	1051034		
山西	151421	102556	158	27386	21321		
内蒙古	27677	1934	781	7896	17066		
辽宁	130439	53949	882	32186	20222	20000	3200
吉林	63386	3500	244	16448	43194		
黑龙江	59381	3	3105	41455	14818		
上海	67473	27084	387	16716	23286		
江苏	417095	221393	8113	102583	82383	2094	530
浙江	261233	27272	67375	116107	44707	5100	672
安徽	244479	57780	5000	120178	61522		
福建	135794	10098	920	91253	27949	5574	
江西	80885	8511		45981	26392		
山东	173884	4496	1915	98517	68956		
河南	102939	5873	1908	55847	39311		
湖北	269754	75870	5287	132279	55335		984
湖南	205494	51071	12566	83064	51491	7302	
广东	216734	13052	3646	134627	65408		
广西	155290	50597	620	52422	36753	14899	
海南	1880				1880		
重庆	174581	122146	643	22622	29169		
四川	87086	7482	336	46667	31952	649	
贵州	62504	5560		31925	25019		
云南	101162	4000	19513	25650	46099	5900	
西藏	455				455		
陕西	47111	2410	583	24548	19570		
甘肃	32330	255	726	19920	11430		
青海	13688			11268	2420		
宁夏	24203			17135	7068		
新疆	20836	11412		6351	3072		

3-10 续表 5

汽车、摩托车、燃料及零配件专门零售

单位：万元

地区	实收资本	国家资本	集体资本	法人资本	个人资本	港澳台资本	外商资本
全国	**41741419**	**7442440**	**1331066**	**20109701**	**10643915**	**1600502**	**613798**
北京	1508037	67819	5613	1038850	234632	101397	59726
天津	907987	37952	2081	705006	93612	17268	52067
河北	700750	195189	13016	290157	197438		4950
山西	756098	254715	5781	262630	217618	14854	500
内蒙古	423416	70797	1043	283222	67095		1260
辽宁	1029232	555665	6900	262267	114450	74938	15012
吉林	402104	21884	4400	172061	186962	900	15898
黑龙江	232259	60491	11200	88700	63329	8539	
上海	801311	92029	35760	335253	174200	137744	26326
江苏	4932039	213840	12730	3598544	897336	97404	112185
浙江	4414707	367157	33894	896982	2856729	152118	107827
安徽	1875121	368664	6611	841816	645335	11946	750
福建	2657650	539611	5421	1872575	199695	30916	9432
江西	1236602	50625	2495	252783	907702	17553	5445
山东	1803602	136000	48053	564497	947501	62040	45512
河南	1205343	53148	4320	564628	567300	4477	11470
湖北	4790683	274845	7749	3805673	676838	5432	20145
湖南	1219574	606624	9145	369327	220096	14382	
广东	2719642	869388	55073	1092188	448004	185345	69644
广西	341273	36705	7608	188700	88295	17964	2000
海南	245383	183316	5300	44341	11391		1035
重庆	602418	59610	5560	374383	93662	54223	14981
四川	1816919	926292	11593	567906	252148	37087	21893
贵州	361105	92392	13910	164955	85348	4500	
云南	1312245	526740	15	613649	99770	70387	1683
西藏	78589	59512	2623	3011	13443		
陕西	1208385	522390	8972	492284	159115	15583	10041
甘肃	248529	116148	1000	81603	37968	11810	
青海	1076294	5151	1001200	49055	18788	2100	
宁夏	123391	300		88958	24496	8089	1548
新疆	710731	77441	2000	143697	43619	441506	2468

3-10 续表 6

家用电器及电子产品专门零售　　　　单位：万元

地区	实收资本	国家资本	集体资本	法人资本	个人资本	港澳台资本	外商资本
全国	**5017757**	**28539**	**78458**	**2477248**	**2034224**	**191187**	**208102**
北京	471066	7800	1642	250088	73029	6706	131801
天津	56968			47633	9335		
河北	74532	476	2125	49919	22012		
山西	34690		70	13285	21335		
内蒙古	79614			30239	49376		
辽宁	121399	603	17	63141	14200		43439
吉林	23700			17300	6399		
黑龙江	40107			29409	10698		
上海	286679	38		226275	7972	35000	17395
江苏	1388483	6020	1	90539	1159046	130825	2052
浙江	181358	255		114284	66819		
安徽	599527	1920	180	575287	22140		
福建	100814	322	100	74814	24479	799	300
江西	67485			50925	11560	5000	
山东	235095	1867	3153	141776	87884		414
河南	187774	6000	981	111930	68863		
湖北	134608	95	1178	92271	28595	2510	9959
湖南	93123	141	25120	39952	26958	951	
广东	354309	302	6153	225123	115932	5618	1182
广西	53934			31560	22373		
海南	15770			9000	6770		
重庆	88634	71	89	7196	79926	1353	
四川	136978	2629	4600	91925	37824		
贵州	14916		600	5769	8547		
云南	22577			20139	2438		
西藏	6500			5700	800		
陕西	89739		31049	25216	29489	2425	1560
甘肃	10382			9004	1378		
青海	11310		1400	6510	3400		
宁夏	13308			8698	4610		
新疆	22378			12341	10037		

3-10 续表 7

五金、家具及室内装饰材料专门零售 单位：万元

地区	实收资本	国家资本	集体资本	法人资本	个人资本	港澳台资本	外商资本
全国	**2102200**	**73215**	**35909**	**560353**	**824648**	**71742**	**536338**
北京	143855			46089	17260	205	80301
天津	76832			46629	10100	414	19690
河北	15729		3070	8124	4536		
山西	372148	40	7474	4950	359684		
内蒙古	17978			3185	14793		
辽宁	75579		2000	17280	1436		54863
吉林	4240			680	3560		
黑龙江	8661			5881	2780		
上海	269281	34550		74901	3170	51802	104858
江苏	101852			12813	42221		46819
浙江	103727		5015	25049	10649	937	62077
安徽	55692	506	1436	37571	16179		
福建	46690	200	160	9168	32077	100	4986
江西	20591			4810	15781		
山东	102907		2652	65845	34410		
河南	99253	600	5190	33186	60277		
湖北	69177		1168	17450	26597		23963
湖南	23483	3056	235	13250	6928	14	
广东	164529			67118	31865	18027	47519
广西	1235			1155	80		
海南	5950			4870	1080		
重庆	90284			10929	48366		30989
四川	74447	7967		4391	5906		56183
贵州	210			10	200		
云南	4591		350	1217	3024		
西藏							
陕西	69498		7159	34863	27476		
甘肃	17985			7739	10003	243	
青海	200			200			
宁夏	1100			1000	100		
新疆	64496	26296			34110		4090

3-10 续表 8

货摊、无店铺及其他零售业　　　　单位：万元

地区	实收资本						
		国家资本	集体资本	法人资本	个人资本	港澳台资本	外商资本
全　国	**3305397**	**449409**	**72623**	**1210098**	**685730**	**720056**	**167477**
北　京	361777	3200	800	98582	72303	145329	41564
天　津	35393			17742	16333		1317
河　北	72053	14748		12300	45005		
山　西	140071	79333	1801	28607	23279		7050
内蒙古	22628	1000	65	18900	2663		
辽　宁	20165		1062	10650	6923		1530
吉　林	2353	3		1490	860		
黑龙江	12700			9700			3000
上　海	594073	14598	3857	71479	19324	484125	689
江　苏	179366	68170		58583	32800	4384	15428
浙　江	286737	21188	3071	185682	51675	22657	2463
安　徽	67510	6000	25	45604	15881		
福　建	130448	11875		77999	39228	844	501
江　西	22155	5204		10143	6808		
山　东	279068	68835	11051	101826	64974	18400	13981
河　南	122946	1288	881	65161	48317	7300	
湖　北	87660	39261	1618	28231	17250	1300	
湖　南	151299	784	2630	27530	117835	2520	
广　东	403742	43471	36256	203057	45026	23947	51985
广　西	12499	4733	320	3591	3856		
海　南	4110			3600	510		
重　庆	42337	1640	1350	33140	6207		
四　川	119895	34865		33413	32988		18629
贵　州	45454	4600	7165	20900	3539	9250	
云　南	1159				1159		
西　藏							
陕　西	37955	17018	671	5339	5587		9340
甘　肃	8749	600		7049	1100		
青　海	2500			1000	1500		
宁　夏	4171	4171					
新　疆	34424	2824		28800	2800		

3-11 大中型零售业企业

综合零售

地　区	主营业务收入	主营业务成本	主营业务税金及附加	主营业务利润	其他业务利润	销售费用
全　国	**205993132**	**175623843**	**1324165**	**29045124**	**5657755**	**20990360**
北　京	14113708	12116285	87310	1910113	951388	1874536
天　津	2504183	2176860	25083	302240	91276	321357
河　北	7810015	6789667	60887	959461	230662	629523
山　西	2506260	2241019	11345	253896	100357	220787
内蒙古	2099757	1864744	17160	217853	31406	128150
辽　宁	6672350	5779749	59353	833248	175935	568962
吉　林	3917948	3313981	28884	575083	174725	247396
黑龙江	3603487	3052792	18335	532360	97391	233389
上　海	13240583	10844434	69453	2326696	405913	1911336
江　苏	19273734	16580618	100090	2593026	541193	1866934
浙　江	11353334	9694294	64875	1594165	392887	1221222
安　徽	7910493	6932146	33772	944575	90961	659699
福　建	5033442	4260214	23735	749493	82457	659971
江　西	2715208	2337260	21210	356738	67744	268166
山　东	21703031	18748456	136306	2818269	393975	1497182
河　南	8902950	7448798	94212	1359940	237800	658963
湖　北	11337633	9502862	74448	1760323	312447	1170586
湖　南	9153376	7859718	72922	1220736	64205	877758
广　东	16958528	14175380	72956	2710192	448781	2332736
广　西	2873135	2457906	15155	400074	75148	328438
海　南	706256	540771	3301	162184	7235	103189
重　庆	7324813	6295441	42194	987178	192865	767485
四　川	9724216	8324558	52003	1347655	200951	1045651
贵　州	1760745	1448558	17094	295093	37122	193418
云　南	2640408	2228974	8157	403277	24258	218069
西　藏	97185	82291	527	14367	4886	9237
陕　西	6052668	5121320	59347	872001	148911	562985
甘　肃	1290945	1095021	13888	182036	24659	107966
青　海	422105	357318	2097	62690	12449	57115
宁　夏	775314	657567	6352	111395	11760	112952
新　疆	1515322	1294841	31714	188767	26008	135202

分行业损益及分配

单位：万元

管理费用	财务费用	营业利润	利润总额	应交所得税	应付职工薪酬	应交增值税
9322969	**1541104**	**5172667**	**5639021**	**1327751**	**10805317**	**3232582**
702684	115044	538185	649805	152812	883349	249331
167559	46309	-51825	-52284	316	163400	31765
402682	85527	140240	191135	27032	350260	90392
102379	41219	-5518	29191	6356	102712	18816
74733	31738	33706	33309	12546	62677	187427
504166	96373	162298	150716	45423	289760	91671
304489	84069	146998	130818	13099	116567	33631
165556	28450	192099	235668	31343	157289	81348
842609	72462	75012	125944	88434	770258	155641
865500	93438	440299	467093	147009	845141	296704
532006	70041	282363	316373	77802	655292	159054
306729	43139	82816	94043	25096	309324	112896
167764	20905	128679	137609	15151	336946	66670
85427	25976	41029	34763	14375	138574	86553
846363	171352	720714	739738	145687	762946	357414
468359	68362	406950	391352	56232	481691	129689
465843	77259	353746	377972	91648	650033	221372
324979	48493	184253	217758	40739	303329	67823
526052	59949	574135	623991	178525	1609161	244609
117496	14324	38537	43206	10019	171483	45761
48024	14993	17720	17678	6644	51479	10592
243991	40182	100759	106106	24182	452714	118507
307331	68330	181230	186198	39932	434471	119318
57826	9038	66711	61670	9823	77877	44462
88990	15490	133394	145441	16096	135144	68990
6672	230	641	1737	255	6521	1718
345010	53245	157457	132802	29542	288458	81124
42141	10423	64246	63976	12403	51496	22054
29783	6623	-5828	6522	930	21619	3022
26734	6592	5031	6101	4219	40000	12021
153092	21529	-33410	-27410	4081	85346	22207

3-11 续表 1

食品、饮料及烟草制品专门零售

地区	主营业务收入	主营业务成本	主营业务税金及附加	主营业务利润	其他业务利润	销售费用
全　国	**17696359**	**14125921**	**152396**	**3418042**	**110969**	**1734626**
北　京	944797	583089	7667	354041	11828	243580
天　津	174624	122525	1286	50813	1181	25190
河　北	34922	27984	190	6748	168	5997
山　西	297266	259047	1307	36912	248	18285
内蒙古	173439	147496	810	25133	132	5747
辽　宁	125874	102513	664	22697		11133
吉　林	146044	126530	574	18940	19	8293
黑龙江	112548	92095	516	19937		5512
上　海	911664	648223	5058	258383	7964	233945
江　苏	1344690	1034104	8208	302378	7080	113075
浙　江	507627	415259	1763	90605	6472	68813
安　徽	1008542	897833	9752	100957	801	35626
福　建	1382848	1100149	21482	261217	3359	143790
江　西	325276	248982	1887	74407	12766	27177
山　东	1526635	1317132	9036	200467	18826	62780
河　南	792821	631709	12467	148645	241	46878
湖　北	2178063	1734399	20629	423035	8993	163688
湖　南	1181313	992840	12756	175717	7040	85944
广　东	1354264	1007902	14092	332270	19774	141145
广　西	59105	48853	296	9956	-3	5477
海　南	16220	15998	95	127		701
重　庆	570294	467029	3686	99579	2823	54898
四　川	1153421	925867	6326	221228	65	150361
贵　州	68518	52011	506	16001	56	5506
云　南	665488	594177	2024	69287	1486	29219
西　藏	40479	31106	5495	3878		1453
陕　西	403963	340702	3050	60211	-528	20670
甘　肃	161239	134840	629	25770	14	13510
青　海	11401	7505	88	3808		1668
宁　夏	20355	15454	47	4854		4157
新　疆	2619	2568	10	41	164	408

单位：万元

管理费用	财务费用	营业利润	利润总额	应交所得税	应付职工薪酬	应交增值税
731578	**112311**	**971748**	**990836**	**161288**	**1199144**	**344588**
67944	1583	55972	58615	20225	142851	58199
12690	269	13194	14493	3800	25544	13245
2161	967	-2195	-1774	13	5020	919
13399	4495	1172	1879	678	16309	2760
12730	3611	3540	10326	328	6559	480
9656	1212	769	761	674	8600	3005
14629	3119	-5463	1209	82	6040	-2797
2320	249	11473	2102	150	3484	405
53609	4971	-10323	-1299	6006	121851	22126
62909	11950	124712	128383	16789	102289	41286
26654	4670	2897	6925	1380	47890	9902
19651	5436	40641	39773	1240	29143	8821
62596	5344	45940	43867	5720	82791	25443
23336	4092	29950	30834	1660	32788	5192
42462	14014	88031	93843	10059	62929	20635
23681	9529	71739	67517	3129	42888	13861
65516	13309	187411	180327	40100	71648	47952
48505	10081	41340	33936	579	43651	9103
61024	-6533	161362	167052	36852	137789	18320
2714	387	1353	1685	108	4216	586
1119	131	-1806	-246	23	1199	497
19735	2929	24564	24487	2763	33043	9757
29987	6313	36533	35285	5017	102131	20126
3373	622	6584	7445	373	4877	1387
18252	5368	19511	21273	2710	22309	7915
2466	-1	-3	25	54	3216	1752
20468	2760	17256	15818	262	22812	2945
5585	982	5813	6247	513	9100	685
1302	48	795	795		888	1
912	396	-611	-426	1	4777	78
193	8	-403	-321		512	2

3-11 续表 2

纺织、服装及日用品专门零售

地　区	主营业务收入	主营业务成本	主营业务税金及附加	主营业务利润	其他业务利润	销售费用
全　国	**38409476**	**26719841**	**334110**	**11355525**	**320616**	**7226165**
北　京	2763824	1840238	19306	904280	70512	747113
天　津	911986	706672	4263	201051	23271	155970
河　北	472527	397795	4052	70680	8174	30588
山　西	717924	603843	2645	111436	12770	43237
内蒙古	396944	326606	11202	59136	12386	21227
辽　宁	585859	475598	5902	104359	10008	75024
吉　林	571096	481921	21859	67316		21984
黑龙江	702377	586248	7062	109067	3348	46806
上　海	10587016	5854304	81243	4651469	76142	3125043
江　苏	2256062	1712894	16031	527137	7983	338016
浙　江	2546828	1906028	18573	622227	35132	420652
安　徽	609867	509952	5410	94505	2997	59600
福　建	1203888	953198	5370	245320	219	141917
江　西	211411	145487	1688	64236	1753	35429
山　东	1814185	1461652	16442	336091	1432	149505
河　南	824393	643945	15495	164953	3193	54569
湖　北	1669592	1419930	8036	241626	2187	126508
湖　南	700617	562749	10258	127610	2849	69111
广　东	4076996	2424570	27973	1624453	9070	1054092
广　西	70172	53278	354	16540	511	9116
海　南	515995	350950	15719	149326	3987	40522
重　庆	941283	683787	7780	249716	5430	103473
四　川	956261	685182	9071	262008	9786	168400
贵　州	107018	76068	466	30484	184	14057
云　南	322225	255545	1740	64940	1899	44294
西　藏						
陕　西	1314980	1136278	12617	166085	6345	80549
甘　肃	81481	59817	829	20835	259	10003
青　海	51073	41665	18	9390	3191	5985
宁　夏	35846	29203	182	6461	894	3517
新　疆	389750	334438	2524	52788	4704	29858

单位：万元

管理费用	财务费用	营业利润	利润总额	应交所得税	应付职工薪酬	应交增值税
2827261	**320720**	**1343015**	**1544643**	**390601**	**2952104**	**1184379**
168237	18160	24202	27006	16277	270319	115078
40347	2288	15448	17344	6884	41992	99141
34332	14541	8133	2411	589	24028	5754
47991	13431	-9066	-6397	1350	24592	4516
20867	3534	17304	17589	1825	22464	2378
48379	13155	-12203	-14051	1053	29203	11364
30088	3237	10435	10724	841	14556	3925
25581	3816	63669	38215	2478	27293	4119
1181821	62738	441931	528654	160031	1003337	313667
98674	28502	67711	66758	27328	129805	58495
155494	34054	47710	59773	25416	182214	81220
17826	1541	15924	16492	2724	31429	13849
37345	7832	59410	61913	7210	88356	32561
16177	2090	9040	9151	1183	11868	47447
69668	11096	109960	111552	22640	109739	24142
42809	7133	62910	62743	4564	48324	13413
132034	10280	-35650	-37329	5844	112439	26206
33007	7502	20723	10512	3186	34385	14021
368620	29143	182013	310075	53113	457680	211926
3163	229	4657	4787	690	5161	756
27538	8930	66102	68634	18137	24732	1646
86018	20751	49981	50122	6742	77410	21986
55832	5748	29944	35506	6328	77269	17387
5459	716	10821	10822	800	9106	12401
15440	1232	6381	6344	1778	22965	9113
28349	1990	63127	62591	9585	40560	18806
3474	1248	7273	6861	24	8711	8772
6623	789	-816	135	25	2806	600
2880	714	-101	-82	17	3287	404
23188	4300	6042	5788	1939	16074	9286

3-11 续表 3

文化、体育用品及器材专门零售

地　区	主营业务收入	主营业务成本	主营业务税金及附加	主营业务利润	其他业务利润	销售费用
全　国	**17902183**	**13859160**	**116369**	**3926654**	**261509**	**1802286**
北　京	2028385	1658724	7821	361840	26638	236410
天　津	485069	407039	4603	73427	12841	53715
河　北	423779	306967	1404	115408	6158	35443
山　西	181636	146707	2240	32689	1166	22175
内蒙古	55612	44853	1212	9547	2554	6257
辽　宁	237552	193193	3411	40948	3290	22830
吉　林	67243	54396	260	12587	808	3949
黑龙江	163295	116593	1113	45589	1878	26226
上　海	1320934	875192	20075	425667	47153	325120
江　苏	2561790	2116627	12508	432655	23432	174539
浙　江	920581	741544	6736	172301	7841	86155
安　徽	438002	357540	2940	77522	4096	30500
福　建	756610	604641	2175	149794	16500	73810
江　西	880089	686653	6371	187065	5745	38204
山　东	832048	653716	8553	169779	4365	69755
河　南	967691	734630	8768	224293	10156	76000
湖　北	559889	468167	3407	88315	4547	36961
湖　南	723223	563383	2789	157051	1940	87612
广　东	1363541	1022607	8217	332717	44844	117068
广　西	147556	110645	484	36427	3258	18338
海　南	14014	10196	191	3627	4450	3103
重　庆	567460	378178	1702	187580	6667	33320
四　川	797469	539728	1894	255847	13286	97732
贵　州	109970	89286	239	20445	603	7438
云　南	479908	352578	1747	125583	4393	49270
西　藏						
陕　西	421194	320204	1888	99102	1221	34230
甘　肃	161672	130821	2936	27915	237	4375
青　海	4331	2973	116	1242	28	685
宁　夏	19021	13672	31	5318	192	2855
新　疆	212619	157707	538	54374	1222	28211

单位：万元

管理费用	财务费用	营业利润	利润总额	应交所得税	应付职工薪酬	应交增值税
1171463	**120332**	**1005097**	**1177500**	**75411**	**1304342**	**217213**
113800	8032	38359	49523	13777	154368	21968
52972	14517	-5420	-2818	2541	39257	9080
48570	783	36713	38543	123	49518	1922
8509	1327	2731	4252	950	13094	1776
5543	707	-1325	35	2	5408	970
25890	3865	-8477	-16	102	17736	3539
8659	526	939	1350	1	5755	185
15199	2558	3211	562	179	11729	4281
103921	13916	9583	16830	7848	100461	16607
91388	15983	170026	173654	10468	96964	28742
44076	2164	49904	52426	6133	70060	12659
19815	1842	29913	128639	916	20911	9414
60216	1311	23982	25590	869	65208	7151
56177	4397	92203	85743	3714	53202	23536
29843	11732	38490	38020	5689	50797	9227
57571	8714	117903	119622	2115	81405	11652
32678	6382	20526	26148	3075	28054	6390
43003	223	27133	26436	209	58643	7775
116505	4675	120051	130738	5243	135815	19888
13495	221	8520	9277	274	16421	1495
3388	5152	-4483	-5546		2216	393
30065	-1058	53960	55856	1099	33756	4733
108374	1750	55369	65536	800	83752	4191
8647	195	4688	5202	165	8192	1778
24901	5135	52712	54915	3311	41873	2422
22896	3755	40977	47698	1643	26201	837
9618	1316	12872	13118	162	6496	2586
597	8	236	236	70	603	16
3011	273	-629	-183		3465	54
12136	-69	14430	16114	3933	22982	1946

3-11 续表 4

医药及医疗器材专门零售

地　区	主营业务收入	主营业务成本	主营业务税金及附加	主营业务利润	其他业务利润	销售费用
全　国	**50870997**	**44534146**	**152052**	**6184799**	**205590**	**3328055**
北　京	2243723	2023177	5331	215215	23200	131228
天　津	639903	581803	1056	57044	1872	25792
河　北	2123301	1910616	4223	208462	967	83767
山　西	1144569	1011416	2324	130829	2227	77350
内蒙古	248822	204598	898	43326	468	29083
辽　宁	1735698	1464591	4824	266283	6454	165641
吉　林	756444	645409	1909	109126	657	59645
黑龙江	1318908	1154135	3859	160914	1412	58036
上　海	1869251	1638060	4786	226405	17019	133005
江　苏	7010160	6353954	13687	642519	21401	316592
浙　江	2971904	2658039	6219	307646	11501	173368
安　徽	2349434	2114719	5299	229416	5092	89875
福　建	1416509	1280925	2317	133267	2692	54495
江　西	1605966	1459774	3193	142999	754	76850
山　东	5018929	4395353	16082	607494	11666	288082
河　南	1448217	1225894	10061	212262	1339	96968
湖　北	2319793	2066717	14131	238945	10400	124859
湖　南	2010779	1686725	9821	314233	11867	196471
广　东	3359305	2708976	11619	638710	33618	406616
广　西	2152078	1948915	4095	199068	3786	86223
海　南	45401	26940	105	18356	140	11958
重　庆	2134455	1901718	4163	228574	15822	120521
四　川	879499	720790	3866	154843	3326	101988
贵　州	766838	655269	2655	108914	367	52883
云　南	896856	623678	4626	268552	7937	195055
西　藏	8697	6502	62	2133		980
陕　西	743441	617490	5286	120665	1748	70406
甘　肃	304256	237430	2791	64035	721	45073
青　海	58897	49892	117	8888	1549	4959
宁　夏	269588	240789	558	28241	1652	13875
新　疆	1019376	919852	2089	97435	3936	36411

单位：万元

管理费用	财务费用	营业利润	利润总额	应交所得税	应付职工薪酬	应交增值税
1520999	**376652**	**1400498**	**1449774**	**261612**	**2268067**	**874598**
70714	53135	107150	110221	2821	96252	37287
12447	8270	13463	15884	4339	16117	6943
54421	17920	54663	59581	14354	182208	30571
28056	4981	23244	22794	6135	39443	17952
12291	1079	3420	4089	961	19650	5847
47531	10447	49996	51844	10624	77311	31482
24607	7822	22042	25061	5756	35523	11525
49147	4285	45499	47452	12994	52475	22282
50120	648	65284	83709	7794	76705	19420
160386	50124	148278	140837	32117	178914	103628
91920	18424	48387	50872	13250	128224	40976
67418	18017	50606	33606	5547	63964	22156
33637	7538	45305	43158	9501	52518	12985
28700	17620	18989	20004	5046	84045	12634
164862	37874	128133	130578	28308	162983	138892
58707	9577	54538	56738	8653	81980	28110
66268	24566	49193	48119	11790	77125	33399
62982	11385	67236	67321	12636	103124	37735
148119	15746	127411	123978	32656	249083	82997
53077	3323	61989	64217	9074	61702	37638
3233	111	2989	3009	200	8970	870
57888	14872	79010	114927	6239	86611	38514
44362	8423	3904	4694	618	52566	13861
26700	7474	23069	22008	4366	39692	15611
36062	6861	35836	37589	6086	117182	30851
152	3	995	995	90	371	512
24446	3568	22112	18486	1299	59472	12629
9280	2257	6991	6456	936	19213	6841
2739	976	256	318	71	4478	800
7548	3513	3684	3977	920	10088	4841
23179	5813	36826	37252	6431	30078	14809

3-11 续表 5

汽车、摩托车、燃料及零配件专门零售

地区	主营业务收入	主营业务成本	主营业务税金及附加	主营业务利润	其他业务利润	销售费用
全国	**382982745**	**357089671**	**703261**	**25189813**	**1907522**	**12885937**
北京	20709671	19319043	33749	1356879	244696	762264
天津	7047662	6442442	12084	593136	39432	365953
河北	10860111	10288312	12131	559668	51921	375410
山西	7933717	7488085	8303	437329	24000	317905
内蒙古	7673448	7171396	24364	477688	16920	349303
辽宁	10124966	9498958	15386	610622	36915	316293
吉林	5424397	5092957	7099	324341	14622	175795
黑龙江	3096860	2908745	12354	175761	10644	95472
上海	13736231	12835079	18499	882653	88279	410885
江苏	33739045	31354652	55593	2328800	209713	1088429
浙江	29851339	28156679	45312	1649348	176113	884680
安徽	11943608	11121533	15284	806791	30014	352650
福建	11368798	10636799	21523	710476	55835	410787
江西	6122602	5695260	12870	414472	19213	142961
山东	24845925	23067552	54222	1724151	78533	786815
河南	17755922	16592453	42692	1120777	76155	480483
湖北	21540194	19967890	40479	1531825	25052	789347
湖南	15195520	14215914	21265	958341	32863	527084
广东	46234912	42989747	85191	3159974	388474	1672092
广西	5892609	5513263	10556	368790	28498	170412
海南	2812115	2555519	5412	251184	25503	112772
重庆	10338204	9641885	19637	676682	31040	274295
四川	21543122	20156755	42641	1343726	94683	724390
贵州	8521228	7964459	12337	544432	14534	243131
云南	9387420	8631870	24389	731161	39356	376215
西藏	700369	652786	1221	46362	4104	26858
陕西	9318769	8617312	28967	672490	22119	326195
甘肃	3781725	3422974	5696	353055	8892	129812
青海	1024642	955314	1470	67858	1848	29861
宁夏	1110202	1034140	2344	73718	2482	30978
新疆	3347412	3099898	10191	237323	15069	136410

单位：万元

管理费用	财务费用	营业利润	利润总额	应交所得税	应付职工薪酬	应交增值税
6496134	**2600748**	**5643526**	**5527900**	**1121798**	**9042918**	**5222218**
457561	165423	216567	220935	82549	544924	237449
143176	43256	107531	98724	30193	202022	130855
154911	82350	105769	103514	25921	228675	140856
155357	53939	-49743	-40911	7019	158474	47286
102641	30828	-1941	-40931	8478	165478	153394
173538	77784	79621	66962	19830	205076	164777
106436	44762	33451	33031	9585	99290	68554
63519	50554	-8135	-12495	3257	49339	13928
310986	59261	218119	223119	52728	297106	104123
560455	267169	680831	689683	104309	574279	640623
542327	228261	257977	283418	72216	677199	337326
156386	68975	228095	161029	21450	196980	101037
178542	78017	115636	118882	28170	271483	109719
92220	45741	153118	115221	12798	103054	104144
419244	182524	414257	410959	57111	478295	296419
275311	143072	302721	280173	29855	334871	253605
463618	186380	184617	182677	43171	560384	172853
226989	72221	173774	161480	32541	254670	172104
813439	267219	802702	824836	176942	1100269	794988
91095	22945	93969	139814	21970	130520	75805
51199	6849	100244	100419	24278	66487	43983
133974	43603	242021	234610	38028	240985	159781
301807	137444	378862	341651	53937	424533	230886
101933	37657	115619	82710	16199	136788	181128
132044	51164	243982	362001	26284	642872	160003
13318	1666	2871	4294	907	16612	3319
145028	71230	156201	146242	37766	177009	145018
39517	41070	178304	115087	65933	460951	103132
21423	6163	12436	12991	2464	115471	6983
22398	12547	20567	20591	2928	32680	25918
45742	20674	83483	87184	12981	96142	42222

3-11 续表 6

家用电器及电子产品专门零售

地区	主营业务收入	主营业务成本	主营业务税金及附加	主营业务利润	其他业务利润	销售费用
全国	**60974097**	**54679160**	**203074**	**6091863**	**449029**	**4199016**
北京	13983177	12768229	34307	1180641	81527	911332
天津	2559041	2459642	1300	98099	198	133105
河北	1001388	883479	3031	114878	10341	83708
山西	500704	441129	1087	58488	900	41077
内蒙古	518206	449127	1544	67535	4952	32234
辽宁	1318578	1183798	3604	131176	2467	75725
吉林	506092	442558	1130	62404	1770	32946
黑龙江	705034	635595	2131	67308	6314	35940
上海	3394593	3041552	7796	345245	965	304410
江苏	5021526	4443032	12798	565696	53260	396564
浙江	2452837	2193986	5438	253413	18642	175227
安徽	1190040	1062108	2549	125383	3085	91078
福建	1309459	1185773	2540	121146	6924	98597
江西	925295	849783	2005	73507	3112	47286
山东	4588711	4111732	15046	461933	24455	231703
河南	2016529	1721956	18403	276170	4992	140281
湖北	1816941	1542658	7718	266565	14931	114741
湖南	1415578	1237203	6839	171536	2913	86815
广东	6228073	5592739	13047	622287	140910	488412
广西	685443	611379	1575	72489	3591	52327
海南	232678	204332	507	27839	1831	21872
重庆	1656759	1487031	13098	156630	14049	106951
四川	2689795	2404690	8326	276779	16688	215861
贵州	426409	379077	673	46659	1007	29867
云南	525487	453639	1417	70431	4197	56465
西藏	48342	45175	88	3079	2203	2183
陕西	2489520	2183244	32461	273815	12859	121993
甘肃	209580	184079	987	24514	8	16634
青海	90517	73811	219	16487	124	7391
宁夏	218376	187492	863	30021	8048	21595
新疆	249389	219132	547	29710	1766	24696

单位：万元

管理费用	财务费用	营业利润	利润总额	应交所得税	应付职工薪酬	应交增值税
1441472	**233704**	**1227424**	**1170293**	**186992**	**1674160**	**875554**
221826	23118	427148	440784	68581	306450	239877
28214	4520	-55562	-55081	1512	93061	7969
28473	8908	10862	9599	1431	60991	10847
18634	2529	2803	2439	416	25079	4462
17409	3895	8130	7853	2446	18092	7440
31823	16118	12838	-6691	500	28077	13539
20559	1658	12676	10767	1246	11456	3798
25716	1075	17709	16823	2851	15727	8561
55208	3575	18329	22084	5396	96306	33116
172390	35389	82920	82413	12871	133530	77678
68678	13681	18589	18748	6423	92337	35042
22590	3925	16692	7955	2350	38880	13861
29239	4174	1099	4220	1748	42371	35147
21540	1696	5894	6060	-270	25976	9051
86077	17470	152039	102885	13969	85714	38765
66826	12231	70474	72919	5812	77163	24574
79793	12688	69577	71634	17703	57080	22340
32314	7547	47222	31786	1437	33887	16638
202686	29523	92283	106566	20557	203317	116600
20360	3830	1825	6078	1606	19543	8163
8393	674	-3394	-3003	129	8149	3713
29562	7216	33616	26594	2456	37008	14016
44966	9446	59144	63205	3409	64655	31040
8744	1205	4074	3636	872	11217	3492
16242	877	6	840	999	17232	8592
2282	87	667	920	136	2171	218
56645	3305	108428	106650	7972	39614	47924
5916	1664	2121	2014	238	7824	1492
4424	296	1222	1306	340	2964	979
6797	938	6797	7205	1377	9165	31869
7146	446	1196	1085	479	9124	4751

3-11 续表 7

五金、家具及室内装饰材料专门零售

地 区	主营业务收入	主营业务成本	主营业务税金及附加	主营业务利润	其他业务利润	销售费用
全 国	**17035419**	**13238378**	**303290**	**3493751**	**61659**	**1127301**
北 京	728114	452884	8101	267129	11420	142740
天 津	270732	231447	3101	36184	327	14568
河 北	185742	155815	1966	27961	7	12318
山 西	150775	128853	769	21153	12	7704
内蒙古	405876	282203	7910	115763	2622	23622
辽 宁	328505	282316	1586	44603	29	18963
吉 林	21958	16468	284	5206	526	1429
黑龙江	37115	33167	611	3337		3155
上 海	606740	396517	4518	205705	84	130287
江 苏	1637864	1255516	16327	366021	16062	102056
浙 江	257353	184476	2731	70146	-3624	31221
安 徽	356825	285558	7648	63619	929	19170
福 建	1033634	890598	19396	123640	2	24979
江 西	264755	232443	1926	30386	5531	5071
山 东	1928711	1555342	37628	335741	3023	62930
河 南	952582	760397	20130	172055	26	43937
湖 北	600555	484211	8536	107808	558	35870
湖 南	318151	272372	3761	42018		9537
广 东	936666	694491	7891	234284	5589	108272
广 西	10375	8363	227	1785		1010
海 南	9681	7966	30	1685		1345
重 庆	2422430	1771960	71648	578822	209	138896
四 川	621340	518830	14237	88273	753	42328
贵 州	17107	15637	1483	-13		432
云 南	400003	363872	600	35531	500	3037
西 藏						
陕 西	1987599	1592592	56485	338522	12923	40073
甘 肃	215715	188034	1045	26636	2436	16862
青 海	53661	50767	112	2782		832
宁 夏	4041	3367	31	643		593
新 疆	270814	121916	2572	146326	1715	84064

单位：万元

管理费用	财务费用	营业利润	利润总额	应交所得税	应付职工薪酬	应交增值税
862286	**209763**	**1363025**	**1292746**	**152841**	**587424**	**355983**
68458	3009	60475	65548	17781	66808	33007
16592	14116	-882	-413	15	7482	4121
11462	1938	2705	707	274	9729	4587
5882	360	7775	8955		2380	229
10488	3475	78235	77966	452	11013	3382
25294	6659	-4488	-4023	373	8797	3703
2395	254	1128	1148	240	2028	261
2514	411	2529	2205	28	2169	662
78312	11123	-9351	9103	6786	38386	15483
109957	51859	104911	106620	18741	44791	32411
28304	6938	203	208	1111	17139	7983
15458	4468	22087	21869	1005	15252	4875
27103	2484	68952	23568	2240	14732	25189
6783	1622	17335	15727	707	5877	895
58795	20000	195613	164392	21730	78380	35603
38142	17460	73242	71088	4782	41511	10197
29642	12272	34812	31749	1430	18592	11750
10339	6095	15991	6508	351	8422	1240
68287	10843	48975	46433	11889	45430	25503
588	141	85	95	24	848	167
1112	1099	-1788	-1797	53	1036	245
144357	15603	296548	299985	41506	26714	60323
29812	4884	12046	11419	3992	20991	8374
611	13	-1069	-1069	18	769	1777
2539	52	29647	26172	134	3204	1591
34070	5633	271085	272501	11686	26094	52648
11544	731	-355	-747	129	20968	544
725	1	1224	1224		413	35
901	70	-913	-927		685	145
21820	6150	36268	36532	5364	46784	9053

3-11 续表 8

货摊、无店铺及其他零售业

地区	主营业务收入	主营业务成本	主营业务税金及附加	主营业务利润	其他业务利润	销售费用
全国	**47590613**	**41351007**	**122123**	**6117483**	**369549**	**4752304**
北京	3043704	2709187	4922	329595	46917	475683
天津	2062999	1718496	4963	339540	321	239856
河北	67119	53709	360	13050	1667	4076
山西	473224	414726	1522	56976	5947	28882
内蒙古	140925	116782	583	23560		5568
辽宁	1289332	1190795	2440	96097		95483
吉林	63219	55926	124	7169	20	3059
黑龙江	15208	11216	158	3834	39	1690
上海	8205335	7641221	10005	554109	158895	808382
江苏	3799417	3362432	7481	429504	15692	279416
浙江	4340042	3429799	10181	900062	7995	586069
安徽	1011045	770196	2711	238138	30740	149477
福建	1689082	1452302	4997	231783	24329	144136
江西	253370	208399	801	44170		34891
山东	2188462	1902846	9467	276149	22579	136337
河南	688904	500376	5330	183198	1430	39462
湖北	2755785	2521965	5750	228070	8279	197117
湖南	570723	437748	18368	114607	4045	32284
广东	9206211	7921052	18149	1267010	28229	998719
广西	96957	68558	608	27791	508	13401
海南	9252	7010	42	2200	102	1541
重庆	197058	164244	1636	31178	2056	20095
四川	3333946	2910506	5540	417900	2572	286614
贵州	475180	416914	1677	56589	6137	49261
云南	5879	3414	119	2346	30	341
西藏						
陕西	1477303	1264386	3558	209359		102625
甘肃	49327	38310	205	10812	61	5539
青海	11028	7279	96	3653	836	979
宁夏	4227	3298	23	906		616
新疆	66350	47915	307	18128	123	10705

单位：万元

管理费用	财务费用	营业利润	利润总额	应交所得税	应付职工薪酬	应交增值税
1358865	**119809**	**289402**	**397175**	**151875**	**1533998**	**622395**
153459	10497	-256960	-252126	-9129	249560	32462
67332	370	33234	36219	4911	37062	30388
5669	854	5035	7326	2183	10267	1002
31252	6562	2749	13525	6514	40061	3004
5072	1685	7915	7918	850	4396	1016
7038	888	-7474	-5705	49	16142	13815
3154	214	742	650	139	3111	798
2677	-50	113	1398	18	2311	779
197787	7634	-283292	-250861	11778	206982	60157
136758	4577	29651	35126	11529	75441	44115
170040	25148	103748	119921	27581	180775	97587
25226	-10	66943	68939	9296	29722	15431
48581	5154	49376	52250	11962	47120	20766
5747	269	7318	6995	283	4232	5343
69330	36157	55975	58196	14965	69467	49708
31684	8574	103932	96929	5960	42575	29798
31411	1760	9358	13542	4287	43358	38476
31511	1922	48726	49810	1383	69342	4265
200083	4631	148976	163484	33784	276019	118803
5631	70	9097	8957	1625	11162	3015
801	2	407	406	89	1170	638
7327	488	5748	4760	302	14780	3044
84488	1047	50177	55894	3833	60254	16502
10435	173	19481	21802	4690	8645	11364
612	-36	1468	1562	206	1089	137
19413	264	67045	70598	1228	18450	14124
1762	191	3779	3277	726	2608	3624
1142	31	2253	2290	505	617	384
543	68	-167	96	46	1357	192
2900	675	4049	3997	282	5923	1658

3-12 大中型零售业企业分行业经济效益分析指标

综合零售

地区	负债比率 (%)	主营业务毛利率 (%)	人均主营业务收入 (万元)	费用率 (%)
全国	**71.0**	**14.7**	**88.0**	**15.5**
北京	68.5	14.2	118.5	19.1
天津	77.3	13.1	86.2	21.4
河北	80.5	13.1	61.2	14.3
山西	84.9	10.6	60.2	14.5
内蒙古	87.6	11.2	77.8	11.2
辽宁	81.0	13.4	68.4	17.5
吉林	78.6	15.4	121.8	16.2
黑龙江	71.5	15.3	93.1	11.9
上海	70.4	18.1	119.9	21.3
江苏	70.9	14.0	107.6	14.7
浙江	70.9	14.6	109.7	16.1
安徽	77.0	12.4	84.5	12.8
福建	51.3	15.4	72.0	16.9
江西	75.2	13.9	60.3	14.0
山东	74.5	13.6	100.1	11.6
河南	79.7	16.3	55.9	13.4
湖北	72.4	16.2	83.5	15.1
湖南	61.0	14.1	105.2	13.7
广东	72.2	16.4	91.8	17.2
广西	68.2	14.5	69.7	16.0
海南	75.9	23.4	73.8	23.5
重庆	75.6	14.1	98.4	14.4
四川	72.2	14.4	81.4	14.6
贵州	72.4	17.7	73.8	14.8
云南	58.6	15.6	75.2	12.2
西藏	85.8	15.3	46.0	16.6
陕西	45.4	15.4	74.5	15.9
甘肃	63.9	15.2	63.1	12.4
青海	78.1	15.3	66.5	22.2
宁夏	58.1	15.2	60.9	18.9
新疆	79.2	14.6	93.6	20.4

注：费用率等于销售费用、管理费用、财务费用三项之和除以主营业务收入合计(下表同)。

3-12 续表 1

食品、饮料及烟草制品专门零售

地　区	负债比率 (%)	主营业务毛利率 (%)	人均主营业务收入 (万元)	费用率 (%)
全　国	**54.6**	**20.2**	**72.9**	**14.6**
北　京	46.7	38.3	57.9	33.1
天　津	26.6	29.8	40.8	21.8
河　北	79.1	19.9	23.6	26.1
山　西	82.7	12.9	64.5	12.2
内蒙古	54.0	15.0	97.8	12.7
辽　宁	56.2	18.6	55.2	17.5
吉　林	92.5	13.4	69.9	17.8
黑龙江	77.6	18.2	88.9	7.2
上　海	76.6	28.9	48.5	32.1
江　苏	55.2	23.1	54.8	14.0
浙　江	72.6	18.2	51.3	19.7
安　徽	54.6	11.0	115.4	6.0
福　建	36.3	20.4	72.4	15.3
江　西	34.3	23.5	42.5	16.8
山　东	61.4	13.7	92.8	7.8
河　南	46.2	20.3	56.3	10.1
湖　北	41.2	20.4	128.5	11.1
湖　南	66.5	16.0	84.8	12.2
广　东	39.3	25.6	77.7	14.4
广　西	32.6	17.3	41.4	14.5
海　南	74.7	1.4	52.2	12.0
重　庆	44.0	18.1	71.5	13.6
四　川	71.6	19.7	97.1	16.2
贵　州	67.4	24.1	37.9	13.9
云　南	59.8	10.7	95.4	7.9
西　藏	8.0	23.2	408.9	9.7
陕　西	44.8	15.7	62.1	10.9
甘　肃	77.3	16.4	48.6	12.5
青　海	31.5	34.2	57.6	26.5
宁　夏	100.1	24.1	48.2	26.8
新　疆	110.5	1.9	10.7	23.3

3-12 续表 2

纺织、服装及日用品专门零售

地 区	负债比率 (%)	主营业务毛利率 (%)	人均主营业务收入 (万元)	费用率 (%)
全 国	**63.4**	**30.4**	**76.3**	**27.0**
北 京	82.9	33.4	78.4	33.8
天 津	77.8	22.5	126.6	21.8
河 北	85.2	15.8	63.8	16.8
山 西	70.5	15.9	67.8	14.6
内蒙古	80.6	17.7	48.3	11.5
辽 宁	90.1	18.8	79.1	23.3
吉 林	73.3	15.6	145.5	9.7
黑龙江	66.7	16.5	71.5	10.8
上 海	67.3	44.7	91.1	41.3
江 苏	69.2	24.1	68.5	20.6
浙 江	78.2	25.2	102.4	24.0
安 徽	8.4	16.4	92.0	12.9
福 建	63.3	20.8	72.8	15.5
江 西	47.9	31.2	52.1	25.4
山 东	58.4	19.4	65.4	12.7
河 南	64.4	21.9	50.4	12.7
湖 北	79.5	15.0	105.8	16.1
湖 南	75.4	19.7	81.7	15.6
广 东	61.0	40.5	49.4	35.6
广 西	64.5	24.1	55.0	17.8
海 南	35.4	32.0	180.3	14.9
重 庆	70.5	27.4	60.6	22.3
四 川	57.5	28.3	55.4	24.0
贵 州	73.1	28.9	53.1	18.9
云 南	68.7	20.7	69.2	18.9
西 藏				
陕 西	40.9	13.6	158.7	8.4
甘 肃	60.5	26.6	24.6	18.1
青 海	103.8	18.4	53.7	26.2
宁 夏	86.6	18.5	21.3	19.8
新 疆	88.2	14.2	119.2	14.7

3-12 续表 3

文化、体育用品及器材专门零售

地　区	负债比率 (%)	主营业务毛利率 (%)	人均主营业务收入 (万元)	费用率 (%)
全　国	**59.2**	**22.6**	**100.3**	**17.3**
北　京	75.6	18.2	160.4	17.7
天　津	74.5	16.1	112.4	25.0
河　北	48.5	27.6	57.7	20.0
山　西	49.0	19.2	72.5	17.6
内蒙古	63.4	19.3	44.7	22.5
辽　宁	75.4	18.7	53.3	22.1
吉　林	88.3	19.1	50.2	19.5
黑龙江	59.7	28.6	53.3	26.9
上　海	70.5	33.7	145.6	33.5
江　苏	66.9	17.4	154.2	11.0
浙　江	58.7	19.4	104.0	14.4
安　徽	34.2	18.4	132.5	11.9
福　建	45.0	20.1	160.4	17.9
江　西	26.8	22.0	121.4	11.2
山　东	65.3	21.4	75.8	13.4
河　南	52.8	24.1	53.5	14.7
湖　北	69.9	16.4	95.6	13.6
湖　南	38.7	22.1	108.0	18.1
广　东	64.0	25.0	73.8	17.5
广　西	42.3	25.0	56.0	21.7
海　南	139.9	27.2	29.9	83.1
重　庆	52.5	33.4	127.3	11.0
四　川	38.1	32.3	77.0	26.1
贵　州	69.0	18.8	90.9	14.8
云　南	73.1	26.5	118.1	16.5
西　藏				
陕　西	61.7	24.0	100.3	14.5
甘　肃	70.1	19.1	104.8	9.5
青　海	56.3	31.4	17.5	29.8
宁　夏	50.3	28.1	43.4	32.3
新　疆	38.1	25.8	104.1	18.9

3-12 续表 4

医药及医疗器材专门零售

地　区	负债比率 (%)	主营业务毛利率 (%)	人均主营业务收入 (万元)	费用率 (%)
全　国	**74.7**	**12.5**	**104.9**	**10.3**
北　京	80.4	9.8	229.6	11.4
天　津	71.1	9.1	232.4	7.3
河　北	82.7	10.0	116.1	7.4
山　西	71.6	11.6	84.5	9.6
内蒙古	78.2	17.8	46.4	17.1
辽　宁	80.5	15.6	82.2	12.9
吉　林	78.3	14.7	80.6	12.2
黑龙江	72.3	12.5	122.6	8.5
上　海	82.5	12.4	146.2	9.8
江　苏	77.5	9.4	190.4	7.5
浙　江	74.5	10.6	124.0	9.5
安　徽	76.7	10.0	122.4	7.5
福　建	59.9	9.6	130.5	6.8
江　西	85.9	9.1	134.4	7.7
山　东	75.6	12.4	124.4	9.8
河　南	76.6	15.4	53.2	11.4
湖　北	80.5	10.9	128.1	9.3
湖　南	61.6	16.1	87.6	13.5
广　东	72.9	19.4	68.7	17.0
广　西	61.3	9.4	146.5	6.6
海　南	49.6	40.7	28.6	33.7
重　庆	63.0	10.9	141.6	9.1
四　川	84.2	18.0	53.4	17.6
贵　州	78.3	14.5	81.8	11.4
云　南	65.1	30.5	29.6	26.5
西　藏	86.2	25.2	158.1	13.1
陕　西	81.2	16.9	49.5	13.2
甘　肃	76.0	22.0	37.8	18.6
青　海	74.8	15.3	43.4	14.7
宁　夏	79.7	10.7	117.0	9.2
新　疆	69.2	9.8	153.9	6.4

3-12 续表 5

汽车、摩托车、燃料及零配件专门零售

地区	负债比率 (%)	主营业务毛利率 (%)	人均主营业务收入 (万元)	费用率 (%)
全国	**73.0**	**6.8**	**315.8**	**5.7**
北京	80.5	6.7	387.4	6.7
天津	56.2	8.6	296.5	7.8
河北	75.0	5.3	254.3	5.6
山西	73.0	5.6	226.7	6.6
内蒙古	82.0	6.5	293.8	6.3
辽宁	72.9	6.2	345.1	5.6
吉林	72.5	6.1	303.4	6.0
黑龙江	92.1	6.1	309.9	6.8
上海	70.9	6.6	387.1	5.7
江苏	70.7	7.1	369.7	5.7
浙江	83.8	5.7	337.3	5.5
安徽	69.7	6.9	310.4	4.8
福建	67.8	6.4	288.6	5.9
江西	77.8	7.0	305.9	4.6
山东	84.5	7.2	291.3	5.6
河南	76.1	6.6	235.8	5.1
湖北	78.4	7.3	447.0	6.7
湖南	70.6	6.4	341.3	5.4
广东	65.8	7.0	292.9	6.0
广西	72.4	6.4	248.9	4.8
海南	59.1	9.1	321.6	6.1
重庆	74.3	6.7	302.1	4.4
四川	66.6	6.4	345.7	5.4
贵州	74.8	6.5	361.3	4.5
云南	65.0	8.0	335.1	6.0
西藏	62.5	6.8	344.0	6.0
陕西	75.5	7.5	282.0	5.8
甘肃	68.4	9.5	311.8	5.6
青海	70.4	6.8	223.8	5.6
宁夏	73.9	6.9	219.7	5.9
新疆	57.8	7.4	262.4	6.1

3-12 续表 6

家用电器及电子产品专门零售

地　区	负债比率(%)	主营业务毛利率(%)	人均主营业务收入(万元)	费用率(%)
全　国	**67.9**	**10.3**	**172.1**	**9.6**
北　京	65.6	8.7	195.8	8.3
天　津	86.0	3.9	468.5	6.5
河　北	84.4	11.8	77.7	12.1
山　西	87.8	11.9	132.4	12.4
内蒙古	69.3	13.3	129.5	10.3
辽　宁	73.4	10.2	133.3	9.4
吉　林	76.0	12.6	149.2	10.9
黑龙江	82.3	9.8	175.8	8.9
上　海	38.9	10.4	303.1	10.7
江　苏	65.9	11.5	165.9	12.0
浙　江	74.8	10.6	137.3	10.5
安　徽	77.3	10.8	159.9	9.9
福　建	70.7	9.4	142.3	10.1
江　西	65.7	8.2	146.5	7.6
山　东	79.3	10.4	191.7	7.3
河　南	68.9	14.6	103.3	10.9
湖　北	63.1	15.1	172.2	11.4
湖　南	64.3	12.6	188.9	8.9
广　东	80.1	10.2	152.6	11.6
广　西	75.7	10.8	109.6	11.2
海　南	88.3	12.2	115.6	13.3
重　庆	66.9	10.2	177.3	8.7
四　川	67.4	10.6	182.6	10.0
贵　州	64.8	11.1	172.4	9.3
云　南	70.5	13.7	124.7	14.0
西　藏	61.1	6.6	71.8	9.4
陕　西	57.1	12.3	264.2	7.3
甘　肃	73.3	12.2	128.1	11.6
青　海	39.3	18.5	125.0	13.4
宁　夏	67.6	14.1	136.7	13.4
新　疆	79.9	12.1	148.9	12.9

3-12 续表 7

五金、家具及室内装饰材料专门零售

地　区	负债比率(%)	主营业务毛利率(%)	人均主营业务收入(万元)	费用率(%)
全　国	**64.2**	**22.3**	**131.0**	**12.9**
北　京	77.8	37.8	97.6	29.4
天　津	102.4	14.5	270.2	16.7
河　北	73.3	16.1	65.8	13.8
山　西	65.7	14.5	141.4	9.2
内蒙古	47.9	30.5	113.0	9.3
辽　宁	102.7	14.1	99.9	15.5
吉　林	36.3	25.0	29.8	18.6
黑龙江	92.2	10.6	45.6	16.4
上　海	80.8	34.6	101.6	36.2
江　苏	57.7	23.3	171.2	16.1
浙　江	78.1	28.3	95.5	25.8
安　徽	71.6	20.0	98.8	11.0
福　建	58.6	13.8	317.0	5.3
江　西	54.9	12.2	134.9	5.1
山　东	52.8	19.4	82.6	7.3
河　南	48.9	20.2	65.0	10.4
湖　北	84.0	19.4	134.6	13.0
湖　南	35.5	14.4	105.8	8.2
广　东	69.1	25.9	120.0	20.0
广　西	64.7	19.4	31.3	16.8
海　南	124.9	17.7	30.3	36.7
重　庆	48.0	26.9	484.5	12.3
四　川	64.6	16.5	137.6	12.4
贵　州	81.4	8.6	84.3	6.2
云　南	60.4	9.0	266.0	1.4
西　藏				
陕　西	67.6	19.9	223.1	4.0
甘　肃	66.1	12.8	47.4	13.5
青　海	40.8	5.4	496.9	2.9
宁　夏	150.7	16.7	23.5	38.7
新　疆	48.2	55.0	82.3	41.4

3-12 续表 8

货摊、无店铺及其他零售业

地　区	负债比率(%)	主营业务毛利率(%)	人均主营业务收入(万元)	费用率(%)
全　国	**84.8**	**13.1**	**244.0**	**13.1**
北　京	154.1	11.0	173.9	21.0
天　津	98.4	16.7	349.7	14.9
河　北	54.9	20.0	52.3	15.8
山　西	86.6	12.4	63.4	14.1
内蒙古	70.0	17.1	128.0	8.7
辽　宁	103.5	7.6	643.4	8.0
吉　林	51.8	11.5	74.5	10.2
黑龙江	65.1	26.2	29.8	28.4
上　海	100.4	6.9	511.5	12.4
江　苏	80.8	11.5	299.3	11.1
浙　江	78.5	21.0	203.8	18.0
安　徽	68.3	23.8	121.8	17.3
福　建	58.3	14.0	201.5	11.7
江　西	63.6	17.7	118.3	16.1
山　东	81.6	13.1	182.7	11.0
河　南	36.4	27.4	49.1	11.6
湖　北	69.5	8.5	348.7	8.4
湖　南	54.2	23.3	129.6	11.5
广　东	69.4	14.0	314.5	13.1
广　西	46.6	29.3	41.4	19.7
海　南	47.0	24.2	39.7	25.3
重　庆	62.2	16.7	64.6	14.2
四　川	76.5	12.7	355.4	11.2
贵　州	75.9	12.3	338.7	12.6
云　南	55.1	41.9	27.9	15.6
西　藏				
陕　西	54.2	14.4	424.0	8.3
甘　肃	58.3	22.3	119.1	15.2
青　海	49.4	34.0	38.0	19.5
宁　夏	20.7	22.0	21.8	29.0
新　疆	53.2	27.8	68.0	21.5

3-13 大中型住宿业企业分行业基本情况

地区	住宿业		旅游饭店	
	法人单位数(个)	年末从业人数(人)	法人单位数(个)	年末从业人数(人)
全国	**3764**	**1032969**	**3269**	**917404**
北京	320	95916	267	82364
天津	46	12214	37	9485
河北	79	21948	59	15777
山西	30	9857	26	8535
内蒙古	42	11088	36	9766
辽宁	77	21536	71	20281
吉林	34	8190	31	7625
黑龙江	28	7990	25	7187
上海	183	55249	149	46449
江苏	272	69078	252	65614
浙江	345	89005	315	82439
安徽	97	21507	85	19197
福建	185	50054	163	45131
江西	77	18028	65	15042
山东	206	55996	181	48581
河南	129	29778	99	24443
湖北	106	26062	90	22422
湖南	171	44667	146	39411
广东	519	170747	457	154479
广西	75	20368	67	18369
海南	115	40182	112	39446
重庆	97	22658	80	19482
四川	152	35634	127	31408
贵州	51	11193	46	10451
云南	100	26547	84	23327
西藏	10	2079	10	2079
陕西	115	31072	94	26446
甘肃	43	9651	40	9090
青海	11	2729	11	2729
宁夏	10	2361	10	2361
新疆	39	9585	34	7988

注：NA为小于或等于3(下表同)。

3-13 续表

地区	一般旅馆		其他住宿业	
	法人单位数(个)	年末从业人数（人）	法人单位数(个)	年末从业人数(人)
全国	**431**	**100662**	**64**	**14903**
北京	44	11166	9	2386
天津	8	2133	NA	596
河北	14	4165	6	2006
山西	4	1322		
内蒙古	5	1058	NA	264
辽宁	6	1255		
吉林	NA	117	NA	448
黑龙江	NA	803		
上海	30	8207	4	593
江苏	15	2549	5	915
浙江	29	6435	NA	131
安徽	11	2066	NA	244
福建	19	4392	NA	531
江西	11	2810	NA	176
山东	23	7151	NA	264
河南	28	4921	NA	414
湖北	15	3462	NA	178
湖南	24	4577	NA	679
广东	52	13921	10	2347
广西	7	1835	NA	164
海南	NA	330	NA	406
重庆	16	2870	NA	306
四川	23	3995	NA	231
贵州	4	535	NA	207
云南	14	2774	NA	446
西藏				
陕西	16	3655	5	971
甘肃	NA	561		
青海				
宁夏				
新疆	5	1597		

3-14 大中型住宿业企业分行业经营情况

旅游饭店 单位：万元

地 区	营业额	客房收入	餐费收入	商品销售额	其他收入
全 国	**21304793**	**9385639**	**8591872**	**567648**	**2759634**
北 京	2457807	1143856	714623	29653	569675
天 津	193661	94438	75928	991	22304
河 北	249313	102790	116936	1920	27667
山 西	111330	40819	59184	734	10593
内蒙古	160217	62460	81894	306	15557
辽 宁	394604	166251	172652	7241	48460
吉 林	136743	63764	57029	3074	12876
黑龙江	142129	62677	57045	9361	13046
上 海	1889753	877754	567008	42898	402093
江 苏	1502008	561920	757314	55704	127070
浙 江	1987682	800048	1005817	13699	168118
安 徽	346315	151093	164072	6557	24593
福 建	1016402	388472	478522	78540	70868
江 西	270041	117287	121304	5192	26258
山 东	1057884	396904	538837	34562	87581
河 南	464618	202547	199866	18632	43573
湖 北	463152	211707	187355	10880	53210
湖 南	793190	328191	356617	44762	63620
广 东	3676500	1627091	1335258	98912	615239
广 西	331997	157039	130761	12052	32145
海 南	879059	540854	270203	6542	61460
重 庆	501509	224149	208641	21447	47272
四 川	735676	319250	326690	24958	64778
贵 州	211856	104656	83516	6662	17022
云 南	420692	216436	146263	11517	46476
西 藏	38385	22328	11796	389	3872
陕 西	464314	207492	208112	11606	37104
甘 肃	200674	101652	77095	4381	17546
青 海	36322	17506	12882	676	5258
宁 夏	34453	15872	14746	406	3429
新 疆	136507	58336	53906	3394	20871

3-14 续表 1

一般旅馆

单位：万元

地区	营业额	客房收入	餐费收入	商品销售额	其他收入
全国	**2215153**	**1170856**	**775869**	**35613**	**232815**
北京	311321	217722	45078	2346	46175
天津	28699	10625	8559	152	9363
河北	77166	22732	47826	555	6053
山西	17496	7937	8702	119	738
内蒙古	20508	7249	12131	92	1036
辽宁	21057	8448	10916	163	1530
吉林	2187	1308	879		
黑龙江	14723	12067	2250	236	170
上海	290120	133578	72950	1243	82349
江苏	50077	24524	19541	1390	4622
浙江	147437	55075	82102	148	10112
安徽	51173	19496	28336	1874	1467
福建	82779	36513	41155	811	4300
江西	45176	25967	16760	1040	1409
山东	137922	72433	53725	2924	8840
河南	98815	39035	47630	6622	5528
湖北	57704	33399	21686	415	2204
湖南	94012	42371	43608	2284	5749
广东	288864	189082	71872	3778	24132
广西	34027	27400	5467	140	1020
海南	4028	1622	2243		163
重庆	68910	32653	34775	195	1287
四川	91093	44496	38060	2643	5894
贵州	10279	5955	3253	108	963
云南	68501	50033	10877	3013	4578
西藏					
陕西	59451	20405	35519	2348	1179
甘肃	12841	11438	1145	60	198
青海					
宁夏					
新疆	28787	17293	8824	914	1756

3-14 续表 2

其他住宿业 单位：万元

地区	营业额	客房收入	餐费收入	商品销售额	其他收入
全国	**325636**	**146737**	**112940**	**9878**	**56081**
北京	85476	37755	19830	444	27447
天津	11608	1805	4690	1647	3466
河北	30389	10858	11575	3268	4688
山西					
内蒙古	2063	801	544	55	663
辽宁					
吉林	7977	4818	3135		24
黑龙江					
上海	18332	14406	2930		996
江苏	16841	11664	4517	440	220
浙江	2741	2022	566		153
安徽	6455	929	5392	21	113
福建	15682	4038	7599	3496	549
江西	3621	1813	1774		34
山东	6211	3796	2355	41	19
河南	9353	4590	4764		-1
湖北	2943	1972	567		404
湖南	14122	5376	6250		2496
广东	40761	20004	17060	255	3442
广西	7166	234	251		6681
海南	4850	1652	1515		1683
重庆	5523	2774	2370		379
四川	4317	2522	1454		341
贵州	2436	1258	1177		1
云南	5171	2809	1499	37	826
西藏					
陕西	21598	8841	11126	174	1457
甘肃					
青海					
宁夏					
新疆					

3-15 大中型住宿业企业分行业年末资产负债

旅游饭店

单位：万元

地 区	流动资产合计	固定资产原价	累计折旧	资产总计	负债合计	所有者权益合计
全 国	**26033346**	**52618355**	**22026418**	**76182767**	**55341556**	**20841211**
北 京	3366067	7388497	3370551	10153988	7621448	2532540
天 津	194779	510089	155222	744249	667739	76511
河 北	478912	922839	322949	1305298	1082575	222723
山 西	135994	310193	145666	409891	408360	1531
内 蒙 古	174716	556818	212739	613138	402236	210901
辽 宁	473856	1464638	682698	1492686	989123	503562
吉 林	173316	473532	189195	559767	395571	164197
黑 龙 江	138257	368367	158549	418132	257415	160717
上 海	2161045	4893900	2340441	6465769	3242520	3223249
江 苏	1507643	4114790	1600513	5647829	4062460	1585369
浙 江	2139939	4681734	1970170	6478359	5013661	1464699
安 徽	378417	952706	290731	1562725	1189559	373166
福 建	1038806	2062040	674371	3312214	2167196	1145017
江 西	342527	504751	203273	1087600	748064	339536
山 东	1179813	2132426	915012	2912332	2042600	869732
河 南	771588	834018	331744	1530954	1134087	396867
湖 北	419343	1162081	478270	1519627	973226	546401
湖 南	535723	1713414	681150	2073994	1518296	555698
广 东	4767107	7694721	3479716	12192820	10462389	1730431
广 西	418150	1039061	454380	1253028	933290	319738
海 南	1812216	1659804	594800	4099124	2638832	1460292
重 庆	699573	879789	348183	1682669	1387567	295102
四 川	1086093	1611440	670033	2527274	1972671	554603
贵 州	180419	463747	129394	617972	529869	88103
云 南	549045	1336764	552911	1753539	1119762	633777
西 藏	45491	210714	63375	211097	43374	167723
陕 西	427940	1759706	619068	2379075	1597669	781406
甘 肃	153838	285408	139285	375795	252516	123280
青 海	92708	127102	50991	186566	49787	136778
宁 夏	32836	165016	48511	156313	179846	-23533
新 疆	157189	338250	152527	458943	257848	201095

3-15 续表 1

一般旅馆 单位：万元

地区	流动资产合计	固定资产原价	累计折旧	资产总计	负债合计	所有者权益合计
全国	**2497224**	**2775852**	**1015761**	**6101741**	**4474707**	**1627036**
北京	587837	351136	144566	1454916	835202	619714
天津	23708	115708	54363	87799	110228	-22428
河北	278238	69781	31484	380351	230704	149647
山西	25043	37566	7170	84928	52479	32449
内蒙古	13482	50006	23754	45878	46112	-235
辽宁	44638	33220	18133	75092	73743	1349
吉林	151	103	15	351	251	100
黑龙江	3082	11028	1123	14169	9122	5047
上海	275796	130312	71433	461847	402367	59480
江苏	46752	69205	15669	118817	91727	27090
浙江	99916	262354	59531	436339	317296	119043
安徽	35373	68643	20808	108982	65465	43518
福建	72152	49340	25035	182316	137787	44529
江西	29552	84789	9671	114981	70496	44485
山东	84317	176706	77095	344357	274711	69647
河南	52193	137608	33867	215367	176142	39225
湖北	32559	80820	21406	116598	81364	35234
湖南	30717	110833	31967	149641	103037	46604
广东	523009	509631	253702	1024724	806532	218192
广西	30847	37117	5717	87972	70565	17407
海南	1706	48880	9924	40662	47440	-6778
重庆	61212	80145	20371	149355	154702	-5347
四川	52842	82034	24173	158355	147836	10519
贵州	5896	10397	5778	11496	5928	5568
云南	28520	57587	16806	83248	51647	31602
西藏						
陕西	39784	85923	23939	112546	82354	30192
甘肃	6076	6123	908	13220	14781	-1562
青海						
宁夏						
新疆	11826	18857	7353	27434	14689	12745

3-15 续表 2

其他住宿业　　　　单位：万元

地　区	流动资产合计	固定资产原价	累计折旧	资产总计	负债合计	所有者权益合计
全　国	**934409**	**630953**	**230763**	**1753675**	**1258934**	**494740**
北　京	322307	150637	57153	544522	511826	32696
天　津	6911	2173		9616	2465	7151
河　北	45132	96530	48219	116152	120251	-4099
山　西						
内蒙古	2934	110	65	3307	2957	350
辽　宁						
吉　林	3922	799	676	4253	5256	-1003
黑龙江						
上　海	11691	18424	5504	28142	5998	22144
江　苏	5292	2165	1749	13271	21370	-8099
浙　江	210	628	531	507	1272	-764
安　徽	1088	3078	1913	9428	8928	500
福　建	15136	18855	9363	30689	33810	-3122
江　西	3306	5763	2887	12781	3313	9468
山　东	10702	2221	794	12140	13272	-1132
河　南	1597	1558	260	3169	1714	1455
湖　北	15091	15870	2941	34078	30439	3639
湖　南	431844	60121	39743	628450	348205	280245
广　东	27764	72102	23238	87993	49837	38156
广　西	3295	1096	701	10416	3285	7131
海　南	3356	106859	16066	94350	27930	66420
重　庆	3613	3342	2631	4425	18293	-13868
四　川	2553	1786	1159	7031	5831	1199
贵　州	493	858	654	811	1247	-435
云　南	4396	13233	6335	13560	4755	8805
西　藏						
陕　西	11776	52745	8181	84584	36680	47903
甘　肃						
青　海						
宁　夏						
新　疆						

3-16 大中型住宿业企业分行业实收资本及构成

旅游饭店

单位：万元

地区	实收资本	国家资本	集体资本	法人资本	个人资本	港澳台资本	外商资本
全国	**28311023**	**7503862**	**382586**	**8130911**	**7447102**	**3412959**	**1433610**
北京	2889878	878010	20107	1187189	131064	485389	188119
天津	315131	131261	5000	148496	18065	9555	2753
河北	448081	140894	300	142407	76480	88000	
山西	103444	54007		17962	31475		
内蒙古	206063	48298	5667	34950	23725	93423	
辽宁	590745	113465	500	139525	74731	217317	45207
吉林	150108	55877		30368	44305	1800	17759
黑龙江	214517	117770		33131	26201	20189	17227
上海	2598416	1576924	69919	388292	123236	240094	199952
江苏	2025157	833984	12993	506402	284851	168132	218794
浙江	1909727	456787	22357	795241	258061	314499	62782
安徽	5443146	37151	6576	213124	5097361	87043	1892
福建	1078242	377901	6092	252385	212081	145485	84299
江西	259911	92495	610	55680	93183	5000	12943
山东	713671	167447	24405	232214	31598	242505	15502
河南	481730	117565	49479	222431	53100	39155	
湖北	441146	158744	12474	121875	91161	56528	365
湖南	611835	172072	10499	285366	123168	4650	16080
广东	2932808	662370	41919	1225670	235206	585640	182004
广西	484154	89352		137294	43800	186833	26875
海南	1437048	136436	55592	917280	14973	291698	21069
重庆	316290	77294	2710	176590	23990	3100	32606
四川	723337	180094	10197	293998	122515	7096	109437
贵州	125606	36476	1300	66623	13427	6800	980
云南	529902	200111	6677	151662	91976	58548	20928
西藏	160089	67846		4000	5000		83243
陕西	683018	278655	14571	221311	75528	52480	40473
甘肃	132689	83817		27617	8983	2000	10272
青海	77183	46210	542	1875	6508		22049
宁夏	26956	22607		3850	500		
新疆	200995	91942	2100	96103	10850		

3-16 续表 1

一般旅馆

单位：万元

地区	实收资本	国家资本	集体资本	法人资本	个人资本	港澳台资本	外商资本
全国	**1712746**	**237389**	**14336**	**852663**	**312199**	**138161**	**158000**
北京	497895	20993		394851	29672	51360	1020
天津	20438	19805		633			
河北	76601	10891	213	14571	50926		
山西	30511	28711		1800			
内蒙古	5500	1030		500	3970		
辽宁	3600	1300	500	800	1000		
吉林	100				100		
黑龙江	4175	3125	990	60			
上海	133879	400		95433	9570		28476
江苏	44000	1092		16780	16700	4428	5000
浙江	87260	6396		37474	43389		
安徽	31191	124		24278	6788		
福建	39483	3743		4300	31340	100	
江西	44442	23852		10540	10050		
山东	53259	32266	500	16913	3580		
河南	50579	8882	1386	18029	12924	9359	
湖北	32079	7042	972	14995	4070		5000
湖南	35511	577	346	16107	18382	100	
广东	318538	9572	4050	102950	10647	72814	118504
广西	8317			4976	3341		
海南	28000	28000					
重庆	33991	8	5000	14586	14397		
四川	30622	3820	229	14978	11595		
贵州	6152		150	5602	400		
云南	20394	311		11446	8638		
西藏							
陕西	63233	16959		29361	16914		
甘肃	906			100	806		
青海							
宁夏							
新疆	12090	8490		600	3000		

3-16 续表 2

其他住宿业　　单位：万元

地　区	实收资本	国家资本	集体资本	法人资本	个人资本	港澳台资本	外商资本
全　国	**345644**	**197515**	**2244**	**100362**	**31564**	**12721**	**1240**
北　京	64368	180	1100	45764	5103	12221	
天　津	994		994				
河　北	12500	2000		6500	3500	500	
山　西							
内蒙古	1050				1050		
辽　宁							
吉　林	1200			1200			
黑龙江							
上　海	3288	100		3188			
江　苏	1402	102	50		1250		
浙　江							
安　徽	500			500			
福　建	11183	3333		7000	850		
江　西	10200			10200			
山　东	1296			1296			
河　南	533			63	471		
湖　北	4000			4000			
湖　南	101893	101893					
广　东	15745	810	100	8356	5240		1240
广　西	108			108			
海　南	88200	88000		200			
重　庆	100			100			
四　川	2537			2437	100		
贵　州	599	599					
云　南	4098	498		3600			
西　藏							
陕　西	19850			5850	14000		
甘　肃							
青　海							
宁　夏							
新　疆							

3-17 大中型住宿业企业

旅游饭店

地 区	主营业务收入	主营业务成本	主营业务税金及附加	主营业务利润	其他业务利润
全 国	**20740152**	**7146073**	**550229**	**13043850**	**376697**
北 京	2363958	602656	68619	1692683	19576
天 津	192445	71238	3938	117269	426
河 北	245296	85555	5273	154468	8252
山 西	109166	37447	2826	68893	1668
内 蒙 古	151549	66410	3823	81316	1693
辽 宁	388466	126863	9355	252248	16723
吉 林	135179	44218	3294	87667	8381
黑 龙 江	143684	41606	3505	98573	11400
上 海	1837377	581729	51236	1204412	77109
江 苏	1454453	529975	34190	890288	16581
浙 江	1938177	616002	49657	1272518	85030
安 徽	337702	130110	8448	199144	9301
福 建	994257	373583	24795	595879	12837
江 西	269899	110495	7747	151657	4177
山 东	1042828	408869	26188	607771	16402
河 南	451613	182063	13993	255557	5231
湖 北	452325	171527	12987	267811	3449
湖 南	760621	319030	22738	418853	4448
广 东	3569382	1283434	90783	2195165	30109
广 西	323544	112698	8426	202420	3941
海 南	887423	221563	26330	639530	11205
重 庆	490056	188967	12499	288590	6805
四 川	713536	256823	16483	440230	8090
贵 州	203858	91598	4941	107319	4304
云 南	387040	127426	10527	249087	3048
西 藏	38343	7351	898	30094	
陕 西	451554	183592	13500	254462	1562
甘 肃	200413	97891	8061	94461	958
青 海	36357	11816	509	24032	2703
宁 夏	34211	14016	1071	19124	
新 疆	135440	49522	3589	82329	1288

分行业损益及分配

单位：万元

销售费用	管理费用	财务费用	营业利润	利润总额	应交所得税	应付职工薪酬
6064658	**6598587**	**1216147**	**-314359**	**-168524**	**220441**	**5290648**
702338	914116	134540	104904	121269	44131	779056
63470	75119	10886	-29232	-28216	196	57876
108210	88149	22244	-52277	-47249	658	80337
51249	29494	5966	-17174	-14796	62	33386
47612	55346	6564	-20759	-20023	95	42033
130715	158072	25319	-98686	-96384	580	78887
47807	43316	11057	-13924	-15899	5	31714
48384	48264	3283	1900	4124	1864	31054
458241	547693	65661	162036	171247	44437	432670
449797	492116	84393	-103892	-98613	8493	343658
623026	600447	147985	-58078	-43107	20879	475158
89130	117665	26000	-24634	-19066	1336	83205
295742	278402	58682	-20566	5523	8040	240186
69261	78227	22078	-16372	-13459	3634	55649
298867	283554	52061	-15667	-13221	7293	238674
118247	128426	27823	-10236	-9532	2182	103459
128936	223484	23432	-10156	-5071	2314	98801
175245	229508	40768	-20767	-13303	3547	164604
1007097	954988	227503	71026	74920	39751	931519
103284	107772	22678	-26087	-17724	2725	81249
249487	350171	29946	24568	17826	10123	245525
140115	117475	43014	-1635	13407	3438	98463
215019	202582	48955	-15336	-18178	3956	148070
51634	47200	23167	-12089	-10078	1677	43363
115072	153578	26502	-40318	-37714	2874	106927
20608	19040	361	-8385	-8520	97	20313
130824	142866	18595	-42811	-43583	2465	130331
46635	47681	1928	-2844	10505	2062	50016
15862	10497	871	-2987	-3577	-8	13563
14999	12408	1467	-9728	-9584	69	9601
47745	40931	2418	-4153	-448	1466	41301

3-17 续表 1

一般旅馆

地　　区	主营业务收入	主营业务成本	主营业务税金及附加	主营业务利润	其他业务利润	销售费用
全　　国	**2159685**	**877161**	**51502**	**1231022**	**26067**	**596355**
北　　京	299745	100834	6684	192227	6682	74047
天　　津	28268	12199	508	15561		7418
河　　北	76154	37569	2035	36550	258	26940
山　　西	18253	5186	428	12639		4449
内 蒙 古	20638	6401	360	13877		6713
辽　　宁	21057	4778	366	15913		9636
吉　　林	2187	656	2	1529		490
黑 龙 江	13985	1761	289	11935	3	7575
上　　海	281843	64638	5406	211799	370	62827
江　　苏	48177	16629	1006	30542	338	14765
浙　　江	144437	50790	3658	89989	2505	49402
安　　徽	50766	29259	871	20636		8607
福　　建	79944	23970	1786	54188	1226	30443
江　　西	45176	24728	1553	18895		9791
山　　东	136129	54402	3134	78593	2068	54406
河　　南	91647	49823	2784	39040		15754
湖　　北	56095	23648	1278	31169	-843	13924
湖　　南	93015	48106	3300	41609	3634	19190
广　　东	281763	150948	6253	124562	7066	80191
广　　西	33903	11701	734	21468		12334
海　　南	4028	933	98	2997		2221
重　　庆	66254	32931	1570	31753	87	15573
四　　川	89734	34671	2428	52635	33	29445
贵　　州	9815	4074	174	5567	287	4685
云　　南	67851	35413	2247	30191	2118	15998
西　　藏						
陕　　西	57857	27072	1293	29492	19	13269
甘　　肃	12707	5937	686	6084		2986
青　　海						
宁　　夏						
新　　疆	28257	18104	571	9582	216	3276

单位：万元

管理费用	财务费用	营业利润	利润总额	应交所得税	应付职工薪酬
559639	**78333**	**17411**	**31256**	**23435**	**470204**
94809	13591	16094	15032	5913	80239
11538	87	-4068	-3714	33	10664
12878	2874	-635	932	198	11996
6809	711	-336	-349	196	3801
7607	679	-1117	-879	130	4302
8192	-7	-1913	-1899	17	3872
243	1	795	795		345
4941	113	-496	-139		2580
119274	6132	30852	34514	8560	57028
18279	923	-1978	-1291	427	12597
39547	7639	-5037	-3330	266	35906
6253	2294	2002	3596	248	7890
20734	2692	1735	2568	762	20776
5542	1301	2131	2480	86	8998
18087	3283	2523	3471	1822	27674
15566	4018	4459	5333	848	17937
13564	2201	1645	1577	916	11971
18873	4263	-224	-601	466	16862
55630	14195	-24963	-24303	763	69397
7138	612	1883	1676		4535
2831	16	-2071	-2080		1927
15644	3463	-2870	-1790	125	13050
21213	4241	-2241	-1134	113	14672
1310	41	-469	-352	41	2092
8130	1888	2901	2971	310	8985
20706	814	-6402	-7070	176	13780
971	186	2075	2075	829	1939
3330	82	3136	3167	190	4389

3-17 续表 2

其他住宿业

地 区	主营业务收入	主营业务成本	主营业务税金及附加	主营业务利润	其他业务利润	销售费用
全 国	**318572**	**104564**	**8495**	**205513**	**909**	**80339**
北 京	87193	20261	3292	63640	352	22639
天 津	11559	3593	123	7843		5699
河 北	29072	8316	754	20002	709	6292
山 西						
内蒙古	2063	759	23	1281		716
辽 宁						
吉 林	7761	2549	141	5071	48	2317
黑龙江						
上 海	17013	4977	361	11675		3454
江 苏	16593	5191	294	11108	-986	4393
浙 江	2711	342	60	2309		2257
安 徽	6081	3424	374	2283		691
福 建	15192	10994	269	3929	291	2531
江 西	3621	1042	71	2508		1530
山 东	6210	3340	73	2797		1960
河 南	9353	6802	270	2281		356
湖 北	2986	1718	53	1215		200
湖 南	12288	6713	253	5322		124
广 东	40019	10618	927	28474	245	12027
广 西	7106	235	155	6716		621
海 南	4850	1123	96	3631		1587
重 庆	4792	2554	105	2133	250	129
四 川	4317	1204	109	3004		1728
贵 州	2336	427	40	1869		831
云 南	5064	2467	112	2485		887
西 藏						
陕 西	20392	5915	540	13937		7370
甘 肃						
青 海						
宁 夏						
新 疆						

单位：万元

管理费用	财务费用	营业利润	利润总额	应交所得税	应付职工薪酬
115131	**21582**	**-9784**	**-8695**	**2089**	**82876**
27595	19083	-5329	-5356	920	21024
1684	-13	529	561	144	5178
13119	1995	-550	-571	137	7890
738	4	-178	-134		711
2684	20	51	58		2056
7855	-25	609	700	20	2992
6185	73	-540	-561	45	4144
198	14	-170	-158	20	683
827	321	818	818		822
1972	626	-837	40		3279
574	11		-732		13
940	11	-114	-143	55	1057
469	200	1256	1274	597	1331
1002	195	-182	-174		112
7454	-2621	366	133		5427
19459	1239	-4354	-3330	60	14188
1405	-8	4758	4736		853
5763	17	-3806	-3759	4	1659
3170	-5	-925	-928		2053
509	52	716	715	7	1051
1325	5	-292	-299		1308
1266	30	303	331	80	1836
8938	358	-1913	-1916		3209

3-18 大中型住宿业企业分行业经济效益分析指标

旅游饭店

地区	负债比率(%)	主营业务毛利率(%)	人均主营业务收入(万元)	费用率(%)
全国	**72.6**	**65.5**	**22.6**	**66.9**
北京	75.1	74.5	28.7	74.1
天津	89.7	63.0	20.3	77.7
河北	82.9	65.1	15.5	89.1
山西	99.6	65.7	12.8	79.4
内蒙古	65.6	56.2	15.5	72.3
辽宁	66.3	67.3	19.2	80.9
吉林	70.7	67.3	17.7	75.6
黑龙江	61.6	71.0	20.0	69.5
上海	50.1	68.3	39.6	58.3
江苏	71.9	63.6	22.2	70.6
浙江	77.4	68.2	23.5	70.8
安徽	76.1	61.5	17.6	68.9
福建	65.4	62.4	22.0	63.6
江西	68.8	59.1	17.9	62.8
山东	70.1	60.8	21.5	60.8
河南	74.1	59.7	18.5	60.8
湖北	64.0	62.1	20.2	83.1
湖南	73.2	58.1	19.3	58.6
广东	85.8	64.0	23.1	61.3
广西	74.5	65.2	17.6	72.2
海南	64.4	75.0	22.5	70.9
重庆	82.5	61.4	25.2	61.3
四川	78.1	64.0	22.7	65.4
贵州	85.7	55.1	19.5	59.8
云南	63.9	67.1	16.6	76.3
西藏	20.5	80.8	18.4	104.3
陕西	67.2	59.3	17.1	64.7
甘肃	67.2	51.2	22.0	48.0
青海	26.7	67.5	13.3	74.9
宁夏	115.1	59.0	14.5	84.4
新疆	56.2	63.4	17.0	67.3

注：费用率等于销售费用、管理费用、财务费用三项之和除以主营业务收入合计(下表同)。

3-18 续表 1

一般旅馆

地区	负债比率 (%)	主营业务毛利率 (%)	人均主营业务收入 (万元)	费用率 (%)
全国	**73.3**	**59.4**	**21.5**	**57.2**
北京	57.4	66.4	26.8	60.9
天津	125.5	56.8	13.3	67.4
河北	60.7	50.7	18.3	56.1
山西	61.8	71.6	13.8	65.6
内蒙古	100.5	69.0	19.5	72.7
辽宁	98.2	77.3	16.8	84.6
吉林	71.5	70.0	18.7	33.6
黑龙江	64.4	87.4	17.4	90.3
上海	87.1	77.1	34.3	66.8
江苏	77.2	65.5	18.9	70.5
浙江	72.7	64.8	22.4	66.9
安徽	60.1	42.4	24.6	33.8
福建	75.6	70.0	18.2	67.4
江西	61.3	45.3	16.1	36.8
山东	79.8	60.0	19.0	55.7
河南	81.8	45.6	18.6	38.6
湖北	69.8	57.8	16.2	52.9
湖南	68.9	48.3	20.3	45.5
广东	78.7	46.4	20.2	53.2
广西	80.2	65.5	18.5	59.2
海南	116.7	76.8	12.2	125.8
重庆	103.6	50.3	23.1	52.3
四川	93.4	61.4	22.5	61.2
贵州	51.6	58.5	18.3	61.5
云南	62.0	47.8	24.5	38.3
西藏				
陕西	73.2	53.2	15.8	60.1
甘肃	111.8	53.3	22.7	32.6
青海				
宁夏				
新疆	53.5	35.9	17.7	23.7

3-18 续表 2

其他住宿业

地 区	负债比率 (%)	主营业务毛利率 (%)	人均主营业务收入 (万元)	费用率 (%)
全 国	**71.8**	**67.2**	**21.4**	**68.1**
北 京	94.0	76.8	36.5	79.5
天 津	25.6	68.9	19.4	63.8
河 北	103.5	71.4	14.5	73.6
山 西				
内蒙古	89.4	63.2	7.8	70.7
辽 宁				
吉 林	123.6	67.2	17.3	64.7
黑龙江				
上 海	21.3	70.7	28.7	66.3
江 苏	161.0	68.7	18.1	64.2
浙 江	250.9	87.4	20.7	91.1
安 徽	94.7	43.7	24.9	30.2
福 建	110.2	27.6	28.6	33.8
江 西	25.9	71.2	20.6	58.4
山 东	109.3	46.2	23.5	46.9
河 南	54.1	27.3	22.6	11.0
湖 北	89.3	42.5	16.8	46.8
湖 南	55.4	45.4	18.1	40.3
广 东	56.6	73.5	17.1	81.8
广 西	31.5	96.7	43.3	28.4
海 南	29.6	76.8	11.9	151.9
重 庆	413.4	46.7	15.7	68.7
四 川	82.9	72.1	18.7	53.0
贵 州	153.8	81.7	11.3	92.5
云 南	35.1	51.3	11.4	43.1
西 藏				
陕 西	43.4	71.0	21.0	81.7
甘 肃				
青 海				
宁 夏				
新 疆				

3-19 大中型餐饮业企业分行业基本情况

地区	餐饮业		正餐服务	
	法人单位数（个）	年末从业人数（人）	法人单位数（个）	年末从业人数（人）
全国	**2714**	**1201955**	**2290**	**693261**
北京	301	180994	239	106681
天津	53	27886	38	9894
河北	27	6405	27	6405
山西	36	15847	32	10538
内蒙古	43	10153	40	9746
辽宁	40	14278	25	5041
吉林	9	4456	7	2745
黑龙江	5	1630	4	1030
上海	317	177800	248	95751
江苏	239	104396	200	49875
浙江	214	76445	191	47798
安徽	71	33655	64	18866
福建	83	38088	63	15727
江西	29	8201	27	6560
山东	148	49629	131	38510
河南	61	18103	54	11781
湖北	97	38437	90	25993
湖南	71	23266	66	14926
广东	412	196967	339	93245
广西	33	13391	27	5553
海南	6	1908	5	1761
重庆	107	47747	91	41520
四川	122	49098	112	22489
贵州	18	4456	16	4036
云南	33	13661	28	8530
西藏				
陕西	94	32632	88	29892
甘肃	16	4971	13	2875
青海	6	1452	6	1452
宁夏	7	1560	7	1560
新疆	16	4443	12	2481

3-19 续表

地区	快餐服务		饮料及冷饮服务		其他餐饮业	
	法人单位数(个)	年末从业人数(人)	法人单位数(个)	年末从业人数(人)	法人单位数(个)	年末从业人数(人)
全国	**271**	**391987**	**29**	**50381**	**124**	**66326**
北京	39	55156	4	5349	19	13808
天津	9	16523			6	1469
河北						
山西	4	5309				
内蒙古	NA	407				
辽宁	9	7813	NA	530	4	894
吉林	NA	1711				
黑龙江	NA	600				
上海	32	38257	9	32350	28	11442
江苏	24	46609	NA	1084	12	6828
浙江	12	25440	NA	367	9	2840
安徽	7	14789				
福建	17	20755			NA	1606
江西	NA	1641				
山东	13	8622	NA	246	NA	2251
河南	4	5622			NA	700
湖北	5	10170	NA	1574	NA	700
湖南	5	8340				
广东	46	86996	6	7006	21	9720
广西	6	7838				
海南	NA	147				
重庆	9	4718			7	1509
四川	6	13870	NA	1875	NA	10864
贵州					NA	420
云南	NA	4288			NA	843
西藏						
陕西	5	2308			NA	432
甘肃	NA	2096				
青海						
宁夏						
新疆	4	1962				

注：NA为小于或等于3。

3-20 大中型餐饮业企业分行业经营情况

正餐服务　　单位：万元

地　区	营业额	客房收入	餐费收入	商品销售额	其他收入
全　国	**16263449**	**1299888**	**14032117**	**438982**	**492462**
北　京	2605755	18472	2498148	30150	58985
天　津	201859	23540	154387	7591	16341
河　北	100254	17832	76415	2049	3958
山　西	160945	26778	128859	1738	3570
内蒙古	296467	33016	260663	659	2129
辽　宁	101549	13238	74863	4663	8785
吉　林	46276	18754	23738	4	3780
黑龙江	22094	2120	17955	1358	661
上　海	2941632	32815	2808844	30559	69414
江　苏	1060360	181620	824305	17317	37118
浙　江	1157645	166594	929598	16228	45225
安　徽	398123	60403	305909	26132	5679
福　建	329375	32173	285646	6995	4561
江　西	138909	16546	117145	4492	726
山　东	714360	174768	478883	26025	34684
河　南	253068	52010	180479	10930	9649
湖　北	576294	68464	482005	10744	15081
湖　南	330376	48395	254526	18175	9280
广　东	2043943	132943	1767124	60104	83772
广　西	95605	8863	73718	9954	3070
海　南	30626		30282	344	
重　庆	1051676	38942	954744	45064	12926
四　川	554727	56246	439265	30132	29084
贵　州	70380	6885	58673	586	4236
云　南	209069	10892	166880	18480	12817
西　藏					
陕　西	629577	36031	521922	56644	14980
甘　肃	58066	5962	50573	1478	53
青　海	22320	5706	15657		957
宁　夏	24604	4325	19795	224	260
新　疆	37515	5555	31116	163	681

3-20 续表 1

快餐服务　　　　单位：万元

地区	营业额	客房收入	餐费收入	商品销售额	其他收入
全　国	**9617825**	**4875**	**9416129**	**117540**	**79281**
北　京	1499579		1477148	7878	14553
天　津	420204		412993	532	6679
河　北					
山　西	75877		75877		
内蒙古	11385	158	7029	4198	
辽　宁	531172		524177	2773	4222
吉　林	37275		36984		291
黑龙江	16002		16002		
上　海	1001195		993576		7619
江　苏	937597		914695	22202	700
浙　江	670697	1554	624467	33001	11675
安　徽	215738	80	187033	22488	6137
福　建	345948		328655	11446	5847
江　西	62545		62425	120	
山　东	311852		310136	939	777
河　南	90543		88842	1701	
湖　北	370855		370848		7
湖　南	196666		192618	784	3264
广　东	2127503		2119949	6292	1262
广　西	120895		120895		
海　南	7501		7501		
重　庆	151048		149367	1312	369
四　川	214003	912	207545	604	4942
贵　州					
云　南	72892		69267	209	3416
西　藏					
陕　西	47202	50	40307		6845
甘　肃	34891	1904	32656		331
青　海					
宁　夏					
新　疆	46760	217	45137	1061	345

3-20 续表 2

饮料及冷饮服务

单位：万元

地区	营业额	客房收入	餐费收入	商品销售额	其他收入
全国	**1675883**		**1553967**	**119324**	**2592**
北京	256429		230292	25509	628
天津					
河北					
山西					
内蒙古					
辽宁	21738		19445	2292	1
吉林					
黑龙江					
上海	951483		872686	78749	48
江苏	19084		9659	7511	1914
浙江	8123		7877	245	1
安徽					
福建					
江西					
山东	12886		11702	1184	
河南					
湖北	68438		68438		
湖南					
广东	249854		246020	3834	
广西					
海南					
重庆					
四川	87848		87848		
贵州					
云南					
西藏					
陕西					
甘肃					
青海					
宁夏					
新疆					

3-20 续表 3

其他餐饮业　　　　单位：万元

地区	营业额	客房收入	餐费收入	商品销售额	其他收入
全　国	**1440795**	**13463**	**1352566**	**38699**	**36067**
北　京	195856	155	172517	1805	21379
天　津	38522	3580	34620		322
河　北					
山　西					
内蒙古					
辽　宁	28500		28500		
吉　林					
黑龙江					
上　海	233063		228368	4216	479
江　苏	117533		110984	6531	18
浙　江	86857		84716	21	2120
安　徽					
福　建	39410		38071	1339	
江　西					
山　东	33602	782	29531	2046	1243
河　南	13815	956	10433	130	2296
湖　北	17757		17757		
湖　南					
广　东	230435		205409	21506	3520
广　西					
海　南					
重　庆	49414	4979	41334	1105	1996
四　川	324429		324390		39
贵　州	6149		6149		
云　南	16997		14342		2655
西　藏					
陕　西	8456	3011	5445		
甘　肃					
青　海					
宁　夏					
新　疆					

3-21 大中型餐饮业企业分行业年末资产负债

正餐服务　　　　单位：万元

地　区	流动资产合计	固定资产原价	累计折旧	资产总计	负债合计	所有者权益合计
全　国	**8500170**	**9451851**	**3430778**	**19449077**	**14625899**	**4823180**
北　京	1023902	479818	252691	1805219	1382099	423119
天　津	180797	122807	35090	323397	236433	86964
河　北	71936	71321	29536	224972	262163	-37191
山　西	91953	238575	97169	309317	280941	28377
内蒙古	155950	287919	67546	516020	352898	163122
辽　宁	161622	257987	96704	362634	297727	64907
吉　林	25181	115144	31683	134577	39689	94888
黑龙江	15166	12642	4254	32119	5606	26514
上　海	986814	602489	250423	1789614	1194694	594920
江　苏	787117	1076779	371104	2000325	1630844	369481
浙　江	731450	1145947	398330	1945350	1539301	406049
安　徽	293257	401306	107681	879758	687784	191973
福　建	144112	103678	44344	284735	211099	73637
江　西	67913	58263	20456	150938	103854	47084
山　东	509811	1287364	394321	1703550	1342608	360942
河　南	208719	140500	35125	403290	234578	168712
湖　北	305825	363887	143425	805204	742170	63034
湖　南	188759	253307	84950	450298	314327	135971
广　东	992793	1018522	467279	1931551	1409366	522185
广　西	45200	55524	16619	113523	118743	-5220
海　南	8399	7252	3696	16896	15480	1416
重　庆	275276	289110	110323	628690	340540	288150
四　川	520117	455992	161935	1141053	934456	206597
贵　州	51485	41475	17151	89166	72407	16759
云　南	335214	129545	37292	477244	320227	157017
西　藏						
陕　西	240270	302235	116777	601636	371202	230435
甘　肃	16421	29972	4887	54955	24769	30186
青　海	21485	38193	12225	81924	57906	24018
宁　夏	18285	22176	6868	42868	51553	-8685
新　疆	24941	42122	10894	148254	50435	97819

3-21 续表 1

快餐服务

单位：万元

地　区	流动资产合计	固定资产原价	累计折旧	资产总计	负债合计	所有者权益合计
全　国	**1936457**	**2175020**	**1063737**	**4862858**	**3179471**	**1683386**
北　京	372406	255590	140322	720600	397678	322922
天　津	25752	104579	52690	153996	103417	50579
河　北						
山　西	6679	15391	7840	36288	23225	13063
内蒙古	38105	8160	4222	43093	37733	5360
辽　宁	41516	103473	58995	212620	170490	42130
吉　林	4136	10822	3053	18233	4578	13655
黑龙江	7082	6128	1638	16516	12009	4507
上　海	244827	196737	92158	477859	323926	153933
江　苏	99384	155448	75398	338226	204712	133514
浙　江	89694	158177	77361	337377	271390	65987
安　徽	74803	52740	17797	134014	99363	34651
福　建	40695	85707	41307	156776	110664	46112
江　西	196	6288	152	19043	10676	8366
山　东	38849	80787	46725	136879	120998	15881
河　南	8095	31564	18971	40116	36269	3847
湖　北	16470	81653	37524	117847	88287	29559
湖　南	46687	52808	24873	90386	56407	33979
广　东	660245	525466	260050	1434284	922666	511618
广　西	17467	24248	12543	47423	26178	21245
海　南	3927	2956	2373	4579	1489	3091
重　庆	18743	43265	23687	55660	32760	22900
四　川	36818	64545	35011	107632	61996	45636
贵　州						
云　南	8709	22790	9715	29733	15942	13790
西　藏						
陕　西	21132	20989	10231	42178	28792	13386
甘　肃	5649	39482	2977	50350	8577	41774
青　海						
宁　夏						
新　疆	8391	25227	6124	41150	9249	31901

3-21 续表 2

饮料及冷饮服务

单位：万元

地 区	流动资产合计	固定资产原价	累计折旧	资产总计	负债合计	所有者权益合计
全 国	**526012**	**255080**	**116404**	**1007952**	**552114**	**455838**
北 京	91787	34580	18392	150112	88343	61769
天 津						
河 北						
山 西						
内 蒙 古						
辽 宁	6728	3619	1905	13646	4198	9448
吉 林						
黑 龙 江						
上 海	259941	141726	60984	529188	349028	180159
江 苏	18146	10639	4778	38591	19931	18660
浙 江	3542	1223	570	5771	822	4949
安 徽						
福 建						
江 西						
山 东	4935	1849	954	8805	2521	6284
河 南						
湖 北	16889	12246	5275	43244	17866	25378
湖 南						
广 东	98605	35760	17460	164966	51843	113124
广 西						
海 南						
重 庆						
四 川	25439	13438	6086	53629	17562	36067
贵 州						
云 南						
西 藏						
陕 西						
甘 肃						
青 海						
宁 夏						
新 疆						

3-21 续表 3

其他餐饮业 单位：万元

地区	流动资产合计	固定资产原价	累计折旧	资产总计	负债合计	所有者权益合计
全国	**578687**	**245374**	**95142**	**908397**	**428105**	**480295**
北京	67666	16806	10344	81061	61982	19079
天津	13834	2896	1764	16151	10860	5291
河北						
山西						
内蒙古						
辽宁	15666	4328	2529	19253	5042	14212
吉林						
黑龙江						
上海	66478	29024	10411	93669	56481	37188
江苏	33551	17794	10383	50547	18977	31570
浙江	36095	17301	6401	51488	30599	20890
安徽						
福建	8485	2179	951	14240	3243	10997
江西						
山东	7299	991	608	9057	3784	5273
河南	9994	15786	6165	20523	16987	3536
湖北	2881	338	186	3977	2371	1606
湖南						
广东	72290	23268	14063	106007	53730	52277
广西						
海南						
重庆	25617	43022	9812	67863	54071	13792
四川	201959	32612	10365	326717	75734	250983
贵州	1810	743	69	3253	2634	620
云南	11634	4871	2835	13964	4896	9068
西藏						
陕西	3428	33415	8256	30627	26714	3913
甘肃						
青海						
宁夏						
新疆						

3-22 大中型餐饮业企业分行业实收资本及构成

正餐服务

单位：万元

地区	实收资本	国家资本	集体资本	法人资本	个人资本	港澳台资本	外商资本
全国	**4226871**	**453990**	**81152**	**1731050**	**1351863**	**374063**	**234754**
北京	275948	22045	628	103176	74914	34746	40440
天津	76301	1403		38163	35413		1322
河北	37744	4142		19767	13835		
山西	50861	6000		14259	30602		
内蒙古	109698	49539		27037	33122		
辽宁	63203	2581		39907	10038	8264	2413
吉林	20043	18653	30		1360		
黑龙江	17733			12633	5100		
上海	529997	33368	33109	150166	93398	106503	113453
江苏	476988	23636	15128	250720	146657	39384	1463
浙江	451142	5600	7707	238768	164458	33939	670
安徽	174160	14356	1150	59211	99443		
福建	97438	10094	589	41437	19518	24058	1741
江西	33974	2931		12090	18439		514
山东	288041	65092	4978	105608	94325	18039	
河南	114984	532	1100	59144	54209		
湖北	122956	7206		60573	48728	6221	228
湖南	101918	1236		64915	35105		662
广东	419720	35795	5974	166834	86187	98477	26453
广西	10785	305	425	8160	1865	30	
海南	3539			2230		1309	
重庆	159811	579	377	81771	36114	2612	38357
四川	155864	11673	3731	60680	79280		500
贵州	17723			15223	2500		
云南	44061	5889		19918	18148	106	
西藏							
陕西	214114	20116	5945	68009	113131	375	6538
甘肃	18221	5102	246	4500	8373		
青海	24096				24096		
宁夏	4978	560		1518	2900		
新疆	110830	105557	35	4633	605		

3-22 续表 1

快餐服务　　　　单位：万元

地　区	实收资本	国家资本	集体资本	法人资本	个人资本	港澳台资本	外商资本
全　国	**1070838**	**55391**	**3633**	**269935**	**93612**	**213453**	**434817**
北　京	109811	235	1080	17817	6340	49074	35265
天　津	20465			250	2341	235	17639
河　北							
山　西	7839			5000	1100		1739
内蒙古	2850			2800		50	
辽　宁	31403			150		2070	29182
吉　林	9000			4000	5000		
黑龙江	4507			4507			
上　海	241216	10755	30	42245	2580	46758	138848
江　苏	75220	30	2492	8272	1558	37326	25543
浙　江	66118	100		32362	9041		24615
安　徽	17366	5000		1641	725	10000	
福　建	56687			2558	3229	28280	22620
江　西	2158			50			2108
山　东	19189	2771		1515	4275	3999	6630
河　南	16975			14237	1000		1738
湖　北	35526			750		8425	26351
湖　南	21241			14000	5500		1741
广　东	215603	500		95664	23313	20836	75290
广　西	5839			3421	183		2235
海　南	337					337	
重　庆	11525		31	5953	76	2068	3397
四　川	29693			11678	1800		16216
贵　州							
云　南	6345				4109	1657	579
西　藏							
陕　西	4188			800		2338	1050
甘　肃	38410	36000			1000		1410
青　海							
宁　夏							
新　疆	21327			265	20442		621

3-22 续表 2

饮料及冷饮服务　　单位：万元

地区	实收资本	国家资本	集体资本	法人资本	个人资本	港澳台资本	外商资本
全国	**156510**	**6482**		**34458**	**671**	**70370**	**44529**
北京	16409			200		9157	7052
天津							
河北							
山西							
内蒙古							
辽宁	3618					3618	
吉林							
黑龙江							
上海	95594	6237		32658		24415	32284
江苏	19632					14439	5193
浙江	916	245			671		
安徽							
福建							
江西							
山东	818					818	
河南							
湖北	1740					1740	
湖南							
广东	15491			1600		13891	
广西							
海南							
重庆							
四川	2292					2292	
贵州							
云南							
西藏							
陕西							
甘肃							
青海							
宁夏							
新疆							

3-22 续表 3

其他餐饮业

单位：万元

地区	实收资本	国家资本	集体资本	法人资本	个人资本	港澳台资本	外商资本
全国	**142996**	**12156**	**1711**	**63681**	**36400**	**15208**	**13842**
北京	22722	59		11060	4110		7493
天津	3885			1355	2530		
河北							
山西							
内蒙古							
辽宁	4476	3726		100		650	
吉林							
黑龙江							
上海	27027	1380	1002	12155	4012	6526	1953
江苏	6130			1385	3256	1365	124
浙江	5516	72	58	2491	1571	1325	
安徽							
福建	1713		351	225	500	638	
江西							
山东	1817	509		500	807		
河南	8493			486	8007		
湖北	2000			2000			
湖南							
广东	20379	3012	250	6870	4407	4704	1136
广西							
海南							
重庆	12562	1958	50	10204	350		
四川	15659			6250	6750		2659
贵州	600			600			
云南	2017	1440			100		477
西藏							
陕西	8000			8000			
甘肃							
青海							
宁夏							
新疆							

3-23 大中型餐饮业企业分行业损益及分配

正餐服务　　　　单位：万元

地　区	主营业务收入	主营业务成本	主营业务税金及附加	主营业务利润
全　国	**15750054**	**7418710**	**375972**	**7955372**
北　京	2517817	978381	51304	1488132
天　津	195788	82468	3645	109675
河　北	100949	51728	2167	47054
山　西	155724	84873	3996	66855
内蒙古	296854	185591	3159	108104
辽　宁	98622	42624	2773	53225
吉　林	44926	13820	735	30371
黑龙江	21452	8239	688	12525
上　海	2764823	1152319	56322	1556182
江　苏	1036635	434020	24662	577953
浙　江	1122209	528241	25417	568551
安　徽	391639	201222	12022	178395
福　建	320855	163058	10318	147479
江　西	135555	76548	3154	55853
山　东	698114	353954	17785	326375
河　南	244484	135185	7347	101952
湖　北	564887	289022	16487	259378
湖　南	321848	177130	9285	135433
广　东	1994269	918221	50348	1025700
广　西	91560	51863	2027	37670
海　南	30485	13315	721	16449
重　庆	1034807	647389	25999	361419
四　川	537671	249986	14953	272732
贵　州	67722	31998	1870	33854
云　南	197876	121414	6533	69929
西　藏				
陕　西	622804	362733	18931	241140
甘　肃	57375	30892	1787	24696
青　海	20870	7038	368	13464
宁　夏	24500	9819	455	14226
新　疆	36934	15619	714	20601

3-23 续表 1

正餐服务

地　区	其他业务利润	销售费用	管理费用	财务费用
全　国	**180165**	**5184291**	**2119827**	**327153**
北　京	16880	1035205	330361	18220
天　津	3200	76599	26469	3419
河　北	1291	41840	20090	7480
山　西	11194	56229	31525	4347
内蒙古	3641	51305	44077	14386
辽　宁	6148	29546	22451	5898
吉　林	6967	14726	17355	1173
黑龙江	2203	9592	2772	131
上　海	33958	1137562	313209	28194
江　苏	5215	343043	209494	28676
浙　江	6730	360103	180175	36692
安　徽	4418	102051	58913	15154
福　建	1343	103582	46053	5075
江　西	208	33603	18849	3648
山　东	1537	167604	114249	39235
河　南	4253	45592	25900	7029
湖　北	3781	169831	66860	10033
湖　南	17463	80165	38491	11113
广　东	23020	702165	237453	27234
广　西	2698	24447	12563	2200
海　南	4072	12719	3169	384
重　庆	4177	178635	95693	12367
四　川	3450	147830	83842	23293
贵　州	3534	15421	11066	1921
云　南	1228	33206	21145	5938
西　藏				
陕　西	6446	161798	59118	9594
甘　肃	738	15770	6174	711
青　海	5	9660	5581	728
宁　夏	20	9766	7908	1198
新　疆	347	14696	8822	1682

单位：万元

营业利润	利润总额	应交所得税	应付职工薪酬
468630	**500760**	**153522**	**3105746**
114545	121133	37388	649126
9977	10623	2685	46733
-21411	-20732	313	19671
-20606	-20287	153	32453
899	-618	639	35957
-3725	-3587	155	19989
-2650	-2727	150	8746
31	-230	5	2914
90799	119385	36694	477621
1307	3392	8415	212174
30594	36248	9775	226544
3378	8849	5388	63273
7900	6727	2477	63933
789	734	908	18549
16351	13652	5907	139713
23757	24584	1910	39610
14178	15025	6382	102921
2861	6003	1198	56958
79337	72002	19533	436952
-807	-2002	560	15866
244	5	433	6973
76057	61623	4038	150842
24660	24288	4621	83839
7387	7465	578	17511
13089	12098	870	34566
8518	14012	1726	108931
2382	1905	312	8667
-2387	-2342	17	5804
-4545	-4226	75	5952
-4279	-2242	217	12958

3-23 续表 2

快餐服务

地　区	主营业务收入	主营业务成本	主营业务税金及附加	主营业务利润	其他业务利润	销售费用
全　国	**9266695**	**4025696**	**175197**	**5065802**	**390954**	**3657567**
北　京	1430681	533260	23992	873429	7942	657676
天　津	402176	176528	7917	217731	13380	156061
河　北						
山　西	75358	35017	1667	38674		26928
内蒙古	11385	6432	180	4773		3401
辽　宁	528626	230768	10747	287111	197910	200639
吉　林	36559	22117	339	14103	6309	11174
黑龙江	16002	4923	236	10843		10166
上　海	933288	398247	17781	517260	115342	381897
江　苏	935215	439223	21348	474644	1160	298141
浙　江	639195	294453	11968	332774	3695	212189
安　徽	210891	88160	2907	119824	7016	101421
福　建	337277	155261	5660	176356	3139	127883
江　西	62545	29872	1331	31342		19117
山　东	299712	145049	5596	149067	60	102196
河　南	90543	40663	1843	48037		36753
湖　北	367296	167753	7190	192353	-71	137882
湖　南	191853	85776	4122	101955		68000
广　东	2072602	877871	38019	1156712	20516	899806
广　西	111083	50621	2254	58208	425	36525
海　南	7497	2099	172	5226		1686
重　庆	109978	46455	2224	61299	4102	44024
四　川	205566	109617	4007	91942	5389	57830
贵　州						
云　南	71798	30091	1298	40409		25870
西　藏						
陕　西	39870	21200	842	17828	4671	13838
甘　肃	34891	14189	656	20046		11318
青　海						
宁　夏						
新　疆	44808	20051	901	23856	-31	15146

单位：万元

管理费用	财务费用	营业利润	利润总额	应交所得税	应付职工薪酬
814965	**41078**	**550238**	**584652**	**141152**	**1626763**
125422	2481	97196	95287	24659	299844
39302	1234	19331	18752	6708	77744
5323	491	4478	4447	909	4060
1431	2	-60	-54	140	2235
47916	3465	29445	28766	8142	34538
1843	233	847	1111		5363
696	583	-602	-800		2030
91071	3060	54737	61203	11907	183780
93668	4327	81794	78739	20629	130732
54516	3522	64629	66063	16420	119966
13173	1219	11064	12240	2337	31771
34485	1965	11242	12670	3776	66332
5280	32	6518	6359		12294
27491	2543	13830	16123	4385	32420
8336	640	-652	-87		14273
36126	2615	11337	10899	2860	86550
15703	2199	17002	16650	38	35415
152748	9364	65412	88540	23568	382972
8433	130	13429	14054	3678	16704
3123	23	395	396	99	905
9322	96	12122	11740	1970	20203
20805	711	15151	19710	4108	41624
6288	-87	7661	8028	1799	10410
5363	194	3282	2958	355	7612
3011	-60	5776	5781	1557	2204
4090	96	4874	5077	1108	4782

3-23 续表 3

饮料及冷饮服务

地区	主营业务收入	主营业务成本	主营业务税金及附加	主营业务利润	其他业务利润	销售费用
全国	**1535930**	**409429**	**28053**	**1098448**	**11984**	**803290**
北京	240276	59780	4243	176253	592	128904
天津						
河北						
山西						
内蒙古						
辽宁	20576	4845	340	15391	8395	11169
吉林						
黑龙江						
上海	835835	233243	15489	587103	2024	448732
江苏	18538	7967	226	10345	510	8231
浙江	7957	1924	171	5862	463	2331
安徽						
福建						
江西						
山东	12206	2979	214	9013		6335
河南						
湖北	67679	16171	1260	50248		34194
湖南						
广东	245015	62023	4398	178594		120494
广西						
海南						
重庆						
四川	87848	20497	1712	65639		42900
贵州						
云南						
西藏						
陕西						
甘肃						
青海						
宁夏						
新疆						

单位：万元

管理费用	财务费用	营业利润	利润总额	应交所得税	应付职工薪酬
80354	**2817**	**212259**	**214518**	**61929**	**312996**
15295	918	31728	29594	9955	98457
1239	89	2894	2841	451	7024
38434	1062	98000	103120	31509	147206
2831	272	-499	-537	87	3786
2829	-10	730	864	139	959
365	46	2268	2207	562	4882
3290	286	12477	12185	3032	8460
11291	-35	46891	46918	11934	41769
4780	189	17770	17326	4260	453

3-23 续表 4

其他餐饮业

地　区	主营业务收入	主营业务成本	主营业务税金及附加	主营业务利润	其他业务利润	销售费用
全　国	**1402015**	**787102**	**24768**	**590145**	**10686**	**357382**
北　京	187012	102120	3277	81615	675	61100
天　津	36254	16332	769	19153		9812
河　北						
山　西						
内蒙古						
辽　宁	27435	17711	207	9517		
吉　林						
黑龙江						
上　海	221777	140111	4776	76890	2397	48463
江　苏	120018	65370	1666	52982	266	40970
浙　江	83154	52608	1077	29469	1790	18466
安　徽						
福　建	39047	20355	862	17830	9	9714
江　西						
山　东	32483	24834	654	6995	7	1905
河　南	13702	7250	310	6142	25	2534
湖　北	16752	6402	307	10043		9554
湖　南						
广　东	221173	123938	3400	93835	205	52257
广　西						
海　南						
重　庆	53843	27831	638	25374		10947
四　川	317695	162387	6486	148822	5312	87843
贵　州	6930	5958	1	971		530
云　南	16668	12169	153	4346		860
西　藏						
陕　西	8072	1726	185	6161		2427
甘　肃						
青　海						
宁　夏						
新　疆						

单位：万元

管理费用	财务费用	营业利润	利润总额	应交所得税	应付职工薪酬
144548	**4299**	**194012**	**200356**	**21246**	**261316**
16514	512	4158	4340	1075	59826
7035	22	2968	3331	732	7768
5640	-39	3904	3788	998	3909
25884	487	103	574	575	52314
4221	207	7709	6432	1690	11339
5715	350	5977	6407	964	13030
1928	-2	6272	6353	1519	4174
3770	-4	1442	1335	325	7561
2114	284	1244	1250	123	2213
1396	3	-905	-898		2571
31191	416	11023	11016	2392	54902
10699	1184	2025	2211	532	8790
21334	821	147224	153079	9934	24986
732	49	-340	11	6	896
2190	-29	1698	1617	381	5239
4185	38	-490	-490		1798

3-24 大中型餐饮业企业分行业经济效益分析指标

正餐服务

地 区	负债比率(%)	主营业务毛利率(%)	人均主营业务收入(万元)	费用率(%)
全 国	**75.2**	**52.9**	**22.7**	**48.5**
北 京	76.6	61.1	23.6	55.0
天 津	73.1	57.9	19.8	54.4
河 北	116.5	48.8	15.8	68.8
山 西	90.8	45.5	14.8	59.1
内蒙古	68.4	37.5	30.5	37.0
辽 宁	82.1	56.8	19.6	58.7
吉 林	29.5	69.2	16.4	74.0
黑龙江	17.5	61.6	20.8	58.2
上 海	66.8	58.3	28.9	53.5
江 苏	81.5	58.1	20.8	56.1
浙 江	79.1	52.9	23.5	51.4
安 徽	78.2	48.6	20.8	45.0
福 建	74.1	49.2	20.4	48.2
江 西	68.8	43.5	20.7	41.4
山 东	78.8	49.3	18.1	46.0
河 南	58.2	44.7	20.8	32.1
湖 北	92.2	48.8	21.7	43.7
湖 南	69.8	45.0	21.6	40.3
广 东	73.0	54.0	21.4	48.5
广 西	104.6	43.4	16.5	42.8
海 南	91.6	56.3	17.3	53.4
重 庆	54.2	37.4	24.9	27.7
四 川	81.9	53.5	23.9	47.4
贵 州	81.2	52.8	16.8	41.9
云 南	67.1	38.6	23.2	30.5
西 藏				
陕 西	61.7	41.8	20.8	37.0
甘 肃	45.1	46.2	20.0	39.5
青 海	70.7	66.3	14.4	76.5
宁 夏	120.3	59.9	15.7	77.0
新 疆	34.0	57.7	14.9	68.2

注：费用率等于销售费用、管理费用、财务费用三项之和除以主营业务收入合计(下表同)。

3-24 续表 1

快餐服务

地　区	负债比率 (%)	主营业务毛利率 (%)	人均主营业务收入 (万元)	费用率 (%)
全　国	**65.4**	**56.6**	**23.6**	**48.7**
北　京	55.2	62.7	25.9	54.9
天　津	67.2	56.1	24.3	48.9
河　北				
山　西	64.0	53.5	14.2	43.4
内蒙古	87.6	43.5	28.0	42.5
辽　宁	80.2	56.3	67.7	47.7
吉　林	25.1	39.5	21.4	36.2
黑龙江	72.7	69.2	26.7	71.5
上　海	67.8	57.3	24.4	51.0
江　苏	60.5	53.0	20.1	42.4
浙　江	80.4	53.9	25.1	42.3
安　徽	74.1	58.2	14.3	54.9
福　建	70.6	54.0	16.3	48.7
江　西	56.1	52.2	38.1	39.1
山　东	88.4	51.6	34.8	44.1
河　南	90.4	55.1	16.1	50.5
湖　北	74.9	54.3	36.1	48.1
湖　南	62.4	55.3	23.0	44.8
广　东	64.3	57.6	23.8	51.2
广　西	55.2	54.4	14.2	40.6
海　南	32.5	72.0	51.0	64.5
重　庆	58.9	57.8	23.3	48.6
四　川	57.6	46.7	14.8	38.6
贵　州				
云　南	53.6	58.1	16.7	44.7
西　藏				
陕　西	68.3	46.8	17.3	48.6
甘　肃	17.0	59.3	16.6	40.9
青　海				
宁　夏				
新　疆	22.5	55.3	22.8	43.1

3-24 续表 2

饮料及冷饮服务

地区	负债比率 (%)	主营业务毛利率 (%)	人均主营业务收入 (万元)	费用率 (%)
全国	**54.8**	**73.3**	**30.5**	**57.7**
北京	58.9	75.1	44.9	60.4
天津				
河北				
山西				
内蒙古				
辽宁	30.8	76.5	38.8	60.7
吉林				
黑龙江				
上海	66.0	72.1	25.8	58.4
江苏	51.6	57.0	17.1	61.1
浙江	14.2	75.8	21.7	64.7
安徽				
福建				
江西				
山东	28.6	75.6	49.6	55.3
河南				
湖北	41.3	76.1	43.0	55.8
湖南				
广东	31.4	74.7	35.0	53.8
广西				
海南				
重庆				
四川	32.7	76.7	46.9	54.5
贵州				
云南				
西藏				
陕西				
甘肃				
青海				
宁夏				
新疆				

3-24 续表 3

其他餐饮业

地区	负债比率 (%)	主营业务毛利率 (%)	人均主营业务收入 (万元)	费用率 (%)
全国	**47.1**	**43.9**	**21.1**	**36.1**
北京	76.5	45.4	13.5	41.8
天津	67.2	55.0	24.7	46.5
河北				
山西				
内蒙古				
辽宁	26.2	35.4	30.7	20.4
吉林				
黑龙江				
上海	60.3	36.8	19.4	33.7
江苏	37.5	45.5	17.6	37.8
浙江	59.4	36.7	29.3	29.5
安徽				
福建	22.8	47.9	24.3	29.8
江西				
山东	41.8	23.5	14.4	17.5
河南	82.8	47.1	19.6	36.0
湖北	59.6	61.8	23.9	65.4
湖南				
广东	50.7	44.0	22.8	37.9
广西				
海南				
重庆	79.7	48.3	35.7	42.4
四川	23.2	48.9	29.2	34.6
贵州	81.0	14.0	16.5	18.9
云南	35.1	27.0	19.8	18.1
西藏				
陕西	87.2	78.6	18.7	82.4
甘肃				
青海				
宁夏				
新疆				

企业篇

简要说明：

一、本篇资料主要内容为分地区大型批发业、零售业、住宿业和餐饮业企业名称、所属行业和所在地等。

二、本篇资料来源于批发和零售业、住宿和餐饮业企业上报的2016年统计年报。

4-1 分地区大型批发业企业名单

企业名称	所属行业	企业所在地
北京市		
北京京东世纪贸易有限公司	家用电器批发	北京市大兴区
中国石化化工销售有限公司	其他化工产品批发	北京市朝阳区
宝马(中国)汽车贸易有限公司	汽车批发	北京市朝阳区
一汽丰田汽车销售有限公司	汽车批发	北京市海淀区
中国航空油料有限责任公司	石油及制品批发	北京市海淀区
三星(中国)投资有限公司	通讯及广播电视设备批发	北京市朝阳区
北京普天太力通信科技有限公司	通讯及广播电视设备批发	北京市海淀区
丰田汽车(中国)投资有限公司	汽车批发	北京市朝阳区
中国中煤能源股份有限公司	煤炭及制品批发	北京市朝阳区
中国进口汽车贸易有限公司	汽车批发	北京市海淀区
天翼电信终端有限公司	通讯及广播电视设备批发	北京市西城区
联通华盛通信有限公司	通讯及广播电视设备批发	北京市东城区
五矿有色金属股份有限公司	金属及金属矿批发	北京市海淀区
神华销售集团有限公司	煤炭及制品批发	北京市东城区
奥迪(中国)企业管理有限公司	汽车批发	北京市朝阳区
西门子(中国)有限公司	电气设备批发	北京市朝阳区
华润雪花啤酒(中国)有限公司	酒、饮料及茶叶批发	北京市东城区
中农集团控股股份有限公司	化肥批发	北京市西城区
北京科园信海医药经营有限公司	中药批发	北京市丰台区
中国矿产有限责任公司	金属及金属矿批发	北京市海淀区
佳能(中国)有限公司	家用电器批发	北京市东城区
日产(中国)投资有限公司	汽车批发	北京市朝阳区
北京汽车销售有限公司	汽车批发	北京市大兴区
中石油昆仑燃气有限公司	石油及制品批发	北京市朝阳区
神华国华(北京)电力研究院有限公司	煤炭及制品批发	北京市朝阳区
中粮贸易有限公司	谷物、豆及薯类批发	北京市东城区
施耐德电气(中国)有限公司	电气设备批发	北京市朝阳区
中国烟草总公司北京市公司	烟草制品批发	北京市通州区
中化化肥有限公司	化肥批发	北京市西城区
翰林汇信息产业股份有限公司	计算机、软件及辅助设备批发	北京市海淀区
北京红牛饮料销售有限公司	酒、饮料及茶叶批发	北京市朝阳区
索尼(中国)有限公司	家用电器批发	北京市朝阳区
国药集团药业股份有限公司	西药批发	北京市东城区
大金(中国)投资有限公司	家用电器批发	北京市东城区
中国有色金属建设股份有限公司	金属及金属矿批发	北京市朝阳区
松下电器(中国)有限公司	家用电器批发	北京市朝阳区
诺基亚通信系统技术(北京)有限公司	通讯及广播电视设备批发	北京市东城区
路易达孚(中国)贸易有限责任公司	谷物、豆及薯类批发	北京市朝阳区
中国黄金集团黄金珠宝(北京)有限公司	首饰、工艺品及收藏品批发	北京市东城区
中国联合石油有限责任公司	石油及制品批发	北京市西城区
中国石化燃料油销售有限公司	石油及制品批发	北京市朝阳区
中国邮电器材集团公司	通讯及广播电视设备批发	北京市西城区
国药控股北京有限公司	西药批发	北京市东城区
中国首钢国际贸易工程公司	金属及金属矿批发	北京市海淀区
北京乐语世纪科技集团有限公司	通讯及广播电视设备批发	北京市海淀区
斯巴鲁汽车(中国)有限公司	汽车零配件批发	北京市朝阳区
中化塑料有限公司	其他化工产品批发	北京市西城区
中钢设备有限公司	其他机械设备及电子产品批发	北京市海淀区
中国再生资源开发有限公司	再生物资回收与批发	北京市西城区
中国石油天然气股份有限公司北京销售分公司	石油及制品批发	北京市朝阳区

4-1 续表 1

企业名称	所属行业	企业所在地
中建材信息技术有限公司	计算机、软件及辅助设备批发	北京市海淀区
中国石油技术开发公司	其他机械设备及电子产品批发	北京市西城区
新时代健康产业(集团)有限公司	营养和保健品批发	北京市昌平区
北京糖业烟酒集团有限公司	酒、饮料及茶叶批发	北京市东城区
北京金隅水泥经贸有限公司	建材批发	北京市房山区
保利科技有限公司	其他机械设备及电子产品批发	北京市东城区
中航技进出口有限责任公司	其他未列明批发业	北京市大兴区
卡特彼勒(中国)投资有限公司	电气设备批发	北京市朝阳区
中建材国际贸易有限公司	建材批发	北京市海淀区
中粮集团有限公司	谷物、豆及薯类批发	北京市东城区
中国机械进出口(集团)有限公司	贸易代理	北京市西城区
北京三聚环保新材料股份有限公司	其他化工产品批发	北京市海淀区
李宁(中国)体育用品有限公司	体育用品及器材批发	北京市通州区
戴姆勒东北亚零部件贸易服务有限公司	汽车零配件批发	北京市朝阳区
国药控股北京天星普信生物医药有限公司	西药批发	北京市丰台区
北京九州通医药有限公司	西药批发	北京市大兴区
北京金隅商贸有限公司	建材批发	北京市朝阳区
北京松联科技有限公司	通讯及广播电视设备批发	北京市大兴区
中国电子进出口总公司	其他机械设备及电子产品批发	北京市海淀区
中粮国际(北京)有限公司	米、面制品及食用油批发	北京市东城区
国药控股北京华鸿有限公司	西药批发	北京市东城区
乐金电子(中国)有限公司	家用电器批发	北京市朝阳区
中国航空技术北京有限公司	其他机械设备及电子产品批发	北京市大兴区
北京龙禹石油化工有限公司	石油及制品批发	北京市平谷区
嘉事堂药业股份有限公司	医疗用品及器材批发	北京市海淀区
中建材国际装备有限公司	建材批发	北京市海淀区
默克雪兰诺有限公司	西药批发	北京市顺义区
北京美康永正医药有限公司	西药批发	北京市朝阳区
东陶(中国)有限公司	厨房、卫生间用具及日用杂货批发	北京市朝阳区
北京福田国际贸易有限公司	汽车批发	北京市昌平区
三星电子(北京)技术服务有限公司	其他机械设备及电子产品批发	北京市朝阳区
中国科学器材有限公司	其他机械设备及电子产品批发	北京市朝阳区
中国仪器进出口(集团)公司	贸易代理	北京市西城区
中国精密机械进出口有限公司	贸易代理	北京市海淀区
北京现代摩比斯汽车配件有限公司	汽车零配件批发	北京市顺义区
国金黄金集团有限公司	首饰、工艺品及收藏品批发	北京市平谷区
中铁物贸有限责任公司	建材批发	北京市丰台区
中农立华生物科技股份有限公司	农药批发	北京市西城区
神华物资集团有限公司	其他机械设备及电子产品批发	北京市昌平区
奥林巴斯(北京)销售服务有限公司	医疗用品及器材批发	北京市朝阳区
中国石化润滑油有限公司	石油及制品批发	北京市海淀区
北京同仁堂健康药品经营有限公司	中药批发	北京市朝阳区
北京惠买在线网络科技有限公司	厨房、卫生间用具及日用杂货批发	北京市大兴区
中国免税品(集团)有限责任公司	烟草制品批发	北京市东城区
现代汽车(中国)投资有限公司	汽车批发	北京市朝阳区
北京盛世欣兴格力贸易有限公司	家用电器批发	北京市大兴区
富通时代科技有限公司	计算机、软件及辅助设备批发	北京市平谷区
北京中青旅创格科技有限公司	其他机械设备及电子产品批发	北京市海淀区
北京朝批商贸股份有限公司	米、面制品及食用油批发	北京市朝阳区
北京当当科文电子商务有限公司	音像制品及电子出版物批发	北京市东城区
百丽鞋业(北京)有限公司	鞋帽批发	北京市通州区

4-1 续表 2

企业名称	所属行业	企业所在地
威斯特(北京)机械设备有限公司	其他机械设备及电子产品批发	北京市大兴区
北京周大福珠宝金行有限公司	首饰、工艺品及收藏品批发	北京市东城区
亚马逊卓越有限公司	图书批发	北京市朝阳区
中国国际石油化工联合有限责任公司	贸易代理	北京市朝阳区
北京市西南郊食品冷冻厂	肉、禽、蛋、奶及水产品批发	北京市丰台区
北京同仁堂商业投资集团有限公司	中药批发	北京市西城区
中国石化国际事业有限公司	其他机械设备及电子产品批发	北京市朝阳区
康明斯排放处理系统(中国)有限公司	汽车零配件批发	北京市大兴区
中粮肉食(北京)有限公司	肉、禽、蛋、奶及水产品批发	北京市朝阳区
中国集邮总公司	首饰、工艺品及收藏品批发	北京市东城区
华润新龙(北京)医药有限公司	西药批发	北京市大兴区
北京万源工业有限公司	电气设备批发	北京市大兴区
北京庆长风商贸有限公司	汽车批发	北京市朝阳区
爱尔康(中国)眼科产品有限公司	医疗用品及器材批发	北京市朝阳区
北京双鹤药业经营有限责任公司	西药批发	北京市东城区
国科恒泰(北京)医疗科技有限公司	医疗用品及器材批发	北京市大兴区
乐友国际商业集团有限公司	其他家庭用品批发	北京市通州区
北京二商集团有限责任公司	糕点、糖果及糖批发	北京市西城区
北京中科三环高技术股份有限公司	金属及金属矿批发	北京市海淀区
纷美(北京)贸易有限公司	其他未列明批发业	北京市朝阳区
北京鑫方盛五金交电有限公司	五金产品批发	北京市大兴区
北京胜多商贸有限责任公司	其他机械设备及电子产品批发	北京市海淀区
恒信玺利实业股份有限公司	首饰、工艺品及收藏品批发	北京市朝阳区
中国航空技术国际控股有限公司	其他机械设备及电子产品批发	北京市朝阳区
北京法雅商贸有限责任公司	服装批发	北京市西城区
史赛克(北京)医疗器械有限公司	医疗用品及器材批发	北京市东城区
索尼移动通信产品(中国)有限公司	通讯及广播电视设备批发	北京市朝阳区
北京建贸新科建材有限公司	建材批发	北京市朝阳区
北京润美康医药有限公司	西药批发	北京市顺义区
北京京星泰商贸有限公司	酒、饮料及茶叶批发	北京市朝阳区
中国石油物资公司	金属及金属矿批发	北京市西城区
北京威联德骨科技术有限公司	医疗用品及器材批发	北京市海淀区
中航国际航空发展有限公司	贸易代理	北京市朝阳区
中国大恒(集团)有限公司	计算机、软件及辅助设备批发	北京市海淀区
北京一商美洁商业有限公司	化妆品及卫生用品批发	北京市丰台区
北京云杉世界信息技术有限公司	果品、蔬菜批发	北京市海淀区
利洁时(中国)投资有限公司	化妆品及卫生用品批发	北京市朝阳区
博世热力技术(北京)有限公司	其他机械设备及电子产品批发	北京市大兴区
北京市千叶珠宝股份有限公司	首饰、工艺品及收藏品批发	北京市东城区
北京吉瑞阳光首饰有限公司	首饰、工艺品及收藏品批发	北京市朝阳区
北京中油公交石油销售有限公司	石油及制品批发	北京市通州区
中国医药保健品有限公司	中药批发	北京市东城区
北京市汽车贸易有限公司	汽车零配件批发	北京市朝阳区
北京蒙牛宏达乳制品有限责任公司	肉、禽、蛋、奶及水产品批发	北京市丰台区
北京美的制冷产品销售有限公司	家用电器批发	北京市门头沟区
央广幸福购物(北京)有限公司	首饰、工艺品及收藏品批发	北京市大兴区
北京赛科昌盛医药有限责任公司	西药批发	北京市朝阳区
北京光华时代纺织服装有限公司	纺织品、针织品及原料批发	北京市朝阳区
北京台湖出版物会展贸易中心有限责任公司	图书批发	北京市通州区
北京恒城实业发展公司	化妆品及卫生用品批发	北京市朝阳区
北京金象复星医药股份有限公司	西药批发	北京市西城区

4-1 续表 3

企业名称	所属行业	企业所在地
北京瑞华赢科技发展有限公司	电气设备批发	北京市朝阳区
贝克休斯(北京)商贸有限公司	其他机械设备及电子产品批发	北京市东城区
朗姿股份有限公司	服装批发	北京市顺义区
北京中润长江食品有限公司	肉、禽、蛋、奶及水产品批发	北京市昌平区
北京青岛啤酒北方销售有限公司	酒、饮料及茶叶批发	北京市密云区
北京红太阳药业有限公司	西药批发	北京市朝阳区
北京双鹤药业销售有限责任公司	西药批发	北京市东城区
中兴能源有限公司	其他机械设备及电子产品批发	北京市朝阳区
北京世龙经略供应链管理有限公司	医疗用品及器材批发	北京市海淀区
北京纳威德医疗器械有限公司	医疗用品及器材批发	北京市海淀区
康乐保(中国)医疗用品有限公司	医疗用品及器材批发	北京市朝阳区
北京吉元盛宝国际贸易有限公司	服装批发	北京市西城区
东芝医疗系统(中国)有限公司	医疗用品及器材批发	北京市朝阳区
超威半导体产品(中国)有限公司	计算机、软件及辅助设备批发	北京市海淀区
北京中酿酒团购电子商务有限公司	酒、饮料及茶叶批发	北京市大兴区
北京元隆雅图文化传播股份有限公司	首饰、工艺品及收藏品批发	北京市西城区
华歌尔(中国)时装有限公司	服装批发	北京市大兴区
北京融和创科技有限公司	家用电器批发	北京市西城区
北京金色农华种业科技股份有限公司	种子批发	北京市海淀区
北京紫竹医药经营有限公司	西药批发	北京市朝阳区
北京全聚德仿膳食品有限责任公司	肉、禽、蛋、奶及水产品批发	北京市大兴区
北京高视远望科技有限责任公司	医疗用品及器材批发	北京市西城区
北京五洲东方科技发展有限公司	其他机械设备及电子产品批发	北京市海淀区
德御坊食品股份有限公司	酒、饮料及茶叶批发	北京市朝阳区
诺托弗朗克建筑五金(北京)有限公司	其他机械设备及电子产品批发	北京市海淀区
北京创意堂商贸有限公司	酒、饮料及茶叶批发	北京市海淀区
中商惠民(北京)电子商务有限公司	其他食品批发	北京市朝阳区
北京燃气用户服务有限公司	厨房、卫生间用具及日用杂货批发	北京市朝阳区
北京月盛斋清真食品有限公司	肉、禽、蛋、奶及水产品批发	北京市丰台区
东旭科技集团有限公司	其他机械设备及电子产品批发	北京市丰台区
霍曼(北京)贸易有限公司	五金产品批发	北京市大兴区
迈盛悦合体育用品有限公司	服装批发	北京市东城区
中航技国际经贸发展有限公司	其他机械设备及电子产品批发	北京市朝阳区
北京汽车国际发展有限公司	汽车批发	北京市朝阳区
北京鼎力兴商贸有限责任公司	酒、饮料及茶叶批发	北京市朝阳区
北京市红牛维他命饮料有限责任公司	酒、饮料及茶叶批发	北京市朝阳区
北京中油潞安石油销售有限公司	石油及制品批发	北京市东城区
北京华润北贸医药经营有限公司	中药批发	北京市朝阳区
天津市		
中国石化销售有限公司华北分公司	石油及制品批发	天津市西青区
国机汽车股份有限公司	汽车批发	天津市西青区
大众汽车(中国)销售有限公司	汽车批发	天津市滨海新区
中铁油料有限公司	石油及制品批发	天津市河东区
中粮食品营销有限公司	贸易代理	天津市滨海新区
中海油销售天津有限公司	石油及制品批发	天津市滨海新区
天津市化轻贸易有限公司	其他化工产品批发	天津市河西区
中国烟草总公司天津市公司	烟草制品批发	天津市和平区
国药控股天津有限公司	西药批发	天津市和平区
俊安(天津)实业有限公司	煤炭及制品批发	天津市滨海新区
展讯通信(天津)有限公司	通讯及广播电视设备批发	天津市滨海新区
爱玛科技股份有限公司	其他家庭用品批发	天津市静海区
天津医药集团太平医药有限公司	西药批发	天津市和平区

4-1 续表 4

企业名称	所属行业	企业所在地
丰田通商(天津)有限公司	汽车零配件批发	天津市滨海新区
中粮福临门食品营销有限公司	米、面制品及食用油批发	天津市滨海新区
天天希杰(天津)商贸有限公司	首饰、工艺品及收藏品批发	天津市东丽区
天津天物国际贸易发展有限公司	汽车批发	天津市东丽区
三星爱商(天津)国际物流有限公司	其他未列明批发业	天津市河西区
天津红日康仁堂药品销售有限公司	中药批发	天津市武清区
天津天士力医药商业有限公司	西药批发	天津市北辰区
敏华品牌管理(天津)有限公司	其他家庭用品批发	天津市滨海新区
中海油能源物流有限公司	石油及制品批发	天津市滨海新区
华润雪花啤酒(中国)有限公司天津分公司	酒、饮料及茶叶批发	天津市南开区
天津空港国际汽车园发展有限公司	汽车批发	天津市东丽区
京瓷(中国)商贸有限公司	其他机械设备及电子产品批发	天津市河西区
威莱(天津)贸易有限公司	化妆品及卫生用品批发	天津市武清区
天津光明优加乳品销售有限公司	肉、禽、蛋、奶及水产品批发	天津市北辰区
天津市永隆金钟农产品批发有限公司	果品、蔬菜批发	天津市东丽区
海龙国际物流(天津)有限公司	再生物资回收与批发	天津市宁河区
天津市万达轮胎集团有限公司	其他化工产品批发	天津市北辰区
天津都市风尚服装销售有限公司	服装批发	天津市武清区
拉夏贝尔服饰(天津)有限公司	服装批发	天津市西青区
天津市正威燃气有限公司	石油及制品批发	天津市武清区
赫璟(中国)服饰有限公司	服装批发	天津市武清区
狮桥融资租赁(中国)有限公司	农业机械批发	天津市滨海新区
天津九州通达医药有限公司	其他未列明批发业	天津市北辰区
永立建机(中国)有限公司	电气设备批发	天津市滨海新区
天津龙威粮油工业有限公司	米、面制品及食用油批发	天津市滨海新区
金士力佳友(天津)有限公司	化妆品及卫生用品批发	天津市北辰区
天津市金郁华商贸有限公司	化妆品及卫生用品批发	天津市南开区
天津三快科技有限公司	计算机、软件及辅助设备批发	天津市滨海新区
福建恒安集团厦门商贸有限公司天津分公司	化妆品及卫生用品批发	天津市西青区
天津金麒麟金饰有限公司	首饰、工艺品及收藏品批发	天津市武清区
河北省		
冀中能源国际物流集团有限公司	煤炭及制品批发	河北省邯郸市
保定哈弗汽车销售有限公司	汽车批发	河北省保定市
迁安市九江煤炭储运有限公司	煤炭及制品批发	河北省唐山市
庞大汽贸集团股份有限公司	汽车批发	河北省唐山市
河北省烟草公司石家庄市公司	烟草制品批发	河北省石家庄市
河北省烟草公司保定市公司	烟草制品批发	河北省保定市
中国煤炭工业秦皇岛进出口有限公司	煤炭及制品批发	河北省秦皇岛市
河北省农业生产资料有限公司	化肥批发	河北省石家庄市
中国石化销售有限公司河北唐山石油分公司	石油及制品批发	河北省唐山市
河北省烟草公司唐山市公司	烟草制品批发	河北省唐山市
河北省烟草公司邯郸市公司	烟草制品批发	河北省邯郸市
河北省烟草公司沧州市公司	烟草制品批发	河北省沧州市
河北省新华书店有限责任公司	图书批发	河北省石家庄市
河北省烟草公司邢台市公司	烟草制品批发	河北省邢台市
河北省烟草公司廊坊市公司	烟草制品批发	河北省廊坊市
中国石化销售有限公司河北承德石油分公司	石油及制品批发	河北省承德市
中国石化销售有限公司河北邢台石油分公司	石油及制品批发	河北省邢台市
唐山市冀东物贸集团有限责任公司	汽车批发	河北省唐山市
中国石油化工股份有限公司河北邯郸石油分公司	石油及制品批发	河北省邯郸市
中国石化销售有限公司河北廊坊石油分公司	石油及制品批发	河北省廊坊市

4-1 续表 5

企业名称	所属行业	企业所在地
河北新兴格力电器销售有限公司	家用电器批发	河北省石家庄市
华润河北医药有限公司	中药批发	河北省廊坊市
中国石化销售有限公司河北衡水石油分公司	石油及制品批发	河北省衡水市
中国石化销售有限公司河北张家口石油分公司	石油及制品批发	河北省张家口市
河北省烟草公司衡水市公司	烟草制品批发	河北省衡水市
河北省烟草公司承德市公司	烟草制品批发	河北省承德市
秦皇岛首钢板材有限公司	金属及金属矿批发	河北省秦皇岛市
河北新发地农副产品有限公司	谷物、豆及薯类批发	河北省保定市
衡水老白干营销有限公司	酒、饮料及茶叶批发	河北省衡水市
国药乐仁堂唐山医药有限公司	西药批发	河北省唐山市
河北金仑医药有限公司	西药批发	河北省石家庄市
河北爱普医药药材有限公司	西药批发	河北省石家庄市
中国石油天然气股份有限公司河北廊坊销售分公司	石油及制品批发	河北省廊坊市
河北冀北医药物流有限公司	西药批发	河北省保定市
中国石油天然气股份有限公司河北邯郸销售分公司	石油及制品批发	河北省邯郸市
河北顺泽医药有限公司	中药批发	河北省保定市
秦皇岛中油华奥销售有限公司	石油及制品批发	河北省秦皇岛市
中国石油天然气股份有限公司河北张家口销售分公司	石油及制品批发	河北省张家口市
沧州天元医药有限公司	西药批发	河北省沧州市
河北省盐业专营集团公司	盐及调味品批发	河北省石家庄市
中国石油天然气股份有限公司河北衡水销售分公司	石油及制品批发	河北省衡水市
河北劲草商贸有限公司	纺织品、针织品及原料批发	河北省沧州市
河北悦康志德医药贸易有限公司	中药批发	河北省保定市
安国市彤济中药材有限公司	中药批发	河北省保定市
中国船舶燃料河北有限公司	石油及制品批发	河北省秦皇岛市
中国石油天然气股份有限公司河北承德销售分公司	石油及制品批发	河北省承德市
中铁物资集团华北有限公司	金属及金属矿批发	河北省石家庄市
河北睿洲商贸有限公司	米、面制品及食用油批发	河北省邢台市
河北省永年县高新建材有限公司	建材批发	河北省邯郸市
承德避暑山庄企业集团冀门酒业销售有限公司	酒、饮料及茶叶批发	河北省承德市
河北白象食品销售有限公司	其他食品批发	河北省保定市
承德聚鑫贸易有限责任公司	酒、饮料及茶叶批发	河北省承德市
河北省唐山医药采购供应站	西药批发	河北省唐山市
保定市久展医药销售有限公司	中药批发	河北省保定市
张家口市天和医药有限公司	西药批发	河北省张家口市
山西省		
山西潞安煤炭经销有限责任公司	金属及金属矿批发	山西省长治市
山西焦煤集团国际贸易有限责任公司	煤炭及制品批发	山西省太原市
山西省国新能源发展集团有限公司	煤炭及制品批发	山西省太原市
山西杏花村国贸投资公司	金属及金属矿批发	山西省太原市
山西建邦集团有限公司	金属及金属矿批发	山西省临汾市
山西省烟草公司太原市公司	烟草制品批发	山西省太原市
山西大运汽车销售有限公司	汽车批发	山西省运城市
大同煤矿集团朔州煤电有限公司	煤炭及制品批发	山西省朔州市
跨境通宝电子商务股份有限公司	服装批发	山西省太原市
山西省焦炭集团有限责任公司	煤炭及制品批发	山西省太原市
山西省烟草公司运城市公司	烟草制品批发	山西省运城市
国药控股山西有限公司	西药批发	山西省太原市
山西省烟草公司临汾市公司	烟草制品批发	山西省临汾市
山西煤炭运销集团阳泉有限公司	煤炭及制品批发	山西省阳泉市
大同煤矿集团煤炭运销朔州矿业公司	煤炭及制品批发	山西省朔州市
山西省烟草公司吕梁市公司	烟草制品批发	山西省吕梁市

4-1 续表 6

企业名称	所属行业	企业所在地
山西省烟草公司晋中市公司	烟草制品批发	山西省晋中市
山西省烟草公司大同市公司	烟草制品批发	山西省大同市
山西省烟草公司长治市公司	烟草制品批发	山西省长治市
五寨县国新能源煤炭运销公司	煤炭及制品批发	山西省忻州市
山西省烟草公司忻州市公司	烟草制品批发	山西省忻州市
清徐县美特好农产品配送物流有限公司	果品、蔬菜批发	山西省太原市
山西九州通医药有限公司	西药批发	山西省太原市
山西康美徕医药有限公司	西药批发	山西省太原市
阳城县皇城相府(集团)实业有限公司	煤炭及制品批发	山西省晋城市
阳泉天成煤炭铁路集运有限公司	煤炭及制品批发	山西省阳泉市
山西省烟草公司晋城市公司	烟草制品批发	山西省晋城市
山西省烟草公司朔州市公司	烟草制品批发	山西省朔州市
山西亚宝医药经销有限公司	中药批发	山西省运城市
山西煤炭运销集团临汾有限公司	煤炭及制品批发	山西省临汾市
山西焦煤集团中源物贸有限责任公司	煤炭及制品批发	山西省太原市
华润新龙(山西)医药有限公司	西药批发	山西省太原市
山西汇丰兴业焦煤集团有限公司	煤炭及制品批发	山西省吕梁市
山西省烟草公司阳泉市公司	烟草制品批发	山西省阳泉市
潞安五阳广源实业公司	金属及金属矿批发	山西省长治市
山西滔搏商贸有限公司	服装批发	山西省太原市
山西统配煤矿综合经营总公司	煤炭及制品批发	山西省太原市
汾阳市北廓村晋阳农副产品批发市场	果品、蔬菜批发	山西省吕梁市
山西国邦药业有限公司	西药批发	山西省太原市
山西新华现代出版物连锁有限责任公司	图书批发	山西省晋中市
晋城市铁路煤炭销售有限公司	煤炭及制品批发	山西省晋城市
阳城县鑫远煤炭销售有限公司	煤炭及制品批发	山西省晋城市
大同煤矿集团煤炭运销忻州宁武有限公司	煤炭及制品批发	山西省忻州市
山西诚信种业有限公司	种子批发	山西省吕梁市
内蒙古自治区		
内蒙古自治区烟草公司呼和浩特市公司	烟草制品批发	内蒙古自治区呼和浩特市
内蒙古自治区烟草公司包头市公司	烟草制品批发	内蒙古自治区包头市
内蒙古自治区烟草公司鄂尔多斯市公司	烟草制品批发	内蒙古自治区鄂尔多斯市
中国石油天然气股份有限公司内蒙古呼和浩特市分公司	石油及制品批发	内蒙古自治区呼和浩特市
内蒙古自治区烟草公司赤峰市公司	烟草制品批发	内蒙古自治区赤峰市
呼和浩特市朝晖商贸有限责任公司	糕点、糖果及糖批发	内蒙古自治区呼和浩特市
内蒙古自治区烟草公司乌兰察布市公司	烟草制品批发	内蒙古自治区乌兰察布市
内蒙古万苗惠普农副产品商贸有限公司	其他农牧产品批发	内蒙古自治区呼和浩特市
内蒙古自治区烟草公司呼伦贝尔市公司	烟草制品批发	内蒙古自治区呼伦贝尔市
内蒙古自治区烟草公司巴彦淖尔市公司	烟草制品批发	内蒙古自治区巴彦淖尔市
中国石油天然气股份有限公司内蒙古巴彦淖尔分公司	石油及制品批发	内蒙古自治区巴彦淖尔市
呼和浩特市恒昌商贸有限责任公司	服装批发	内蒙古自治区呼和浩特市
中国石化销售有限公司内蒙古呼和浩特石油分公司	石油及制品批发	内蒙古自治区呼和浩特市
内蒙古鄂尔多斯服装有限公司	服装批发	内蒙古自治区鄂尔多斯市
内蒙古自治区烟草公司兴安盟公司	烟草制品批发	内蒙古自治区兴安盟
内蒙古九州通医药有限公司	西药批发	内蒙古自治区呼和浩特市
神华杭锦能源有限责任公司	煤炭及制品批发	内蒙古自治区鄂尔多斯市
内蒙古自治区烟草公司通辽分公司	烟草制品批发	内蒙古自治区通辽市
内蒙古河套酒业集团销售有限责任公司	酒、饮料及茶叶批发	内蒙古自治区巴彦淖尔市
内蒙古额济纳旗庆华马克那林苏海特商贸有限责任公司	煤炭及制品批发	内蒙古自治区阿拉善盟
内蒙古信风商贸有限责任公司	通讯及广播电视设备批发	内蒙古自治区呼和浩特市
内蒙古新华发行集团股份有限公司	图书批发	内蒙古自治区呼和浩特市

4-1 续表 7

企业名称	所属行业	企业所在地
辽宁省		
鞍钢集团国际经济贸易公司	金属及金属矿批发	辽宁省鞍山市
凌源钢铁国际贸易有限公司	金属及金属矿批发	辽宁省朝阳市
葛洲坝环嘉(大连)再生资源有限公司	金属及金属矿批发	辽宁省大连市
国药控股沈阳有限公司	西药批发	辽宁省沈阳市
辽宁省烟草公司沈阳市公司	烟草制品批发	辽宁省沈阳市
中国烟草总公司大连市公司	烟草制品批发	辽宁省大连市
海城南台箱包有限公司	其他家庭用品批发	辽宁省鞍山市
华润辽宁医药有限公司	西药批发	辽宁省沈阳市
中国石油天然气股份有限公司辽宁鞍山销售分公司	石油及制品批发	辽宁省鞍山市
中铁物资集团东北有限公司	金属及金属矿批发	辽宁省沈阳市
辉山乳业(沈阳)销售有限公司	酒、饮料及茶叶批发	辽宁省沈阳市
中国石油天然气股份有限公司辽宁营口销售分公司	石油及制品批发	辽宁省营口市
辽宁省烟草公司鞍山市公司	烟草制品批发	辽宁省鞍山市
中国石油天然气股份有限公司辽宁盘锦销售分公司	石油及制品批发	辽宁省盘锦市
辽宁省烟草公司铁岭市公司	烟草制品批发	辽宁省铁岭市
辽宁省烟草公司丹东市公司	酒、饮料及茶叶批发	辽宁省丹东市
中国石油天然气股份有限公司辽宁葫芦岛销售分公司	石油及制品批发	辽宁省葫芦岛市
中国石油天然气股份有限公司辽宁抚顺销售分公司	石油及制品批发	辽宁省抚顺市
辽宁省烟草公司锦州市公司	烟草制品批发	辽宁省锦州市
辽宁省烟草公司营口市分公司	烟草制品批发	辽宁省营口市
辽宁九州通医药有限公司	医疗用品及器材批发	辽宁省沈阳市
辽宁省烟草公司朝阳市公司	烟草制品批发	辽宁省朝阳市
中国石油天然气股份有限公司辽宁朝阳销售分公司	石油及制品批发	辽宁省朝阳市
中油辽宁铁岭销售分公司	石油及制品批发	辽宁省铁岭市
辽宁省烟草公司葫芦岛市公司	烟草制品批发	辽宁省葫芦岛市
周大福珠宝金行(沈阳)有限公司	首饰、工艺品及收藏品批发	辽宁省沈阳市
蒂业技凯中国投资有限公司	其他机械设备及电子产品批发	辽宁省大连市
辽宁省烟草公司抚顺市公司	烟草制品批发	辽宁省抚顺市
中国石油天然气股份有限公司辽宁阜新销售分公司	石油及制品批发	辽宁省阜新市
辽宁省烟草公司辽阳市公司	烟草制品批发	辽宁省辽阳市
辽宁省烟草公司阜新市公司	烟草制品批发	辽宁省阜新市
东北制药集团公司供销公司	西药批发	辽宁省沈阳市
中国石油天然气股份有限公司辽宁本溪分公司	石油及制品批发	辽宁省本溪市
辽宁省烟草公司盘锦市公司(专卖局)	烟草制品批发	辽宁省盘锦市
中国船舶燃料大连有限公司	石油及制品批发	辽宁省大连市
辽宁省烟草公司本溪市公司	烟草制品批发	辽宁省本溪市
辽宁石油实业发展公司	石油及制品批发	辽宁省沈阳市
辽宁成大国际贸易有限公司	服装批发	辽宁省大连市
亚洲渔港供应链管理(大连)有限公司	肉、禽、蛋、奶及水产品批发	辽宁省大连市
华润雪花啤酒(中国)有限公司沈阳分公司	酒、饮料及茶叶批发	辽宁省沈阳市
丽珂贸易(沈阳)有限公司	贸易代理	辽宁省沈阳市
中国石油天然气股份有限公司河北销售瑞州分公司	石油及制品批发	辽宁省葫芦岛市
时代万恒(辽宁)民族贸易有限公司	服装批发	辽宁省大连市
沈阳长生产业集团股份有限公司	米、面制品及食用油批发	辽宁省沈阳市
大连五佳国际贸易有限公司	酒、饮料及茶叶批发	辽宁省大连市
福建恒安集团厦门商贸有限公司抚顺分公司	化妆品及卫生用品批发	辽宁省抚顺市
本溪明山国家粮食储备库	米、面制品及食用油批发	辽宁省本溪市
吉林省		
一汽马自达汽车销售有限公司	汽车零配件批发	吉林省长春市
扶余市三井子园区市场建设运营有限公司	谷物、豆及薯类批发	吉林省松原市

4-1 续表 8

企业名称	所属行业	企业所在地
中国石油天然气股份有限公司吉林长春分公司	石油及制品批发	吉林省长春市
吉林省烟草公司长春市公司	烟草制品批发	吉林省长春市
修正药业集团营销有限公司	中药批发	吉林省通化市
吉林省浩丰生猪交易市场有限公司	牲畜批发	吉林省四平市
吉林瓮福农业股份有限公司	化肥批发	吉林省长春市
中国石油天然气股份有限公司吉林松原销售分公司	石油及制品批发	吉林省松原市
中国石油天然气股份有限公司吉林省吉林市销售分公司	石油及制品批发	吉林省吉林市
吉林省烟草公司吉林市公司	烟草制品批发	吉林省吉林市
吉林省烟草公司四平市公司	烟草制品批发	吉林省四平市
吉林省烟草公司延边州公司	烟草制品批发	吉林省延边朝鲜族自治州
吉林省烟草公司通化公司	烟草制品批发	吉林省通化市
吉林省烟草公司白城市公司	烟草制品批发	吉林省白城市
吉林省烟草公司松原市公司	烟草制品批发	吉林省松原市
吉粮集团公主岭金玉收储有限责任公司	谷物、豆及薯类批发	吉林省四平市
吉林省烟草公司白山市公司	烟草制品批发	吉林省白山市
长春九州通医疗有限公司	西药批发	吉林省长春市
中国石油天然气股份公司吉林辽源销售分公司	石油及制品批发	吉林省辽源市
吉林省北方医药有限责任公司	西药批发	吉林省长春市
吉林扶余中储粮直属库	谷物、豆及薯类批发	吉林省松原市
黑龙江省		
中国石油销售东北公司大庆分公司	石油及制品批发	黑龙江省大庆市
亿阳集团股份有限公司	金属及金属矿批发	黑龙江省哈尔滨市
黑龙江倍丰农业生产资料集团有限公司	化肥批发	黑龙江省哈尔滨市
哈尔滨禧龙建材城有限公司	建材批发	黑龙江省哈尔滨市
黑龙江省烟草公司哈尔滨市公司	烟草制品批发	黑龙江省哈尔滨市
中国石油天然气股份有限公司黑龙江哈尔滨销售分公司	石油及制品批发	黑龙江省哈尔滨市
中油黑龙江农垦石油有限公司	石油及制品批发	黑龙江省哈尔滨市
中国石油天然气股份有限公司黑龙江大庆销售分公司	石油及制品批发	黑龙江省大庆市
葵花药业集团医药有限公司	中药批发	黑龙江省哈尔滨市
中国石油天燃汽股份有限公司黑龙江齐齐哈尔销售分公司	石油及制品批发	黑龙江省齐齐哈尔市
黑龙江省烟草公司齐齐哈尔市公司	烟草制品批发	黑龙江省齐齐哈尔市
黑龙江省烟草公司绥化市公司	烟草制品批发	黑龙江省绥化市
中国石油天然气股份有限公司黑龙江佳木斯销售分公司	石油及制品批发	黑龙江省佳木斯市
黑龙江省烟草公司大庆市公司	烟草制品批发	黑龙江省大庆市
中国石油天然气股份有限公司黑龙江尚志销售分公司	石油及制品批发	黑龙江省哈尔滨市
中国石油天然气股份有限公司黑龙江鸡西销售分公司	石油及制品批发	黑龙江省鸡西市
北大荒垦丰种业股份有限公司	种子批发	黑龙江省哈尔滨市
黑龙江省烟草公司佳木斯市公司	烟草制品批发	黑龙江省佳木斯市
中国石油天然气股份有限公司绥化分公司	石油及制品批发	黑龙江省绥化市
黑龙江象屿农业物产有限公司	谷物、豆及薯类批发	黑龙江省齐齐哈尔市
中国石油天然气股份有限公司黑龙江牡丹江销售分公司	石油及制品批发	黑龙江省牡丹江市
中国石油天然气股份有限公司黑龙江双鸭山销售分公司	石油及制品批发	黑龙江省双鸭山市
黑龙江省烟草公司鸡西市公司	烟草制品批发	黑龙江省鸡西市
黑龙江省烟草公司牡丹江烟叶公司	烟草制品批发	黑龙江省牡丹江市
中国石油天然气股分有限公司黑龙江七台河销售分公司	石油及制品批发	黑龙江省七台河市
中国石油天燃气股份有限公司黑龙江销售肇东分公司	石油及制品批发	黑龙江省绥化市
中石油天然气股份有限公司黑龙江鹤岗分公司	石油及制品批发	黑龙江省鹤岗市
中国铁路物资哈尔滨有限公司	石油及制品批发	黑龙江省哈尔滨市
黑龙江烟草公司鹤岗市公司	烟草制品批发	黑龙江省鹤岗市
中国石油天然气股份有限公司黑龙江伊春销售分公司	石油及制品批发	黑龙江省伊春市
哈尔滨珍宝岛医药贸易有限公司	中药批发	黑龙江省哈尔滨市

4-1 续表 9

企业名称	所属行业	企业所在地
哈尔滨珍宝岛医药贸易有限公司	中药批发	黑龙江省哈尔滨市
哈尔滨步步高通信有限公司	通讯及广播电视设备批发	黑龙江省哈尔滨市
黑龙江完达山林海液奶有限公司	肉、禽、蛋、奶及水产品批发	黑龙江省牡丹江市
黑龙江省农业机械有限责任公司	农业机械批发	黑龙江省哈尔滨市
上海市		
上海上汽大众汽车销售有限公司	汽车批发	上海市嘉定区
上汽通用汽车销售有限公司	汽车批发	上海市浦东新区
苹果电脑贸易(上海)有限公司	通讯及广播电视设备批发	上海市浦东新区
中国石化销售有限公司华东分公司	石油及制品批发	上海市长宁区
上海三星半导体有限公司	其他机械设备及电子产品批发	上海市长宁区
益海嘉里食品营销有限公司	米、面制品及食用油批发	上海市浦东新区
中国石化炼油销售有限公司	石油及制品批发	上海市长宁区
保时捷(中国)汽车销售有限公司	汽车批发	上海市浦东新区
捷豹路虎汽车贸易(上海)有限公司	汽车批发	上海市浦东新区
上海钢银电子商务有限公司	金属及金属矿批发	上海市宝山区
康成投资(中国)有限公司	酒、饮料及茶叶批发	上海市静安区
宝洁(中国)营销有限公司	厨房、卫生间用具及日用杂货批发	上海市浦东新区
上海找钢网信息科技股份有限公司	金属及金属矿批发	上海市嘉定区
中国石油化工股份有限公司上海石油分公司	石油及制品批发	上海市黄浦区
上海医药分销控股有限公司	西药批发	上海市长宁区
中船工业成套物流有限公司	金属及金属矿批发	上海市杨浦区
上海老凤祥银楼有限公司	首饰、工艺品及收藏品批发	上海市黄浦区
佳电(上海)管理有限公司	计算机、软件及辅助设备批发	上海市长宁区
福特汽车(中国)有限公司	汽车批发	上海市浦东新区
国药控股分销中心有限公司	西药批发	上海市浦东新区
沃尔沃汽车(亚太)投资控股有限公司	汽车批发	上海市嘉定区
联强国际贸易(中国)有限公司	计算机、软件及辅助设备批发	上海市长宁区
松下电器机电(中国)有限公司	其他机械设备及电子产品批发	上海市浦东新区
欧莱雅(中国)有限公司	化妆品及卫生用品批发	上海市静安区
百丽鞋业(上海)有限公司	鞋帽批发	上海市虹口区
欧尚(中国)投资有限公司	其他食品批发	上海市杨浦区
上海浦东国际机场航空油料有限责任公司	石油及制品批发	上海市浦东新区
华硕电脑(上海)有限公司	计算机、软件及辅助设备批发	上海市闵行区
巴斯夫(中国)有限公司	其他化工产品批发	上海市浦东新区
舍弗勒贸易(上海)有限公司	汽车零配件批发	上海市嘉定区
康德乐(上海)医药有限公司	西药批发	上海市松江区
上海汽车进出口有限公司	汽车批发	上海市浦东新区
村田电子贸易(上海)有限公司	五金产品批发	上海市静安区
通用电气医疗系统贸易发展(上海)有限公司	医疗用品及器材批发	上海市浦东新区
罗氏诊断产品(上海)有限公司	医疗用品及器材批发	上海市闵行区
丰田通商(上海)有限公司	其他机械设备及电子产品批发	上海市浦东新区
强生(上海)医疗器材有限公司	医疗用品及器材批发	上海市浦东新区
佳通轮胎(中国)投资有限公司	汽车零配件批发	上海市长宁区
瑞表企业管理(上海)有限公司	其他家庭用品批发	上海市徐汇区
沃尔沃汽车销售(上海)有限公司	汽车批发	上海市嘉定区
泰科电子(上海)有限公司	其他机械设备及电子产品批发	上海市浦东新区
中化国际(控股)股份有限公司	其他化工产品批发	上海市浦东新区
天虹(中国)投资有限公司	纺织品、针织品及原料批发	上海市浦东新区
宝钢资源控股(上海)有限公司	金属及金属矿批发	上海市虹口区
三井物产(上海)贸易有限公司	其他化工产品批发	上海市浦东新区
上海豫园黄金珠宝集团有限公司	首饰、工艺品及收藏品批发	上海市浦东新区

4-1 续表 10

企业名称	所属行业	企业所在地
雅培贸易(上海)有限公司	其他食品批发	上海市浦东新区
米其林(中国)投资有限公司	汽车零配件批发	上海市长宁区
上海神州数码有限公司	计算机、软件及辅助设备批发	上海市长宁区
亿滋食品企业管理(上海)有限公司	米、面制品及食用油批发	上海市徐汇区
普利司通(中国)投资有限公司	汽车零配件批发	上海市黄浦区
上海海烟物流发展有限公司	烟草制品批发	上海市长宁区
佳杰科技(上海)有限公司	计算机、软件及辅助设备批发	上海市长宁区
滔搏投资(上海)有限公司	鞋帽批发	上海市徐汇区
上海伊藤忠商事有限公司	其他化工产品批发	上海市浦东新区
捷太格特(中国)投资有限公司	汽车零配件批发	上海市长宁区
必胜(上海)食品有限公司	其他食品批发	上海市徐汇区
埃克森美孚(中国)投资有限公司	石油及制品批发	上海市徐汇区
历峰商业有限公司	首饰、工艺品及收藏品批发	上海市浦东新区
东芝电子(中国)有限公司	其他机械设备及电子产品批发	上海市静安区
立邦投资有限公司	其他化工产品批发	上海市浦东新区
上海良友(集团)有限公司	谷物、豆及薯类批发	上海市浦东新区
杜邦贸易(上海)有限公司	其他化工产品批发	上海市浦东新区
金佰利(中国)有限公司	厨房、卫生间用具及日用杂货批发	上海市黄浦区
迪脉(上海)企业管理有限公司	体育用品及器材批发	上海市浦东新区
爱茉莉太平洋贸易有限公司	化妆品及卫生用品批发	上海市嘉定区
赛默飞世尔科技(中国)有限公司	其他机械设备及电子产品批发	上海市浦东新区
约克(中国)商贸有限公司	其他机械设备及电子产品批发	上海市普陀区
三菱商事(上海)有限公司	其他化工产品批发	上海市浦东新区
保乐力加(中国)贸易有限公司	酒、饮料及茶叶批发	上海市黄浦区
斯凯孚(中国)销售有限公司	其他机械设备及电子产品批发	上海市黄浦区
上海诺华贸易有限公司	医疗用品及器材批发	上海市浦东新区
ABB(中国)有限公司上海分公司	其他机械设备及电子产品批发	上海市黄浦区
美敦力(上海)管理有限公司	医疗用品及器材批发	上海市浦东新区
衣念(上海)时装贸易有限公司	服装批发	上海市闵行区
康宝莱(上海)管理有限公司	其他机械设备及电子产品批发	上海市长宁区
上海韩泰轮胎销售有限公司	汽车零配件批发	上海市徐汇区
科勒(中国)投资有限公司	厨房、卫生间用具及日用杂货批发	上海市静安区
欧普照明股份有限公司	灯具、装饰物品批发	上海市闵行区
上海老庙黄金有限公司	首饰、工艺品及收藏品批发	上海市浦东新区
大昌洋行(上海)有限公司	西药批发	上海市浦东新区
阿特拉斯·科普柯(上海)贸易有限公司	其他机械设备及电子产品批发	上海市浦东新区
科世达(上海)管理有限公司	汽车零配件批发	上海市嘉定区
上海电力燃料有限公司	煤炭及制品批发	上海市黄浦区
雅诗兰黛(上海)商贸有限公司	化妆品及卫生用品批发	上海市闵行区
宜家分拨(上海)有限公司	其他家庭用品批发	上海市奉贤区
三菱电机自动化(中国)有限公司	其他机械设备及电子产品批发	上海市长宁区
上海新联纺进出口有限公司	服装批发	上海市长宁区
上海福然德部件加工有限公司	金属及金属矿批发	上海市宝山区
汉高(中国)投资有限公司	其他化工产品批发	上海市浦东新区
夏普商贸(中国)有限公司	家用电器批发	上海市黄浦区
富士胶片(中国)投资有限公司	医疗用品及器材批发	上海市浦东新区
上海住友商事有限公司	金属及金属矿批发	上海市浦东新区
菲仕兰食品贸易(上海)有限公司	肉、禽、蛋、奶及水产品批发	上海市黄浦区
明尼苏达矿业制造(上海)国际贸易有限公司	其他化工产品批发	上海市长宁区
资生堂(中国)投资有限公司	化妆品及卫生用品批发	上海市浦东新区
小松(中国)投资有限公司	其他机械设备及电子产品批发	上海市浦东新区

4-1 续表 11

企业名称	所属行业	企业所在地
通用磨坊贸易(上海)有限公司	其他食品批发	上海市长宁区
上海宝尊电子商务有限公司	其他未列明批发业	上海市静安区
古驰(中国)贸易有限公司	服装批发	上海市静安区
飞利浦照明(中国)投资有限公司	灯具、装饰物品批发	上海市闵行区
上海申达进出口有限公司	服装批发	上海市普陀区
东丽国际贸易(中国)有限公司	其他化工产品批发	上海市静安区
希森美康医用电子(上海)有限公司	医疗用品及器材批发	上海市浦东新区
贝克曼库尔特商贸(中国)有限公司	医疗用品及器材批发	上海市长宁区
博柏利(上海)贸易有限公司	服装批发	上海市静安区
碧迪医疗器械(上海)有限公司	医疗用品及器材批发	上海市浦东新区
新百伦贸易(中国)有限公司	其他未列明批发业	上海市黄浦区
富士施乐实业发展(中国)有限公司	其他机械设备及电子产品批发	上海市浦东新区
尼康映像仪器销售(中国)有限公司	其他文化用品批发	上海市黄浦区
路威酩轩香水化妆品(上海)有限公司	化妆品及卫生用品批发	上海市浦东新区
上海江森自控国际蓄电池有限公司	汽车零配件批发	上海市长宁区
上海烟草集团浦东烟草糖酒有限公司	烟草制品批发	上海市浦东新区
麦克维尔中央空调有限公司	其他机械设备及电子产品批发	上海市静安区
上海飞科电器股份有限公司	家用电器批发	上海市松江区
丸红(上海)有限公司	其他化工产品批发	上海市浦东新区
香奈儿(中国)贸易有限公司	化妆品及卫生用品批发	上海市浦东新区
上海新宇钟表集团有限公司	其他家庭用品批发	上海市黄浦区
卡博特(中国)投资有限公司	其他化工产品批发	上海市闵行区
衣恋时装(上海)有限公司	服装批发	上海市闵行区
中国铁路物资华东集团有限公司	金属及金属矿批发	上海市静安区
花王(上海)产品服务有限公司	化妆品及卫生用品批发	上海市长宁区
费列罗贸易(上海)有限公司	糕点、糖果及糖批发	上海市浦东新区
西门子医学诊断产品(上海)有限公司	医疗用品及器材批发	上海市浦东新区
蔻驰贸易(上海)有限公司	其他家庭用品批发	上海市静安区
丹佛斯自动控制管理(上海)有限公司	其他机械设备及电子产品批发	上海市徐汇区
日立建机(上海)有限公司	其他机械设备及电子产品批发	上海市浦东新区
上海百雀羚日用化学有限公司	化妆品及卫生用品批发	上海市普陀区
上海家化销售有限公司	化妆品及卫生用品批发	上海市杨浦区
欧姆龙自动化(中国)有限公司	其他机械设备及电子产品批发	上海市浦东新区
开利空调销售服务(上海)有限公司	其他机械设备及电子产品批发	上海市黄浦区
上海顶实仓储有限公司	其他食品批发	上海市嘉定区
东方国际创业股份有限公司	服装批发	上海市长宁区
上海博世力士乐液压及自动化有限公司	其他未列明批发业	上海市长宁区
米思米(中国)精密机械贸易有限公司	五金产品批发	上海市奉贤区
上海胜华电缆(集团)有限公司	电气设备批发	上海市浦东新区
锐珂亚太投资管理(上海)有限公司	医疗用品及器材批发	上海市浦东新区
基恩士(中国)有限公司	其他机械设备及电子产品批发	上海市浦东新区
百家好(上海)时装有限公司	服装批发	上海市闵行区
卡尔蔡司(上海)管理有限公司	医疗用品及器材批发	上海市浦东新区
上海浦星贸易有限公司	酒、饮料及茶叶批发	上海市松江区
雅马哈乐器音响(中国)投资有限公司	其他文化用品批发	上海市静安区
派克汉尼汾流体传动产品(上海)有限公司	电气设备批发	上海市浦东新区
费森尤斯医药用品(上海)有限公司	医疗用品及器材批发	上海市浦东新区
礼来国际贸易(上海)有限公司	西药批发	上海市黄浦区
锦湖(中国)轮胎销售有限公司	汽车零配件批发	上海市嘉定区
罗克韦尔自动化(中国)有限公司	电气设备批发	上海市浦东新区
上海丝绸集团股份有限公司	服装批发	上海市徐汇区

4-1 续表 12

企业名称	所属行业	企业所在地
艾睿(中国)电子贸易有限公司	其他机械设备及电子产品批发	上海市静安区
上海来伊份股份有限公司	其他食品批发	上海市松江区
梅特勒－托利多国际贸易(上海)有限公司	其他未列明批发业	上海市徐汇区
上海曼伦商贸有限公司	医疗用品及器材批发	上海市徐汇区
上海九州通医药有限公司	中药批发	上海市普陀区
柯惠医疗器材国际贸易(上海)有限公司	医疗用品及器材批发	上海市徐汇区
默克化工技术(上海)有限公司	其他化工产品批发	上海市浦东新区
劲霸男装(上海)有限公司	服装批发	上海市普陀区
国药集团上海医疗器械有限公司	医疗用品及器材批发	上海市宝山区
卡西欧(中国)贸易有限公司	体育用品及器材批发	上海市普陀区
东芝开利空调销售(上海)有限公司	家用电器批发	上海市黄浦区
上海太阳能科技有限公司	电气设备批发	上海市闵行区
格兰富水泵(上海)有限公司	其他机械设备及电子产品批发	上海市浦东新区
波科国际医疗贸易(上海)有限公司	医疗用品及器材批发	上海市浦东新区
辉门(中国)有限公司	汽车零配件批发	上海市浦东新区
广派商业(上海)有限公司	服装批发	上海市浦东新区
伊藤忠纤维贸易(中国)有限公司	纺织品、针织品及原料批发	上海市长宁区
大昌华嘉商业(中国)有限公司	西药批发	上海市浦东新区
上海优壹电子商务有限公司	肉、禽、蛋、奶及水产品批发	上海市普陀区
上海三凯进出口有限公司	其他未列明批发业	上海市浦东新区
勃林格殷格翰国际贸易(上海)有限公司	西药批发	上海市静安区
富士电机(中国)有限公司	其他机械设备及电子产品批发	上海市普陀区
理光(中国)投资有限公司	其他机械设备及电子产品批发	上海市黄浦区
匡威体育用品(中国)有限公司	服装批发	上海市杨浦区
百特医疗用品贸易(上海)有限公司	医疗用品及器材批发	上海市徐汇区
上海东纺日化销售有限公司	化妆品及卫生用品批发	上海市普陀区
华润医药(上海)有限公司	西药批发	上海市长宁区
上海欧珀实业有限公司	通讯及广播电视设备批发	上海市静安区
英潍捷基(上海)贸易有限公司	医疗用品及器材批发	上海市浦东新区
上海南浦食品公司浦东分公司	其他食品批发	上海市松江区
杰尼亚贸易(上海)有限公司	服装批发	上海市浦东新区
上海汽车工业销售有限公司	汽车批发	上海市徐汇区
上海烟草集团黄浦烟草糖酒有限公司	烟草制品批发	上海市黄浦区
史泰博(上海)有限公司	文具用品批发	上海市长宁区
圣犹达医疗用品(上海)有限公司	医疗用品及器材批发	上海市徐汇区
上海万虎光大通信设备有限公司	通讯及广播电视设备批发	上海市普陀区
罗姆半导体(上海)有限公司	其他机械设备及电子产品批发	上海市浦东新区
雅培医疗器械贸易(上海)有限公司	医疗用品及器材批发	上海市浦东新区
柯尼卡美能达办公系统(中国)有限公司	其他机械设备及电子产品批发	上海市黄浦区
地素时尚股份有限公司	服装批发	上海市普陀区
彪马(上海)商贸有限公司	服装批发	上海市黄浦区
鹏卫齐商业(上海)有限公司	服装批发	上海市静安区
贝朗医疗(上海)国际贸易有限公司	医疗用品及器材批发	上海市长宁区
巴德医疗科技(上海)有限公司	医疗用品及器材批发	上海市长宁区
宝钢金属有限公司	金属及金属矿批发	上海市宝山区
山特维克可乐满切削刀具(上海)有限公司	五金产品批发	上海市闵行区
乐金生活健康贸易(上海)有限公司	化妆品及卫生用品批发	上海市徐汇区
阿法拉伐(上海)技术有限公司	电气设备批发	上海市黄浦区
库卡机器人(上海)有限公司	其他机械设备及电子产品批发	上海市浦东新区
西诺迪斯食品(上海)有限公司	米、面制品及食用油批发	上海市静安区
岛津企业管理(中国)有限公司	医疗用品及器材批发	上海市长宁区

4-1 续表 13

企业名称	所属行业	企业所在地
德莎胶带(上海)有限公司	其他化工产品批发	上海市浦东新区
上海烟草集团嘉定烟草糖酒有限公司	烟草制品批发	上海市嘉定区
迪思科科技(中国)有限公司	其他机械设备及电子产品批发	上海市浦东新区
上海森马服饰有限公司	服装批发	上海市闵行区
威士达医疗设备(上海)有限公司	医疗用品及器材批发	上海市浦东新区
上海烟草集团闵行烟草糖酒有限公司	烟草制品批发	上海市闵行区
上海宝原体育用品商贸有限公司	体育用品及器材批发	上海市虹口区
上海苏食肉品销售有限公司	肉、禽、蛋、奶及水产品批发	上海市宝山区
凯斯纽荷兰(中国)管理有限公司	农业机械批发	上海市浦东新区
施乐辉医用产品国际贸易(上海)有限公司	医疗用品及器材批发	上海市黄浦区
倍乐生商贸(中国)有限公司	报刊批发	上海市徐汇区
上海雅马哈建设摩托车销售有限公司	摩托车及零配件批发	上海市徐汇区
国药集团化学试剂有限公司	其他化工产品批发	上海市黄浦区
上海复星药业有限公司	中药批发	上海市普陀区
上海烟草集团虹口烟草糖酒有限公司	烟草制品批发	上海市虹口区
兄弟(中国)商业有限公司	通讯及广播电视设备批发	上海市长宁区
摩恩(上海)厨卫有限公司	厨房、卫生间用具及日用杂货批发	上海市浦东新区
亚瑟士(中国)商贸有限公司	鞋帽批发	上海市长宁区
好时食品国际贸易(上海)有限公司	糕点、糖果及糖批发	上海市浦东新区
宇旭时装(上海)有限公司	服装批发	上海市闵行区
先进装配系统有限公司	其他机械设备及电子产品批发	上海市浦东新区
上海润达医疗科技股份有限公司	医疗用品及器材批发	上海市浦东新区
施耐德电气信息技术(中国)有限公司	其他机械设备及电子产品批发	上海市普陀区
尤益嘉(上海)食品商贸有限公司	糕点、糖果及糖批发	上海市浦东新区
上海恩德斯豪斯自动化设备有限公司	其他机械设备及电子产品批发	上海市闵行区
捷迈(上海)医疗国际贸易有限公司	医疗用品及器材批发	上海市长宁区
上海三枪(集团)有限公司	纺织品、针织品及原料批发	上海市黄浦区
珀金埃尔默仪器(上海)有限公司	其他机械设备及电子产品批发	上海市浦东新区
博士视听系统(上海)有限公司	其他机械设备及电子产品批发	上海市长宁区
上海第一食品连锁发展有限公司	其他食品批发	上海市黄浦区
上海百红商业贸易有限公司	化妆品及卫生用品批发	上海市静安区
通用电气企业发展(上海)有限公司	其他机械设备及电子产品批发	上海市浦东新区
上海烟草集团松江烟草糖酒有限公司	烟草制品批发	上海市松江区
乐金华奥斯贸易(上海)有限公司	建材批发	上海市徐汇区
利惠商业(上海)有限公司	服装批发	上海市静安区
上海悦亿网络信息技术有限公司	通讯及广播电视设备批发	上海市宝山区
上海新先锋华康医药有限公司	西药批发	上海市长宁区
美标(中国)有限公司	厨房、卫生间用具及日用杂货批发	上海市徐汇区
亚什兰(中国)投资有限公司	其他化工产品批发	上海市徐汇区
上海烟草集团奉贤烟草糖酒有限公司	烟草制品批发	上海市奉贤区
利乐贸易(上海)有限公司	其他机械设备及电子产品批发	上海市浦东新区
富昌电子(上海)有限公司	其他机械设备及电子产品批发	上海市浦东新区
哥伦比亚运动服装商贸(上海)有限公司	服装批发	上海市徐汇区
魏德米勒电联接(上海)有限公司	其他机械设备及电子产品批发	上海市浦东新区
安富利电子(上海)有限公司	其他机械设备及电子产品批发	上海市浦东新区
庞贝捷漆油贸易(上海)有限公司	其他化工产品批发	上海市浦东新区
上海烟草集团宝山烟草糖酒有限公司	烟草制品批发	上海市宝山区
梅里埃诊断产品(上海)有限公司	医疗用品及器材批发	上海市浦东新区
上海佰草集化妆品有限公司	化妆品及卫生用品批发	上海市虹口区
上海六和勤强食品有限公司	肉、禽、蛋、奶及水产品批发	上海市普陀区
科莱恩化工(中国)有限公司	其他化工产品批发	上海市长宁区

4-1 续表 14

企业名称	所属行业	企业所在地
海格曼商贸有限公司	通讯及广播电视设备批发	上海市浦东新区
上海烟草集团青浦烟草糖酒有限公司	烟草制品批发	上海市青浦区
上海信谊联合医药药材有限公司	中药批发	上海市静安区
德尔格医疗设备(上海)有限公司	医疗用品及器材批发	上海市浦东新区
美太芭比(上海)贸易有限公司	其他文化用品批发	上海市徐汇区
肯纳飞硕金属(上海)有限公司	五金产品批发	上海市浦东新区
日铁住金物产(上海)有限公司	金属及金属矿批发	上海市长宁区
乔治阿玛尼(上海)商贸有限公司	服装批发	上海市静安区
上海克瑞特服饰有限公司	服装批发	上海市浦东新区
上海烟草集团金山烟草糖酒有限公司	烟草制品批发	上海市金山区
上海烟草集团普陀烟草糖酒有限公司	烟草制品批发	上海市普陀区
三菱重工空调系统(上海)有限公司	其他机械设备及电子产品批发	上海市长宁区
迈克尔高司商贸(上海)有限公司	服装批发	上海市静安区
琳玛(上海)贸易有限公司	服装批发	上海市徐汇区
世达工具(上海)有限公司	五金产品批发	上海市浦东新区
上海市江桥批发市场经营管理有限公司	果品、蔬菜批发	上海市嘉定区
恒天然商贸(上海)有限公司	其他食品批发	上海市黄浦区
哈希水质分析仪器(上海)有限公司	其他机械设备及电子产品批发	上海市浦东新区
上海现代制药营销有限公司	西药批发	上海市嘉定区
上海金枫酒业股份有限公司	酒、饮料及茶叶批发	上海市普陀区
上海伟康卫生后勤服务有限公司	医疗用品及器材批发	上海市浦东新区
上海东冠健康用品股份有限公司	化妆品及卫生用品批发	上海市金山区
固铂轮胎(中国)投资有限公司	汽车零配件批发	上海市长宁区
上海烟草集团崇明烟草糖酒有限公司	烟草制品批发	上海市崇明区
圣皮尔精品酒业(上海)有限公司	酒、饮料及茶叶批发	上海市静安区
菲拉格慕时装贸易(上海)有限公司	鞋帽批发	上海市静安区
赛莱默(中国)有限公司	其他机械设备及电子产品批发	上海市长宁区
上海华联罗森有限公司	其他家庭用品批发	上海市闵行区
福禄克测试仪器(上海)有限公司	其他机械设备及电子产品批发	上海市长宁区
文晔领科商贸(上海)有限公司	其他机械设备及电子产品批发	上海市浦东新区
安德阿镆贸易(上海)有限公司	服装批发	上海市黄浦区
上海信谊天一药业有限公司	西药批发	上海市静安区
上海维格娜丝时装有限公司	纺织品、针织品及原料批发	上海市闵行区
上海龙净环保科技工程有限公司	其他未列明批发业	上海市普陀区
丰田纺织(中国)有限公司	汽车零配件批发	上海市浦东新区
通用电气实业(上海)有限公司	其他未列明批发业	上海市浦东新区
上海信谊医药有限公司	中药批发	上海市静安区
永恒力叉车(上海)有限公司	其他机械设备及电子产品批发	上海市普陀区
上海三问投资控股集团有限公司	纺织品、针织品及原料批发	上海市闵行区
上海丝绸集团品牌发展有限公司	服装批发	上海市虹口区
马克华菲(上海)商业有限公司	服装批发	上海市徐汇区
硕腾(上海)动物保健品有限公司	西药批发	上海市浦东新区
亚玛芬体育用品贸易(上海)有限公司	体育用品及器材批发	上海市浦东新区
雨果博斯(上海)商贸有限公司	服装批发	上海市黄浦区
上海巴克斯酒业营销有限公司	酒、饮料及茶叶批发	上海市浦东新区
潘多拉珠宝(上海)有限公司	首饰、工艺品及收藏品批发	上海市徐汇区
上海魁春实业有限公司	其他食品批发	上海市普陀区
盟可睐(上海)商贸有限公司	服装批发	上海市静安区
慧桥电气技术(上海)有限公司	其他机械设备及电子产品批发	上海市徐汇区
上海雷允上药业西区有限公司	西药批发	上海市静安区
上海中燃船舶燃料有限公司	石油及制品批发	上海市虹口区

4-1 续表 15

企业名称	所属行业	企业所在地
上海童涵春堂药业股份有限公司	中药批发	上海市黄浦区
美艾利尔(上海)医疗器械销售有限公司	医疗用品及器材批发	上海市静安区
克履仕国际贸易(上海)有限公司	鞋帽批发	上海市徐汇区
陆逊梯卡(上海)商贸有限公司	其他家庭用品批发	上海市徐汇区
德马吉森精机机床贸易有限公司	其他机械设备及电子产品批发	上海市松江区
上海农夫山泉饮用水有限公司	酒、饮料及茶叶批发	上海市浦东新区
波士胶(上海)管理有限公司	其他化工产品批发	上海市闵行区
菱重家用空调系统(上海)有限公司	家用电器批发	上海市长宁区
横河电机(中国)有限公司	其他机械设备及电子产品批发	上海市长宁区
山特维克矿山工程机械贸易(上海)有限公司	其他机械设备及电子产品批发	上海市静安区
易格斯拖链轴承仓储贸易(上海)有限公司	其他机械设备及电子产品批发	上海市浦东新区
湖南旺旺食品有限公司上海分公司	酒、饮料及茶叶批发	上海市闵行区
路博润管理(上海)有限公司	其他化工产品批发	上海市浦东新区
上海烟草集团卢湾烟草糖酒有限公司	烟草制品批发	上海市黄浦区
上海玛帕贸易有限公司	五金产品批发	上海市闵行区
上海青岛啤酒销售有限公司	酒、饮料及茶叶批发	上海市宝山区
上海医药集团药品销售有限公司	西药批发	上海市普陀区
上海张铁军翡翠股份有限公司	首饰、工艺品及收藏品批发	上海市黄浦区
禧玛诺(上海)贸易有限公司	五金产品批发	上海市长宁区
上海乐扣乐扣贸易有限公司	厨房、卫生间用具及日用杂货批发	上海市闵行区
震坤行工业超市(上海)有限公司	其他化工产品批发	上海市浦东新区
上海益忠天惠实业有限公司	汽车零配件批发	上海市松江区
娇韵诗化妆品(上海)有限公司	化妆品及卫生用品批发	上海市静安区
上海雷允上北区药业股份有限公司	中药批发	上海市虹口区
纪梵希(上海)商贸有限公司	其他家庭用品批发	上海市浦东新区
日播时尚集团股份有限公司	服装批发	上海市松江区
上海宝钢实业有限公司	金属及金属矿批发	上海市宝山区
林肯电气管理(上海)有限公司	金属及金属矿批发	上海市宝山区
沃特世科技(上海)有限公司	贸易代理	上海市浦东新区
雷度米特医疗设备(上海)有限公司	医疗用品及器材批发	上海市长宁区
伊斯卡刀具国际贸易(上海)有限公司	其他机械设备及电子产品批发	上海市浦东新区
上海健久生物科技有限公司	营养和保健品批发	上海市松江区
宏达通讯有限公司	通讯及广播电视设备批发	上海市浦东新区
迈柯唯(上海)医疗设备有限公司	医疗用品及器材批发	上海市长宁区
上海浦东新区医药药材有限公司	西药批发	上海市浦东新区
伯乐生命医学产品(上海)有限公司	医疗用品及器材批发	上海市浦东新区
无添加贸易(上海)有限公司	化妆品及卫生用品批发	上海市静安区
上海仁达药品经营有限公司	中药批发	上海市徐汇区
上海合力叉车有限公司	电气设备批发	上海市虹口区
东方表行(中国)贸易有限公司	其他家庭用品批发	上海市黄浦区
上海新华医疗开发公司	医疗用品及器材批发	上海市杨浦区
上海晨光科力普办公用品有限公司	文具用品批发	上海市徐汇区
喜开理(上海)机器有限公司	其他机械设备及电子产品批发	上海市徐汇区
博世(上海)安保系统有限公司	其他机械设备及电子产品批发	上海市长宁区
上海宝钢气体有限公司	其他未列明批发业	上海市浦东新区
上海云汉电子有限公司	其他机械设备及电子产品批发	上海市松江区
中化作物保护品有限公司	农药批发	上海市浦东新区
德利多富信息系统(上海)有限公司	计算机、软件及辅助设备批发	上海市浦东新区
马瑞利(中国)有限公司	汽车零配件批发	上海市浦东新区
美商鹏卫齐商贸(上海)有限公司	服装批发	上海市静安区
星创视界(中国)光学科技有限公司	首饰、工艺品及收藏品批发	上海市普陀区

4-1 续表 16

企业名称	所属行业	企业所在地
霍尼韦尔消防安防系统(上海)有限公司	其他机械设备及电子产品批发	上海市浦东新区
正大食品企业(上海)有限公司	肉、禽、蛋、奶及水产品批发	上海市静安区
上海凯淳实业有限公司	计算机、软件及辅助设备批发	上海市徐汇区
克丽缇娜(上海)贸易有限公司	化妆品及卫生用品批发	上海市长宁区
世健国际贸易(上海)有限公司	其他机械设备及电子产品批发	上海市普陀区
史丹利东铁(上海)五金有限公司	五金产品批发	上海市闵行区
上海欧蓝国际贸易有限公司	服装批发	上海市静安区
上海杏花楼食品营销有限公司	其他食品批发	上海市闵行区
上海余天成医药有限公司	西药批发	上海市松江区
埃地沃兹贸易(上海)有限公司	其他机械设备及电子产品批发	上海市浦东新区
上海孩思乐商贸有限公司	其他文化用品批发	上海市长宁区
希思黎(上海)化妆品商贸有限公司	化妆品及卫生用品批发	上海市静安区
上海红牛维他命饮料有限公司	酒、饮料及茶叶批发	上海市虹口区
上海沙驰服饰有限公司	服装批发	上海市普陀区
西诺德牙科设备商贸(上海)有限公司	医疗用品及器材批发	上海市徐汇区
傲胜(中国)商业有限公司	家用电器批发	上海市浦东新区
上海天诚线缆销售有限公司	五金产品批发	上海市松江区
江苏省		
苏宁云商集团股份有限公司苏宁采购中心	家用电器批发	江苏省南京市
江苏沙钢国际贸易有限公司	金属及金属矿批发	江苏省苏州市
江苏苏美达集团有限公司	金属及金属矿批发	江苏省南京市
江苏国泰国际集团有限公司	服装批发	江苏省苏州市
耐克体育(中国)有限公司	鞋帽批发	江苏省苏州市
博西家用电器(中国)有限公司	家用电器批发	江苏省南京市
南京华能南方实业开发股份有限公司	金属及金属矿批发	江苏省南京市
扬子江药业集团江苏扬子江医药经营有限公司	中药批发	江苏省泰州市
阿迪达斯体育(中国)有限公司	服装批发	江苏省苏州市
阿斯利康(无锡)贸易有限公司	西药批发	江苏省无锡市
苏酒集团贸易股份有限公司	酒、饮料及茶叶批发	江苏省宿迁市
中国石油化工股份有限公司江苏石油分公司	石油及制品批发	江苏省南京市
紫光数码(苏州)集团有限公司	家用电器批发	江苏省苏州市
江阴海澜之家供应链管理有限公司	纺织品、针织品及原料批发	江苏省无锡市
江苏省烟草公司苏州市公司	烟草制品批发	江苏省苏州市
江苏省烟草公司南京市公司	烟草制品批发	江苏省南京市
宏图三胞高科技术有限公司	计算机、软件及辅助设备批发	江苏省南京市
江苏省海外企业集团有限公司	其他机械设备及电子产品批发	江苏省南京市
江苏大明金属制品有限公司	金属及金属矿批发	江苏省无锡市
江阴海澜之家新桥销售有限公司	纺织品、针织品及原料批发	江苏省无锡市
中石化销售有限公司江苏常州石油分公司	石油及制品批发	江苏省常州市
江苏省烟草公司南通市公司	烟草制品批发	江苏省南通市
江苏省烟草公司无锡市公司	烟草制品批发	江苏省无锡市
江苏盛世欣兴格力贸易有限公司	家用电器批发	江苏省南京市
中海油销售江苏有限公司	石油及制品批发	江苏省南京市
徐州淮海药业有限公司	西药批发	江苏省徐州市
江苏省烟草公司徐州市公司	烟草制品批发	江苏省徐州市
江苏苏美达轻纺国际贸易有限公司	服装批发	江苏省南京市
江苏省烟草公司盐城市公司	烟草制品批发	江苏省盐城市
江苏省烟草公司常州市公司	烟草制品批发	江苏省常州市
江苏省烟草公司泰州市公司	烟草制品批发	江苏省泰州市
江苏省烟草公司扬州市公司	烟草制品批发	江苏省扬州市
江苏金坛众泰汽车销售有限公司	汽车批发	江苏省常州市

4-1 续表 17

企业名称	所属行业	企业所在地
远东买卖宝网络科技有限公司	五金产品批发	江苏省无锡市
江苏刚大金属材料有限公司	金属及金属矿批发	江苏省无锡市
中国石油天然气股份有限公司江苏苏州销售分公司	石油及制品批发	江苏省苏州市
江苏洋河酒类运营管理有限公司	酒、饮料及茶叶批发	江苏省宿迁市
常州康仁机电设备有限公司	通讯及广播电视设备批发	江苏省常州市
江苏先声药业有限公司	西药批发	江苏省南京市
丹阳市沃得农业机械销售有限公司	农业机械批发	江苏省镇江市
常熟市交电家电有限责任公司	家用电器批发	江苏省苏州市
江苏汇鸿国际集团中锦控股有限公司	服装批发	江苏省南京市
江苏凤凰出版传媒股份有限公司	图书批发	江苏省南京市
统一商贸(昆山)有限公司	酒、饮料及茶叶批发	江苏省苏州市
江苏省烟草公司镇江市公司	烟草制品批发	江苏省镇江市
江苏金一黄金珠宝有限公司	首饰、工艺品及收藏品批发	江苏省无锡市
威富服饰(中国)有限公司	服装批发	江苏省苏州市
江苏省烟草公司淮安市公司	烟草制品批发	江苏省淮安市
江苏百胜电子有限公司	家用电器批发	江苏省南京市
涟水今世缘酒业销售有限公司	酒、饮料及茶叶批发	江苏省淮安市
江苏汇鸿国际集团土产进出口股份有限公司	建材批发	江苏省南京市
徐州工程机械集团进出口有限公司	其他机械设备及电子产品批发	江苏省徐州市
江苏金一文化发展有限公司	首饰、工艺品及收藏品批发	江苏省无锡市
江苏舜天国际集团机械进出口股份有限公司	其他机械设备及电子产品批发	江苏省南京市
佳格投资(中国)有限公司	米、面制品及食用油批发	江苏省苏州市
江苏汇鸿国际集团中鼎控股股份有限公司	纺织品、针织品及原料批发	江苏省南京市
江苏省烟草公司连云港市公司	烟草制品批发	江苏省连云港市
中国石油天然气股份有限公司江苏销售分公司	石油及制品批发	江苏省南京市
好孩子(中国)商贸有限公司	其他家庭用品批发	江苏省苏州市
江苏万邦医药营销有限公司	中药批发	江苏省徐州市
江阴市长江钢管有限公司	金属及金属矿批发	江苏省无锡市
江阴利电煤炭运销有限公司	煤炭及制品批发	江苏省无锡市
江苏省苏盐连锁有限公司	盐及调味品批发	江苏省南京市
江苏汇鸿国际集团中天控股有限公司	纺织品、针织品及原料批发	江苏省南京市
江苏省苏食肉品有限公司	肉、禽、蛋、奶及水产品批发	江苏省南京市
海门叠石桥叠龙纺织品贸易有限公司	纺织品、针织品及原料批发	江苏省南通市
江苏苏农农资连锁集团股份有限公司	化肥批发	江苏省南京市
南京华东医药有限责任公司	西药批发	江苏省南京市
江苏新晨医药有限公司	西药批发	江苏省连云港市
南京空港油料有限公司	石油及制品批发	江苏省南京市
国药控股徐州有限公司	中药批发	江苏省徐州市
无锡安井食品营销有限公司	米、面制品及食用油批发	江苏省无锡市
江苏华晓医药物流有限公司	西药批发	江苏省盐城市
江苏省农垦米业集团有限公司	谷物、豆及薯类批发	江苏省南京市
江苏苏豪国际集团股份有限公司	纺织品、针织品及原料批发	江苏省南京市
华润南通医药有限公司	西药批发	江苏省南通市
江苏苏美达五金工具有限公司	其他机械设备及电子产品批发	江苏省南京市
科沃斯机器人科技有限公司	家用电器批发	江苏省苏州市
周大福珠宝金行(苏州)有限公司	首饰、工艺品及收藏品批发	江苏省苏州市
江苏恩华和润医药有限公司	中药批发	江苏省徐州市
南京古田化工有限公司	其他化工产品批发	江苏省南京市
江阴克瑞特服饰有限公司	服装批发	江苏省无锡市
中天世贸有限公司	五金产品批发	江苏省南通市
江苏亚邦医药物流中心有限公司	西药批发	江苏省常州市

4-1 续表 18

企业名称	所属行业	企业所在地
江苏济源医药有限公司	西药批发	江苏省泰州市
通灵珠宝股份有限公司	首饰、工艺品及收藏品批发	江苏省南京市
中国石油天然气股份有限公司江苏南通销售分公司	石油及制品批发	江苏省南通市
布勒(无锡)商业有限公司	农业机械批发	江苏省无锡市
苏州欧珀电子有限公司	其他文化用品批发	江苏省苏州市
昆山利通天然气有限公司	石油及制品批发	江苏省苏州市
江苏省大华种业集团有限公司	种子批发	江苏省南京市
哈森商贸(中国)股份有限公司	鞋帽批发	江苏省苏州市
南京中电熊猫家电有限公司	家用电器批发	江苏省南京市
南京商络电子有限公司	其他机械设备及电子产品批发	江苏省南京市
南京百胜欧珀通讯设备有限公司	家用电器批发	江苏省南京市
无锡市金茂对外贸易有限公司	服装批发	江苏省无锡市
江苏澳洋医药物流有限公司	中药批发	江苏省苏州市
中国石油天然气股份有限公司江苏徐州销售分公司	石油及制品批发	江苏省徐州市
江苏华东生猪交易市场有限公司	牲畜批发	江苏省泰州市
快速电梯有限公司	其他机械设备及电子产品批发	江苏省苏州市
中国石油天然气股份有限公司江苏扬州分公司	石油及制品批发	江苏省扬州市
江苏大众医药连锁有限公司	西药批发	江苏省无锡市
苏州德高进出口有限公司	服装批发	江苏省苏州市
常州常发农业机械营销有限公司	农业机械批发	江苏省常州市
江苏长达国际物流有限公司	金属及金属矿批发	江苏省无锡市
苏州航天信息有限公司	计算机、软件及辅助设备批发	江苏省苏州市
淮安九州通医药有限公司	西药批发	江苏省淮安市
深圳创维RGB电子有限公司江苏分公司	家用电器批发	江苏省南京市
江苏金太阳纺织科技有限公司	纺织品、针织品及原料批发	江苏省南通市
苏州工业园区金月金属制品有限公司	金属及金属矿批发	江苏省苏州市
南京扬子化工实业有限责任公司	其他化工产品批发	江苏省南京市
阿特拉斯科普柯(中国)矿山与建筑设备贸易有限公司	其他机械设备及电子产品批发	江苏省南京市
南京江宁粮食投资发展集团有限公司	米、面制品及食用油批发	江苏省南京市
江苏四季沐歌有限公司	电气设备批发	江苏省连云港市
周大福珠宝金行张家港保税区有限公司	首饰、工艺品及收藏品批发	江苏省苏州市
宿迁温氏畜牧有限公司	牲畜批发	江苏省宿迁市
常熟市波司登进出口有限公司	服装批发	江苏省苏州市
无锡汇全物流有限公司	厨房、卫生间用具及日用杂货批发	江苏省无锡市
江苏泰诺医药有限公司	西药批发	江苏省泰州市
江苏文峰电器有限公司	家用电器批发	江苏省南通市
江阴爱居兔服装有限公司	服装批发	江苏省无锡市
江苏银海农佳乐国际棉花仓储交易有限公司	纺织品、针织品及原料批发	江苏省盐城市
如皋港务集团有限公司	煤炭及制品批发	江苏省南通市
江苏吴中医药销售有限公司	中药批发	江苏省苏州市
苏州鲁特轻纺有限公司	服装批发	江苏省苏州市
江苏金舜源商贸实业有限公司	其他机械设备及电子产品批发	江苏省南京市
江苏波司登营销有限公司	服装批发	江苏省苏州市
江苏明珠家用设备集成有限公司	家用电器批发	江苏省苏州市
常州老三集团进出口有限公司	服装批发	江苏省常州市
江苏三润服装集团股份有限公司	服装批发	江苏省南通市
南京红牛维他命饮料有限责任公司	其他食品批发	江苏省南京市
江苏三德利牧业发展有限公司	肉、禽、蛋、奶及水产品批发	江苏省常州市
江苏民星茧丝绸股份有限公司	其他农牧产品批发	江苏省盐城市
上药盐城医药有限公司	医疗用品及器材批发	江苏省盐城市
南京中富达电子通讯技术有限公司	其他机械设备及电子产品批发	江苏省南京市

4-1 续表 19

企业名称	所属行业	企业所在地
高淳县荆山苗木专业合作社	林业产品批发	江苏省南京市
苏州新宇世家钟表有限公司	其他家庭用品批发	江苏省苏州市
常州中大投资发展有限公司	建材批发	江苏省常州市
张家港保税区德辉珠宝金行有限公司	首饰、工艺品及收藏品批发	江苏省苏州市
苏州林华医疗器械销售有限公司	医疗用品及器材批发	江苏省苏州市
江阴海一家服饰有限公司	服装批发	江苏省无锡市
金红叶纸业集团有限公司南京分公司	文具用品批发	江苏省南京市
镇江平昌农副产品直营市场有限责任公司	米、面制品及食用油批发	江苏省镇江市
亚德客(江苏)自动化有限公司	其他机械设备及电子产品批发	江苏省苏州市
江苏美鑫国际贸易有限公司	煤炭及制品批发	江苏省徐州市
浙江省		
浙江吉利控股集团汽车销售有限公司	汽车批发	浙江省杭州市
浙江物产金属集团有限公司	金属及金属矿批发	浙江省杭州市
浙江吉利汽车销售有限公司	汽车批发	浙江省宁波市
远大石化有限公司	其他化工产品批发	浙江省宁波市
浙江超威动力能源有限公司	电气设备批发	浙江省湖州市
浙江前程石化股份有限公司	其他化工产品批发	浙江省宁波市
杭州热联集团股份有限公司	金属及金属矿批发	浙江省杭州市
中基宁波集团股份有限公司	金属及金属矿批发	浙江省宁波市
浙江物产环保能源股份有限公司	煤炭及制品批发	浙江省杭州市
浙江物产国际贸易有限公司	金属及金属矿批发	浙江省杭州市
华东医药股份有限公司	西药批发	浙江省杭州市
浙江省烟草公司杭州市公司	烟草制品批发	浙江省杭州市
农夫山泉股份有限公司	酒、饮料及茶叶批发	浙江省杭州市
浙江省烟草公司宁波市公司	烟草制品批发	浙江省宁波市
纳爱斯丽水销售有限公司	化妆品及卫生用品批发	浙江省丽水市
浙江英特药业有限责任公司	西药批发	浙江省杭州市
浙江省烟草公司温州市公司	烟草制品批发	浙江省温州市
中国石化销售有限公司浙江石油分公司	石油及制品批发	浙江省杭州市
湖州市织里国际童装城贸易有限公司	纺织品、针织品及原料批发	浙江省湖州市
中国石化销售有限公司浙江宁波石油分公司	石油及制品批发	浙江省宁波市
浙江海越股份有限公司	其他化工产品批发	浙江省绍兴市
浙江省烟草公司台州市公司	烟草制品批发	浙江省台州市
杭州娃哈哈宏盛食品饮料营销有限公司	酒、饮料及茶叶批发	浙江省杭州市
湖州南浔市场服务有限公司	建材批发	浙江省湖州市
中国石化销售有限公司浙江金华石油分公司	石油及制品批发	浙江省金华市
浙江祥泰汽车销售有限公司	汽车批发	浙江省金华市
浙江省烟草公司金华市公司	烟草制品批发	浙江省金华市
浙江娃哈哈食品饮料营销有限公司	酒、饮料及茶叶批发	浙江省丽水市
宁波方太营销有限公司	家用电器批发	浙江省宁波市
浙江省烟草公司绍兴市公司	烟草制品批发	浙江省绍兴市
浙江省烟草公司嘉兴市公司	烟草制品批发	浙江省嘉兴市
杭州娃哈哈启力食品集团有限公司	酒、饮料及茶叶批发	浙江省杭州市
振石控股集团有限公司	金属及金属矿批发	浙江省嘉兴市
浙江省医药工业有限公司	西药批发	浙江省杭州市
浙江省烟草公司湖州市公司	烟草制品批发	浙江省湖州市
中国石化销售有限公司浙江绍兴石油分公司	石油及制品批发	浙江省绍兴市
浙江省新华书店集团有限公司	图书批发	浙江省杭州市
浙江台州元通汽车有限公司	汽车批发	浙江省台州市
浙江高速石油发展有限公司	石油及制品批发	浙江省杭州市
杭州九阳生活电器有限公司	家用电器批发	浙江省杭州市

4-1 续表 20

企业名称	所属行业	企业所在地
浙江物美亿商超市有限公司	肉、禽、蛋、奶及水产品批发	浙江省杭州市
浙江新大集团有限公司	服装批发	浙江省杭州市
国药控股温州有限公司	西药批发	浙江省温州市
浙江中拓矿业投资有限公司	金属及金属矿批发	浙江省杭州市
杭州巨星科技股份有限公司	五金产品批发	浙江省杭州市
浙江省烟草公司衢州市公司	烟草制品批发	浙江省衢州市
宁波中嘉科贸有限公司	其他机械设备及电子产品批发	浙江省宁波市
浙江省烟草公司丽水市公司	烟草制品批发	浙江省丽水市
农夫山泉(淳安坪山)有限公司	酒、饮料及茶叶批发	浙江省杭州市
浙江省纺织品进出口集团有限公司	纺织品、针织品及原料批发	浙江省杭州市
浙江广通石油发展有限公司	石油及制品批发	浙江省杭州市
镇海石化海达发展有限责任公司	石油及制品批发	浙江省宁波市
宁波狮丹努进出口有限公司	服装批发	浙江省宁波市
中国石化销售有限公司浙江衢州石油分公司	石油及制品批发	浙江省衢州市
特易购企业管理(上海)有限公司嘉善分公司	其他食品批发	浙江省嘉兴市
中宁化集团有限公司	其他化工产品批发	浙江省宁波市
宁波奥克斯家电销售有限公司	家用电器批发	浙江省宁波市
浙江凯喜雅国际股份有限公司	纺织品、针织品及原料批发	浙江省杭州市
宁波供销集团公司	农药批发	浙江省宁波市
中国石化销售有限公司浙江舟山石油分公司	石油及制品批发	浙江省舟山市
中粮包装投资有限公司	金属及金属矿批发	浙江省杭州市
浙江中大集团国际贸易有限公司	服装批发	浙江省杭州市
九州通集团杭州医药有限公司	西药批发	浙江省杭州市
浙江中通通信有限公司	通讯及广播电视设备批发	浙江省杭州市
浙江绿源信息科技有限公司	五金产品批发	浙江省金华市
浙江震元股份有限公司	中药批发	浙江省绍兴市
浙江珍诚医药在线股份有限公司	西药批发	浙江省杭州市
杭州市轻工工艺纺织品进出口有限公司	服装批发	浙江省杭州市
浙江省医药保健品进出口有限责任公司	西药批发	浙江省杭州市
嘉兴良友进出口集团股份有限公司	服装批发	浙江省嘉兴市
浙江东方集团股份有限公司	服装批发	浙江省杭州市
杭州杭丝时装进出口有限公司	服装批发	浙江省杭州市
德华兔宝宝装饰材料销售有限公司	建材批发	浙江省湖州市
快鱼服饰有限公司	服装批发	浙江省杭州市
绍兴华联国际商贸城有限公司	石油及制品批发	浙江省绍兴市
浙江仙居制药销售有限公司	西药批发	浙江省台州市
新秀丽国际贸易(宁波)有限公司	其他家庭用品批发	浙江省宁波市
台州上药医药有限公司	西药批发	浙江省台州市
浙江龙华农业开发有限公司	果品、蔬菜批发	浙江省丽水市
亚德客(中国)有限公司	电气设备批发	浙江省宁波市
华东医药宁波有限公司	中药批发	浙江省宁波市
温州木材集团有限公司	建材批发	浙江省温州市
杭州富阳海陆医药有限公司	中药批发	浙江省杭州市
浙江华通医药股份有限公司	西药批发	浙江省绍兴市
湖州劳伦斯装饰材料有限公司	建材批发	浙江省湖州市
汇信进出口集团股份有限公司	其他家庭用品批发	浙江省嘉兴市
中国石油天然气股份有限公司浙江湖州销售分公司	石油及制品批发	浙江省湖州市
宁波亚虎进出口有限公司	厨房、卫生间用具及日用杂货批发	浙江省宁波市
浙江农华优质农副产品配送中心有限公司	肉、禽、蛋、奶及水产品批发	浙江省杭州市
浙江金牛文化产业有限公司	首饰、工艺品及收藏品批发	浙江省温州市
杭州珀莱雅贸易有限公司	化妆品及卫生用品批发	浙江省杭州市

4-1 续表 21

企业名称	所属行业	企业所在地
人本集团有限公司	其他机械设备及电子产品批发	浙江省温州市
浙江盾安供应链管理有限公司	五金产品批发	浙江省杭州市
浙江美的制冷产品销售有限公司	家用电器批发	浙江省杭州市
德清德欣时装贸易有限公司	服装批发	浙江省湖州市
荷美尔(中国)投资有限公司	肉、禽、蛋、奶及水产品批发	浙江省嘉兴市
宁海知豆电动汽车销售有限公司	汽车批发	浙江省宁波市
浙江凡特思纺织品有限公司	纺织品、针织品及原料批发	浙江省绍兴市
杭州中艺实业有限公司	其他家庭用品批发	浙江省杭州市
浙江天虹物资贸易有限公司	金属及金属矿批发	浙江省杭州市
宁波华孚进出口有限公司	化妆品及卫生用品批发	浙江省宁波市
杭州红牛饮料有限公司	酒、饮料及茶叶批发	浙江省杭州市
杭州五丰联合食品有限公司	米、面制品及食用油批发	浙江省杭州市
浙江不老神食品有限公司	肉、禽、蛋、奶及水产品批发	浙江省衢州市
浙江欧诗漫美容科技有限公司	化妆品及卫生用品批发	浙江省湖州市
浙江德华木皮市场管理有限公司	建材批发	浙江省湖州市
湖州浙北山货市场发展有限公司	建材批发	浙江省湖州市
浙江英诺珐医药有限公司	中药批发	浙江省金华市
杭州萧山医药有限公司	中药批发	浙江省杭州市
宁波萌恒进出口有限公司	化妆品及卫生用品批发	浙江省宁波市
温州一鸣食品销售有限公司	其他食品批发	浙江省温州市
曼卡龙珠宝股份有限公司	首饰、工艺品及收藏品批发	浙江省杭州市
浙江康盛科工贸有限公司	五金产品批发	浙江省杭州市
温州瑞信电子有限公司	通讯及广播电视设备批发	浙江省温州市
浙江新安物流有限公司	煤炭及制品批发	浙江省杭州市
浙江帅康营销有限公司	家用电器批发	浙江省宁波市
杭州意丰歌服饰有限公司	服装批发	浙江省杭州市
宁波乐町时尚服饰有限公司	服装批发	浙江省宁波市
药药好(杭州)网络科技有限公司	中药批发	浙江省杭州市
浙江康恩贝医药销售有限公司	中药批发	浙江省杭州市
宁波市宝敏瑞贸易有限公司	化妆品及卫生用品批发	浙江省宁波市
宁波美博进出口有限公司	文具用品批发	浙江省宁波市
平阳县江夏中药材批发有限公司	中药批发	浙江省温州市
浙江洁丽雅针纺织品销售有限公司	纺织品、针织品及原料批发	浙江省绍兴市
杭州萧山合和纺织有限公司	纺织品、针织品及原料批发	浙江省杭州市
杭州施强药业有限公司	中药批发	浙江省杭州市
温州讯怡电子有限公司	通讯及广播电视设备批发	浙江省温州市
宁波永博通信科技有限公司	通讯及广播电视设备批发	浙江省宁波市
浙江华海医药销售有限公司	西药批发	浙江省台州市
宁波木宜芳草健康管理咨询有限公司	营养和保健品批发	浙江省宁波市
浙江国商实业股份有限公司	家用电器批发	浙江省台州市
杭州富港供应链有限公司	金属及金属矿批发	浙江省杭州市
杭州江珀电子科技有限公司	通讯及广播电视设备批发	浙江省杭州市
宁波渠成进出口有限公司	通讯及广播电视设备批发	浙江省宁波市
杭州博圣生物技术有限公司	医疗用品及器材批发	浙江省杭州市
浙江艾莱依商贸有限公司	纺织品、针织品及原料批发	浙江省丽水市
浙江华章自动化设备有限公司	电气设备批发	浙江省杭州市
宁波朗生医药有限公司	中药批发	浙江省宁波市
浙江业洲供应链管理有限公司	金属及金属矿批发	浙江省台州市
浙江养生堂保健品销售有限公司	营养和保健品批发	浙江省杭州市
嘉兴立华畜禽有限公司	牲畜批发	浙江省嘉兴市
宁波兆生文具有限公司	文具用品批发	浙江省宁波市
杭州盛宏进出口有限公司	服装批发	浙江省杭州市
杭州密巢食品贸易有限公司	其他食品批发	浙江省杭州市

4-1 续表 22

企业名称	所属行业	企业所在地
安徽省		
安徽华源医药股份有限公司	西药批发	安徽省阜阳市
中国石油天然气股份有限公司安徽销售分公司	石油及制品批发	安徽省合肥市
联合利华服务(合肥)有限公司	化妆品及卫生用品批发	安徽省合肥市
安徽省烟草公司合肥市公司	烟草制品批发	安徽省合肥市
中国石油化工股份有限公司安徽合肥石油分公司	石油及制品批发	安徽省合肥市
安徽省技术进出口股份有限公司	其他文化用品批发	安徽省合肥市
海尔电器销售(合肥)有限公司	家用电器批发	安徽省合肥市
亳州古井销售有限公司	酒、饮料及茶叶批发	安徽省亳州市
安徽盛世欣兴格力贸易有限公司	家用电器批发	安徽省合肥市
中国石油天然气股份有限公司安徽滁州销售分公司	石油及制品批发	安徽省滁州市
安徽省烟草公司阜阳市公司	烟草制品批发	安徽省阜阳市
中国石化销售有限公司安徽蚌埠石油分公司	石油及制品批发	安徽省蚌埠市
安徽省烟草公司六安市公司	烟草制品批发	安徽省六安市
安徽省烟草公司安庆市公司	烟草制品批发	安徽省安庆市
中国石化销售有限公司安徽滁州石油分公司	石油及制品批发	安徽省滁州市
安徽省烟草公司芜湖市公司	烟草制品批发	安徽省芜湖市
安徽省烟草公司滁州市公司	烟草制品批发	安徽省滁州市
安徽省烟草公司宿州分公司	烟草制品批发	安徽省宿州市
安徽省烟草公司亳州市公司	其他未列明批发业	安徽省亳州市
中国石油天然气股份有限公司安徽合肥销售分公司	石油及制品批发	安徽省合肥市
安徽迎驾酒业销售有限公司	酒、饮料及茶叶批发	安徽省六安市
安徽省烟草公司宣城市公司	烟草制品批发	安徽省宣城市
安徽省烟草公司蚌埠市公司	烟草制品批发	安徽省蚌埠市
安徽省烟草公司马鞍山市公司	烟草制品批发	安徽省马鞍山市
安徽轻工国际贸易股份有限公司	灯具、装饰物品批发	安徽省合肥市
洽洽食品股份有限公司	其他食品批发	安徽省合肥市
安徽徽商农家福有限公司	化肥批发	安徽省合肥市
国药控股安徽有限公司	西药批发	安徽省合肥市
集瑞联合卡车营销服务有限公司	汽车批发	安徽省芜湖市
安徽省烟草公司淮南市公司	烟草制品批发	安徽省淮南市
合肥百欧通讯设备有限公司	通讯及广播电视设备批发	安徽省合肥市
雅士利乳业(马鞍山)销售有限公司	其他食品批发	安徽省马鞍山市
安徽省阜阳市康泰药业有限责任公司	西药批发	安徽省阜阳市
合肥曼迪新药业有限责任公司	西药批发	安徽省合肥市
合肥亿帆生物医药有限公司	西药批发	安徽省合肥市
安徽省烟草公司池州市公司	烟草制品批发	安徽省池州市
安徽省服装进出口股份有限公司	服装批发	安徽省合肥市
安徽省烟草公司黄山市公司	烟草制品批发	安徽省黄山市
六安市裕园义乌小商品市场服务有限公司	服装批发	安徽省六安市
安徽辉隆集团农资连锁有限责任公司	化肥批发	安徽省合肥市
安徽省烟草公司淮北市公司	烟草制品批发	安徽省淮北市
合肥美菱集团控股有限公司	家用电器批发	安徽省合肥市
中国石油天然气股份有限公司安徽蚌埠销售分公司	石油及制品批发	安徽省蚌埠市
安徽振兴物业服务有限公司	建材批发	安徽省六安市
安徽九州通医药有限公司	西药批发	安徽省合肥市
安徽皖南烟叶有限责任公司	烟草制品批发	安徽省宣城市
滁州市金达石油有限公司	石油及制品批发	安徽省滁州市
合肥湘元工程机械有限公司	其他机械设备及电子产品批发	安徽省合肥市
马鞍山钢晨实业有限公司	金属及金属矿批发	安徽省马鞍山市
安徽省宣城市医药有限公司	西药批发	安徽省宣城市

4-1 续表 23

企业名称	所属行业	企业所在地
中铁四局集团物资工贸有限公司	建材批发	安徽省合肥市
安徽乐嘉医药科技有限公司	医疗用品及器材批发	安徽省合肥市
马鞍山市蓝天废旧物资回收有限公司	再生物资回收与批发	安徽省马鞍山市
安徽宣酒销售有限公司	酒、饮料及茶叶批发	安徽省宣城市
安徽丰原医药营销有限公司	西药批发	安徽省合肥市
安徽阜阳医药集团有限公司	西药批发	安徽省阜阳市
阜阳金种子酒业销售有限公司	酒、饮料及茶叶批发	安徽省阜阳市
东至县粮食购销有限责任公司	米、面制品及食用油批发	安徽省池州市
青岛海信电器股份有限公司合肥经营分公司	家用电器批发	安徽省合肥市
黄山金鼎茶业有限公司	酒、饮料及茶叶批发	安徽省黄山市
安徽省徽商金属股份有限公司	金属及金属矿批发	安徽省合肥市
芜湖双鹤医药有限责任公司	西药批发	安徽省芜湖市
安徽高炉酒类销售有限公司	酒、饮料及茶叶批发	安徽省亳州市
合肥合鑫商贸有限公司	化妆品及卫生用品批发	安徽省合肥市
安徽鑫九源酒业有限公司	酒、饮料及茶叶批发	安徽省合肥市
颍上县金大地粮食产业发展有限公司	谷物、豆及薯类批发	安徽省阜阳市
安徽省临泉县文王酒类有限公司	酒、饮料及茶叶批发	安徽省阜阳市
安徽天禾药业有限责任公司	西药批发	安徽省安庆市
福建省		
厦门建发股份有限公司	金属及金属矿批发	福建省厦门市
厦门国贸集团股份有限公司	金属及金属矿批发	福建省厦门市
福建中烟工业有限责任公司	烟草制品批发	福建省厦门市
中石化森美(福建)石油有限公司	石油及制品批发	福建省福州市
厦门信达股份有限公司	其他未列明批发业	福建省厦门市
福建省烟草公司泉州市公司	烟草制品批发	福建省泉州市
福建省烟草公司福州市公司	烟草制品批发	福建省福州市
中国石化销售有限公司福建石油分公司	石油及制品批发	福建省福州市
福建省烟草公司厦门烟草分公司	烟草制品批发	福建省厦门市
福建省烟草公司三明市公司	烟草制品批发	福建省三明市
福建省烟草公司南平市公司	烟草制品批发	福建省南平市
厦门特步投资有限公司	服装批发	福建省厦门市
福建闽侯永辉商业有限公司	其他贸易经纪与代理	福建省福州市
厦门安踏有限公司	服装批发	福建省厦门市
厦门夏商农产品集团有限公司	果品、蔬菜批发	福建省厦门市
厦门信和达电子有限公司	其他机械设备及电子产品批发	福建省厦门市
中国厦门国际经济技术合作公司	其他化工产品批发	福建省厦门市
福建省烟草公司莆田市公司	烟草制品批发	福建省莆田市
福建省烟草公司宁德市公司	烟草制品批发	福建省宁德市
福建盛世欣兴格力贸易有限公司	家用电器批发	福建省福州市
龙工(中国)机械销售有限公司	其他机械设备及电子产品批发	福建省龙岩市
福州民天实业有限公司	果品、蔬菜批发	福建省福州市
中海石油福建新能源有限公司	石油及制品批发	福建省厦门市
全骏达实业有限公司	煤炭及制品批发	福建省福州市
国药控股福建有限公司	西药批发	福建省厦门市
厦门新五菱汽车销售有限公司	汽车批发	福建省厦门市
厦门合兴包装印刷股份有限公司	其他文化用品批发	福建省厦门市
福建华闽进出口有限公司	贸易代理	福建省福州市
福建九州通医药有限公司	西药批发	福建省福州市
福建汇丰物流有限公司	煤炭及制品批发	福建省福州市
福建省华龙集团饲料有限公司	饲料批发	福建省福州市
福建七匹狼实业股份有限公司	服装批发	福建省泉州市

4-1 续表 24

企业名称	所属行业	企业所在地
斐乐体育有限公司	服装批发	福建省厦门市
厦门青岛啤酒东南营销有限公司	酒、饮料及茶叶批发	福建省厦门市
厦门乔丹发展有限公司	鞋帽批发	福建省厦门市
福建省莆田富力进出口有限公司	鞋帽批发	福建省莆田市
福建达利发展有限公司	糕点、糖果及糖批发	福建省泉州市
柒牌有限公司	服装批发	福建省厦门市
厦门天邻缘电子商务有限公司	鞋帽批发	福建省厦门市
厦门市东万晟贸易有限公司	其他食品批发	福建省厦门市
龙岩百雀羚南方日用化学有限公司	化妆品及卫生用品批发	福建省龙岩市
厦门七匹狼服装营销有限公司	服装批发	福建省厦门市
厦门雅瑞光学有限公司	其他家庭用品批发	福建省厦门市
国药控股龙岩有限公司	西药批发	福建省龙岩市
鸿星尔克(厦门)实业有限公司	服装批发	福建省厦门市
厦门片仔癀宏仁医药有限公司	中药批发	福建省厦门市
福建盼盼饮料有限公司	其他食品批发	福建省泉州市
福建意尔康体育用品有限公司	鞋帽批发	福建省泉州市
福建新微科技有限公司	其他机械设备及电子产品批发	福建省泉州市
福建吉马经贸有限公司	酒、饮料及茶叶批发	福建省漳州市
厦门三峡国际贸易有限公司	家用电器批发	福建省厦门市
江西省		
南昌陆风汽车营销有限公司	汽车批发	江西省南昌市
中国石油化工股份有限公司江西赣州石油分公司	石油及制品批发	江西省赣州市
江西省烟草公司赣州市公司	烟草制品批发	江西省赣州市
江西省烟草公司南昌市公司	烟草制品批发	江西省南昌市
江西省烟草公司上饶市公司	烟草制品批发	江西省上饶市
中国石油化工股份有限公司江西南昌石油分公司	石油及制品批发	江西省南昌市
江西省烟草公司宜春市公司(江西省宜春市烟草专卖局)	烟草制品批发	江西省宜春市
江西省烟草公司九江市公司	烟草制品批发	江西省九江市
江西省烟草公司吉安市公司	烟草制品批发	江西省吉安市
中国石化销售有限公司江西宜春石油分公司	石油及制品批发	江西省宜春市
江西省烟草公司抚州市公司	烟草制品批发	江西省抚州市
中国石油化工股份有限公司江西吉安石油分公司	石油及制品批发	江西省吉安市
中国石油化工股份有限公司江西上饶石油分公司	石油及制品批发	江西省上饶市
江西盛世欣兴格力贸易有限公司	家用电器批发	江西省南昌市
中国石化销售有限公司江西抚州石油分公司	石油及制品批发	江西省抚州市
中国石化销售有限公司江西九江石油分公司	石油及制品批发	江西省九江市
江西江铃进出口有限责任公司	汽车批发	江西省南昌市
江西四特酒营销有限责任公司	酒、饮料及茶叶批发	江西省宜春市
江西仁和药业有限公司	中药批发	江西省宜春市
江西煤业集团有限责任公司	煤炭及制品批发	江西省南昌市
江西济民可信医药贸易有限公司	中药批发	江西省南昌市
江西省烟草公司萍乡市公司	烟草制品批发	江西省萍乡市
江西省粮油集团有限公司	其他食品批发	江西省南昌市
景德镇市烟草公司	烟草制品批发	江西省景德镇市
中国石化销售有限公司江西景德镇石油分公司	石油及制品批发	江西省景德镇市
江西江中医药贸易有限责任公司	中药批发	江西省南昌市
中国石化销售有限公司江西新余石油分公司	石油及制品批发	江西省新余市
江西汇仁药品销售有限公司	中药批发	江西省南昌市
中国石化销售有限公司江西萍乡石油分公司	石油及制品批发	江西省萍乡市
江西五洲医药营销有限公司	西药批发	江西省宜春市
江西省烟草公司新余市公司	烟草制品批发	江西省新余市

4-1 续表 25

企业名称	所属行业	企业所在地
江西九州医药有限公司	西药批发	江西省宜春市
中石化江西鹰潭石油分公司	石油及制品批发	江西省鹰潭市
江西省烟草公司鹰潭市公司	烟草制品批发	江西省鹰潭市
宜春市袁州区湘赣蔬菜有限公司	果品、蔬菜批发	江西省宜春市
江西仁翔药业有限公司	西药批发	江西省宜春市
江西九州通药业有限公司	西药批发	江西省南昌市
南昌凯胜电子有限公司	其他机械设备及电子产品批发	江西省南昌市
江西上饶医药股份有限公司	西药批发	江西省上饶市
江西信德医药有限公司	西药批发	江西省宜春市
中国石油天然气股份有限公司江西宜春销售分公司	石油及制品批发	江西省宜春市
南昌赣昌砂石有限公司	建材批发	江西省南昌市
深圳创维-RGB电子有限公司江西分公司	家用电器批发	江西省宜春市
江西广力药业有限公司	西药批发	江西省宜春市
江西仁和药都药业有限公司	中药批发	江西省宜春市
江西康力药品物流有限公司	西药批发	江西省宜春市
抚州市辉德祥盈贸易有限公司	牲畜批发	江西省抚州市
山东省		
中国石化销售有限公司山东石油分公司	石油及制品批发	山东省济南市
山东晨鸣纸业销售有限公司	文具用品批发	山东省潍坊市
山东瑞康医药股份有限公司	西药批发	山东省烟台市
青岛海信国际营销股份有限公司	家用电器批发	山东省青岛市
道恩集团有限公司	其他化工产品批发	山东省烟台市
山东鲁花集团商贸有限公司	米、面制品及食用油批发	山东省烟台市
山东科瑞石油装备有限公司	其他机械设备及电子产品批发	山东省东营市
山东新华书店集团有限公司	图书批发	山东省济南市
青岛烟草有限公司	烟草制品批发	山东省青岛市
临沂立晨经贸有限公司	建材批发	山东省临沂市
济南历下大润发商贸有限公司	米、面制品及食用油批发	山东省济南市
阜丰营销有限公司	盐及调味品批发	山东省临沂市
华润山东医药有限公司	西药批发	山东省济南市
山东潍坊烟草有限公司	烟草制品批发	山东省潍坊市
中海油山东销售有限公司	石油及制品批发	山东省青岛市
中国重汽集团进出口有限公司	汽车批发	山东省济南市
青岛海信空调营销股份有限公司	家用电器批发	山东省青岛市
山东济南烟草有限公司	烟草制品批发	山东省济南市
山东烟台烟草有限公司	烟草制品批发	山东省烟台市
山东南菜园蔬菜食品有限公司	果品、蔬菜批发	山东省临沂市
中国石油化工股份有限公司山东烟台石油分公司	石油及制品批发	山东省烟台市
中国石化销售有限公司山东济南石油分公司	石油及制品批发	山东省济南市
山东济宁烟草有限公司	烟草制品批发	山东省济宁市
史丹利化肥销售有限公司	化肥批发	山东省临沂市
威海纺织集团进出口有限责任公司	服装批发	山东省威海市
山东菏泽烟草有限公司	烟草制品批发	山东省菏泽市
山东鲁花营销有限公司	米、面制品及食用油批发	山东省烟台市
烟台市农业生产资料总公司	化肥批发	山东省烟台市
山东盛世欣兴格力贸易有限公司	家用电器批发	山东省济南市
山东九州通医药有限公司	西药批发	山东省济南市
烟台张裕葡萄酿酒销售有限公司	酒、饮料及茶叶批发	山东省烟台市
中国石油化工股份有限公司山东济宁石油分公司	石油及制品批发	山东省济宁市
山东淄博烟草有限公司	烟草制品批发	山东省淄博市
山东上药医药有限公司	中药批发	山东省济南市

4-1 续表 26

企业名称	所属行业	企业所在地
山东泰安烟草有限公司	烟草制品批发	山东省泰安市
中国石化销售有限公司山东淄博石油分公司	石油及制品批发	山东省淄博市
山东聊城烟草有限公司	烟草制品批发	山东省聊城市
潍坊福田汽车科技有限公司	汽车批发	山东省潍坊市
诸城雷沃科技有限公司	汽车零配件批发	山东省潍坊市
山东德州烟草有限公司	烟草制品批发	山东省德州市
济南中油华铁石油产品销售有限公司	石油及制品批发	山东省济南市
国井酒业有限公司	酒、饮料及茶叶批发	山东省淄博市
山东聊城鲁西化工销售有限公司	化肥批发	山东省聊城市
青岛海尔国际贸易有限公司	电气设备批发	山东省青岛市
国药控股山东有限公司	中药批发	山东省济南市
青岛百洋医药科技有限公司	医疗用品及器材批发	山东省青岛市
招远皮革城有限公司	服装批发	山东省烟台市
济南瑞康医药有限公司	中药批发	山东省济南市
中国石油化工山东日照石油公司	石油及制品批发	山东省日照市
山东银座配送有限公司	米、面制品及食用油批发	山东省济南市
山东东方誉源现代农业集团有限责任公司	化肥批发	山东省潍坊市
山东百胜维沃电子有限公司	其他机械设备及电子产品批发	山东省济南市
山东日照烟草有限公司	烟草制品批发	山东省日照市
枣庄市烟草专卖局(公司)	烟草制品批发	山东省枣庄市
青岛福兴祥物流有限公司	米、面制品及食用油批发	山东省青岛市
山东齐鲁万和医药营销有限公司	医疗用品及器材批发	山东省济南市
中国石油天然气股份有限公司山东济南销售分公司	石油及制品批发	山东省济南市
中国石油化工股份有限公司山东菏泽石油分公司	石油及制品批发	山东省菏泽市
山东威海烟草有限公司	烟草制品批发	山东省威海市
山东滨州烟草有限公司	烟草制品批发	山东省滨州市
山东荣庆物流有限公司	果品、蔬菜批发	山东省临沂市
中国医疗器械山东有限公司	医疗用品及器材批发	山东省济南市
中国石化销售有限公司山东枣庄石油分公司	石油及制品批发	山东省枣庄市
中国石油化工股份有限公司山东聊城石油分公司	石油及制品批发	山东省聊城市
中国石油天然气股份有限公司山东烟台销售分公司	石油及制品批发	山东省烟台市
东营金田小商品市场发展有限公司	服装批发	山东省东营市
山东东营烟草有限公司	烟草制品批发	山东省东营市
青岛南车四方车辆物流有限公司	石油及制品批发	山东省青岛市
山东省桓台县供销合作社联合社	化肥批发	山东省淄博市
济南铁路煤炭运贸集团有限公司	煤炭及制品批发	山东省济南市
中国石油天然气股份有限公司山东菏泽销售分公司	石油及制品批发	山东省菏泽市
山东康诺盛世医药有限公司	西药批发	山东省烟台市
枣庄银海医药有限公司	西药批发	山东省枣庄市
日照市华大投资发展有限公司	建材批发	山东省日照市
山东祥泰洁净煤有限公司	煤炭及制品批发	山东省泰安市
绮丽集团有限责任公司	服装批发	山东省青岛市
山东新华医药贸易有限公司	西药批发	山东省淄博市
中国石油天然气股份有限公司山东济宁销售分公司	石油及制品批发	山东省济宁市
中国船舶燃料青岛有限公司	石油及制品批发	山东省青岛市
青岛日日顺乐家贸易有限公司	其他家庭用品批发	山东省青岛市
中国石油天然气股份有限公司山东淄博销售分公司	石油及制品批发	山东省淄博市
山东杨春商贸集团有限公司	肉、禽、蛋、奶及水产品批发	山东省潍坊市
山东漱玉平民药业有限公司	中药批发	山东省济南市
山东景芝酒厂销售总公司	酒、饮料及茶叶批发	山东省潍坊市
山东福胶药业有限公司	贸易代理	山东省济南市

4-1 续表 27

企业名称	所属行业	企业所在地
青岛茂智机电有限公司	其他机械设备及电子产品批发	山东省青岛市
青岛黄海制药经营有限公司	西药批发	山东省青岛市
华润潍坊远东医药有限公司	西药批发	山东省潍坊市
山东八戒食品有限公司	肉、禽、蛋、奶及水产品批发	山东省泰安市
诸城金顺粮油购销有限公司	米、面制品及食用油批发	山东省潍坊市
中国供销石油烟台有限公司	石油及制品批发	山东省烟台市
德州和谐化工贸易有限公司	石油及制品批发	山东省德州市
青岛福兴祥商品配送有限公司	米、面制品及食用油批发	山东省青岛市
山东莱芜烟草有限公司	烟草制品批发	山东省莱芜市
青岛天合医药集团股份有限公司	西药批发	山东省青岛市
潍坊美的制冷产品销售有限公司	家用电器批发	山东省潍坊市
山东银座电器有限责任公司	家用电器批发	山东省济南市
山东龙大商贸有限公司	米、面制品及食用油批发	山东省烟台市
泰安盐业公司	盐及调味品批发	山东省泰安市
烟台连峰商贸有限公司	酒、饮料及茶叶批发	山东省烟台市
中国石油天然气股份有限公司山东聊城销售分公司	石油及制品批发	山东省聊城市
山东中农联合生物科技股份有限公司	农药批发	山东省济南市
山东登海种业股份有限公司	种子批发	山东省烟台市
龙口市海源经贸有限公司	酒、饮料及茶叶批发	山东省烟台市
山东科赛基农控股有限公司	农药批发	山东省济南市
山东威高医药有限公司	医疗用品及器材批发	山东省威海市
新泰市德旺食品有限公司	肉、禽、蛋、奶及水产品批发	山东省泰安市
山东海盛水产品市场开发有限公司	肉、禽、蛋、奶及水产品批发	山东省淄博市
山东华潍医药有限公司	中药批发	山东省潍坊市
青岛善达医学实业公司	医疗用品及器材批发	山东省青岛市
潍坊佳乐家农产品加工配送中心有限公司	米、面制品及食用油批发	山东省潍坊市
泰安新业经贸有限公司	煤炭及制品批发	山东省泰安市
威海金蚂蚁集团有限公司	五金产品批发	山东省威海市
青岛沛高服装有限公司	服装批发	山东省青岛市
济南TCL电器销售有限公司	家用电器批发	山东省济南市
肥城曹庄煤矿有限公司	煤炭及制品批发	山东省泰安市
无棣鑫合皮业有限公司	其他农牧产品批发	山东省滨州市
山东辰信矿业有限公司	煤炭及制品批发	山东省泰安市
威海好龙食品有限公司	肉、禽、蛋、奶及水产品批发	山东省威海市
诸城福田汽车科技开发有限公司	汽车批发	山东省潍坊市
山东西王玉米购销有限公司	谷物、豆及薯类批发	山东省滨州市
巨野县大谢集镇大蒜交易市场	果品、蔬菜批发	山东省菏泽市
山东鲁滨首饰有限公司	首饰、工艺品及收藏品批发	山东省滨州市
烟台绮丽集团有限公司	服装批发	山东省烟台市
山东聊城利民药业集团有限公司	西药批发	山东省聊城市
中化石油山东有限公司	石油及制品批发	山东省烟台市
济南天业工程机械有限公司	其他机械设备及电子产品批发	山东省济南市
青岛海信营销有限公司临沂分公司	家用电器批发	山东省临沂市
山东白象食品销售有限公司	米、面制品及食用油批发	山东省济宁市
山东省东明县三农农资有限公司	化肥批发	山东省菏泽市
山东永弘工程设备有限公司	其他机械设备及电子产品批发	山东省烟台市
金乡县宏宇农业生产资料有限公司	化肥批发	山东省济宁市
山东世纪天鸿文教科技股份有限公司	图书批发	山东省淄博市
青岛海信电器股份有限公司临沂经营分公司	家用电器批发	山东省临沂市

4-1 续表 28

企业名称	所属行业	企业所在地
河南省		
郑州亿人万邦农产品有限公司	果品、蔬菜批发	河南省郑州市
国药控股河南股份有限公司	中药批发	河南省郑州市
河南省烟草公司郑州市公司	烟草制品批发	河南省郑州市
海马汽车销售有限公司	汽车批发	河南省郑州市
华润河南医药有限公司	医疗用品及器材批发	河南省郑州市
信阳裕农农产品销售有限公司	果品、蔬菜批发	河南省信阳市
河南省烟草公司南阳市公司	烟草制品批发	河南省南阳市
中国石油化工股份有限公司河南郑州石油分公司	石油及制品批发	河南省郑州市
河南弘力环保科技有限公司	家用电器批发	河南省郑州市
河南九州通医药有限公司	西药批发	河南省郑州市
河南省烟草公司洛阳市公司	烟草制品批发	河南省洛阳市
郑州日产汽车销售有限公司	汽车批发	河南省郑州市
河南省烟草公司周口市公司	烟草制品批发	河南省周口市
河南省烟草公司商丘市公司	烟草制品批发	河南省商丘市
洛阳长兴农业机械有限公司	农业机械批发	河南省洛阳市
河南省烟草公司驻马店市公司	烟草制品批发	河南省驻马店市
河南省烟草公司平顶山分公司	烟草制品批发	河南省平顶山市
河南省烟草公司信阳分公司	烟草制品批发	河南省信阳市
中国石油天然气股份有限公司河南销售分公司	石油及制品批发	河南省郑州市
河南中钢网电子商务有限公司	金属及金属矿批发	河南省郑州市
驻马店市众信农副产品综合批发市场有限公司	果品、蔬菜批发	河南省驻马店市
河南省烟草公司安阳市公司	烟草制品批发	河南省安阳市
中国石化销售有限公司河南南阳石油分公司	石油及制品批发	河南省南阳市
河南省烟草公司开封市公司	烟草制品批发	河南省开封市
中国石油化工股份有限公司驻马店分公司	石油及制品批发	河南省驻马店市
河南省烟草公司新乡市公司	烟草制品批发	河南省新乡市
河南省新华书店发行集团有限公司	图书批发	河南省郑州市
河南省烟草公司三门峡市公司	烟草制品批发	河南省三门峡市
中国石油天然气股份有限公司河南郑州销售分公司	石油及制品批发	河南省郑州市
民生集团河南医药有限公司	中药批发	河南省郑州市
河南智盛通讯器材有限公司	其他机械设备及电子产品批发	河南省郑州市
河南省医药有限公司	中药批发	河南省郑州市
河南圣光医药物流有限公司	西药批发	河南省平顶山市
河南省烟草公司焦作市公司	烟草制品批发	河南省焦作市
河南维沃通商贸有限公司	家用电器批发	河南省郑州市
河南省烟草公司濮阳市公司	烟草制品批发	河南省濮阳市
河南骏化化肥有限公司	化肥批发	河南省驻马店市
安徽奇瑞汽车销售有限公司河南分公司	汽车批发	河南省开封市
中国石化销售有限公司河南三门峡石油分公司	石油及制品批发	河南省三门峡市
河南省宋河酒实业有限公司	酒、饮料及茶叶批发	河南省周口市
河南中储粮商水直属库	谷物、豆及薯类批发	河南省周口市
驻马店市中亿商城商业管理有限公司	建材批发	河南省驻马店市
中国石油化工股份有限公司河南周口石油分公司	石油及制品批发	河南省周口市
中国石油化工股份有限公司河南安阳石油分公司	石油及制品批发	河南省安阳市
中国石油化工股份有限公司河南焦作石油分公司	石油及制品批发	河南省焦作市
哈药集团世一堂百川医药商贸有限公司	西药批发	河南省商丘市
民生药业集团河南德尔康药业有限公司	西药批发	河南省洛阳市
河南省烟草公司鹤壁市公司	烟草制品批发	河南省鹤壁市
河南东森医药有限公司	西药批发	河南省南阳市
中国石油化工股份有限公司河南开封石油分公司	石油及制品批发	河南省开封市
商丘市松林食品有限公司	酒、饮料及茶叶批发	河南省商丘市

4-1 续表 29

企业名称	所属行业	企业所在地
中国石油化工股份有限公司河南中原分公司	石油及制品批发	河南省濮阳市
中铁十五局集团物资有限公司	石油及制品批发	河南省洛阳市
河南海华医药物流有限公司	西药批发	河南省新乡市
中国石油化工股份有限公司河南漯河石油分公司	石油及制品批发	河南省漯河市
河南省顺康医药有限责任公司	中药批发	河南省郑州市
河南张仲景医药物流有限公司	中药批发	河南省郑州市
河南省烟草公司邓州市分公司	烟草制品批发	河南省南阳市
天地民生医药有限公司	西药批发	河南省郑州市
河南亿星实业集团有限公司	酒、饮料及茶叶批发	河南省周口市
太康县龙兴废纸收购有限责任公司	再生物资回收与批发	河南省周口市
中国石油天然气股份有限公司河南许昌销售分公司	石油及制品批发	河南省许昌市
河南中油高速公路油品股份有限公司	石油及制品批发	河南省郑州市
商丘华杰医药有限公司	西药批发	河南省商丘市
商丘市新先锋药业有限公司	西药批发	河南省商丘市
河南省华方通医药有限公司	西药批发	河南省新乡市
尉氏县红兵禽业专业合作社	肉、禽、蛋、奶及水产品批发	河南省开封市
河南中鑫通信有限公司	通讯及广播电视设备批发	河南省郑州市
中国石油天然气股份有限公司河南平顶山销售分公司	石油及制品批发	河南省平顶山市
南阳市烟草公司方城县分公司	烟草制品批发	河南省南阳市
河南永安医药有限公司	中药批发	河南省郑州市
河南省康宝医药有限公司	中药批发	河南省洛阳市
安阳县恒峰医药有限公司	西药批发	河南省安阳市
中国石油天然气股份有限公司河南开封销售分公司	石油及制品批发	河南省开封市
南阳市烟草公司唐河县分公司	烟草制品批发	河南省南阳市
方城县鸿发商贸集团有限公司	煤炭及制品批发	河南省南阳市
中央储备粮沈丘直属库	谷物、豆及薯类批发	河南省周口市
中国石油天然气股份有限公司河南周口销售分公司	石油及制品批发	河南省周口市
漯河市烟草公司临颍县分公司	烟草制品批发	河南省漯河市
河南白象食品销售有限公司	米、面制品及食用油批发	河南省郑州市
南阳市烟草公司社旗县分公司	烟草制品批发	河南省南阳市
维维粮油(正阳)购销有限公司	其他农牧产品批发	河南省驻马店市
南阳市烟草公司内乡县分公司	烟草制品批发	河南省南阳市
中国石油天然气股份有限公司河南南阳销售分公司	石油及制品批发	河南省南阳市
河南省烟草公司济源市公司	烟草制品批发	河南省济源市
南阳市烟草公司镇平县分公司	烟草制品批发	河南省南阳市
河南爱森医药有限公司	中药批发	河南省新乡市
信阳市医药集团总公司	西药批发	河南省信阳市
南阳白云山和黄冠宝药业有限公司	中药批发	河南省南阳市
河南信谊药业有限公司	西药批发	河南省周口市
信阳常有建材有限公司	金属及金属矿批发	河南省信阳市
新乡市佐今明医药有限责任公司	中药批发	河南省新乡市
鄢陵县花艺绿化工程有限公司	林业产品批发	河南省许昌市
漯河市烟草公司舞阳县分公司	烟草制品批发	河南省漯河市
汝州市永鑫实业有限公司	建材批发	河南省平顶山市
中国石化销售有限公司河南济源石油分公司	石油及制品批发	河南省济源市
武汉钢铁集团矿业有限责任公司焦作矿	煤炭及制品批发	河南省焦作市
洛阳合中贸易有限公司	其他化工产品批发	河南省洛阳市
中央储备粮周口直属库	谷物、豆及薯类批发	河南省周口市
郑州煤电物资供销有限公司	建材批发	河南省郑州市
郑州金星啤酒销售有限公司	其他食品批发	河南省郑州市
商水县康阜佳生活用品有限公司	米、面制品及食用油批发	河南省周口市
驻马店市苏豫保温建材有限公司	建材批发	河南省驻马店市

4-1 续表 30

企业名称	所属行业	企业所在地
湖北省		
中国石化销售有限公司华中分公司	石油及制品批发	湖北省武汉市
九州通医药集团股份有限公司	西药批发	湖北省武汉市
东风标致雪铁龙汽车销售有限责任公司	汽车批发	湖北省武汉市
中国石化销售有限公司湖北石油分公司	石油及制品批发	湖北省武汉市
大冶有色鑫诚铜业有限公司	金属及金属矿批发	湖北省黄石市
百威英博(中国)销售有限公司	酒、饮料及茶叶批发	湖北省武汉市
中国石油天然气股份有限公司湖北销售分公司	石油及制品批发	湖北省武汉市
中石化长江燃料有限公司	石油及制品批发	湖北省武汉市
湖北省烟草公司武汉市公司	烟草制品批发	湖北省武汉市
湖北同济堂投资控股有限公司	西药批发	湖北省武汉市
唯品会(湖北)电子商务有限公司	服装批发	湖北省鄂州市
武汉艾德蒙科技股份有限公司	计算机、软件及辅助设备批发	湖北省武汉市
湖北省新华书店(集团)有限公司	图书批发	湖北省武汉市
湖北盛世欣兴格力电器销售有限公司	家用电器批发	湖北省武汉市
东风英菲尼迪汽车有限公司	汽车批发	湖北省武汉市
湖北三宁农资贸易有限公司	化肥批发	湖北省宜昌市
湖北劲牌保健酒业有限公司	酒、饮料及茶叶批发	湖北省黄石市
湖北省烟草公司荆州市公司	烟草制品批发	湖北省荆州市
枝江吉星商贸有限公司	其他食品批发	湖北省宜昌市
湖北省烟草公司恩施州公司	烟草制品批发	湖北省恩施土家族苗族自治州
湖北省烟草公司襄阳市公司	烟草制品批发	湖北省襄阳市
湖北省农业生产资料集团有限公司	化肥批发	湖北省武汉市
湖北省烟草公司黄冈市公司	烟草制品批发	湖北省黄冈市
中石化销售有限公司湖北宜昌石油分公司	石油及制品批发	湖北省宜昌市
湖北省烟草公司宜昌市公司	烟草制品批发	湖北省宜昌市
东风轻型商用车营销有限公司	汽车批发	湖北省武汉市
湖北银丰实业集团有限责任公司	棉、麻批发	湖北省武汉市
中国石油化工股份有限公司湖北襄樊石油分公司	石油及制品批发	湖北省襄阳市
益海嘉里食品营销有限公司武汉分公司	米、面制品及食用油批发	湖北省武汉市
中国石油化工股份有限公司湖北荆州石油分公司	石油及制品批发	湖北省荆州市
中铁大桥局集团物资有限公司	金属及金属矿批发	湖北省武汉市
湖北白云边销售有限公司	酒、饮料及茶叶批发	湖北省荆州市
湖北省烟草公司十堰市公司	烟草制品批发	湖北省十堰市
中国石油天然气股份有限公司湖北襄阳销售分公司	石油及制品批发	湖北省襄阳市
中国石油天然气股份有限公司湖北荆门销售分公司	石油及制品批发	湖北省荆门市
华润新龙医药有限公司	西药批发	湖北省武汉市
中国石油化工股份有限公司湖北恩施石油分公司	石油及制品批发	湖北省恩施土家族苗族自治州
中海油销售湖北有限公司	其他化工产品批发	湖北省武汉市
中国石化销售有限公司湖北荆门石油分公司	石油及制品批发	湖北省荆门市
黄石市烟草专卖局	烟草制品批发	湖北省黄石市
两湖绿谷物流股份有限公司	米、面制品及食用油批发	湖北省荆州市
周大福珠宝金行(武汉)有限公司	首饰、工艺品及收藏品批发	湖北省武汉市
湖北省烟草公司随州市公司	烟草制品批发	湖北省随州市
宜昌宏信商贸有限责任公司	酒、饮料及茶叶批发	湖北省宜昌市
中国石油天然气股份有限公司湖北十堰销售分公司	石油及制品批发	湖北省十堰市
中国石化销售有限公司湖北咸宁石油分公司	石油及制品批发	湖北省咸宁市
中国石油天然气股份有限公司湖北荆州销售分公司	石油及制品批发	湖北省荆州市
仙桃市仙湖水产养殖有限责任公司	肉、禽、蛋、奶及水产品批发	湖北省仙桃市
中国石油化工股份有限公司湖北随州石油分公司	石油及制品批发	湖北省随州市
枝江市华山渔业服务有限责任公司	肉、禽、蛋、奶及水产品批发	湖北省宜昌市

4-1 续表 31

企业名称	所属行业	企业所在地
湖北天海石油集团有限公司	石油及制品批发	湖北省十堰市
湖北盐业集团有限公司	盐及调味品批发	湖北省武汉市
武汉市南浦食品有限责任公司	其他食品批发	湖北省武汉市
湖北立旺食品有限公司武汉分公司	其他食品批发	湖北省武汉市
武汉光明乳业销售有限公司	肉、禽、蛋、奶及水产品批发	湖北省武汉市
中国石油天然气股份有限公司湖北恩施销售分公司	石油及制品批发	湖北省恩施土家族苗族自治州
湖北通用药业有限公司	西药批发	湖北省武汉市
湖北格林药业有限公司	西药批发	湖北省武汉市
武汉远大制药集团销售有限公司	西药批发	湖北省武汉市
湖北人人大经贸有限公司	酒、饮料及茶叶批发	湖北省武汉市
中国石油天然气股份有限公司湖北咸宁销售分公司	石油及制品批发	湖北省咸宁市
湖北省金属材料总公司	金属及金属矿批发	湖北省武汉市
九州通医疗器械集团有限公司	医疗用品及器材批发	湖北省武汉市
武汉塞力斯医疗科技股份有限公司	医疗用品及器材批发	湖北省武汉市
宜昌九盛商贸有限公司	酒、饮料及茶叶批发	湖北省宜昌市
鄂州市城西农产品批发市场经营有限公司	其他农牧产品批发	湖北省鄂州市
武汉长江沙鸥植物油有限公司	米、面制品及食用油批发	湖北省武汉市
中绿(湖北)实业发展有限公司	肉、禽、蛋、奶及水产品批发	湖北省天门市
宜昌市晓曦红果业有限公司	果品、蔬菜批发	湖北省宜昌市
宜昌圣洁商贸物流有限公司	化妆品及卫生用品批发	湖北省宜昌市
湖北蒙牛乳业销售有限公司	肉、禽、蛋、奶及水产品批发	湖北省武汉市
湖北鑫龙吉国际物流有限公司	家用电器批发	湖北省武汉市
湖南省		
广汽非亚特克莱斯勒汽车销售有限公司	汽车批发	湖南省长沙市
湖南省烟草公司长沙市公司	烟草制品批发	湖南省长沙市
湖南粮食集团有限责任公司	米、面制品及食用油批发	湖南省长沙市
湖南省烟草公司郴州市公司	烟草制品批发	湖南省郴州市
湖南省烟草公司衡阳市公司	烟草制品批发	湖南省衡阳市
湖南省烟草公司常德市公司	烟草制品批发	湖南省常德市
湖南省烟草公司永州市公司	烟草制品批发	湖南省永州市
湖南省烟草公司岳阳市公司	烟草制品批发	湖南省岳阳市
湖南省茶业集团股份有限公司	酒、饮料及茶叶批发	湖南省长沙市
湖南省烟草公司邵阳市公司	烟草制品批发	湖南省邵阳市
湖南省烟草公司株洲市公司	烟草制品批发	湖南省株洲市
湖南盛世欣兴格力贸易有限公司	家用电器批发	湖南省长沙市
湖南省烟草公司益阳分公司	烟草制品批发	湖南省益阳市
湖南省新华书店有限责任公司	图书批发	湖南省长沙市
湖南省烟草公司湘西自治州公司	烟草制品批发	湖南省湘西土家族苗族自治州
华润湖南瑞格医药有限公司	西药批发	湖南省长沙市
湖南省烟草公司怀化市公司	烟草制品批发	湖南省怀化市
湖南省烟草公司娄底市公司	烟草制品批发	湖南省娄底市
湖南省烟草公司湘潭市公司	烟草制品批发	湖南省湘潭市
绝味食品股份有限公司	肉、禽、蛋、奶及水产品批发	湖南省长沙市
湖南时代阳光医药健康产业有限公司	西药批发	湖南省长沙市
华润湖南医药有限公司	中药批发	湖南省长沙市
湖南省烟草公司张家界市公司	烟草制品批发	湖南省张家界市
华润湖南双舟医药有限公司	西药批发	湖南省长沙市
丰沃达医药物流(湖南)有限公司	西药批发	湖南省长沙市
国药控股长沙有限公司	西药批发	湖南省长沙市
长沙加加食品销售有限公司	盐及调味品批发	湖南省长沙市
湖南金阳城水果市场运营管理股份有限公司	果品、蔬菜批发	湖南省湘潭市

4-1 续表 32

企业名称	所属行业	企业所在地
湖南达嘉维康医药有限公司	西药批发	湖南省长沙市
湖南和顺石油化工有限公司	石油及制品批发	湖南省长沙市
湖南星浩医药有限公司	西药批发	湖南省长沙市
常德美的制冷产品销售有限公司	家用电器批发	湖南省常德市
湖南天士力民生药业有限公司	中药批发	湖南省湘潭市
湖南金健米业营销有限公司	米、面制品及食用油批发	湖南省常德市
湖南同安医药有限公司	西药批发	湖南省长沙市
湖南千金医药股份有限公司	中药批发	湖南省株洲市
湖南酒鬼酒销售有限公司	酒、饮料及茶叶批发	湖南省湘西土家族苗族自治州
中央储备粮岳阳小港直属库	米、面制品及食用油批发	湖南省岳阳市
湖南上药九旺医药有限公司	西药批发	湖南省长沙市
邵阳市江北农产品批发有限责任公司	果品、蔬菜批发	湖南省邵阳市
湖南新金浩销售有限公司	米、面制品及食用油批发	湖南省长沙市
长沙湘佳金属材料有限公司	金属及金属矿批发	湖南省长沙市
迅达集团湖南销售有限公司	厨房、卫生间用具及日用杂货批发	湖南省湘潭市
湖南科瑞鸿泰医药有限公司	西药批发	湖南省长沙市
郴州凯程医药有限公司	中药批发	湖南省郴州市
长沙市维沃电子产品有限公司	通讯及广播电视设备批发	湖南省长沙市
广东省		
中国石化销售有限公司华南分公司	石油及制品批发	广东省广州市
东风日产汽车销售有限公司	汽车批发	广东省广州市
沃尔玛(中国)投资有限公司	其他食品批发	广东省深圳市
中国石化化工销售有限公司华南分公司	其他化工产品批发	广东省广州市
唯品会(中国)有限公司	体育用品及器材批发	广东省广州市
广汽传祺汽车销售有限公司	汽车批发	广东省广州市
深圳市爱施德股份有限公司	通讯及广播电视设备批发	广东省深圳市
中经汇通有限责任公司	石油及制品批发	广东省广州市
东莞市天宸通信科技有限公司	通讯及广播电视设备批发	广东省东莞市
比亚迪汽车销售有限公司	汽车批发	广东省深圳市
深圳市信利康供应链管理有限公司	贸易代理	广东省深圳市
天音通信有限公司	通讯及广播电视设备批发	广东省深圳市
广州医药有限公司	西药批发	广东省广州市
中国石油天然气股份有限公司广东销售分公司	石油及制品批发	广东省广州市
深圳市富森供应链管理有限公司	其他机械设备及电子产品批发	广东省深圳市
深圳市中农网股份有限公司	其他食品批发	广东省深圳市
华润广东医药有限公司	西药批发	广东省广州市
中海油广东销售有限公司	石油及制品批发	广东省广州市
中油碧辟石油有限公司	石油及制品批发	广东省广州市
中国石油天然气股份有限公司华南化工销售分公司	其他化工产品批发	广东省广州市
深圳市朗华供应链服务有限公司	贸易代理	广东省深圳市
国药控股广州有限公司	西药批发	广东省广州市
华南蓝天航空油料有限公司	石油及制品批发	广东省广州市
深圳中电投资股份有限公司	其他机械设备及电子产品批发	广东省深圳市
深圳市华富洋供应链有限公司	其他机械设备及电子产品批发	广东省深圳市
中国石油化工股份有限公司广东石油分公司	石油及制品批发	广东省广州市
中国烟草总公司深圳市公司	烟草制品批发	广东省深圳市
华润水泥投资有限公司	建材批发	广东省深圳市
昆山润华商业有限公司广州黄埔分公司	服装批发	广东省广州市
深圳市怡亚通供应链股份有限公司	贸易代理	广东省深圳市
广东烟草广州市有限公司	烟草制品批发	广东省广州市
广州金博物流贸易集团有限公司	贸易代理	广东省广州市

4-2 续表 32

企业名称	所属行业	企业所在地
深圳市金立通信设备有限公司	通讯及广播电视设备批发	广东省深圳市
中国石化销售有限公司广东深圳石油分公司	石油及制品批发	广东省深圳市
广州立白企业集团有限公司	厨房、卫生间用具及日用杂货批发	广东省广州市
深圳市创捷供应链有限公司	贸易代理	广东省深圳市
深圳市年富供应链有限公司	其他机械设备及电子产品批发	广东省深圳市
广东华农温氏畜牧股份有限公司	肉、禽、蛋、奶及水产品批发	广东省云浮市
深圳正威(集团)有限公司	金属及金属矿批发	广东省深圳市
珠海红牛饮料销售有限公司	酒、饮料及茶叶批发	广东省珠海市
中国石化销售有限公司广东佛山石油分公司	石油及制品批发	广东省佛山市
深圳市粮食集团有限公司	米、面制品及食用油批发	广东省深圳市
广州恒大材料设备有限公司	建材批发	广东省广州市
广州神州数码信息科技有限公司	计算机、软件及辅助设备批发	广东省广州市
广东烟草东莞市有限公司	烟草制品批发	广东省东莞市
广东烟草佛山市有限责任公司	烟草制品批发	广东省佛山市
佛山盛世欣兴格力贸易有限公司	家用电器批发	广东省佛山市
广州快塑电子商务有限公司	其他化工产品批发	广东省广州市
深圳市东方嘉盛供应链股份有限公司	贸易代理	广东省深圳市
联想(深圳)电子有限公司	计算机、软件及辅助设备批发	广东省深圳市
广东烟草揭阳市有限公司	烟草制品批发	广东省揭阳市
深圳华润三九医药贸易有限公司	中药批发	广东省深圳市
周生生中国商业有限公司	首饰、工艺品及收藏品批发	广东省广州市
广东省纺织品进出口股份有限公司	纺织品、针织品及原料批发	广东省广州市
广州市六福市场经营管理有限公司	服装批发	广东省广州市
广东九州通医药有限公司	西药批发	广东省中山市
广州王老吉大健康企业发展有限公司	酒、饮料及茶叶批发	广东省广州市
广州中山医医药有限公司	西药批发	广东省广州市
创美药业股份有限公司	中药批发	广东省汕头市
广州国盈医药有限公司	西药批发	广东省广州市
广州市虎头电池集团有限公司	其他家庭用品批发	广东省广州市
众业达电气股份有限公司	其他机械设备及电子产品批发	广东省汕头市
中化石油广东有限公司	石油及制品批发	广东省广州市
江门市蓬江区豪爵商务有限公司	摩托车及零配件批发	广东省江门市
深圳市一元云购网络科技有限公司	其他机械设备及电子产品批发	广东省深圳市
广东烟草江门市有限公司	烟草制品批发	广东省江门市
广东烟草惠州市有限责任公司	烟草制品批发	广东省惠州市
广东烟草梅州市有限公司	烟草制品批发	广东省梅州市
东莞市糖酒集团美宜佳便利店有限公司	糕点、糖果及糖批发	广东省东莞市
广东烟草汕头市有限责任公司	烟草制品批发	广东省汕头市
深圳市燃气集团股份有限公司	石油及制品批发	广东省深圳市
广东通用医药有限公司	中药批发	广东省广州市
深圳市中金岭南有色金属股份有限公司	金属及金属矿批发	广东省深圳市
百威英博(中国)销售有限公司广州分公司	酒、饮料及茶叶批发	广东省广州市
广东烟草韶关市有限公司	烟草制品批发	广东省韶关市
福达(中国)投资有限公司	盐及调味品批发	广东省广州市
广州中邮普泰移动通信设备有限责任公司	通讯及广播电视设备批发	广东省广州市
联洲技术有限公司	计算机、软件及辅助设备批发	广东省深圳市
广州纺织品进出口集团有限公司	服装批发	广东省广州市
深圳市鑫荣懋农产品股份有限公司	果品、蔬菜批发	广东省深圳市
中国石化销售有限公司广东韶关石油分公司	石油及制品批发	广东省韶关市
中国石油化工股份有限公司广东清远石油分公司	石油及制品批发	广东省清远市
深圳市康哲药业有限公司	西药批发	广东省深圳市

4-1 续表 34

企业名称	所属行业	企业所在地
深圳盛世欣兴格力贸易有限公司	家用电器批发	广东省深圳市
广东烟草湛江市有限公司	烟草制品批发	广东省湛江市
蓝月亮(中国)有限公司	厨房、卫生间用具及日用杂货批发	广东省广州市
中石化中海船舶燃料供应有限公司	石油及制品批发	广东省广州市
广东烟草清远市有限公司	烟草制品批发	广东省清远市
广东烟草肇庆市有限责任公司	烟草制品批发	广东省肇庆市
广东庆丰汽车集团有限公司	汽车批发	广东省广州市
惠东县商周实业有限公司	鞋帽批发	广东省惠州市
广东天禾农资股份有限公司	化肥批发	广东省广州市
广州耿鑫贸易有限公司	果品、蔬菜批发	广东省广州市
深圳市普路通供应链管理股份有限公司	贸易代理	广东省深圳市
广东烟草中山市有限责任公司	烟草制品批发	广东省中山市
广州采芝林药业有限公司	中药批发	广东省广州市
深圳承远航空油料有限公司	石油及制品批发	广东省深圳市
李锦记中国销售有限公司	盐及调味品批发	广东省广州市
深圳市华孚进出口有限公司	纺织品、针织品及原料批发	广东省深圳市
和记黄埔(中国)商贸有限公司	化妆品及卫生用品批发	广东省广州市
深圳怡化电脑股份有限公司	计算机、软件及辅助设备批发	广东省深圳市
广东烟草河源市有限责任公司	烟草制品批发	广东省河源市
国药集团一致药业股份有限公司	西药批发	广东省深圳市
维达商贸有限公司	化妆品及卫生用品批发	广东省江门市
广东烟草汕尾市有限公司	烟草制品批发	广东省汕尾市
广州盛世欣兴格力贸易有限公司	家用电器批发	广东省广州市
广州白云山医药销售有限公司	西药批发	广东省广州市
深圳市空港油料有限公司	石油及制品批发	广东省深圳市
广东烟草潮州市有限责任公司	烟草制品批发	广东省潮州市
广东雄峰特殊钢有限公司	金属及金属矿批发	广东省佛山市
大联大商贸(深圳)有限公司	其他机械设备及电子产品批发	广东省深圳市
广东省中山食品水产进出口集团有限公司	肉、禽、蛋、奶及水产品批发	广东省中山市
广东烟草茂名市有限责任公司	烟草制品批发	广东省茂名市
广州市粮食集团有限责任公司	米、面制品及食用油批发	广东省广州市
深圳平安综合金融服务有限公司	计算机、软件及辅助设备批发	广东省深圳市
卡西欧电子(深圳)有限公司	其他家庭用品批发	广东省深圳市
深圳市有棵树科技股份有限公司	其他机械设备及电子产品批发	广东省深圳市
广州日产通商贸易有限公司	汽车零配件批发	广东省广州市
广东烟草珠海市有限公司	烟草制品批发	广东省珠海市
奇酷互联网络科技(深圳)有限公司	通讯及广播电视设备批发	广东省深圳市
深圳市东鹏饮料实业有限公司	酒、饮料及茶叶批发	广东省深圳市
广东烟草汕头市有限责任公司潮阳分公司	烟草制品批发	广东省汕头市
施耐德电气(中国)投资有限公司广州分公司	电气设备批发	广东省广州市
佛山创美药业有限公司	中药批发	广东省佛山市
广东省东莞国药集团有限公司	西药批发	广东省东莞市
深圳市青岛啤酒华南营销有限公司	酒、饮料及茶叶批发	广东省深圳市
珠海盛世欣兴格力贸易有限公司	家用电器批发	广东省珠海市
广东烟草云浮市有限责任公司	烟草制品批发	广东省云浮市
广州汽车集团商贸有限公司	汽车零配件批发	广东省广州市
广州尚岑服饰有限公司	服装批发	广东省广州市
广东粤宏石油化工有限公司	石油及制品批发	广东省中山市
TCL家用电器(惠州)有限公司	家用电器批发	广东省惠州市
深圳市齐普生信息科技有限公司	计算机、软件及辅助设备批发	广东省深圳市
广东省轻工进出口股份有限公司	其他未列明批发业	广东省广州市

4-1 续表 35

企业名称	所属行业	企业所在地
广东周大福珠宝金行有限公司	首饰、工艺品及收藏品批发	广东省广州市
广东德豪润达电气股份有限公司	家用电器批发	广东省珠海市
广东烟草阳江市有限责任公司	烟草制品批发	广东省阳江市
深圳市怡亚通深度供应链管理有限公司	酒、饮料及茶叶批发	广东省深圳市
汤臣倍健药业有限公司	营养和保健品批发	广东省珠海市
中山市物资集团有限公司	金属及金属矿批发	广东省中山市
深圳市卓宝科技股份有限公司	其他化工产品批发	广东省深圳市
中捷通信有限公司	通讯及广播电视设备批发	广东省广州市
广东大地通讯连锁服务有限公司	通讯及广播电视设备批发	广东省东莞市
东莞市海昌实业有限公司	煤炭及制品批发	广东省东莞市
东莞市东糖集团有限公司	糕点、糖果及糖批发	广东省东莞市
日丰企业集团有限公司	其他化工产品批发	广东省佛山市
深圳市金华威数码科技有限公司	计算机、软件及辅助设备批发	广东省深圳市
广东美易达网络科技有限公司	家用电器批发	广东省佛山市
广州华新商贸有限公司	酒、饮料及茶叶批发	广东省广州市
大自然家居(中国)有限公司	建材批发	广东省佛山市
广东新明珠陶瓷集团有限公司	建材批发	广东省佛山市
广州尚品宅配家居用品有限公司	其他家庭用品批发	广东省广州市
三星中国投资有限公司广州分公司	家用电器批发	广东省广州市
广州珠江啤酒股份有限公司	酒、饮料及茶叶批发	广东省广州市
珠海方正印刷电路板发展有限公司	电气设备批发	广东省珠海市
肇庆市盛林再生资源有限公司	再生物资回收与批发	广东省肇庆市
深圳市江波龙电子有限公司	计算机、软件及辅助设备批发	广东省深圳市
潮宏基珠宝有限公司	首饰、工艺品及收藏品批发	广东省汕头市
广州红牛维他命饮料有限公司	酒、饮料及茶叶批发	广东省广州市
深圳齐心集团股份有限公司	文具用品批发	广东省深圳市
深圳市民富沃能新能源汽车有限公司	汽车批发	广东省深圳市
广州市新力实业有限公司	其他机械设备及电子产品批发	广东省广州市
中国石油天然气股份有限公司广东湛江销售分公司	石油及制品批发	广东省湛江市
深圳市翠绿首饰股份有限公司	首饰、工艺品及收藏品批发	广东省深圳市
惠东县大时兴鞋业有限公司	鞋帽批发	广东省惠州市
深圳市恒大粮油销售有限公司	米、面制品及食用油批发	广东省深圳市
广东泰恩康医药股份有限公司	西药批发	广东省汕头市
微鹏商贸(深圳)有限公司	计算机、软件及辅助设备批发	广东省深圳市
广州市森大贸易有限公司	其他未列明批发业	广东省广州市
深圳市华商龙商务互联科技有限公司	其他机械设备及电子产品批发	广东省深圳市
达能益力贸易(深圳)有限公司	酒、饮料及茶叶批发	广东省深圳市
东莞华港国际贸易有限公司	其他未列明批发业	广东省东莞市
联新能源发展有限公司	石油及制品批发	广东省广州市
深圳市爱迪尔珠宝股份有限公司	首饰、工艺品及收藏品批发	广东省深圳市
高州市食品企业集团公司	肉、禽、蛋、奶及水产品批发	广东省茂名市
广州市喜燃能源有限公司	石油及制品批发	广东省广州市
真维斯服饰(中国)有限公司	服装批发	广东省惠州市
中山格兰仕家用电器销售有限公司	家用电器批发	广东省中山市
中山市中顺商贸有限公司	化妆品及卫生用品批发	广东省中山市
新兴县稔村温氏家禽有限公司	肉、禽、蛋、奶及水产品批发	广东省云浮市
广东大翔药业有限公司	西药批发	广东省广州市
阳春市温氏畜牧有限公司	牲畜批发	广东省阳江市
韶关市曲江区温氏畜牧有限公司	牲畜批发	广东省韶关市
广东聚源药业有限公司	中药批发	广东省广州市
广州十长生化妆品有限公司	化妆品及卫生用品批发	广东省广州市

4-1 续表 36

企业名称	所属行业	企业所在地
深圳市启悦光电有限公司	家用电器批发	广东省深圳市
健康元药业集团股份有限公司	西药批发	广东省深圳市
深圳市恒大饮品有限公司	酒、饮料及茶叶批发	广东省深圳市
广州市万荣商贸有限公司	其他家庭用品批发	广东省广州市
广州大旺食品有限公司广州分公司	糕点、糖果及糖批发	广东省广州市
中国石化销售有限公司广东汕头石油分公司	石油及制品批发	广东省汕头市
深圳市诺普信农资销售有限公司	农药批发	广东省深圳市
信宜市粤信肉类食品有限公司	肉、禽、蛋、奶及水产品批发	广东省茂名市
TCL商用信息科技(惠州)股份有限公司	计算机、软件及辅助设备批发	广东省惠州市
佛山盈天医药销售有限公司	中药批发	广东省佛山市
广州薇美姿销售有限公司	化妆品及卫生用品批发	广东省广州市
深圳市休明盛世商贸有限责任公司	其他农牧产品批发	广东省深圳市
中山榄菊销售有限公司	其他家庭用品批发	广东省中山市
飞亚达销售有限公司	其他家庭用品批发	广东省深圳市
广州市盛世长运商贸连锁有限公司	服装批发	广东省广州市
广东省外贸开发公司	金属及金属矿批发	广东省广州市
深圳市黄金资讯集团有限公司	首饰、工艺品及收藏品批发	广东省深圳市
佛山市三水燃气有限公司	石油及制品批发	广东省佛山市
国营雷州林业局	林业产品批发	广东省湛江市
广东东鹏控股股份有限公司	建材批发	广东省清远市
安富利物流(深圳)有限公司	其他机械设备及电子产品批发	广东省深圳市
深圳市众兴利华供应链有限公司	糕点、糖果及糖批发	广东省深圳市
广州九州通医药有限公司	中药批发	广东省广州市
广东温氏食品集团股份有限公司勒竹分公司	肉、禽、蛋、奶及水产品批发	广东省云浮市
中国电子器材深圳有限公司	其他机械设备及电子产品批发	广东省深圳市
广东东江畜牧股份有限公司	饲料批发	广东省汕头市
中国石油天然气股份有限公司广东韶关销售分公司	石油及制品批发	广东省韶关市
阳西温氏禽畜有限公司	肉、禽、蛋、奶及水产品批发	广东省阳江市
深圳市红牛实业有限公司	酒、饮料及茶叶批发	广东省深圳市
广州群禾化妆品有限公司	化妆品及卫生用品批发	广东省广州市
深圳市朵唯志远科技有限公司	通讯及广播电视设备批发	广东省深圳市
广州酒家集团利口福营销有限公司	米、面制品及食用油批发	广东省广州市
嘉顿食品贸易(中国)有限公司	糕点、糖果及糖批发	广东省东莞市
比音勒芬服饰股份有限公司	纺织品、针织品及原料批发	广东省广州市
广州爱帛服饰有限公司	服装批发	广东省广州市
深圳市香雅食品有限公司	其他食品批发	广东省深圳市
佳禾智能科技股份有限公司	家用电器批发	广东省东莞市
艾睿电子(深圳)有限公司	电气设备批发	广东省深圳市
珠海赫基服饰有限公司	服装批发	广东省珠海市
惠州东进农牧股份有限公司	牲畜批发	广东省惠州市
广州市榕景贸易发展有限公司	服装批发	广东省广州市
广州环亚化妆品有限公司	化妆品及卫生用品批发	广东省广州市
东莞市荣兴纸业有限公司	其他未列明批发业	广东省东莞市
广东望家欢农产品集团有限公司	肉、禽、蛋、奶及水产品批发	广东省深圳市
优购科技有限公司	鞋帽批发	广东省深圳市
广州宝祺来贸易有限公司	厨房、卫生间用具及日用杂货批发	广东省广州市
佛山石湾鹰牌陶瓷有限公司	建材批发	广东省佛山市
深圳市傲基电子商务有限公司	计算机、软件及辅助设备批发	广东省深圳市
深圳市戴瑞珠宝有限公司	首饰、工艺品及收藏品批发	广东省深圳市
英氏婴童用品有限公司	服装批发	广东省广州市
深圳市金活医药有限公司	中药批发	广东省深圳市

4-1 续表 37

企业名称	所属行业	企业所在地
广东天地壹号饮料销售有限公司	酒、饮料及茶叶批发	广东省江门市
深圳市宇阳科技发展有限公司	其他机械设备及电子产品批发	广东省深圳市
深圳市世强先进科技有限公司	其他机械设备及电子产品批发	广东省深圳市
雷州市食品总公司	肉、禽、蛋、奶及水产品批发	广东省湛江市
银基贸易发展(深圳)有限公司	酒、饮料及茶叶批发	广东省深圳市
广东省广弘食品集团有限公司	肉、禽、蛋、奶及水产品批发	广东省广州市
中国船舶燃料广州有限公司	石油及制品批发	广东省广州市
珠海市金方达科技有限公司	计算机、软件及辅助设备批发	广东省珠海市
广东一品红药业有限公司	中药批发	广东省广州市
广州市巨和工程机械有限公司	其他机械设备及电子产品批发	广东省广州市
深圳品网科技有限公司	其他机械设备及电子产品批发	广东省深圳市
深圳市星银医药有限公司	西药批发	广东省深圳市
广东佰成通信服务有限公司	通讯及广播电视设备批发	广东省广州市
广州市西克传感器有限公司	其他机械设备及电子产品批发	广东省广州市
深圳市瑞霖医药有限公司	西药批发	广东省深圳市
广州市番禺粮食储备有限公司	谷物、豆及薯类批发	广东省广州市
新兴县荣安温氏家禽有限公司	肉、禽、蛋、奶及水产品批发	广东省云浮市
广东海华投资集团有限公司	鞋帽批发	广东省广州市
蓝带啤酒销售有限公司	其他食品批发	广东省肇庆市
舒达家居用品(深圳)有限公司	其他家庭用品批发	广东省深圳市
广州兆科联发医药有限公司	西药批发	广东省广州市
哎呀呀云商科技股份有限公司	首饰、工艺品及收藏品批发	广东省广州市
文晔领科商贸(深圳)有限公司	其他机械设备及电子产品批发	广东省深圳市
新兴县车岗温氏家禽有限公司	肉、禽、蛋、奶及水产品批发	广东省云浮市
深圳市源兴果品有限公司	果品、蔬菜批发	广东省深圳市
深圳市新蕾电子有限公司	其他机械设备及电子产品批发	广东省深圳市
韶关霞兴温氏畜牧有限公司	肉、禽、蛋、奶及水产品批发	广东省韶关市
广东万方建设有限公司	建材批发	广东省佛山市
深圳市天河星供应链有限公司	其他机械设备及电子产品批发	广东省深圳市
东芝视频产品(中国)有限公司	家用电器批发	广东省惠州市
广东省东莞国药集团仁济堂药业有限公司	中药批发	广东省东莞市
广东中晨实业集团有限公司	金属及金属矿批发	广东省广州市
日立医疗(广州)有限公司	医疗用品及器材批发	广东省广州市
五华县食品公司	肉、禽、蛋、奶及水产品批发	广东省梅州市
生生农业集团股份有限公司	肉、禽、蛋、奶及水产品批发	广东省佛山市
新兴县温氏食品联营有限公司	肉、禽、蛋、奶及水产品批发	广东省云浮市
广东省罗定市食品企业集团公司	肉、禽、蛋、奶及水产品批发	广东省云浮市
深圳雅兰家居用品有限公司	其他家庭用品批发	广东省深圳市
中山市万荣营销有限公司	化妆品及卫生用品批发	广东省中山市
广东省南方传媒发行物流有限公司	报刊批发	广东省广州市
广州合力叉车有限公司	其他机械设备及电子产品批发	广东省广州市
广东龙湖科技股份有限公司	其他化工产品批发	广东省汕头市
深圳市尚域维沃电子有限公司	通讯及广播电视设备批发	广东省深圳市
深圳市邻友通科技发展有限公司	其他机械设备及电子产品批发	广东省深圳市
深圳市燕加隆实业发展有限公司	建材批发	广东省深圳市
广东钻石世家国际珠宝有限公司	首饰、工艺品及收藏品批发	广东省东莞市
深圳市沙头角商业外贸有限公司	谷物、豆及薯类批发	广东省深圳市
广州市鲲跃体育用品有限公司	服装批发	广东省广州市
亨氏(中国)投资有限公司	其他食品批发	广东省广州市
深圳四环医药有限公司	中药批发	广东省深圳市
广东糊涂酒业有限公司	酒、饮料及茶叶批发	广东省佛山市

4-1 续表 38

企业名称	所属行业	企业所在地
汕头市润泽实业有限公司	其他食品批发	广东省汕头市
东莞市东孚商贸有限公司	化妆品及卫生用品批发	广东省东莞市
深圳市德福莱首饰有限公司	首饰、工艺品及收藏品批发	广东省深圳市
广东联塑五金电气建材商城有限公司	其他未列明批发业	广东省佛山市
广州虎辉照明科技公司	灯具、装饰物品批发	广东省广州市
茂名市实业发展集团公司	其他化工产品批发	广东省茂名市
赫基(中国)服饰有限公司	服装批发	广东省广州市
珠海市民彤医药有限公司	西药批发	广东省珠海市
广东马可波罗陶瓷有限公司	建材批发	广东省东莞市
深圳罗马仕科技有限公司	其他机械设备及电子产品批发	广东省深圳市
广州市平实通讯器材有限公司	通讯及广播电视设备批发	广东省广州市
广州周立功单片机科技有限公司	电气设备批发	广东省广州市
广州市广生林贸易有限公司	米、面制品及食用油批发	广东省广州市
广州市百库电子科技有限公司	化妆品及卫生用品批发	广东省广州市
广州南方卫星导航仪器有限公司	通讯及广播电视设备批发	广东省广州市
珠海市华海鹏城酒业有限公司	酒、饮料及茶叶批发	广东省珠海市
佛山市东鹏陶瓷有限公司	建材批发	广东省佛山市
深圳市易连汇通科技有限公司	其他机械设备及电子产品批发	广东省深圳市
广州市浩云安防科技股份有限公司	其他机械设备及电子产品批发	广东省广州市
广州迪柯尼服饰股份有限公司	服装批发	广东省广州市
马天奴时尚(深圳)有限公司	服装批发	广东省深圳市
吴川市农业生产资料公司	化肥批发	广东省湛江市
广东泰奇食品企业有限公司	其他食品批发	广东省广州市
广东深华药业有限公司	西药批发	广东省梅州市
运通四方汽配供应链股份有限公司	汽车零配件批发	广东省广州市
妍丽化妆品(中国)有限公司	化妆品及卫生用品批发	广东省深圳市
深圳市家美乐装饰材料有限公司	建材批发	广东省深圳市
广东省盐业集团广州有限公司	盐及调味品批发	广东省广州市
德津实业发展(深圳)有限公司	其他家庭用品批发	广东省深圳市
珠海市凯丽有限公司	服装批发	广东省珠海市
嘉士伯啤酒(广东)有限公司广州分公司	酒、饮料及茶叶批发	广东省广州市
广西壮族自治区		
中国石化销售有限公司广西南宁石油分公司	石油及制品批发	广西壮族自治区南宁市
广西壮族自治区烟草公司南宁市公司	烟草制品批发	广西壮族自治区南宁市
广西壮族自治区烟草公司桂林市公司	烟草制品批发	广西壮族自治区桂林市
中国石化销售有限公司广西柳州石油分公司	石油及制品批发	广西壮族自治区柳州市
中国石化销售有限公司广西桂林石油分公司	石油及制品批发	广西壮族自治区桂林市
中国石化销售有限公司广西百色石油分公司	石油及制品批发	广西壮族自治区百色市
广西壮族自治区烟草公司柳州市公司	烟草制品批发	广西壮族自治区柳州市
广西壮族自治区烟草公司百色市公司	烟草制品批发	广西壮族自治区百色市
广西高速石化有限公司	石油及制品批发	广西壮族自治区南宁市
中国石油天然气股份有限公司广西南宁销售分公司	石油及制品批发	广西壮族自治区南宁市
中国石化销售有限公司广西河池石油分公司	石油及制品批发	广西壮族自治区河池市
广西壮族自治区烟草公司玉林市公司	烟草制品批发	广西壮族自治区玉林市
中国石化销售有限公司广西玉林石油分公司	石油及制品批发	广西壮族自治区玉林市
中国石化销售有限公司广西贵港石油分公司	石油及制品批发	广西壮族自治区贵港市
广西壮族自治区烟草公司河池市公司	烟草制品批发	广西壮族自治区河池市
广西辉煌交通石化有限公司	石油及制品批发	广西壮族自治区南宁市
广西壮族自治区烟草公司贵港市公司	烟草制品批发	广西壮族自治区贵港市
广西晟世欣兴格力贸易有限公司	家用电器批发	广西壮族自治区南宁市
中国石化销售有限公司广西梧州石油分公司	石油及制品批发	广西壮族自治区梧州市

4-1 续表 39

企业名称	所属行业	企业所在地
中国石化销售有限公司广西钦州石油分公司	石油及制品批发	广西壮族自治区钦州市
中国石化销售有限公司广西贺州石油分公司	石油及制品批发	广西壮族自治区贺州市
广西壮族自治区烟草公司梧州市公司	烟草制品批发	广西壮族自治区梧州市
中国石化销售有限公司广西北海石油分公司	石油及制品批发	广西壮族自治区北海市
中国石化销售有限公司广西崇左石油分公司	石油及制品批发	广西壮族自治区崇左市
广西壮族自治区烟草公司钦州市公司	烟草制品批发	广西壮族自治区钦州市
中国石油天然气股份有限公司广西钦州销售分公司	石油及制品批发	广西壮族自治区钦州市
广西玉柴机器专卖发展有限公司	其他机械设备及电子产品批发	广西壮族自治区玉林市
中国石油天然气股份有限公司广西柳州销售分公司	石油及制品批发	广西壮族自治区柳州市
广西壮族自治区烟草公司贺州市公司	烟草制品批发	广西壮族自治区贺州市
广西壮族自治区烟草公司北海市公司	烟草制品批发	广西壮族自治区北海市
中国石油天然气股份有限公司广西玉林销售分公司	石油及制品批发	广西壮族自治区玉林市
中国石油天然气股份有限公司广西桂林销售分公司	石油及制品批发	广西壮族自治区桂林市
中国石化销售有限公司广西来宾石油分公司	石油及制品批发	广西壮族自治区来宾市
广西壮族自治区烟草公司崇左市公司	烟草制品批发	广西壮族自治区崇左市
广西壮族自治区烟草公司来宾市公司	烟草制品批发	广西壮族自治区来宾市
广西九州通医药有限公司	中药批发	广西壮族自治区南宁市
广西太华医药有限责任公司	西药批发	广西壮族自治区南宁市
中国石油天然气股份有限公司广西梧州销售分公司	石油及制品批发	广西壮族自治区梧州市
广西壮族自治区烟草公司防城港市公司	烟草制品批发	广西壮族自治区防城港市
中国石油天然气股份有限公司广西百色销售分公司	石油及制品批发	广西壮族自治区百色市
中国石油天然气股份有限公司广西河池销售分公司	石油及制品批发	广西壮族自治区河池市
广西兴南城物流有限公司	厨房、卫生间用具及日用杂货批发	广西壮族自治区南宁市
北流市食品公司	肉、禽、蛋、奶及水产品批发	广西壮族自治区玉林市
广西怡亚通大泽深度供应链管理有限公司	化妆品及卫生用品批发	广西壮族自治区南宁市
广西圣康新药特药销售有限责任公司	西药批发	广西壮族自治区玉林市
广西壮族自治区盐业公司	盐及调味品批发	广西壮族自治区南宁市
广西广投天然气管网有限公司	石油及制品批发	广西壮族自治区南宁市
中国石油天然气股份有限公司广西崇左销售分公司	石油及制品批发	广西壮族自治区崇左市
南宁华御堂医药有限责任公司	西药批发	广西壮族自治区南宁市
广西英特康药业有限公司	中药批发	广西壮族自治区南宁市
博白县食品总公司	牲畜批发	广西壮族自治区玉林市
桂林优利特医疗电子销售有限公司	医疗用品及器材批发	广西壮族自治区桂林市
广西田园农资销售有限公司	农药批发	广西壮族自治区南宁市
海南省		
海南省烟草公司海口公司	烟草制品批发	海南省海口市
海南一汽海马汽车销售有限公司	汽车批发	海南省海口市
海南省烟草公司三亚公司	烟草制品批发	海南省三亚市
海南康宁药业有限公司	中药批发	海南省儋州市
海南省烟草公司琼海公司	烟草制品批发	海南省琼海市
海南省烟草公司儋州公司	烟草制品批发	海南省儋州市
海南天祥药业有限公司	中药批发	海南省儋州市
海南盛世欣兴格力贸易有限公司	家用电器批发	海南省海口市
海南德义堂药业有限公司	中药批发	海南省儋州市
海南华健药业有限公司	西药批发	海南省海口市
重庆市		
中国烟草总公司重庆市公司	烟草制品批发	重庆市江北区
重庆北汽幻速汽车销售有限公司	汽车批发	重庆市合川区
中国石油天然气股份有限公司重庆永川销售分公司	石油及制品批发	重庆市永川区
重庆东风渝安汽车销售有限公司	汽车零配件批发	重庆市沙坪坝区
重庆力帆喜生活摩托车销售有限公司	摩托车及零配件批发	重庆市北碚区

4-1 续表 40

企业名称	所属行业	企业所在地
凯欣粮油有限公司	米、面制品及食用油批发	重庆市渝北区
重庆盛世新兴格力电器销售有限公司	家用电器批发	重庆市江北区
重庆首汇汽摩配件销售有限公司	摩托车及零配件批发	重庆市江津区
重庆市农业生产资料(集团)有限公司	化肥批发	重庆市渝中区
重庆吉之汇农产品有限公司	其他食品批发	重庆市永川区
重庆市盐业(集团)有限公司	盐及调味品批发	重庆市渝北区
周大福珠宝金行(重庆)有限公司	首饰、工艺品及收藏品批发	重庆市涪陵区
中国航空油料有限责任公司重庆分公司	石油及制品批发	重庆市渝北区
重庆市长安跨越车辆营销有限公司	汽车批发	重庆市江北区
重庆九州通医药有限公司	西药批发	重庆市南岸区
重庆华轻商业有限公司	家用电器批发	重庆市渝中区
重庆力帆汽车销售有限公司	汽车批发	重庆市渝北区
重庆长圣医药有限公司	西药批发	重庆市南岸区
中国石油化工股份有限公司重庆石油分公司	石油及制品批发	重庆市渝中区
中国烟草总公司重庆市公司武隆分公司	烟草制品批发	重庆市武隆县
重庆市南部洽洽食品销售有限公司	其他食品批发	重庆市荣昌区
重庆力帆实业(集团)进出口有限公司	摩托车及零配件批发	重庆市北碚区
中国烟草总公司重庆市公司酉阳分公司	烟草制品批发	重庆市酉阳土家族苗族自治县
重庆华岩幸松陶瓷市场有限公司	其他未列明批发业	重庆市九龙坡区
中国石化销售有限公司重庆三峡石油分公司	石油及制品批发	重庆市万州区
重庆粮食集团铜梁区粮食有限责任公司	谷物、豆及薯类批发	重庆市铜梁区
重庆龙禹石油有限公司	石油及制品批发	重庆市渝北区
中国烟草总公司重庆市公司万州分公司	烟草制品批发	重庆市万州区
重庆市泰康灯具销售有限公司	灯具、装饰物品批发	重庆市潼南区
国药控股重庆有限公司	西药批发	重庆市南岸区
重庆医药和平医药批发有限公司	西药批发	重庆市南岸区
重庆市五桥物资有限公司	金属及金属矿批发	重庆市万州区
重庆美的家用空调产品销售有限公司	家用电器批发	重庆市渝中区
重庆医药集团科渝药品有限公司	西药批发	重庆市南岸区
重庆博多物流有限公司	化妆品及卫生用品批发	重庆市江北区
中国烟草总公司重庆市公司彭水分公司	烟草制品批发	重庆市彭水苗族土家族自治县
重庆人和粮食产业集团有限责任公司	米、面制品及食用油批发	重庆市九龙坡区
中国航油集团重庆石油有限公司	石油及制品批发	重庆市渝北区
中国烟草总公司重庆市公司黔江分公司	烟草制品批发	重庆市黔江区
重庆海斯曼药业有限责任公司	西药批发	重庆市渝北区
重庆市德溢民农特产品贸易有限公司	果品、蔬菜批发	重庆市云阳县
重庆市烟草公司奉节分公司	烟草制品批发	重庆市奉节县
重庆广东温氏家禽有限公司	肉、禽、蛋、奶及水产品批发	重庆市璧山区
中国烟草总公司重庆市公司巫山分公司	烟草制品批发	重庆市巫山县
重庆有友食品销售有限公司	其他食品批发	重庆市渝北区
重庆市江津利华贸易有限公司	化肥批发	重庆市江津区
中国烟草总公司重庆市公司丰都分公司	烟草制品批发	重庆市丰都县
重庆万吨冷储物流有限公司	肉、禽、蛋、奶及水产品批发	重庆市大渡口区
重庆富明高钟表有限公司	其他家庭用品批发	重庆市涪陵区
中国石油天然气股份有限公司重庆万州销售分公司	石油及制品批发	重庆市万州区
中国烟草总公司重庆市公司石柱分公司	烟草制品批发	重庆市石柱土家族自治县
重庆市赛玛特科技有限责任公司	通讯及广播电视设备批发	重庆市渝中区
开县孙氏商贸有限责任公司	米、面制品及食用油批发	重庆市开县
重庆市江津区糖酒有限责任公司	米、面制品及食用油批发	重庆市江津区
重庆江岸坊医药有限公司	西药批发	重庆市南岸区
六福珠宝首饰(重庆)有限公司	首饰、工艺品及收藏品批发	重庆市涪陵区
重庆渝扬实业有限公司	煤炭及制品批发	重庆市渝北区

4-1 续表 41

企业名称	所属行业	企业所在地
四川省		
四川省烟草公司成都市公司	烟草制品批发	四川省成都市
中国石油天然气股份有限公司西南化工销售分公司	其他化工产品批发	四川省成都市
攀钢集团国际经济贸易有限公司	金属及金属矿批发	四川省成都市
中石化四川销售有限公司	石油及制品批发	四川省成都市
四川长虹佳华信息产品有限责任公司	计算机、软件及辅助设备批发	四川省绵阳市
四川省烟草公司凉山州公司	烟草制品批发	四川省凉山彝族自治州
成都联想信息技术有限公司	计算机、软件及辅助设备批发	四川省成都市
国药控股四川医药股份有限公司	西药批发	四川省成都市
四川长虹佳华数字技术有限公司	汽车零配件批发	四川省绵阳市
中国航油集团四川石油有限公司	石油及制品批发	四川省德阳市
四川科伦医药贸易有限公司	西药批发	四川省成都市
吉峰农机连锁股份有限公司	农业机械批发	四川省成都市
四川仙潭酒业销售有限公司	酒、饮料及茶叶批发	四川省泸州市
中国铁路物资成都有限公司	金属及金属矿批发	四川省成都市
四川省烟草公司泸州市公司	烟草制品批发	四川省泸州市
西昌市宏达再生资源回收市场有限公司	再生物资回收与批发	四川省凉山彝族自治州
四川省烟草公司宜宾市公司	烟草制品批发	四川省宜宾市
四川省烟草公司绵阳市公司	烟草制品批发	四川省绵阳市
四川省烟草公司南充市公司	烟草制品批发	四川省南充市
四川长江水运有限责任公司	石油及制品批发	四川省泸州市
中国石油天然气股份有限公司四川广元销售分公司	石油及制品批发	四川省广元市
四川立白日化有限公司	厨房、卫生间用具及日用杂货批发	四川省眉山市
成都红旗连锁批发有限公司	其他食品批发	四川省成都市
四川省烟草公司德阳市公司	烟草制品批发	四川省德阳市
泸州老窖国窖酒类销售股份有限公司	酒、饮料及茶叶批发	四川省泸州市
四川省烟草公司达州市公司	烟草制品批发	四川省达州市
中国石油天然气股份有限公司四川雅安销售分公司	石油及制品批发	四川省雅安市
四川省烟草公司乐山分公司	烟草制品批发	四川省乐山市
四川省烟草公司眉山市公司	烟草制品批发	四川省眉山市
中国石油天然气股份有限公司四川自贡销售分公司	石油及制品批发	四川省自贡市
中国石油天然气股份有限公司四川德阳销售分公司	石油及制品批发	四川省德阳市
四川省烟草公司内江市公司	烟草制品批发	四川省内江市
中国石油天然气股份有限公司四川宜宾销售分公司	石油及制品批发	四川省宜宾市
四川省烟草公司资阳市公司	烟草制品批发	四川省资阳市
四川省烟草公司广元市公司	烟草制品批发	四川省广元市
四川中路能源有限公司	石油及制品批发	四川省成都市
四川省烟草公司自贡市公司	烟草制品批发	四川省自贡市
成都神钢工程机械(集团)有限公司	其他机械设备及电子产品批发	四川省成都市
四川省烟草公司攀枝花市公司	烟草制品批发	四川省攀枝花市
四川省烟草公司广安市公司	烟草制品批发	四川省广安市
四川九州通科创医药有限公司	医疗用品及器材批发	四川省成都市
四川西南水泥有限公司	建材批发	四川省成都市
四川省烟草公司巴中市公司	烟草制品批发	四川省巴中市
泸州老窖特曲酒类销售股份有限公司	酒、饮料及茶叶批发	四川省泸州市
攀钢集团汇裕供应链有限公司	煤炭及制品批发	四川省攀枝花市
中铁二局集团物资有限公司	建材批发	四川省成都市
四川沱牌舍得供销有限公司	酒、饮料及茶叶批发	四川省遂宁市
四川美丰农资化工有限责任公司	化肥批发	四川省成都市
成都龙翔通讯有限责任公司	通讯及广播电视设备批发	四川省成都市
泸州博盛恒祥商贸有限公司	酒、饮料及茶叶批发	四川省泸州市

4-1 续表 42

企业名称	所属行业	企业所在地
中国石油天然气股份有限公司四川甘孜销售分公司	石油及制品批发	四川省甘孜藏族自治州
中国石油天然气股份有限公司四川阿坝销售分公司	石油及制品批发	四川省阿坝藏族羌族自治州
四川贝尔康医药有限公司	西药批发	四川省成都市
四川金仁医药有限公司	西药批发	四川省成都市
四川古蔺郎酒销售有限公司	酒、饮料及茶叶批发	四川省泸州市
成都红牛维他命饮料销售有限公司	酒、饮料及茶叶批发	四川省成都市
成都德仁堂药业有限公司	中药批发	四川省成都市
成都市医药工业有限公司	西药批发	四川省成都市
四川省烟草公司甘孜分公司	烟草制品批发	四川省甘孜藏族自治州
四川省烟草公司阿坝州公司	烟草制品批发	四川省阿坝藏族羌族自治州
成都英普瑞生通讯设备有限公司	通讯及广播电视设备批发	四川省成都市
四川省迈克实业有限公司	医疗用品及器材批发	四川省成都市
四川省科欣医药贸易有限公司	西药批发	四川省成都市
四川德惠商业股份有限公司	米、面制品及食用油批发	四川省成都市
成都市荣贸食品有限公司	其他食品批发	四川省成都市
四川国光农资有限公司	化肥批发	四川省资阳市
四川蒙牛优品乳业有限公司	肉、禽、蛋、奶及水产品批发	四川省成都市
成都创维电器有限公司	家用电器批发	四川省成都市
成都西部医药经营有限公司	西药批发	四川省成都市
成都金百裕医药有限责任公司	西药批发	四川省成都市
成都金松营销有限公司	家用电器批发	四川省成都市
绵阳市酒鑫鑫商贸有限公司	酒、饮料及茶叶批发	四川省绵阳市
四川超越者体育用品有限公司	服装批发	四川省成都市
四川省盐业总公司成都分公司	盐及调味品批发	四川省成都市
四川豫园黄金珠宝有限公司	首饰、工艺品及收藏品批发	四川省成都市
四川南充科伦医药贸易有限公司	医疗用品及器材批发	四川省南充市
贵州省		
贵州茅台酒销售有限公司	酒、饮料及茶叶批发	贵州省遵义市
贵州省烟草公司遵义市公司	烟草制品批发	贵州省遵义市
贵州省烟草公司毕节市公司	烟草制品批发	贵州省毕节市
贵州省烟草公司贵阳市公司	烟草制品批发	贵州省贵阳市
中国石化销售有限公司贵州贵阳石油分公司	石油及制品批发	贵州省贵阳市
贵州省烟草公司黔西南州公司	烟草制品批发	贵州省黔西南布依族苗族自治州
贵州省烟草公司铜仁市公司	烟草制品批发	贵州省铜仁市
贵州省烟草公司黔南州公司	烟草制品批发	贵州省黔南布依族苗族自治州
贵州省烟草公司黔东南州公司	烟草制品批发	贵州省黔东南苗族侗族自治州
贵州省烟草公司六盘水市公司	烟草制品批发	贵州省六盘水市
中国石化销售有限公司贵州黔南石油分公司	石油及制品批发	贵州省黔南布依族苗族自治州
贵州省烟草公司安顺分公司	烟草制品批发	贵州省安顺市
贵州省习水县习酒销售公司	酒、饮料及茶叶批发	贵州省遵义市
中国石油化工股份有限公司贵州黔东南石油分公司	石油及制品批发	贵州省黔东南苗族侗族自治州
贵州康心药业有限公司	西药批发	贵州省贵阳市
贵州盘县盘兴能源开发投资有限公司	煤炭及制品批发	贵州省六盘水市
贵州航天实业有限公司	金属及金属矿批发	贵州省遵义市
贵州省仁怀市粮油收储有限总公司	米、面制品及食用油批发	贵州省遵义市
贵州茅台醇营销公司	酒、饮料及茶叶批发	贵州省遵义市
云南省		
云南能投物流有限责任公司	金属及金属矿批发	云南省昆明市
云南省烟草公司曲靖市公司	烟草制品批发	云南省曲靖市
云南省烟草公司昆明市公司	烟草制品批发	云南省昆明市

4-1 续表 43

企业名称	所属行业	企业所在地
云南省医药有限公司	西药批发	云南省昆明市
云南省烟草公司楚雄州公司	烟草制品批发	云南省楚雄彝族自治州
云南省烟草公司红河州公司	烟草制品批发	云南省红河哈尼族彝族自治州
云南省烟草公司大理州公司	烟草制品批发	云南省大理白族自治州
云南省烟草公司玉溪市公司	烟草制品批发	云南省玉溪市
云南省烟草公司保山市公司	烟草制品批发	云南省保山市
云南省烟草公司昭通市公司	烟草制品批发	云南省昭通市
云南省烟草公司普洱市公司	烟草制品批发	云南省普洱市
云南云天化农资连锁有限公司	化肥批发	云南省昆明市
德宏后谷咖啡有限公司	酒、饮料及茶叶批发	云南省德宏傣族景颇族自治州
中国石化销售有限公司云南曲靖石油分公司	石油及制品批发	云南省曲靖市
云南省烟草公司临沧市公司	烟草制品批发	云南省临沧市
中国石化销售有限公司云南大理石油分公司	石油及制品批发	云南省大理白族自治州
云南省烟草公司丽江市公司	烟草制品批发	云南省丽江市
云南白药集团医药电子商务有限公司	化妆品及卫生用品批发	云南省昆明市
中国石油天然气股份有限公司云南曲靖销售分公司	石油及制品批发	云南省曲靖市
中国石油化工股份有限公司云南玉溪石油分公司	石油及制品批发	云南省玉溪市
中国石化销售有限公司云南楚雄石油分公司	石油及制品批发	云南省楚雄彝族自治州
昆药集团医药商业有限公司	西药批发	云南省昆明市
云南医药工业股份有限公司	西药批发	云南省昆明市
中国石化股份有限公司云南普洱石油分公司	石油及制品批发	云南省普洱市
中国石油天然气股份有限公司云南大理销售分公司	石油及制品批发	云南省大理白族自治州
云南同丰医药有限公司	西药批发	云南省昆明市
云南东骏药业有限公司	西药批发	云南省昆明市
中国石油天然气股份有限公司云南临沧销售分公司	石油及制品批发	云南省临沧市
云南东昌医药股份有限公司	西药批发	云南省昆明市
云南健之佳健康连锁店股份有限公司	西药批发	云南省昆明市
中国石油天然气股份有限公司云南楚雄销售分公司	石油及制品批发	云南省楚雄彝族自治州
中国石油天然气股份有限公司云南普洱销售分公司	石油及制品批发	云南省普洱市
中国石油化工股份有限公司云南德宏石油分公司	石油及制品批发	云南省德宏傣族景颇族自治州
富源县供销合作社联合社	化肥批发	云南省曲靖市
云南力帆骏马进出口有限公司	汽车批发	云南省大理白族自治州
云南茂源果蔬进出口有限公司	果品、蔬菜批发	云南省玉溪市
云南通海宋威农产品进出口有限公司	果品、蔬菜批发	云南省玉溪市
德宏州宏天实业(集团)有限公司	酒、饮料及茶叶批发	云南省德宏傣族景颇族自治州
云南金六福贸易有限公司	其他未列明批发业	云南省迪庆藏族自治州
通海县汪家富蔬菜有限公司	果品、蔬菜批发	云南省玉溪市
云南易初明通工程机械维修有限公司	其他机械设备及电子产品批发	云南省昆明市
云南新华书店图书有限公司	图书批发	云南省昆明市
云南盘龙云海药品经营有限公司	中药批发	云南省昆明市
保山市回定荣红商贸有限公司	其他食品批发	云南省保山市
云南睿德工贸有限公司	农业机械批发	云南省昆明市
云南昊邦医药销售有限公司	西药批发	云南省昆明市
西藏自治区		
西藏神威药业有限公司	中药批发	西藏自治区拉萨市
西藏泰达厚生医药有限公司	西药批发	西藏自治区拉萨市
陕西省		
陕西省煤炭运销(集团)有限责任公司	煤炭及制品批发	陕西省西安市
陕西东岭物资有限责任公司	金属及金属矿批发	陕西省宝鸡市
中油延长石油销售股份有限公司	石油及制品批发	陕西省西安市

4-1 续表 44

企业名称	所属行业	企业所在地
中国石油天然气股份有限公司渭南销售分公司	石油及制品批发	陕西省渭南市
陕西省烟草公司西安市公司	烟草制品批发	陕西省西安市
陕西丹尼尔市场股份有限公司	服装批发	陕西省西安市
中国石油化工股份有限公司陕西石油分公司	石油及制品批发	陕西省西安市
陕西丹尼尔康复路大卖场有限公司	服装批发	陕西省西安市
中国石油天然气股份有限公司陕西西安销售分公司	石油及制品批发	陕西省西安市
陕西医药控股集团派昂医药有限责任公司	西药批发	陕西省西安市
陕西广药康健医药有限公司	西药批发	陕西省西安市
中国石化销售有限公司陕西宝鸡石油分公司	石油及制品批发	陕西省宝鸡市
国药控股陕西有限公司	西药批发	陕西省西安市
陕西盛世恒兴格力电器销售有限公司	家用电器批发	陕西省西安市
陕西省烟草公司咸阳市公司	烟草制品批发	陕西省咸阳市
陕西省烟草公司榆林市公司	烟草制品批发	陕西省榆林市
陕西省烟草公司渭南市公司	烟草制品批发	陕西省渭南市
陕西省烟草公司宝鸡市公司	烟草制品批发	陕西省宝鸡市
陕西省烟草公司汉中市公司	烟草制品批发	陕西省汉中市
陕西西凤酒营销有限公司	酒、饮料及茶叶批发	陕西省宝鸡市
中国石油天然气股份有限公司陕西宝鸡销售分公司	石油及制品批发	陕西省宝鸡市
陕西省烟草公司安康市公司	烟草制品批发	陕西省安康市
中国石油天然气股份有限公司陕西榆林销售分公司	石油及制品批发	陕西省榆林市
陕西省烟草公司延安市公司	烟草制品批发	陕西省延安市
中国石油化工股份有限公司陕西西安石油分公司	石油及制品批发	陕西省西安市
上药科园信海陕西医药有限公司	西药批发	陕西省西安市
陕西省石油化工工业贸易公司	石油及制品批发	陕西省西安市
中国石油天然气股份有限公司陕西铜川销售分公司	石油及制品批发	陕西省铜川市
中国石油化工股份有限公司陕西渭南石油公司	石油及制品批发	陕西省渭南市
中油股份陕西咸阳销售分公司	石油及制品批发	陕西省咸阳市
中国铁路物资西安公司	金属及金属矿批发	陕西省西安市
西安雨润菜篮子农业科技有限公司	果品、蔬菜批发	陕西省西安市
中国石油天然气股份有限公司陕西汉中销售分公司	石油及制品批发	陕西省汉中市
陕西省烟草公司商洛市公司	烟草制品批发	陕西省商洛市
陕西欣绿实业股份有限公司	果品、蔬菜批发	陕西省西安市
中国石油天然气股份有限公司陕西延安销售分公司	石油及制品批发	陕西省延安市
陕西榆林煤炭出口(集团)有限责任公司	煤炭及制品批发	陕西省榆林市
中国石油天然气股份有限公司陕西安康销售分公司	石油及制品批发	陕西省安康市
中国石油化工股份有限公司陕西咸阳石油分公司	石油及制品批发	陕西省咸阳市
陕西重型汽车进出口有限公司	汽车批发	陕西省西安市
陕西医药控股集团西安医药有限公司	西药批发	陕西省西安市
西安医药股份有限公司	中药批发	陕西省西安市
中国石油化工股份有限公司陕西汉中石油分公司	石油及制品批发	陕西省汉中市
西安西电国际工程有限责任公司	电气设备批发	陕西省西安市
陕西新华发行集团有限责任公司	图书批发	陕西省西安市
中国石油天然气股份有限公司陕西商洛销售分公司	石油及制品批发	陕西省商洛市
西安大正医药有限责任公司	西药批发	陕西省西安市
陕西百丽鞋业有限公司	鞋帽批发	陕西省西安市
陕西省烟草公司铜川市公司	烟草制品批发	陕西省铜川市
陕西省府谷县煤炭公司	煤炭及制品批发	陕西省榆林市
西安连奇物流配送有限公司	酒、饮料及茶叶批发	陕西省西安市
中铁物资集团西北有限公司	金属及金属矿批发	陕西省西安市

4-1 续表 45

企业名称	所属行业	企业所在地
甘肃省		
中国石油天然气股份有限公司甘肃销售分公司	石油及制品批发	甘肃省兰州市
中国石油天然气股份有限公司西北销售兰州分公司	石油及制品批发	甘肃省兰州市
甘肃省烟草公司兰州市公司	烟草制品批发	甘肃省兰州市
甘肃仕通汽车销售有限公司	汽车批发	甘肃省兰州市
中国石油天然气股份有限公司甘肃张掖销售分公司	石油及制品批发	甘肃省张掖市
甘肃省烟草公司天水分公司	烟草制品批发	甘肃省天水市
甘肃省烟草公司定西市公司	烟草制品批发	甘肃省定西市
中国石油天然气股份有限公司甘肃庆阳销售分公司	石油及制品批发	甘肃省庆阳市
甘肃省烟草公司陇南市公司	烟草制品批发	甘肃省陇南市
中国石油天然气股份有限公司甘肃临夏销售分公司	石油及制品批发	甘肃省临夏回族自治州
甘肃省烟草公司庆阳市公司	烟草制品批发	甘肃省庆阳市
兰州强生医药有限责任公司	西药批发	甘肃省兰州市
中国石油天然气股份有限公司甘肃武威销售分公司	石油及制品批发	甘肃省武威市
金昌市金川天然农产品发展有限责任公司	果品、蔬菜批发	甘肃省金昌市
兰州西城药业有限责任公司	西药批发	甘肃省兰州市
金徽酒陇南销售公司	酒、饮料及茶叶批发	甘肃省陇南市
甘肃省烟草公司武威市公司	烟草制品批发	甘肃省武威市
甘肃省烟草公司临夏回族自治州公司	烟草制品批发	甘肃省临夏回族自治州
甘肃天元药业有限公司	西药批发	甘肃省兰州市
甘肃新华书店飞天传媒股份有限公司	图书批发	甘肃省兰州市
甘肃省烟草公司张掖分公司	烟草制品批发	甘肃省张掖市
中国石油化工股份有限公司甘肃酒泉石油分公司	石油及制品批发	甘肃省酒泉市
甘肃众友药业集团有限公司	西药批发	甘肃省兰州市
甘肃省烟草公司甘南藏族自治州公司	烟草制品批发	甘肃省甘南藏族自治州
甘肃前进牧业科技有限责任公司	肉、禽、蛋、奶及水产品批发	甘肃省张掖市
金徽酒兰州销售有限公司	酒、饮料及茶叶批发	甘肃省兰州市
青海省		
中国石油天然气股份有限公司青海销售分公司	石油及制品批发	青海省西宁市
中国石油天然气股份有限公司青海格尔木销售分公司	石油及制品批发	青海省海西蒙古族藏族自治州
青海省烟草公司西宁市公司	烟草制品批发	青海省西宁市
中国石油化工股份有限公司青海石油分公司	石油及制品批发	青海省西宁市
中国石化销售有限公司青海格尔木石油分公司	石油及制品批发	青海省海西蒙古族藏族自治州
青海互助青稞酒销售有限公司	酒、饮料及茶叶批发	青海省西宁市
西宁中油燃气有限责任公司	石油及制品批发	青海省西宁市
宁夏回族自治区		
中国石油化工股份有限公司宁夏石油分公司	石油及制品批发	宁夏回族自治区银川市
中国石油天然气股份有限公司宁夏银川销售分公司	石油及制品批发	宁夏回族自治区银川市
宁夏回族自治区烟草公司银川市公司	烟草制品批发	宁夏回族自治区银川市
中国石油天然气股份有限公司宁夏中卫销售分公司	石油及制品批发	宁夏回族自治区中卫市
国药控股宁夏有限公司	西药批发	宁夏回族自治区银川市
中国石油天然气股份有限公司宁夏高速公路销售分公司	石油及制品批发	宁夏回族自治区银川市
中国石油天然气股份有限公司固原销售分公司	石油及制品批发	宁夏回族自治区固原市
中国石油天然气股份有限公司宁夏石嘴山销售分公司	石油及制品批发	宁夏回族自治区石嘴山市
宁夏回族自治区烟草公司吴忠市公司	烟草制品批发	宁夏回族自治区吴忠市
宁夏回族自治区烟草公司固原市公司	烟草制品批发	宁夏回族自治区固原市
新疆维吾尔自治区		
新疆生产建设兵团棉麻公司	棉、麻批发	新疆维吾尔自治区乌鲁木齐市
新疆中泰化学股份有限公司	其他化工产品批发	新疆维吾尔自治区乌鲁木齐市

4-1 续表 46

企业名称	所属行业	企业所在地
新疆维吾尔自治区烟草公司	烟草制品批发	新疆维吾尔自治区乌鲁木齐市
新疆农资(集团)有限责任公司	化肥批发	新疆维吾尔自治区乌鲁木齐市
新疆生产建设兵团第一师棉麻有限责任公司	棉、麻批发	新疆维吾尔自治区阿克苏地区
新疆维吾尔自治区烟草公司乌鲁木齐市公司	烟草制品批发	新疆维吾尔自治区乌鲁木齐市
新疆兵团第七师供销合作总公司	棉、麻批发	新疆维吾尔自治区伊犁哈萨克自治州
中国石油化工股份有限公司新疆石油分公司	石油及制品批发	新疆维吾尔自治区乌鲁木齐市
新疆九州通医药有限公司	西药批发	新疆维吾尔自治区乌鲁木齐市
中国石油天然气股份有限公司新疆阿克苏销售分公司	石油及制品批发	新疆维吾尔自治区阿克苏地区
新疆岐峰电子商务有限公司	果品、蔬菜批发	新疆维吾尔自治区昌吉回族自治州
中国石油天然气股份有限公司新疆喀什销售分公司	石油及制品批发	新疆维吾尔自治区喀什地区
中石油新疆销售有限公司巴州分公司	石油及制品批发	新疆维吾尔自治区巴音郭楞蒙古自治州
中国石油天然气股份有限公司新疆昌吉销售分公司	石油及制品批发	新疆维吾尔自治区昌吉回族自治州
中国石油天然气股份有限公司新疆克拉玛依销售分公司	石油及制品批发	新疆维吾尔自治区克拉玛依市
中石油新疆销售有限公司哈密分公司	石油及制品批发	新疆维吾尔自治区哈密地区
中航油新疆航空油料有限公司	石油及制品批发	新疆维吾尔自治区乌鲁木齐市
中石油新疆销售有限公司伊犁分公司	石油及制品批发	新疆维吾尔自治区伊犁哈萨克自治州
中国石油天然气股份有限公司新疆吐鲁番销售分公司	石油及制品批发	新疆维吾尔自治区吐鲁番市
中国石化销售有限公司新疆阿克苏石油分公司	石油及制品批发	新疆维吾尔自治区阿克苏地区
新疆生产建设兵团第四师供销合作社联合社	棉、麻批发	新疆维吾尔自治区伊犁哈萨克自治州
新疆维吾尔自治区新华书店	图书批发	新疆维吾尔自治区乌鲁木齐市
新疆同益投资有限公司	石油及制品批发	新疆维吾尔自治区克拉玛依市
新疆维吾尔自治区昌吉回族自治州烟草公司	烟草制品批发	新疆维吾尔自治区昌吉回族自治州
新疆维吾尔自治区喀什地区烟草公司	烟草制品批发	新疆维吾尔自治区喀什地区
中国石油化工股份有限公司新疆喀什石油分公司	石油及制品批发	新疆维吾尔自治区喀什地区
中石油新疆销售有限公司阿勒泰分公司	石油及制品批发	新疆维吾尔自治区阿勒泰地区
新疆九鼎恒兴蔬菜经营管理有限公司	果品、蔬菜批发	新疆维吾尔自治区乌鲁木齐市
新疆维吾尔自治区阿克苏地区烟草公司	烟草制品批发	新疆维吾尔自治区阿克苏地区
新疆维吾尔自治区伊犁哈萨克自治州烟草公司	烟草制品批发	新疆维吾尔自治区伊犁哈萨克自治州
中石油新疆销售有限公司和田分公司	石油及制品批发	新疆维吾尔自治区和田地区
新疆维吾尔自治区巴音郭楞蒙古自治州烟草公司	烟草制品批发	新疆维吾尔自治区巴音郭楞蒙古自治州
新疆利华棉业股份有限公司	棉、麻批发	新疆维吾尔自治区巴音郭楞蒙古自治州
中国石油化工股份有限公司新疆巴州石油分公司	石油及制品批发	新疆维吾尔自治区巴音郭楞蒙古自治州
新疆生产建设兵团第十三师天元供销(集团)有限公司	棉、麻批发	新疆维吾尔自治区哈密地区
昌吉回族自治州粮油购销(集团)有限责任公司	谷物、豆及薯类批发	新疆维吾尔自治区昌吉回族自治州
中国石油天然气股份有限公司新疆石河子销售分公司	石油及制品批发	新疆维吾尔自治区自治区直辖县级行政区划
新疆维吾尔自治区塔城地区烟草公司	烟草制品批发	新疆维吾尔自治区塔城地区
新疆兵团农三师农业生产资料公司	化肥批发	新疆维吾尔自治区喀什地区
中国石化销售有限公司新疆哈密石油分公司	石油及制品批发	新疆维吾尔自治区哈密地区
中石油新疆销售有限公司塔城分公司	石油及制品批发	新疆维吾尔自治区塔城地区
中国石油天然气股份有限公司新疆博州销售分公司	石油及制品批发	新疆维吾尔自治区博尔塔拉蒙古自治州
新疆中石化基钰化工销售有限公司	石油及制品批发	新疆维吾尔自治区乌鲁木齐市
国药控股新疆新特喀什药业有限公司	西药批发	新疆维吾尔自治区喀什地区
中国石化销售有限公司新疆吐鲁番石油分公司	石油及制品批发	新疆维吾尔自治区吐鲁番市
新疆新捷燃气有限责任公司	石油及制品批发	新疆维吾尔自治区乌鲁木齐市
中国石油化工股份有限公司新疆伊犁石油分公司	石油及制品批发	新疆维吾尔自治区伊犁哈萨克自治州
沙雅九九棉业有限公司	棉、麻批发	新疆维吾尔自治区阿克苏地区
新疆利生医药药材公司	西药批发	新疆维吾尔自治区伊犁哈萨克自治州
库车县棉麻公司	棉、麻批发	新疆维吾尔自治区阿克苏地区
新疆天农农机股份有限公司	农业机械批发	新疆维吾尔自治区乌鲁木齐市

4-2 分地区大型零售业企业名单

企业名称	所属行业	企业所在地
北京市		
北京京东世纪信息技术有限公司	计算机、软件及辅助设备零售	北京市大兴区
中国石化销售有限公司北京石油分公司	机动车燃料零售	北京市朝阳区
苹果电子产品商贸(北京)有限公司	计算机、软件及辅助设备零售	北京市东城区
华润医药商业集团有限公司	药品零售	北京市东城区
北京苏宁云商销售有限公司	日用家电设备零售	北京市通州区
北京华联综合超市股份有限公司	超级市场零售	北京市西城区
北京菜市口百货股份有限公司	百货零售	北京市西城区
北京物美商业集团股份有限公司	超级市场零售	北京市石景山区
北京华联(SKP)百货有限公司	百货零售	北京市朝阳区
北京市大中家用电器连锁销售有限公司	日用家电设备零售	北京市石景山区
北京物美综合超市有限公司	超级市场零售	北京市大兴区
北京永辉超市有限公司	超级市场零售	北京市石景山区
北京国美在线电子商务有限公司	互联网零售	北京市海淀区
北京燕莎友谊商城有限公司	百货零售	北京市朝阳区
北京当当网信息技术有限公司	图书、报刊零售	北京市东城区
乐视电子商务(北京)有限公司	互联网零售	北京市朝阳区
北京家乐福商业有限公司	超级市场零售	北京市丰台区
北京京客隆商业集团股份有限公司	超级市场零售	北京市朝阳区
国美电器有限公司	日用家电设备零售	北京市朝阳区
日上免税行(中国)有限公司	百货零售	北京市顺义区
北京世纪卓越信息技术有限公司	互联网零售	北京市朝阳区
北京翠微大厦股份有限公司	百货零售	北京市海淀区
北京沃尔玛百货有限公司	超级市场零售	北京市石景山区
北京稻香村食品有限责任公司	糕点、面包零售	北京市东城区
北京永辉商业有限公司	超级市场零售	北京市石景山区
曙光信息产业(北京)有限公司	计算机、软件及辅助设备零售	北京市海淀区
北京超市发连锁股份有限公司	超级市场零售	北京市海淀区
北京物美大卖场商业管理有限公司	超级市场零售	北京市大兴区
北京一商宇洁商贸有限公司	其他日用品零售	北京市东城区
中粮海优(北京)有限公司	互联网零售	北京市朝阳区
国兴汽车服务中心	汽车零售	北京市西城区
百盛商业发展有限公司	百货零售	北京市西城区
中化道达尔燃油有限公司	机动车燃料零售	北京市海淀区
中国图书进出口(集团)总公司	图书、报刊零售	北京市朝阳区
飒拉商业(北京)有限公司	服装零售	北京市朝阳区
北京汉光百货有限责任公司	百货零售	北京市西城区
宝盛道吉(北京)贸易有限公司	服装零售	北京市东城区
北京易喜新世界百货有限公司	百货零售	北京市东城区
北京美廉美连锁商业有限公司	超级市场零售	北京市海淀区
乐天超市有限公司	超级市场零售	北京市朝阳区
ＢＨＧ(北京)百货有限公司	其他日用品零售	北京市西城区
北京环球国广商贸有限公司	邮购及电视、电话零售	北京市石景山区
北京迪信通电子通信技术有限公司	通信设备零售	北京市海淀区
王府井集团北京双安商场有限责任公司	百货零售	北京市海淀区
迪卡侬(北京)体育用品有限公司	体育用品及器材零售	北京市朝阳区
北京宜家家居有限公司	家具零售	北京市朝阳区
王府井集团股份有限公司	百货零售	北京市东城区
酒仙网电子商务股份有限公司	互联网零售	北京市大兴区
北京鑫海韵通商业大楼	百货零售	北京市顺义区
北京宝泽行汽车销售服务有限公司	汽车零售	北京市丰台区

4-2 续表 1

企业名称	所属行业	企业所在地
北京崇德商贸有限公司	鞋帽零售	北京市西城区
北京市华德宝汽车销售服务有限公司	汽车零售	北京市朝阳区
北京欧尚超市有限公司	超级市场零售	北京市海淀区
北京国泰平安百货有限公司	百货零售	北京市顺义区
北京京宝行汽车销售服务有限公司	汽车零售	北京市海淀区
北京屈臣氏个人用品连锁商店有限公司	超级市场零售	北京市朝阳区
北京君太太平洋百货有限公司	百货零售	北京市西城区
北京英龙华辰科技有限公司	计算机、软件及辅助设备零售	北京市昌平区
北京物美流通技术有限公司	超级市场零售	北京市海淀区
北京盈之宝汽车销售服务有限公司	汽车零售	北京市朝阳区
柒一拾壹(北京)有限公司	其他综合零售	北京市东城区
北京市上品商业发展有限责任公司	服装零售	北京市东城区
北京城乡贸易中心股份有限公司	百货零售	北京市海淀区
中视购物有限公司	互联网零售	北京市海淀区
丝芙兰(北京)化妆品销售有限公司	化妆品及卫生用品零售	北京市朝阳区
沃尔玛(北京)商业零售有限公司	超级市场零售	北京市朝阳区
北京惠通陆华汽车服务有限公司	汽车零售	北京市朝阳区
永旺商业有限公司	百货零售	北京市昌平区
北京博瑞祥云汽车销售服务有限公司	汽车零售	北京市朝阳区
北京味多美食品有限责任公司	糕点、面包零售	北京市西城区
北京三元石油有限公司	机动车燃料零售	北京市大兴区
北京当代商城有限责任公司	百货零售	北京市海淀区
北京首商集团股份有限公司	百货零售	北京市西城区
北京中润发汽车销售有限公司	汽车零售	北京市丰台区
华糖洋华堂商业有限公司	百货零售	北京市朝阳区
北京人天书店有限公司	图书、报刊零售	北京市丰台区
北京同仁堂连锁药店有限责任公司	药品零售	北京市西城区
北京首航国力商贸有限公司	超级市场零售	北京市丰台区
北京易初莲花连锁超市有限公司	超级市场零售	北京市朝阳区
每克拉美(北京)钻石商场有限公司	工艺美术品及收藏品零售	北京市朝阳区
北京首都机场商贸有限公司	超级市场零售	北京市顺义区
北京中复电讯设备有限责任公司	通信设备零售	北京市朝阳区
北京西红门宜家家居有限公司	家具零售	北京市大兴区
嘉康利(中国)日用品有限公司	营养和保健品零售	北京市大兴区
北京物美京北大世界商贸有限公司	百货零售	北京市怀柔区
北京玉蜓桥物美商贸有限公司	超级市场零售	北京市丰台区
北京丽家丽婴婴童用品股份有限公司	其他日用品零售	北京市大兴区
华润超级市场有限公司	超级市场零售	北京市朝阳区
北京星球通科技发展有限公司	通信设备零售	北京市海淀区
北京好药师大药房连锁有限公司	药品零售	北京市大兴区
北京顺天府商贸有限公司	超级市场零售	北京市丰台区
北京金隅天坛家具股份有限公司	家具零售	北京市东城区
范思哲(中国)商业有限公司	服装零售	北京市朝阳区
北京尚岑服饰有限公司	服装零售	北京市东城区
北京赛特百货有限公司	百货零售	北京市朝阳区
北京蓝岛大厦有限责任公司	百货零售	北京市朝阳区
北京天超仓储超市有限责任公司	超级市场零售	北京市东城区
北京市顺义国泰商业大厦	百货零售	北京市顺义区
北京孩思乐商业有限公司	其他文化用品零售	北京市朝阳区
北京华信通电讯有限公司	通信设备零售	北京市东城区
北京物美生活超市有限公司	超级市场零售	北京市朝阳区

4-2 续表 2

企业名称	所属行业	企业所在地
北京甘家口大厦有限责任公司	百货零售	北京市海淀区
北京贵友大厦有限公司	百货零售	北京市朝阳区
北京网酒网电子商务股份有限公司	互联网零售	北京市海淀区
北京寺库商贸有限公司	互联网零售	北京市西城区
北京港佳好邻居连锁便利店有限责任公司	其他综合零售	北京市西城区
北京旺市百利商业有限公司	超级市场零售	北京市朝阳区
北京王府井百货集团长安商场有限责任公司	百货零售	北京市西城区
北京高氏橱柜有限公司	家具零售	北京市丰台区
北京市昌平新世纪商城	百货零售	北京市昌平区
北京华联精品超市有限公司	超级市场零售	北京市西城区
北京乐友达康商贸有限公司	其他日用品零售	北京市通州区
北京吴裕泰茶业股份有限公司	酒、饮料及茶叶零售	北京市东城区
北京门城物美商城有限公司	超级市场零售	北京市门头沟区
北京京北美廉美超市有限公司	超级市场零售	北京市昌平区
欧迪办公网络技术有限公司	互联网零售	北京市海淀区
北京京客隆首超商业有限公司	超级市场零售	北京市石景山区
北京全时叁陆伍连锁便利店有限公司	其他综合零售	北京市朝阳区
普安倍尔商业(北京)有限公司	服装零售	北京市朝阳区
幸福荣耀(北京)超市有限公司	超级市场零售	北京市海淀区
北京金象大药房医药连锁有限责任公司	药品零售	北京市西城区
北京创锐文化传媒有限公司	互联网零售	北京市朝阳区
北京卜蜂莲花连锁超市有限公司	超级市场零售	北京市朝阳区
北京市好利来食品有限公司	糕点、面包零售	北京市朝阳区
波丝可商业(北京)有限公司	服装零售	北京市朝阳区
北京兴长信达科技发展有限公司	互联网零售	北京市朝阳区
北京京烟卷烟零售连锁有限公司	烟草制品零售	北京市朝阳区
仁和药房网(北京)医药科技有限公司	药品零售	北京市丰台区
北京心物不二电子商务有限公司	互联网零售	北京市通州区
彩盈储贤商贸(北京)有限公司	服装零售	北京市东城区
北京华冠商业科技发展有限公司	超级市场零售	北京市房山区
北京崇文门菜市场物美综合超市有限公司	其他综合零售	北京市东城区
北京通糖物美便利超市有限公司	其他综合零售	北京市通州区
北京图书大厦有限责任公司	图书、报刊零售	北京市西城区
北京三夫户外用品股份有限公司	体育用品及器材零售	北京市西城区
北京市亨得利瑞士钟表有限责任公司	钟表、眼镜零售	北京市东城区
北京每日优鲜电子商务有限公司	互联网零售	北京市朝阳区
北京京房美廉美超市有限公司	超级市场零售	北京市房山区
北京金美仕贸易有限公司	服装零售	北京市朝阳区
北京奥士凯物美商业有限公司	其他食品零售	北京市东城区
北京物美便利超市有限公司	超级市场零售	北京市东城区
北京李宁体育用品销售有限公司	服装零售	北京市东城区
北京家有德顺文化发展有限公司	厨房用具及日用杂品零售	北京市朝阳区
北京华普联合商业投资有限公司	超级市场零售	北京市朝阳区
北京美特斯邦威服饰有限公司	服装零售	北京市西城区
北京沃谷农业发展有限公司	超级市场零售	北京市顺义区
乐购特易购商业(北京)有限公司	百货零售	北京市顺义区
荣宝斋	工艺美术品及收藏品零售	北京市西城区
北京晒客天地科技有限公司	服装零售	北京市海淀区
北京明弘科贸有限责任公司	化妆品及卫生用品零售	北京市西城区
北京周黑鸭商贸有限公司	其他食品零售	北京市丰台区
北京首航优购商贸连锁有限公司	超级市场零售	北京市大兴区

4-2　续表 3

企业名称	所属行业	企业所在地
北京同仁堂京北企业管理有限公司	药品零售	北京市海淀区
北京尚品宅配家居用品有限公司	家具零售	北京市朝阳区
北京金凤成祥食品有限责任公司	糕点、面包零售	北京市海淀区
北京中和珍贝科技有限公司	纺织品及针织品零售	北京市东城区
万家沙发贸易(北京)有限公司	家具零售	北京市海淀区
北京同仁验光配镜中心	钟表、眼镜零售	北京市东城区
天美(中国)科学仪器有限公司	其他电子产品零售	北京市西城区
北京市新华书店连锁有限责任公司	图书、报刊零售	北京市西城区
天津市		
乐视致新电子科技(天津)有限公司	其他电子产品零售	天津市滨海新区
中国石油化工股份有限公司天津石油分公司	机动车燃料零售	天津市南开区
唯品会(天津)电子商务有限公司	互联网零售	天津市武清区
中国石油天然气股份有限公司天津销售分公司	机动车燃料零售	天津市河东区
壳牌华北石油集团有限公司	机动车燃料零售	天津市河西区
华润天津医药有限公司	药品零售	天津市河北区
天津华润万家生活超市有限公司	超级市场零售	天津市东丽区
天津苏宁云商有限公司	家用视听设备零售	天津市和平区
天津一商友谊股份有限公司	百货零售	天津市河西区
当当网信息技术(天津)有限公司	互联网零售	天津市武清区
天津聚美优品科技有限公司	化妆品及卫生用品零售	天津市武清区
天津国美电器有限公司	日用家电设备零售	天津市南开区
天津金元宝商厦集团有限公司	百货零售	天津市滨海新区
天津瑞佳讯贸易有限公司	互联网零售	天津市武清区
天津海信广场有限公司	其他文化用品零售	天津市和平区
天津物美未来商贸发展有限公司	超级市场零售	天津市红桥区
天津浩众汽车贸易服务有限公司	汽车零售	天津市东丽区
天津市人人乐商业有限公司	超级市场零售	天津市津南区
天津中远汽车贸易有限公司	汽车零售	天津市河东区
天津华润超级市场有限公司	超级市场零售	天津市和平区
天津伊势丹有限公司	其他文化用品零售	天津市和平区
天津市紫江路市场	其他综合零售	天津市津南区
天津劝宝超市有限责任公司	超级市场零售	天津市宝坻区
天津劝业家乐福超市有限公司	超级市场零售	天津市南开区
天津桂发祥十八街麻花食品股份有限公司	其他食品零售	天津市河西区
天津赫璟商贸有限公司	服装零售	天津市武清区
天津迎宾超市商贸有限公司	超级市场零售	天津市滨海新区
老百姓大药房连锁(天津)有限公司	药品零售	天津市河东区
天津十力崇德运动服饰有限公司	鞋帽零售	天津市和平区
中原百货集团股份有限公司	其他文化用品零售	天津市和平区
天津劝业场(集团)股份有限公司	其他文化用品零售	天津市和平区
天津市好利来食品有限公司	糕点、面包零售	天津市和平区
天津市长湖大润发商业有限公司	超级市场零售	天津市河西区
沃尔玛深国投百货有限公司天津和平路分店	其他文化用品零售	天津市和平区
天津市津工超市有限责任公司	超级市场零售	天津市东丽区
天津家福商业有限公司	超级市场零售	天津市南开区
天津泰安君悦商场管理有限公司	超级市场零售	天津市静海区
天津市大桥道糕点食品有限公司	糕点、面包零售	天津市河东区
百丽鞋业(天津)有限公司	鞋帽零售	天津市和平区
天津大富班尼路服饰有限公司	服装零售	天津市和平区
天津恒隆地产有限公司	百货零售	天津市和平区

4-2 续表 4

企业名称	所属行业	企业所在地
河北省		
北国商城股份有限公司	百货零售	河北省石家庄市
国药乐仁堂医药有限公司	药品零售	河北省石家庄市
中国石化销售有限公司河北石家庄石油分公司	机动车燃料零售	河北省石家庄市
唐山百货大楼集团有限责任公司	百货零售	河北省唐山市
河北保百集团有限公司	百货零售	河北省保定市
中国石化销售有限公司河北沧州石油分公司	机动车燃料零售	河北省沧州市
中国石化销售有限公司河北保定石油分公司	机动车燃料零售	河北省保定市
中国石油天然气股份有限公司河北保定销售分公司	机动车燃料零售	河北省保定市
河北永辉超市有限公司	超级市场零售	河北省石家庄市
中国石油天然气股份有限公司河北石家庄销售分公司	机动车燃料零售	河北省石家庄市
中国石化销售有限公司河北秦皇岛石油分公司	机动车燃料零售	河北省秦皇岛市
河北保定时代商厦有限公司	百货零售	河北省保定市
廊坊市明珠商业企业集团有限公司	百货零售	河北省廊坊市
沧州市华北商厦有限公司	百货零售	河北省沧州市
石家庄人民商场股份有限公司	百货零售	河北省石家庄市
承德宽广超市集团有限公司	超级市场零售	河北省承德市
河北美食林商贸集团有限公司	超级市场零售	河北省邯郸市
中国石油天然气股份有限公司河北邢台销售分公司	机动车燃料零售	河北省邢台市
河北惠友商业连锁发展有限公司	超级市场零售	河北省保定市
秦皇岛兴龙广缘商业连锁有限公司	超级市场零售	河北省秦皇岛市
秦皇岛茂业控股有限公司	百货零售	河北省秦皇岛市
邢台家乐园天一商贸有限公司	超级市场零售	河北省邢台市
中国石油天然气股份有限公司河北沧州销售分公司	机动车燃料零售	河北省沧州市
石家庄苏宁云商商贸有限公司	日用家电设备零售	河北省石家庄市
邯郸阳光新世纪股份有限公司	服装零售	河北省邯郸市
中国石油天然气股份有限公司河北秦皇岛销售分公司	机动车燃料零售	河北省秦皇岛市
邯郸武安新世纪商业广场有限公司	百货零售	河北省邯郸市
河北华北石油商业有限公司	百货零售	河北省沧州市
河北冀中合力汽车销售维修有限公司	汽车零售	河北省石家庄市
定州市大世界购物中心	百货零售	河北省定州市
保定市惠友万家福超级市场有限公司	超级市场零售	河北省保定市
信誉楼百货集团有限公司黄骅信誉楼商厦	超级市场零售	河北省沧州市
河北保龙仓家乐福商业有限公司	超级市场零售	河北省石家庄市
武安市新之都商贸有限公司	百货零售	河北省邯郸市
信誉楼百货集团有限公司青县信誉楼商厦	家用视听设备零售	河北省沧州市
邢台北国商城有限责任公司	百货零售	河北省邢台市
信誉楼百货集团有限公司泊头信誉楼商厦	百货零售	河北省沧州市
河北国美电器有限公司	家用视听设备零售	河北省石家庄市
邯郸市新华书店有限责任公司	图书、报刊零售	河北省邯郸市
石家庄新兴药房连锁股份有限公司	药品零售	河北省石家庄市
磁县中盛商贸有限公司	百货零售	河北省邯郸市
衡水吉美超市有限责任公司	超级市场零售	河北省衡水市
唐山家万佳超市有限公司	超级市场零售	河北省唐山市
石家庄信誉楼百货有限公司	百货零售	河北省石家庄市
沃尔玛(河北)商业零售有限公司	超级市场零售	河北省石家庄市
河北国大连锁商业有限公司	其他综合零售	河北省石家庄市
邯郸市阳光超市有限公司	超级市场零售	河北省邯郸市
定州市时代广场商贸有限责任公司	百货零售	河北省定州市
秦皇岛家惠商贸集团有限公司	超级市场零售	河北省秦皇岛市
邯郸市阳光三联电器有限公司	日用家电设备零售	河北省邯郸市

4-2 续表 5

企业名称	所属行业	企业所在地
正定县城关供销合作社	百货零售	河北省石家庄市
河北家兴商贸集团有限公司	百货零售	河北省保定市
河北亚太通信科技集团有限公司	通信设备零售	河北省保定市
沧州市同天购物中心有限公司	百货零售	河北省沧州市
石家庄市新华书店有限责任公司	图书、报刊零售	河北省石家庄市
沧州信誉楼百货有限公司	百货零售	河北省沧州市
河北衡水爱特购物中心有限责任公司	百货零售	河北省衡水市
三河物美商业有限公司	百货零售	河北省廊坊市
河北万合汽车贸易股份有限公司	汽车零售	河北省邯郸市
沧州市新华书店有限责任公司	图书、报刊零售	河北省沧州市
北京京客隆(廊坊)有限公司	超级市场零售	河北省廊坊市
河北唐人医药股份有限公司	药品零售	河北省唐山市
河间信誉楼百货有限公司	百货零售	河北省沧州市
衡水百货大楼(集团)股份有限公司	百货零售	河北省衡水市
石家庄东方城市广场有限公司	百货零售	河北省石家庄市
赵县信誉楼百货有限公司	百货零售	河北省石家庄市
唐山市新华书店有限责任公司	图书、报刊零售	河北省唐山市
河北永通电子科技有限公司	通信设备零售	河北省廊坊市
晋州信誉楼百货有限公司	百货零售	河北省石家庄市
唐山华盛超市有限公司	超级市场零售	河北省唐山市
张家口市帝达购物广场有限公司	百货零售	河北省张家口市
张家口市新华书店有限责任公司	图书、报刊零售	河北省张家口市
唐山润良商贸有限公司	超级市场零售	河北省唐山市
衡水市新华书店有限责任公司	图书、报刊零售	河北省衡水市
河北三佳润尚商贸有限责任公司	百货零售	河北省石家庄市
河北德仁堂大药房连锁有限公司	药品零售	河北省张家口市
秦皇岛唐人医药连锁有限责任公司	药品零售	河北省秦皇岛市
河北华佗药房医药连锁有限公司	药品零售	河北省张家口市
河北诚仁堂医药连锁有限公司	药品零售	河北省沧州市
河北神威大药房连锁有限公司	药品零售	河北省石家庄市
枣强信誉楼百货有限公司	百货零售	河北省衡水市
邢台市新华书店有限责任公司	图书、报刊零售	河北省邢台市
衡水怡水园商城有限公司	百货零售	河北省衡水市
隆化鸿兆商贸有限责任公司	百货零售	河北省承德市
石家庄玉华信誉楼百货有限公司	百货零售	河北省石家庄市
辛集信誉楼百货有限公司	百货零售	河北省辛集市
河间市信发商厦有限责任公司	百货零售	河北省沧州市
邢台市天天便利商贸有限公司	百货零售	河北省邢台市
正定北国商城有限责任公司	百货零售	河北省石家庄市
廊坊市百和一笑堂医药零售连锁有限公司	药品零售	河北省廊坊市
河北家乐园购物广场有限责任公司	百货零售	河北省邢台市
唐山华润万家生活超市有限公司	超级市场零售	河北省唐山市
邯郸市千鑫商贸有限公司	文具用品零售	河北省邯郸市
沧州市新同天超市有限公司	超级市场零售	河北省沧州市
清河县信誉楼百货有限公司	超级市场零售	河北省邢台市
石家庄新奥车用燃气有限公司	机动车燃料零售	河北省石家庄市
邢台市华业通信设备有限公司	通信设备零售	河北省邢台市
保定信誉楼百货有限公司	超级市场零售	河北省保定市
滦南县银泰商厦有限责任公司	百货零售	河北省唐山市
保定商场股份有限公司	百货零售	河北省保定市

4-2 续表 6

企业名称	所属行业	企业所在地
山西省		
山西美特好连锁超市股份有限公司	超级市场零售	山西省太原市
国药集团山西有限公司	药品零售	山西省太原市
山西大昌汽车集团有限公司	汽车零售	山西省太原市
中国石化销售有限公司山西太原石油分公司	机动车燃料零售	山西省太原市
中国石油化工股份有限公司山西临汾石油分公司	机动车燃料零售	山西省临汾市
中国石化销售有限公司山西吕梁石油分公司	机动车燃料零售	山西省吕梁市
山西诺维兰集团有限公司	汽车零售	山西省运城市
中国石油化工股份有限公司山西运城石油分公司	机动车燃料零售	山西省运城市
中国石化销售有限公司山西晋中石油分公司	机动车燃料零售	山西省晋中市
中国石化销售有限公司山西忻州石油分公司	机动车燃料零售	山西省忻州市
中国石化销售有限公司山西大同石油分公司	机动车燃料零售	山西省大同市
中国石油化工股份有限公司山西朔州石油分公司	机动车燃料零售	山西省朔州市
中国石化销售有限公司山西长治石油分公司	机动车燃料零售	山西省长治市
中国石油化工股份有限公司山西晋城石油分公司	机动车燃料零售	山西省晋城市
山西省太原唐久超市有限公司	其他综合零售	山西省太原市
中国石油天然气股份有限公司山西太原销售分公司	机动车燃料零售	山西省太原市
山西海宁皮革城发展有限公司	服装零售	山西省朔州市
太原王府井百货有限责任公司	百货零售	山西省太原市
中国石油天然气股份有限公司山西晋中销售分公司	机动车燃料零售	山西省晋中市
山西苏宁云商销售有限公司	日用家电设备零售	山西省太原市
中国石化销售有限公司山西阳泉石油分公司	机动车燃料零售	山西省阳泉市
大同市热力有限责任公司	生活用燃料零售	山西省大同市
山西天美新天地购物中心有限公司	服装零售	山西省太原市
山西铜锣湾国际购物中心有限公司	百货零售	山西省太原市
延长壳牌山西石油有限公司	机动车燃料零售	山西省太原市
大同市华林有限责任公司	百货零售	山西省大同市
山西省芮城县供销合作社联合社	其他综合零售	山西省运城市
中国石油天然气股份有限公司山西运城销售分公司	机动车燃料零售	山西省运城市
中国石油天然气股份有限公司山西销售侯马分公司	机动车燃料零售	山西省临汾市
山西华宇商业发展股份有限公司	百货零售	山西省太原市
大同华润燃气有限公司	生活用燃料零售	山西省大同市
晋中市瑞阳热电联产供热有限责任公司	其他未列明零售业	山西省晋中市
中国石油天然气股份有限公司山西销售大同分公司	机动车燃料零售	山西省大同市
中国石油天然气股份有限公司山西忻州销售分公司	机动车燃料零售	山西省忻州市
山西吉隆斯商贸股份有限公司	超级市场零售	山西省晋中市
国药控股国大药房山西益源连锁有限公司	药品零售	山西省太原市
浑源县金都商贸有限责任公司	百货零售	山西省大同市
山西田森集团有限公司	超级市场零售	山西省晋中市
中国石油天然气股份有限公司山西长治销售分公司	机动车燃料零售	山西省长治市
晋城市凤展购物广场有限公司	超级市场零售	山西省晋城市
山西山姆士超市有限公司	超级市场零售	山西省太原市
山西百盛商业发展有限公司	服装零售	山西省太原市
山西宏艺首饰股份有限公司	珠宝首饰零售	山西省太原市
临汾万佳福仓储超市有限公司	超级市场零售	山西省临汾市
阳泉华联商厦有限公司	百货零售	山西省阳泉市
大同银星金店有限公司	珠宝首饰零售	山西省大同市
晋城市长江实业有限公司	汽车零售	山西省晋城市
山西国大万民药房连锁有限公司	药品零售	山西省太原市
大同世纪北方电器有限责任公司	家用视听设备零售	山西省大同市
怀仁县供销合作联合社	百货零售	山西省朔州市

4-2 续表 7

企业名称	所属行业	企业所在地
山西荣华大药房连锁有限公司	药品零售	山西省太原市
长治市飞路汽车贸易有限公司	汽车零售	山西省长治市
山西博源超市有限公司	超级市场零售	山西省长治市
长治市金威超市有限公司	超级市场零售	山西省长治市
太原六味斋食品有限公司	肉、禽、蛋、奶及水产品零售	山西省太原市
山西来福一心堂药业有限公司	药品零售	山西省太原市
祁县国新天然气有限公司	其他未列明零售业	山西省晋中市
北京同仁堂山西连锁药店有限责任公司	药品零售	山西省太原市
高平市红旗商场有限责任公司	百货零售	山西省晋城市
内蒙古自治区		
中国石油天然气股份有限公司内蒙古鄂尔多斯销售分公司	机动车燃料零售	内蒙古自治区鄂尔多斯市
中国石油天然气股份有限公司内蒙古通辽销售分公司	机动车燃料零售	内蒙古自治区通辽市
中国石油化工股份有限公司内蒙古鄂尔多斯石油分公司	机动车燃料零售	内蒙古自治区鄂尔多斯市
内蒙古民族商场有限责任公司	百货零售	内蒙古自治区呼和浩特市
中国石油天然汽股份有限公司内蒙古赤峰销售分公司	机动车燃料零售	内蒙古自治区赤峰市
中国石油天然气股份有限公司内蒙古乌海销售分公司	机动车燃料零售	内蒙古自治区乌海市
中国石油天然气股份有限公司内蒙古呼伦贝尔销售分公司	机动车燃料零售	内蒙古自治区呼伦贝尔市
中国石油天然气股份有限公司内蒙古锡林郭勒销售分公司	机动车燃料零售	内蒙古自治区锡林郭勒盟
中国石油天燃气股份有限公司内蒙兴安石油销售分公司	机动车燃料零售	内蒙古自治区兴安盟
内蒙古包头百货大楼集团股份有限公司	百货零售	内蒙古自治区包头市
包头宁鹿石油有限公司	机动车燃料零售	内蒙古自治区包头市
中国石化销售有限公司内蒙古包头石油分公司	机动车燃料零售	内蒙古自治区包头市
中国石油天然气股份有限公司内蒙古包头销售分公司	机动车燃料零售	内蒙古自治区包头市
中国石油天然气股份有限公司内蒙古乌兰察布市销售分公司	机动车燃料零售	内蒙古自治区乌兰察布市
中国石油天然气股份有限公司内蒙古阿拉善销售分公司	机动车燃料零售	内蒙古自治区阿拉善盟
内蒙古维多利商业(集团)有限公司	百货零售	内蒙古自治区呼和浩特市
赤峰海达电器有限责任公司	日用家电设备零售	内蒙古自治区赤峰市
内蒙古金汇金旺角服装批发有限公司	服装零售	内蒙古自治区呼和浩特市
包头王府井百货有限责任公司	百货零售	内蒙古自治区包头市
包头市金荣装饰建材城有限责任公司	其他室内装饰材料零售	内蒙古自治区包头市
内蒙古维多利超市连锁有限公司	超级市场零售	内蒙古自治区呼和浩特市
内蒙古海亮商贸有限公司	服装零售	内蒙古自治区呼和浩特市
内蒙古维多利商业管理有限公司	百货零售	内蒙古自治区呼和浩特市
内蒙古高速石油销售有限责任公司	机动车燃料零售	内蒙古自治区呼和浩特市
内蒙古呼伦贝尔市友谊有限责任公司	百货零售	内蒙古自治区呼伦贝尔市
赤峰利丰汽车行有限公司	汽车零售	内蒙古自治区赤峰市
内蒙古赤峰奔腾实业(集团)股份有限公司	日用家电设备零售	内蒙古自治区赤峰市
内蒙古亿丰旧机动车交易市场有限公司	汽车零售	内蒙古自治区呼和浩特市
巴彦淖尔市腾洁燃气有限责任公司	生活用燃料零售	内蒙古自治区巴彦淖尔市
乌兰察布市集宁国际皮革城有限公司	服装零售	内蒙古自治区乌兰察布市
包头市中冶时代广场商业管理有限公司	其他室内装饰材料零售	内蒙古自治区包头市
通辽润泰商贸有限公司	超级市场零售	内蒙古自治区通辽市
鄂尔多斯市蒙凯汽车销售集团有限公司	汽车零售	内蒙古自治区鄂尔多斯市
赤峰人川大药房连锁有限公司	药品零售	内蒙古自治区赤峰市
国药控股国大药房内蒙古有限公司	药品零售	内蒙古自治区呼和浩特市
内蒙古盈瑞商贸有限责任公司	服装零售	内蒙古自治区呼和浩特市
巴彦淖尔宇通商贸有限责任公司	百货零售	内蒙古自治区巴彦淖尔市
呼和浩特市屈臣氏个人用品商店有限公司	其他日用品零售	内蒙古自治区呼和浩特市
宁城中京百货有限责任公司	百货零售	内蒙古自治区赤峰市

4-2 续表 8

企业名称	所属行业	企业所在地
辽宁省		
沈阳京东世纪贸易有限公司	互联网零售	辽宁省沈阳市
中国石油天然气股份有限公司大连销售分公司	机动车燃料零售	辽宁省大连市
中国石化销售有限公司辽宁石油分公司(本部)	机动车燃料零售	辽宁省沈阳市
中国石油天然气股份有限公司辽宁沈阳销售分公司	机动车燃料零售	辽宁省沈阳市
大商股份有限公司	百货零售	辽宁省大连市
沈阳国美电器有限公司	日用家电设备零售	辽宁省沈阳市
大连国际商贸大厦有限公司	百货零售	辽宁省大连市
中国石油天然气股份有限公司辽宁锦州销售分公司	机动车燃料零售	辽宁省锦州市
中兴-沈阳商业大厦(集团)股份有限公司	百货零售	辽宁省沈阳市
大商集团沈阳新玛特购物休闲广场有限公司	百货零售	辽宁省沈阳市
沈阳兴隆大家庭购物中心有限公司	百货零售	辽宁省沈阳市
沈阳家乐福商业有限公司	超级市场零售	辽宁省沈阳市
中国石油天然气股份有限公司辽宁丹东销售分公司	机动车燃料零售	辽宁省丹东市
辽宁卓展时代广场百货有限公司	百货零售	辽宁省沈阳市
辽宁成大方圆医药连锁有限公司	药品零售	辽宁省沈阳市
中国石油天然气股份有限公司辽宁辽阳销售分公司	机动车燃料零售	辽宁省辽阳市
葫芦岛市百货大楼	百货零售	辽宁省葫芦岛市
大连国美电器有限公司	日用家电设备零售	辽宁省大连市
大连苏宁云商销售有限公司	日用家电设备零售	辽宁省大连市
沈阳兴隆大天地购物中心有限公司	百货零售	辽宁省沈阳市
大商集团有限公司	百货零售	辽宁省大连市
沈阳苏宁云商销售有限公司	日用家电设备零售	辽宁省沈阳市
辽宁宜佳电视购物有限公司	百货零售	辽宁省沈阳市
国药控股国大天益堂药房连锁(沈阳)有限公司	药品零售	辽宁省沈阳市
大连友谊(集团)股份有限公司	百货零售	辽宁省大连市
辽宁华润万家生活超市有限公司	超级市场零售	辽宁省沈阳市
特易购商业(辽宁)有限公司	超级市场零售	辽宁省沈阳市
大连沃尔玛百货有限公司	超级市场零售	辽宁省大连市
辽宁国大一致药店连锁有限公司	药品零售	辽宁省沈阳市
大连锦辉购物广场有限责任公司	服装零售	辽宁省大连市
大商集团抚顺百货大楼有限公司	百货零售	辽宁省抚顺市
朝阳兴隆大家庭购物中心有限公司	百货零售	辽宁省朝阳市
铁岭兴隆百货有限公司	百货零售	辽宁省铁岭市
大商投资管理有限公司	百货零售	辽宁省大连市
本溪华联商厦有限公司	百货零售	辽宁省本溪市
大商集团鞍山商业投资有限公司	百货零售	辽宁省鞍山市
沈阳荟华楼黄金珠宝首饰有限公司	珠宝首饰零售	辽宁省沈阳市
大连莱卡门服装有限公司	服装零售	辽宁省大连市
大商集团锦州百货大楼有限公司	百货零售	辽宁省锦州市
大连海王星辰医药有限公司	药品零售	辽宁省大连市
大商集团锦州千盛购物广场有限公司	百货零售	辽宁省锦州市
抚顺今日装饰城有限公司	其他室内装饰材料零售	辽宁省抚顺市
锦州兴隆大家庭购物中心有限公司	百货零售	辽宁省锦州市
大商集团沈阳新玛特购物休闲广场有限公司千盛百货购物中心	百货零售	辽宁省沈阳市
盘锦金社裕农乡村百货超市连锁有限公司	百货零售	辽宁省盘锦市
沈阳大东兴隆百货有限公司	百货零售	辽宁省沈阳市
阜新兴隆大家庭购物中心有限公司	百货零售	辽宁省阜新市
营口经济技术开发区红旺广场购物中心有限公司	百货零售	辽宁省营口市
大连好又多百货商业广场有限公司	超级市场零售	辽宁省大连市
营口万隆广场商业管理有限公司	百货零售	辽宁省营口市

4-2 续表 9

企业名称	所属行业	企业所在地
大商集团阜新新玛特购物广场有限公司	百货零售	辽宁省阜新市
沈阳市苏家屯大润发商业有限公司	超级市场零售	辽宁省沈阳市
本溪溪林商贸有限公司	计算机、软件及辅助设备零售	辽宁省本溪市
沈阳商业城股份有限公司	百货零售	辽宁省沈阳市
辽宁天士力大药房连锁有限公司	药品零售	辽宁省沈阳市
欧亚集团沈阳联营有限公司	百货零售	辽宁省沈阳市
沈阳积家百货有限公司	百货零售	辽宁省沈阳市
辽宁亿家商业集团有限公司	超级市场零售	辽宁省鞍山市
沈阳兴隆一百商业有限公司	百货零售	辽宁省沈阳市
大商集团铁岭新玛特有限公司	百货零售	辽宁省铁岭市
大石桥市兴隆百货有限公司	百货零售	辽宁省营口市
营口兴隆百货有限公司	超级市场零售	辽宁省营口市
大连宜家家居有限公司	其他室内装饰材料零售	辽宁省大连市
辽宁永辉超市有限公司	超级市场零售	辽宁省沈阳市
辽宁百草益寿中药房连锁有限责任公司	药品零售	辽宁省沈阳市
大商集团沈阳铁西新玛特购物休闲广场有限公司	百货零售	辽宁省沈阳市
大石桥市真实惠百货有限公司	超级市场零售	辽宁省营口市
兴城兴隆大家庭购物中心有限公司	百货零售	辽宁省葫芦岛市
抚顺解放路地下商场有限公司	百货零售	辽宁省抚顺市
沈阳中兴新一城商场经营管理有限公司	百货零售	辽宁省沈阳市
沈阳大润发商业有限公司	超级市场零售	辽宁省沈阳市
辽宁乐天超市有限公司	超级市场零售	辽宁省沈阳市
锦州大润发商业有限公司	超级市场零售	辽宁省锦州市
沈阳沃尔玛百货有限公司	超级市场零售	辽宁省沈阳市
盖州兴隆大家庭购物中心有限公司	超级市场零售	辽宁省营口市
朝阳商业城有限公司	百货零售	辽宁省朝阳市
盘锦兴隆大厦三百有限公司	百货零售	辽宁省盘锦市
辽宁乐语宏田科技有限公司	通信设备零售	辽宁省沈阳市
大连联华快客中山便利商业有限公司	其他综合零售	辽宁省大连市
沃尔玛(大连)商业零售有限公司	超级市场零售	辽宁省大连市
营口经济技术开发区商业大厦有限公司	百货零售	辽宁省营口市
阜新大润发商业有限公司	百货零售	辽宁省阜新市
大商集团锦州市新玛特购物有限公司	百货零售	辽宁省锦州市
葫芦岛大润发商业有限公司	超级市场零售	辽宁省葫芦岛市
沈阳润泰商业有限公司	超级市场零售	辽宁省沈阳市
沃尔玛(辽宁)百货有限公司	超级市场零售	辽宁省沈阳市
朝阳商业城超市连锁有限公司	超级市场零售	辽宁省朝阳市
大连旅顺供销大厦有限公司	百货零售	辽宁省大连市
大商集团沈阳于洪新玛特购物休闲广场有限公司	百货零售	辽宁省沈阳市
成大方圆(辽宁)新药特药连锁有限公司	药品零售	辽宁省沈阳市
辽宁人民康泰大药房连锁有限公司	药品零售	辽宁省朝阳市
辽阳大润发商业有限公司	超级市场零售	辽宁省辽阳市
沈阳东北大药房连锁店	药品零售	辽宁省沈阳市
沈阳市好利来实业发展有限公司	糕点、面包零售	辽宁省沈阳市
凌海市商贸城	百货零售	辽宁省锦州市
沈阳市新华书店	图书、报刊零售	辽宁省沈阳市
吉林省		
长春欧亚集团股份有限公司	百货零售	吉林省长春市
中国石油天然气股份有限公司吉林白城销售分公司	机动车燃料零售	吉林省白城市
长春伊通河石油经销有限公司	机动车燃料零售	吉林省长春市
国药控股吉林有限公司	药品零售	吉林省长春市

4-2 续表 10

企业名称	所属行业	企业所在地
长春卓展时代广场百货有限公司	百货零售	吉林省长春市
中国石油天然气股份有限公司吉林四平销售分公司	机动车燃料零售	吉林省四平市
中国石油天然气股份有限公司吉林白山销售分公司	机动车燃料零售	吉林省白山市
延吉百货大楼股份有限公司	百货零售	吉林省延边朝鲜族自治州
长春市华阳汽车贸易有限责任公司	汽车零售	吉林省长春市
吉林省华生交电集团有限公司	家用视听设备零售	吉林省四平市
吉林大药房药业股份有限公司	药品零售	吉林省长春市
长春苏宁电器有限公司	日用家电设备零售	吉林省长春市
吉林省威宝恒客隆仓储百货有限公司	超级市场零售	吉林省长春市
长春欧亚集团通化欧亚购物中心有限公司	超级市场零售	吉林省通化市
中国石油化工股份有限公司吉林市石油分公司	机动车燃料零售	吉林省吉林市
吉林欧亚置业有限公司	百货零售	吉林省吉林市
德惠市商贸大厦	百货零售	吉林省长春市
吉林省吉刚汽车贸易有限公司	汽车零售	吉林省长春市
吉林省东丰万隆商贸有限责任公司	超级市场零售	吉林省辽源市
吉林省益和大药房有限公司	药品零售	吉林省长春市
吉林省白山方大商贸有限公司	超级市场零售	吉林省白山市
榆树市新新小镇现代生活馆有限公司	其他综合零售	吉林省长春市
长春国商百货有限公司	百货零售	吉林省长春市
白山市合兴实业股份有限公司	百货零售	吉林省白山市
吉林省中东新天地购物公园有限公司	服装零售	吉林省长春市
吉林亚泰超市有限公司	超级市场零售	吉林省长春市
吉林省金叶烟草有限责任公司	烟草制品零售	吉林省长春市
靖宇县昌盛市场开发有限公司	服装零售	吉林省白山市
吉林省众诚汽车服务连锁有限公司	生活用燃料零售	吉林省长春市
吉林省新天地超市连锁经营有限公司	其他综合零售	吉林省长春市
吉林市润泰商业有限公司	超级市场零售	吉林省吉林市
长春远方实业集团有限公司	超级市场零售	吉林省长春市
吉林市大润发超市有限公司	超级市场零售	吉林省吉林市
松原大润发商业有限公司	超级市场零售	吉林省松原市
四平辽河农垦管理区佳鑫商厦有限公司	百货零售	吉林省四平市
大商集团延吉千盛购物广场有限公司	百货零售	吉林省延边朝鲜族自治州
中国石化销售有限公司吉林长春石油分公司	机动车燃料零售	吉林省长春市
黑龙江省		
哈药集团医药有限公司	药品零售	黑龙江省哈尔滨市
哈尔滨中央红集团股份有限公司	百货零售	黑龙江省哈尔滨市
黑龙江远大购物中心有限公司	百货零售	黑龙江省哈尔滨市
黑龙江黑天鹅家电有限公司	日用家电设备零售	黑龙江省哈尔滨市
大商集团牡丹江新玛特购物广场有限公司	百货零售	黑龙江省牡丹江市
中国石油天然气股份有限公司黑龙江实华销售分公司	机动车燃料零售	黑龙江省哈尔滨市
大商集团大庆新玛特购物休闲广场有限公司	百货零售	黑龙江省大庆市
哈尔滨卓展时代广场百货有限公司	百货零售	黑龙江省哈尔滨市
大商集团大庆百货大楼有限公司	百货零售	黑龙江省大庆市
绥化市正大现代经营管理服务有限公司	百货零售	黑龙江省绥化市
哈尔滨家乐福超市有限公司	超级市场零售	黑龙江省哈尔滨市
大商哈尔滨新一百购物广场有限公司	百货零售	黑龙江省哈尔滨市
大庆市庆客隆连锁商贸有限公司	超级市场零售	黑龙江省大庆市
黑龙江省东方新天地商厦有限责任公司	服装零售	黑龙江省佳木斯市
哈尔滨申格体育连锁有限公司	体育用品及器材零售	黑龙江省哈尔滨市
齐齐哈尔百货大楼股份有限公司	服装零售	黑龙江省齐齐哈尔市
黑龙江远大群力购物中心有限公司	百货零售	黑龙江省哈尔滨市

4-2 续表 11

企业名称	所属行业	企业所在地
大庆福瑞邦药房连锁有限公司	药品零售	黑龙江省大庆市
大连国际商贸大厦有限公司哈尔滨麦凯乐总店	百货零售	黑龙江省哈尔滨市
黑龙江比优特商贸有限责任公司	超级市场零售	黑龙江省鹤岗市
哈尔滨市联强商业发展有限公司	超级市场零售	黑龙江省哈尔滨市
哈尔滨松雷股份有限公司	百货零售	黑龙江省哈尔滨市
佳木斯新玛特购物广场	百货零售	黑龙江省佳木斯市
黑龙江泰华医药集团有限公司	药品零售	黑龙江省绥化市
肇源县金域阳光购物中心有限公司	百货零售	黑龙江省大庆市
肇源豪森华府购物中心有限公司	服装零售	黑龙江省大庆市
中化石油黑龙江有限公司	机动车燃料零售	黑龙江省哈尔滨市
大商集团大庆新东风购物广场有限公司	百货零售	黑龙江省大庆市
沃尔玛深国投百货有限公司哈尔滨中山路分店	超级市场零售	黑龙江省哈尔滨市
大商集团佳木斯百货大楼	百货零售	黑龙江省佳木斯市
大商股份鸡西新玛特广益街购物广场有限公司	百货零售	黑龙江省鸡西市
齐齐哈尔市富拉尔基兴隆大家庭购物中心有限公司	家用视听设备零售	黑龙江省齐齐哈尔市
五大连池市东谕百货大楼有限责任公司	百货零售	黑龙江省黑河市
哈尔滨大润发商业有限公司	超级市场零售	黑龙江省哈尔滨市
青岛润泰佳木斯大润发超市	超级市场零售	黑龙江省佳木斯市
昆山润华商业有限公司牡丹江分公司	超级市场零售	黑龙江省牡丹江市
大商股份鸡西新玛特中心街购物广场有限公司	百货零售	黑龙江省鸡西市
大商集团大庆让胡路商场	百货零售	黑龙江省大庆市
绥化市华晨商贸有限公司	超级市场零售	黑龙江省绥化市
宝清县千禧经贸有限责任公司	服装零售	黑龙江省双鸭山市
黑龙江和邦企业管理服务有限公司	服装零售	黑龙江省双鸭山市
宝清县惠丰经贸有限公司	超级市场零售	黑龙江省双鸭山市
大庆市世一大药房连锁有限公司	药品零售	黑龙江省大庆市
上海市		
上海圆迈贸易有限公司	互联网零售	上海市嘉定区
锦江麦德龙现购自运有限公司	超级市场零售	上海市普陀区
迅销(中国)商贸有限公司	服装零售	上海市徐汇区
纽海信息技术(上海)有限公司	互联网零售	上海市浦东新区
上海苏宁电器有限公司	日用家电设备零售	上海市闵行区
国药控股股份有限公司	药品零售	上海市黄浦区
中国石油天然气股份有限公司上海销售分公司	机动车燃料零售	上海市浦东新区
海恩斯莫里斯(上海)商业有限公司	服装零售	上海市黄浦区
农工商超市(集团)有限公司	超级市场零售	上海市普陀区
耐克商业(中国)有限公司	服装零售	上海市杨浦区
日上免税行(上海)有限公司	百货零售	上海市浦东新区
路易威登(中国)商业销售有限公司	箱、包零售	上海市静安区
联华超市股份有限公司	超级市场零售	上海市普陀区
苹果贸易(上海)有限公司	通信设备零售	上海市浦东新区
上海联家超市有限公司	超级市场零售	上海市普陀区
上海国美电器有限公司	日用家电设备零售	上海市普陀区
永乐(中国)电器销售有限公司	家用视听设备零售	上海市普陀区
上海世纪联华超市发展有限公司	百货零售	上海市普陀区
上海易初莲花连锁超市有限公司	超级市场零售	上海市浦东新区
飒拉商业(上海)有限公司	服装零售	上海市长宁区
上海福满家便利有限公司	其他综合零售	上海市闵行区
无印良品(上海)商业有限公司	服装零售	上海市静安区
丝芙兰(上海)化妆品销售有限公司	化妆品及卫生用品零售	上海市黄浦区
上海拉夏贝尔服饰股份有限公司	服装零售	上海市徐汇区

4-2 续表 12

企业名称	所属行业	企业所在地
中化道达尔油品有限公司	机动车燃料零售	上海市浦东新区
盖璞(上海)商业有限公司	服装零售	上海市静安区
爱马仕(上海)商贸有限公司	箱、包零售	上海市黄浦区
迪卡侬(上海)体育用品有限公司	体育用品及器材零售	上海市浦东新区
沃尔玛华东百货有限公司	超级市场零售	上海市浦东新区
普拉达时装商业(上海)有限公司	服装零售	上海市静安区
上海利星汽车维修有限公司	汽车零售	上海市闵行区
上海久光百货有限公司	百货零售	上海市静安区
上海览尚服饰有限公司	服装零售	上海市静安区
上海联华快客便利有限公司	其他综合零售	上海市虹口区
上海新世界股份有限公司	百货零售	上海市黄浦区
上海百联百货经营有限公司	其他综合零售	上海市黄浦区
克丽丝汀迪奥商业(上海)有限公司	服装零售	上海市静安区
上海宝诚汽车销售服务有限公司	汽车零售	上海市浦东新区
上海第一八佰伴有限公司	百货零售	上海市浦东新区
上海新欧尚超市有限公司	超级市场零售	上海市杨浦区
上海好德便利有限公司	其他综合零售	上海市普陀区
上海来伊份食品连锁经营有限公司	其他食品零售	上海市松江区
上海宜家家居有限公司	家具零售	上海市徐汇区
蒂芙尼(上海)商业有限公司	珠宝首饰零售	上海市静安区
施华洛世奇(上海)贸易有限公司	珠宝首饰零售	上海市黄浦区
上海迪亚零售有限公司	其他综合零售	上海市浦东新区
上海家得利超市有限公司	超级市场零售	上海市浦东新区
玩具反斗城(中国)商贸有限公司	其他日用品零售	上海市闵行区
华联集团吉买盛购物中心有限公司	超级市场零售	上海市静安区
上海欧尚超市有限公司	超级市场零售	上海市杨浦区
博马努瓦服饰商贸(上海)有限公司	服装零售	上海市长宁区
上海可的便利店有限公司	其他综合零售	上海市普陀区
上海飞牛集达电子商务有限公司	互联网零售	上海市静安区
上海微乐服饰有限公司	服装零售	上海市徐汇区
上海凡德汽车销售服务有限公司	汽车零售	上海市浦东新区
上海屈臣氏日用品有限公司	超级市场零售	上海市徐汇区
上海新华传媒连锁有限公司	图书、报刊零售	上海市徐汇区
上海易果电子商务有限公司	互联网零售	上海市长宁区
西雅衣家(中国)商业有限公司	服装零售	上海市长宁区
上海伍缘现代杂货有限公司	其他综合零售	上海市普陀区
上海旗计智能科技有限公司	百货零售	上海市浦东新区
上海五菱汽车销售有限公司	汽车零售	上海市浦东新区
鞋柜商贸有限公司	鞋帽零售	上海市青浦区
上海良友金伴便利连锁有限公司	其他综合零售	上海市浦东新区
上海大润发有限公司	粮油零售	上海市静安区
上海宝信汽车销售服务有限公司	汽车零售	上海市闵行区
优衣库商贸有限公司	服装零售	上海市静安区
上海华润万家超市有限公司	百货零售	上海市徐汇区
国药控股国大药房上海连锁有限公司	药品零售	上海市黄浦区
安莉芳(上海)有限公司	服装零售	上海市杨浦区
上海松江燃气有限公司	生活用燃料零售	上海市松江区
桦洁商贸(上海)有限公司	鞋帽零售	上海市黄浦区
多喜佳伴纳服饰商业(上海)有限公司	百货零售	上海市黄浦区
宝格丽商业(上海)有限公司	珠宝首饰零售	上海市静安区
特易购商业(上海)有限公司	超级市场零售	上海市普陀区

4-2 续表 13

企业名称	所属行业	企业所在地
上海力涌商贸有限公司	其他日用品零售	上海市浦东新区
上海锐力运动用品有限公司	体育用品及器材零售	上海市黄浦区
上海捷强烟草糖酒(集团)连锁有限公司	烟草制品零售	上海市虹口区
上海太平洋百货有限公司	百货零售	上海市徐汇区
柏蒂温妮达(中国)贸易有限公司	箱、包零售	上海市静安区
上海拉谷谷时装有限公司	服装零售	上海市嘉定区
上海爱莲超市有限公司	超级市场零售	上海市静安区
华美敦贸易(上海)有限公司	服装零售	上海市黄浦区
上海三联(集团)有限公司	钟表、眼镜零售	上海市黄浦区
上海美承高科技有限公司	计算机、软件及辅助设备零售	上海市徐汇区
上海奉贤燃气有限公司	生活用燃料零售	上海市奉贤区
普罗旺斯欧舒丹贸易(上海)有限公司	化妆品及卫生用品零售	上海市静安区
上海永乐通讯设备有限公司	通信设备零售	上海市普陀区
上海夏微服饰有限公司	服装零售	上海市徐汇区
上海铂利德钻石有限公司	珠宝首饰零售	上海市静安区
上海热风时尚企业发展有限公司	鞋帽零售	上海市松江区
上海丽婴房婴童用品有限公司	服装零售	上海市闵行区
上海震旦办公自动化销售有限公司	计算机、软件及辅助设备零售	上海市浦东新区
上海古今内衣有限公司	服装零售	上海市黄浦区
上海瑞表钟表贸易有限公司	钟表、眼镜零售	上海市徐汇区
光橙(上海)信息科技有限公司	互联网零售	上海市浦东新区
上海第一医药股份有限公司	药品零售	上海市黄浦区
东方商厦有限公司	百货零售	上海市徐汇区
上海牛奶棚食品有限公司	糕点、面包零售	上海市静安区
上海宝山宜家家居有限公司	家具零售	上海市宝山区
上海易买得超市有限公司	超级市场零售	上海市宝山区
上海凯诘电子商务有限公司	互联网零售	上海市徐汇区
上海博道电子商务有限公司	互联网零售	上海市静安区
上海璞康实业有限公司	互联网零售	上海市宝山区
托德斯(上海)商贸有限公司	鞋帽零售	上海市静安区
梦田服装(上海)有限公司	服装零售	上海市静安区
上海恭汇贸易有限公司	其他综合零售	上海市徐汇区
利邦(上海)服装贸易有限公司	服装零售	上海市闵行区
昆山润华商业有限公司上海闵行分公司	超级市场零售	上海市闵行区
上海天天鲜果电子商务有限公司	互联网零售	上海市浦东新区
上海喜士多便利连锁有限公司	其他综合零售	上海市静安区
俊思(上海)商业有限公司	服装零售	上海市徐汇区
麦西姆杜特商业(上海)有限公司	服装零售	上海市长宁区
上海华氏大药房有限公司	药品零售	上海市静安区
上海复美益星大药房连锁有限公司	药品零售	上海市普陀区
上海益丰大药房连锁有限公司	药品零售	上海市黄浦区
上海赫基服饰贸易有限公司	服装零售	上海市徐汇区
昆山润华商业有限公司上海松江分公司	超级市场零售	上海市松江区
上海七宝乐购购物中心有限公司	超级市场零售	上海市闵行区
永安百货有限公司	百货零售	上海市黄浦区
彩盈商贸(上海)有限公司	服装零售	上海市浦东新区
上海环盛商业有限公司	超级市场零售	上海市长宁区
巴丽(上海)商业有限公司	服装零售	上海市静安区
昆山润华商业有限公司上海南汇分公司	百货零售	上海市浦东新区
上海九百购物中心有限公司	百货零售	上海市宝山区
斯凯奇贸易(上海)有限公司	鞋帽零售	上海市长宁区

4-2 续表 14

企业名称	所属行业	企业所在地
上海奉贤大润发商贸有限公司	超级市场零售	上海市奉贤区
上海米源饮料有限公司	酒、饮料及茶叶零售	上海市浦东新区
上海康仁乐购超市贸易有限公司	超级市场零售	上海市普陀区
上海马克华菲捷销商业有限公司	服装零售	上海市徐汇区
马莎商业(上海)有限公司	百货零售	上海市静安区
菲仕乐贸易(上海)有限公司	厨房用具及日用杂品零售	上海市徐汇区
上海上蔬永辉生鲜食品有限公司	超级市场零售	上海市浦东新区
上海闵行华漕大润发商贸有限公司	超级市场零售	上海市闵行区
上海乐欧服饰有限公司	服装零售	上海市徐汇区
上海高岛屋百货有限公司	其他综合零售	上海市长宁区
上海浦东好又多超市有限公司	超级市场零售	上海市浦东新区
上海美特斯邦威服饰销售有限公司	服装零售	上海市黄浦区
歌帝梵(上海)食品商贸有限公司	其他食品零售	上海市黄浦区
上海梅林正广和便利连锁有限公司	其他综合零售	上海市杨浦区
上海泗泾大润发商贸有限公司	百货零售	上海市松江区
上海剪刀石头布家居实业有限公司	纺织品及针织品零售	上海市闵行区
上海三林大润发商贸有限公司	超级市场零售	上海市浦东新区
纽洛克商业(上海)有限公司	服装零售	上海市长宁区
上海尚东家居用品有限公司	家具零售	上海市徐汇区
汤美费格(上海)服饰有限公司	服装零售	上海市长宁区
朗浩控股有限公司	服装零售	上海市长宁区
上海睿盈贸易有限公司	鞋帽零售	上海市黄浦区
上海朗赫服饰有限公司	服装零售	上海市徐汇区
上海光大通信终端产品销售有限公司	通信设备零售	上海市普陀区
统一超商(上海)便利有限公司	其他综合零售	上海市长宁区
奥依修商贸(上海)有限公司	服装零售	上海市长宁区
利越(上海)服装商贸有限公司	服装零售	上海市闵行区
永远二十一商业(上海)有限公司	服装零售	上海市黄浦区
麦考林电子商务(上海)有限公司	邮购及电视、电话零售	上海市徐汇区
上海保德威服饰有限公司	服装零售	上海市普陀区
上海绿地优鲜超市有限公司	超级市场零售	上海市宝山区
斯特拉迪瓦里斯商业(上海)有限公司	服装零售	上海市长宁区
上海养和堂药业连锁经营有限公司	药品零售	上海市浦东新区
拉格代尔商业(上海)有限公司	服装零售	上海市长宁区
上海新语餐饮管理有限公司	糕点、面包零售	上海市徐汇区
卡骆弛贸易(上海)有限公司	鞋帽零售	上海市黄浦区
上海健一网大药房连锁经营有限公司	药品零售	上海市杨浦区
特力屋(上海)商贸有限公司	家具零售	上海市徐汇区
莎莎化妆品(中国)有限公司	化妆品及卫生用品零售	上海市黄浦区
上海教育超市连锁有限公司	超级市场零售	上海市宝山区
鞋万库(上海)贸易有限公司	鞋帽零售	上海市闵行区
上海上虹大药房连锁有限公司	药品零售	上海市闵行区
上海汇丰大药房有限公司	药品零售	上海市徐汇区
睛姿商贸(上海)有限公司	钟表、眼镜零售	上海市长宁区
上海翌恒网络科技有限公司	超级市场零售	上海市浦东新区
江苏省		
昆山润华商业有限公司	超级市场零售	江苏省苏州市
苏果超市有限公司	超级市场零售	江苏省南京市
江苏苏宁易购电子商务有限公司	互联网零售	江苏省南京市
中国石油化工股份有限公司江苏南京石油分公司	机动车燃料零售	江苏省南京市
江苏无锡商业大厦集团有限公司	百货零售	江苏省无锡市

4-2 续表 15

企业名称	所属行业	企业所在地
中石化壳牌(江苏)石油销售有限公司	机动车燃料零售	江苏省苏州市
唯品会(昆山)电子商务有限公司	互联网零售	江苏省苏州市
江苏明都汽车集团有限公司	汽车零售	江苏省常州市
江苏乐天玛特商业有限公司	超级市场零售	江苏省南通市
江苏五星电器有限公司	日用家电设备零售	江苏省南京市
江苏高速公路石油发展有限公司	机动车燃料零售	江苏省南京市
德基广场有限公司	服装零售	江苏省南京市
华润苏州礼安医药有限公司	药品零售	江苏省苏州市
江苏省医药公司	药品零售	江苏省南京市
上药集团常州药业股份有限公司	药品零售	江苏省常州市
中国石化销售有限公司江苏盐城石油分公司	机动车燃料零售	江苏省盐城市
江苏宏图三胞高科技术投资有限公司	计算机、软件及辅助设备零售	江苏省南京市
国药控股扬州有限公司	药品零售	江苏省扬州市
江苏圆周电子商务有限公司	图书、报刊零售	江苏省宿迁市
苏宁云商集团股份有限公司	日用家电设备零售	江苏省南京市
月星集团有限公司	家具零售	江苏省常州市
江苏华润万家超市有限公司	超级市场零售	江苏省苏州市
孩子王儿童用品股份有限公司	百货零售	江苏省南京市
金鹰国际商贸集团(中国)有限公司	百货零售	江苏省南京市
南京中央商场(集团)股份有限公司	百货零售	江苏省南京市
苏州人民商场股份有限公司	百货零售	江苏省苏州市
中国石油天然气股份有限公司江苏南京销售分公司	机动车燃料零售	江苏省南京市
苏州欧尚超市有限公司	超级市场零售	江苏省苏州市
南京药业股份有限公司	药品零售	江苏省南京市
连云港康缘医药商业有限公司	药品零售	江苏省连云港市
中国石化销售有限公司江苏江阴石油分公司	机动车燃料零售	江苏省无锡市
苏州苏宁云商销售有限公司	日用家电设备零售	江苏省苏州市
南京朗驰集团有限公司	汽车零售	江苏省南京市
江苏永辉超市有限公司	超级市场零售	江苏省南京市
沃尔玛(江苏)商业零售有限公司	超级市场零售	江苏省南京市
南京新街口百货商店股份有限公司	百货零售	江苏省南京市
江苏新合作常客隆连锁超市有限公司	超级市场零售	江苏省苏州市
徐州医药股份有限公司	药品零售	江苏省徐州市
中国石油天然气股份有限公司江苏无锡销售分公司	机动车燃料零售	江苏省无锡市
扬州金鹰国际实业有限公司	百货零售	江苏省扬州市
文峰大世界连锁发展股份有限公司南通文峰大世界	百货零售	江苏省南通市
好享购物股份有限公司	邮购及电视、电话零售	江苏省南京市
美丽华企业(南京)有限公司	鞋帽零售	江苏省南京市
江苏欢乐买商贸股份有限公司	超级市场零售	江苏省徐州市
江阴华地百货有限公司	百货零售	江苏省无锡市
常州桥河文化用品有限公司	工艺美术品及收藏品零售	江苏省常州市
苏州函数集团有限责任公司	百货零售	江苏省苏州市
江苏博特新材料有限公司	涂料零售	江苏省南京市
特易购商业(江苏)有限公司	百货零售	江苏省南京市
江苏雅家乐集团有限公司	超级市场零售	江苏省盐城市
无锡八佰伴商贸中心有限公司	百货零售	江苏省无锡市
常州百货大楼股份有限公司	百货零售	江苏省常州市
江苏步步高电子有限公司	通信设备零售	江苏省苏州市
常熟市新合作常客隆购物广场有限公司	超级市场零售	江苏省苏州市
中国石油天然气股份有限公司江苏镇江销售分公司	机动车燃料零售	江苏省镇江市
镇江市八佰伴商贸有限公司	百货零售	江苏省镇江市

4-2 续表 16

企业名称	所属行业	企业所在地
南京屈臣氏个人用品商店有限公司	化妆品及卫生用品零售	江苏省南京市
中国石油天然气股份有限公司江苏淮安销售分公司	机动车燃料零售	江苏省淮安市
无锡悦家商业有限公司	超级市场零售	江苏省无锡市
昆山商厦股份有限公司	百货零售	江苏省苏州市
江苏中央新亚百货股份有限公司	百货零售	江苏省淮安市
徐州悦家商业有限公司	超级市场零售	江苏省徐州市
无锡市苏宁云商销售有限公司	家用视听设备零售	江苏省无锡市
南京宝庆尚品珠宝连锁有限公司	珠宝首饰零售	江苏省南京市
中国石油天然气股份有限公司江苏盐城销售分公司	机动车燃料零售	江苏省盐城市
中国石油天然气股份有限公司江苏宿迁销售分公司	机动车燃料零售	江苏省宿迁市
徐州苏宁云商销售有限公司	家用视听设备零售	江苏省徐州市
福中集团有限公司	计算机、软件及辅助设备零售	江苏省南京市
有货(江苏)商贸服务有限公司	互联网零售	江苏省南京市
利福广场(苏州)有限公司	百货零售	江苏省苏州市
南京云田数码科技股份有限公司	照相器材零售	江苏省南京市
永银文化创意产业发展有限责任公司	工艺美术品及收藏品零售	江苏省南京市
好孩子(中国)零售服务有限公司	服装零售	江苏省苏州市
宜兴华地百货有限公司	百货零售	江苏省无锡市
南京商厦股份有限公司	百货零售	江苏省南京市
镇江扬中商城	百货零售	江苏省镇江市
盐城苏宁云商销售有限公司	家用视听设备零售	江苏省盐城市
苏州鹏润国美电器有限公司	家用视听设备零售	江苏省苏州市
盐城商业大厦有限公司	百货零售	江苏省盐城市
苏果超市(句容)有限公司	超级市场零售	江苏省镇江市
先声再康江苏药业有限公司	药品零售	江苏省南京市
南通苏宁云商销售有限公司	日用家电设备零售	江苏省南通市
无锡欧尚超市有限公司	超级市场零售	江苏省无锡市
南通文峰电器销售有限公司	日用家电设备零售	江苏省南通市
南京宜家家居有限公司	家具零售	江苏省南京市
常州市五星电器有限公司	家用视听设备零售	江苏省常州市
苏州天虹商场有限公司	百货零售	江苏省苏州市
南通欧尚超市有限公司	超级市场零售	江苏省南通市
江苏鹏润国美电器有限公司	日用家电设备零售	江苏省南京市
无锡华润万家生活超市有限公司	超级市场零售	江苏省无锡市
南京欧尚超市有限公司	超级市场零售	江苏省南京市
苏州润瑞商业有限公司	超级市场零售	江苏省苏州市
江苏省盐城药业有限公司	药品零售	江苏省盐城市
扬中市通达商业总公司	百货零售	江苏省镇江市
常州关河大润发商业有限公司	超级市场零售	江苏省常州市
常州泰富百货集团有限责任公司	百货零售	江苏省常州市
徐州中央百货大楼股份有限公司	百货零售	江苏省徐州市
江苏益丰大药房连锁有限公司	药品零售	江苏省南京市
江苏中大汽保设备销售有限公司	汽车零配件零售	江苏省盐城市
常熟大润发超市有限公司	超级市场零售	江苏省苏州市
张家港市新百信超市连锁经营有限公司	超级市场零售	江苏省苏州市
无锡天惠超市股份有限公司	超级市场零售	江苏省无锡市
扬州润良商业有限公司	超级市场零售	江苏省扬州市
南通八佰伴商贸股份有限公司	百货零售	江苏省南通市
苏州润德商业有限公司	超级市场零售	江苏省苏州市
连云港家得福商贸有限公司	超级市场零售	江苏省连云港市
金坛大统华购物中心有限公司	超级市场零售	江苏省常州市

4-2 续表 17

企业名称	所属行业	企业所在地
南京顺序钟表有限公司	钟表、眼镜零售	江苏省南京市
宜兴新苏南商厦有限责任公司	百货零售	江苏省无锡市
宜兴大润发商业有限公司	超级市场零售	江苏省无锡市
苏果超市(淮安)有限公司	超级市场零售	江苏省淮安市
恒泰人民(江苏)大药房连锁有限公司	药品零售	江苏省常州市
江苏大统华购物中心有限公司	超级市场零售	江苏省无锡市
江苏隆力奇生物科技股份有限公司常熟经销部	化妆品及卫生用品零售	江苏省苏州市
常州金太阳至尊家电有限公司	家用视听设备零售	江苏省常州市
无锡大统华购物有限公司	超级市场零售	江苏省无锡市
江苏百润商品配送中心有限公司	超级市场零售	江苏省苏州市
南通通润发超市有限公司	超级市场零售	江苏省南通市
江苏苏雪达电子商务有限公司	化妆品及卫生用品零售	江苏省南京市
永旺华东(苏州)商业有限公司	超级市场零售	江苏省苏州市
南京新华书店有限责任公司	图书、报刊零售	江苏省南京市
南通通州润泰商业有限公司	超级市场零售	江苏省南通市
镇江家世界万方连锁超市有限责任公司	超级市场零售	江苏省镇江市
南京边城体育用品销售有限公司	服装零售	江苏省南京市
昆山千灯润平商业有限公司	百货零售	江苏省苏州市
无锡天润发超市有限公司	超级市场零售	江苏省无锡市
江苏盐阜人民商场有限公司	百货零售	江苏省盐城市
南京悦家超市有限公司	超级市场零售	江苏省南京市
苏果超市(连云港)有限公司	超级市场零售	江苏省连云港市
苏州美罗百货高新区购物中心有限公司	百货零售	江苏省苏州市
华润苏州礼安医药连锁总店有限公司	药品零售	江苏省苏州市
南京行狐电子商务有限公司	服装零售	江苏省南京市
无锡宜家家居零售有限公司	家具零售	江苏省无锡市
镇江大润发商业有限公司	超级市场零售	江苏省镇江市
大丰市明星国际家居城有限公司	家具零售	江苏省盐城市
江苏海王星辰健康药房连锁有限公司	药品零售	江苏省苏州市
江苏盱眙县万润发商贸有限公司	超级市场零售	江苏省淮安市
吴江市润泰商业有限公司	超级市场零售	江苏省苏州市
张家港曼巴特购物广场有限公司	百货零售	江苏省苏州市
苏州浒关润华商业有限公司	超级市场零售	江苏省苏州市
南京中商金润发龙江超市有限公司	超级市场零售	江苏省南京市
江苏享佳健康科技股份有限公司	营养和保健品零售	江苏省南京市
淮安广济医药连锁有限公司	药品零售	江苏省淮安市
江苏宏信超市连锁股份有限公司	超级市场零售	江苏省扬州市
如皋大润发商业有限公司	超级市场零售	江苏省南通市
东台新合作商贸连锁有限公司	超级市场零售	江苏省盐城市
宿迁润良商业有限公司	超级市场零售	江苏省宿迁市
溧阳大润发商业有限公司	超级市场零售	江苏省常州市
江苏天汇商贸有限公司	日用家电设备零售	江苏省南京市
江苏汇银乐虎商业连锁有限公司	日用家电设备零售	江苏省扬州市
苏州婴知岛孕婴用品有限公司	其他日用品零售	江苏省苏州市
江苏来伊份食品有限公司	其他食品零售	江苏省南京市
苏果超市(宿迁)有限公司	超级市场零售	江苏省宿迁市
泰兴润泰商业有限公司	超级市场零售	江苏省泰州市
苏果超市泰州姜堰有限公司	超级市场零售	江苏省泰州市
沭阳县润泰商业有限公司	超级市场零售	江苏省宿迁市
苏州宝带润泰商业有限公司	超级市场零售	江苏省苏州市
徐州润平商业有限公司	超级市场零售	江苏省徐州市

4-2 续表 18

企业名称	所属行业	企业所在地
溧阳大统华购物中心有限公司	超级市场零售	江苏省常州市
徐州市国美家用电器有限公司	日用家电设备零售	江苏省徐州市
江苏明都超市有限公司	超级市场零售	江苏省常州市
苏果超市(仪征)有限公司	超级市场零售	江苏省扬州市
常州长虹大润发商业有限公司	超级市场零售	江苏省常州市
苏州来伊份食品有限公司	其他食品零售	江苏省苏州市
苏果超市(高邮)有限公司	超级市场零售	江苏省扬州市
涟水润华商业有限公司	超级市场零售	江苏省淮安市
南京中商金润发鼓楼购物中心有限公司	超级市场零售	江苏省南京市
江苏阿仕顿服饰有限公司	服装零售	江苏省苏州市
南京上元堂医药股份有限公司	药品零售	江苏省南京市
镇江欧尚超市有限公司	超级市场零售	江苏省镇江市
常州瑞和泰食品有限公司	超级市场零售	江苏省常州市
南京驰信通信设备有限公司	通信设备零售	江苏省南京市
邳州市盛达商业有限公司	百货零售	江苏省徐州市
无锡汇华强盛医药连锁有限公司	药品零售	江苏省无锡市
常州怀德大润发商业有限公司	超级市场零售	江苏省常州市
宜兴新东方百货有限公司	百货零售	江苏省无锡市
东台大润发商业有限公司	超级市场零售	江苏省盐城市
苏果超市(溧水)有限公司	超级市场零售	江苏省南京市
江苏商联超市有限公司	超级市场零售	江苏省淮安市
苏州润平商业有限公司	超级市场零售	江苏省苏州市
好孩子好妈咪零售有限公司	服装零售	江苏省苏州市
常州万仁大药房有限公司	药品零售	江苏省常州市
泰兴市鼓楼购物中心有限公司	百货零售	江苏省泰州市
无锡爱莲连锁超市有限公司	家用视听设备零售	江苏省无锡市
常州市信特超市有限公司	超级市场零售	江苏省常州市
国药控股国大药房扬州大德生连锁有限公司	药品零售	江苏省扬州市
宜兴市天健医药连锁有限公司	药品零售	江苏省无锡市
苏果超市(兴化)有限公司	超级市场零售	江苏省泰州市
无锡天鹏菜篮子工程有限公司	肉、禽、蛋、奶及水产品零售	江苏省无锡市
徐州国美电器有限公司	家用视听设备零售	江苏省徐州市
泰兴市大统华购物中心有限公司	超级市场零售	江苏省泰州市
扬州市百信缘医药连锁有限公司	药品零售	江苏省扬州市
江苏沃尔玛百货有限公司	超级市场零售	江苏省南京市
南京医药百信药房有限责任公司	药品零售	江苏省南京市
扬州欧尚超市有限公司	超级市场零售	江苏省扬州市
苏果超市(扬州)有限公司	超级市场零售	江苏省扬州市
苏果超市(宝应)有限公司	超级市场零售	江苏省扬州市
南通国美电器有限公司	日用家电设备零售	江苏省南通市
镇江市恺源商贸有限责任公司	超级市场零售	江苏省镇江市
苏果超市(海安)有限公司	超级市场零售	江苏省南通市
徐州市广济连锁药店有限公司	药品零售	江苏省徐州市
镇江百盛商城有限公司	百货零售	江苏省镇江市
南通润良商业有限公司	超级市场零售	江苏省南通市
苏果超市高淳有限公司	超级市场零售	江苏省南京市
常州中诚医药连锁有限公司	药品零售	江苏省常州市
浙江省		
杭州联华华商集团有限公司	超级市场零售	浙江省杭州市
杭州京东惠景贸易有限公司	互联网零售	浙江省杭州市
中国石化销售有限公司浙江嘉兴石油分公司	机动车燃料零售	浙江省嘉兴市

4-2 续表 19

企业名称	所属行业	企业所在地
中国石化销售有限公司浙江台州石油分公司	机动车燃料零售	浙江省台州市
中石化碧辟(浙江)石油有限公司宁波分公司	机动车燃料零售	浙江省宁波市
华润万家生活超市(浙江)有限公司	超级市场零售	浙江省杭州市
中国石化销售有限公司浙江湖州石油分公司	机动车燃料零售	浙江省湖州市
三江购物俱乐部股份有限公司	超级市场零售	浙江省宁波市
浙江康达汽车工贸有限公司	汽车零售	浙江省杭州市
雄风集团有限公司	百货零售	浙江省绍兴市
杭州大厦有限公司	百货零售	浙江省杭州市
湖州天天向上信息技术有限公司	互联网零售	浙江省湖州市
话机世界通信集团股份有限公司	通信设备零售	浙江省杭州市
浙江万国汽车有限公司	汽车零售	浙江省杭州市
中石化碧辟(浙江)石油有限公司绍兴分公司	机动车燃料零售	浙江省绍兴市
浙江银泰百货有限公司	百货零售	浙江省杭州市
中国石化销售有限公司浙江丽水石油分公司	机动车燃料零售	浙江省丽水市
杭州郝姆斯食品有限公司	互联网零售	浙江省杭州市
浙江华润慈客隆超市有限公司	超级市场零售	浙江省宁波市
浙江森马电子商务有限公司	互联网零售	浙江省杭州市
浙江世纪联华超市有限公司	超级市场零售	浙江省杭州市
浙江永辉超市有限公司	超级市场零售	浙江省杭州市
中国石油天然气股份有限公司浙江台州销售分公司	机动车燃料零售	浙江省台州市
浙江中邮普泰移动通信设备有限公司	通信设备零售	浙江省杭州市
宁波太平鸟风尚男装有限公司	服装零售	浙江省宁波市
沃尔玛(浙江)百货有限公司	超级市场零售	浙江省杭州市
宁波太平鸟时尚服饰股份有限公司	服装零售	浙江省宁波市
中国石油天然气股份有限公司浙江杭州销售	机动车燃料零售	浙江省杭州市
江南布衣服饰有限公司	服装零售	浙江省杭州市
浙江苏宁云商商贸有限公司	日用家电设备零售	浙江省杭州市
浙江金湖机电有限公司	汽车零售	浙江省杭州市
中石化碧辟(浙江)石油有限公司杭州分公司	机动车燃料零售	浙江省杭州市
浙江诸暨第一百货有限公司	百货零售	浙江省绍兴市
中国石油天然气股份有限公司浙江嘉兴销售分公司	机动车燃料零售	浙江省嘉兴市
浙江国美电器有限公司	日用家电设备零售	浙江省杭州市
好易购家庭购物有限公司	邮购及电视、电话零售	浙江省杭州市
宁波博洋服饰集团有限公司	服装零售	浙江省宁波市
浙江华联医药连锁有限公司	药品零售	浙江省绍兴市
宁波新江厦连锁超市有限公司	超级市场零售	浙江省宁波市
浙江十足商贸有限公司	其他综合零售	浙江省温州市
宁波宝恒汽车集团有限公司	汽车零售	浙江省宁波市
宁波甬宁苏宁云商商贸有限公司	家用视听设备零售	浙江省宁波市
绍兴大通商城股份有限公司	百货零售	浙江省绍兴市
十足集团股份有限公司	其他综合零售	浙江省杭州市
浙江上百贸易有限公司	超级市场零售	浙江省绍兴市
浙江凯虹集团有限公司	百货零售	浙江省舟山市
宁波市北仑加贝购物俱乐部	超级市场零售	浙江省宁波市
百大集团股份有限公司	百货零售	浙江省杭州市
杭州联华华商集团拱墅世纪联华超市有限公司	超级市场零售	浙江省杭州市
浙江汇德隆实业集团有限公司	超级市场零售	浙江省杭州市
海宁市华联大厦有限公司	百货零售	浙江省嘉兴市
湖州市浙北大厦有限责任公司	百货零售	浙江省湖州市
杭州外海家友超市有限公司	超级市场零售	浙江省杭州市
浙江人本超市有限公司	超级市场零售	浙江省温州市

4-2 续表 20

企业名称	所属行业	企业所在地
特维轮网络科技(杭州)有限公司	互联网零售	浙江省杭州市
绍兴英特大通医药有限公司	药品零售	浙江省绍兴市
杭州解百集团股份有限公司	百货零售	浙江省杭州市
博库网络有限公司	互联网零售	浙江省杭州市
浙江东兴商厦股份有限公司	超级市场零售	浙江省嘉兴市
杭州屈臣氏个人用品商店有限公司	超级市场零售	浙江省杭州市
宁波中哲慕尚电子商务有限公司	互联网零售	浙江省宁波市
衢州东方商厦有限公司	百货零售	浙江省衢州市
浙江供销超市有限公司	超级市场零售	浙江省绍兴市
杭州维卓电子商务有限公司	互联网零售	浙江省杭州市
浙江越王珠宝有限公司	珠宝首饰零售	浙江省绍兴市
宁波城市广场开发经营有限公司	百货零售	浙江省宁波市
杭州悠可化妆品有限公司	互联网零售	浙江省杭州市
温州苏宁云商销售有限公司	日用家电设备零售	浙江省温州市
浙江三江购物有限公司	超级市场零售	浙江省杭州市
德清中盈和祺农产品贸易有限公司	超级市场零售	浙江省湖州市
浙江全麦网尚电子商务有限公司	互联网零售	浙江省杭州市
宁波市家家乐食品有限责任公司	超级市场零售	浙江省宁波市
台州市三和连锁超市有限公司	超级市场零售	浙江省台州市
宁波浙国美电器有限公司	家用视听设备零售	浙江省宁波市
嘉兴市戴梦得购物中心有限公司	百货零售	浙江省嘉兴市
浙江福泰隆连锁超市有限公司	粮油零售	浙江省金华市
浙江雅莹时装销售有限公司	服装零售	浙江省嘉兴市
杭州桐君堂医药药材有限公司	药品零售	浙江省杭州市
嵊州市国商大厦有限公司	百货零售	浙江省绍兴市
华润万家生活超市(宁波)有限公司	超级市场零售	浙江省宁波市
浙江大唐电子通信有限公司	通信设备零售	浙江省台州市
杭州物美乐沙超市有限公司	超级市场零售	浙江省杭州市
杭州宜家家居有限公司	家具零售	浙江省杭州市
杭州物美大卖场商业有限公司	超级市场零售	浙江省杭州市
绍兴市国商大厦有限责任公司	百货零售	浙江省绍兴市
湖州浙北大厦超市有限公司	超级市场零售	浙江省湖州市
浙江江南大厦股份有限公司	百货零售	浙江省嘉兴市
台州华联超市有限公司	超级市场零售	浙江省台州市
浙江瑞人堂医药连锁有限公司	药品零售	浙江省台州市
浙江家家福超市有限公司	超级市场零售	浙江省宁波市
温州百一超市有限公司	超级市场零售	浙江省温州市
温州崇高百货有限公司	服装零售	浙江省温州市
浙江印象实业股份有限公司	服装零售	浙江省杭州市
慈溪大润发商贸有限公司	超级市场零售	浙江省宁波市
平阳县众泰市场管理有限公司	纺织品及针织品零售	浙江省温州市
平湖大润发商业有限公司	超级市场零售	浙江省嘉兴市
德清正翔商业广场管理有限公司	百货零售	浙江省湖州市
嘉兴市秀洲新区商业有限责任公司	超级市场零售	浙江省嘉兴市
嘉兴八佰伴商贸有限公司	百货零售	浙江省嘉兴市
杭州九洲大药房连锁有限公司	药品零售	浙江省杭州市
杭州黯涉电子商务有限公司	互联网零售	浙江省杭州市
台州人本十足便利店有限公司	其他综合零售	浙江省台州市
杭州萧山润华大润发超市有限公司	超级市场零售	浙江省杭州市
浙江震元医药连锁有限公司	药品零售	浙江省绍兴市
杭州网阔电子商务有限公司	互联网零售	浙江省杭州市

4-2 续表 21

企业名称	所属行业	企业所在地
绍兴市千客隆超市有限公司	超级市场零售	浙江省绍兴市
老百姓大药房连锁(浙江)有限公司	药品零售	浙江省杭州市
舟山市民生商厦有限责任公司	超级市场零售	浙江省舟山市
浙江佰丽源实业有限公司	服装零售	浙江省杭州市
浙江万客隆商贸有限公司	其他综合零售	浙江省丽水市
耀达集团有限公司	百货零售	浙江省台州市
宁波太平洋百货集团有限公司	百货零售	浙江省宁波市
杭州欧尚超市有限公司	超级市场零售	浙江省杭州市
宁波四明大药房有限责任公司	药品零售	浙江省宁波市
浙江杭州市新华书店有限公司	图书、报刊零售	浙江省杭州市
温州好又多百货有限公司	超级市场零售	浙江省温州市
杭州物美东汇百货有限公司	超级市场零售	浙江省杭州市
杭州瑞祥珠宝有限公司	珠宝首饰零售	浙江省杭州市
昆山润华商业有限公司瑞安分公司	超级市场零售	浙江省温州市
宁波乐购生活购物有限公司	超级市场零售	浙江省宁波市
嘉兴欧尚超市有限公司南湖店	超级市场零售	浙江省嘉兴市
宁波家乐福商业有限公司	超级市场零售	浙江省宁波市
杭州晶杰通信技术股份有限公司	通信设备零售	浙江省杭州市
浙江海港超市连锁有限公司	超级市场零售	浙江省嘉兴市
宁波中哲文墨品牌管理有限公司	服装零售	浙江省宁波市
杭州顶全便利店有限公司	其他食品零售	浙江省杭州市
杭州海王星辰健康药房有限公司	药品零售	浙江省杭州市
浙江贝爱服装有限公司	服装零售	浙江省嘉兴市
浙江玉长城商业管理有限公司	百货零售	浙江省杭州市
杭州宇振体育用品有限公司	体育用品及器材零售	浙江省杭州市
杭州孩子王儿童用品有限公司	百货零售	浙江省杭州市
杭州物美竟宁百货有限公司	超级市场零售	浙江省杭州市
杭州群丰果品连锁有限公司	果品、蔬菜零售	浙江省杭州市
浙江宜佳向阳超市有限公司	家用视听设备零售	浙江省绍兴市
浙江天天好大药房连锁有限公司	药品零售	浙江省杭州市
杭州雅戈尔服饰有限公司	服装零售	浙江省杭州市
浙江元祖食品有限公司	糕点、面包零售	浙江省杭州市
杭州品驰网络科技有限公司	通信设备零售	浙江省杭州市
安徽省		
安徽天星医药集团有限公司	药品零售	安徽省合肥市
安徽省高速石化有限公司	机动车燃料零售	安徽省合肥市
三只松鼠股份有限公司	互联网零售	安徽省芜湖市
合肥百货大楼集团股份有限公司	百货零售	安徽省合肥市
芜湖亚夏汽车股份有限公司	汽车零售	安徽省芜湖市
安徽亚夏实业股份有限公司	汽车零售	安徽省宣城市
中国石化销售有限公司安徽芜湖石油分公司	机动车燃料零售	安徽省芜湖市
安徽永辉超市有限公司	超级市场零售	安徽省合肥市
安徽省医药(集团)股份有限公司	药品零售	安徽省合肥市
芜湖中油石油有限公司	机动车燃料零售	安徽省芜湖市
中国石油化工股份有限公司安徽阜阳石油分公司	机动车燃料零售	安徽省阜阳市
中国石化销售有限公司安徽淮南石油分公司	机动车燃料零售	安徽省淮南市
蚌埠城南农副产品交易有限公司	果品、蔬菜零售	安徽省蚌埠市
安徽商之都股份有限公司	百货零售	安徽省合肥市
安徽百大合家福连锁超市股份有限公司	超级市场零售	安徽省合肥市
安徽快乐真棒商贸集团有限公司	超级市场零售	安徽省淮北市
宣城亚通汽车销售服务有限公司	汽车零售	安徽省宣城市

4-2 续表 22

企业名称	所属行业	企业所在地
安徽苏宁云商销售有限公司	家用视听设备零售	安徽省合肥市
芜湖南京新百大厦有限公司	百货零售	安徽省芜湖市
芜湖华亿国际购物中心有限责任公司	百货零售	安徽省芜湖市
中国石油化工股份有限公司安徽马鞍山石油分公司	机动车燃料零售	安徽省马鞍山市
华联集团股份有限公司	超级市场零售	安徽省阜阳市
安徽百大电器连锁有限公司	日用家电设备零售	安徽省合肥市
合肥悦家商业有限公司	超级市场零售	安徽省合肥市
安徽家家购物股份有限公司	邮购及电视、电话零售	安徽省合肥市
安徽宏图三胞科技发展有限公司	计算机、软件及辅助设备零售	安徽省合肥市
合肥市九万里医药有限公司	药品零售	安徽省合肥市
安徽五星电器有限公司	家用视听设备零售	安徽省合肥市
安徽欧尚超市有限公司	超级市场零售	安徽省芜湖市
安徽省台客隆连锁超市有限责任公司	超级市场零售	安徽省宣城市
安徽华运超市股份有限公司	超级市场零售	安徽省蚌埠市
合肥新华书店有限公司	图书、报刊零售	安徽省合肥市
安徽华联商厦有限责任公司	百货零售	安徽省淮南市
阜阳五一六电子商务有限公司	互联网零售	安徽省阜阳市
芜湖凡臣电子商务有限责任公司	互联网零售	安徽省芜湖市
巢湖安德利购物中心有限公司	百货零售	安徽省合肥市
安徽金华联投资股份有限公司	百货零售	安徽省安庆市
合肥宝励体育用品商贸有限公司	服装零售	安徽省合肥市
安徽天正商务有限公司	超级市场零售	安徽省滁州市
安徽省徽商红府连锁超市有限责任公司	超级市场零售	安徽省合肥市
安徽新百华誉商业集团有限公司	超级市场零售	安徽省阜阳市
萧县新联华商贸有限责任公司	百货零售	安徽省宿州市
苏果超市(合肥)有限公司	超级市场零售	安徽省合肥市
安徽省阜阳商厦股份有限公司	百货零售	安徽省阜阳市
安徽中新高科产业有限公司	超级市场零售	安徽省阜阳市
安徽国美电器有限公司	家用视听设备零售	安徽省合肥市
安徽复兴汽车有限责任公司	汽车零售	安徽省合肥市
安徽安德利百货股份有限公司	百货零售	安徽省合肥市
合肥百大集团蚌埠合家福百大超市有限责任公司	超级市场零售	安徽省蚌埠市
安徽省蚌埠市绿十字医药连锁有限公司	药品零售	安徽省蚌埠市
苏果超市(淮南)有限公司	超级市场零售	安徽省淮南市
芜湖大润发商贸有限公司	超级市场零售	安徽省芜湖市
安徽白云(集团)商贸有限公司	百货零售	安徽省滁州市
涡阳县新华电商贸有限公司	百货零售	安徽省亳州市
安徽三酉电子商务有限公司	互联网零售	安徽省合肥市
亳州市盖盛祥超市有限公司	百货零售	安徽省亳州市
淮北大润发商贸有限公司	超级市场零售	安徽省淮北市
安徽丰原大药房连锁有限公司	药品零售	安徽省蚌埠市
安徽童联孩子王儿童用品有限公司	百货零售	安徽省合肥市
安徽省利辛县粮油食品商厦	超级市场零售	安徽省亳州市
安徽绿篮子超市有限责任公司	超级市场零售	安徽省六安市
沃尔玛(安徽)商业零售有限公司	超级市场零售	安徽省合肥市
中化石油安徽有限公司	机动车燃料零售	安徽省合肥市
安徽淮商超市有限公司	超级市场零售	安徽省蚌埠市
阜阳市国贸商城投资股份有限公司	百货零售	安徽省阜阳市
苏果超市(全椒)有限公司	超级市场零售	安徽省滁州市
青岛润泰事业有限公司马鞍山分公司	超级市场零售	安徽省马鞍山市
淮南新欣医药有限公司	药品零售	安徽省淮南市

4-2 续表 23

企业名称	所属行业	企业所在地
苏果超市(马鞍山)有限公司	超级市场零售	安徽省马鞍山市
安徽满天星连锁超市有限公司	超级市场零售	安徽省合肥市
安徽百姓缘大药房连锁有限公司	药品零售	安徽省合肥市
苏果超市(滁州)有限公司	超级市场零售	安徽省滁州市
合肥屈臣氏个人用品商店有限公司	超级市场零售	安徽省合肥市
合肥翡翠大润发商业有限公司	百货零售	安徽省合肥市
安徽省青园工贸有限公司	超级市场零售	安徽省安庆市
太和县尚城商贸有限公司	其他综合零售	安徽省阜阳市
安徽五星果品有限公司	果品、蔬菜零售	安徽省合肥市
合肥百货大楼集团铜陵合百商厦有限责任公司	百货零售	安徽省铜陵市
阜阳大润发商业有限公司	超级市场零售	安徽省阜阳市
滁州华巨百姓缘大药房连锁股份有限公司	药品零售	安徽省滁州市
桐城市金申实业有限责任公司	百货零售	安徽省安庆市
六安市远盛贸易有限责任公司	百货零售	安徽省六安市
合肥太平鸟服饰营销有限公司	服装零售	安徽省合肥市
定远县万汇龙装饰城有限公司	木质装饰材料零售	安徽省滁州市
特易购商业(安徽)有限公司	超级市场零售	安徽省合肥市
安徽省无为县食品公司	肉、禽、蛋、奶及水产品零售	安徽省芜湖市
合肥庐阳大润发商业有限公司	超级市场零售	安徽省合肥市
宣城新百百货有限公司	百货零售	安徽省宣城市
芜湖市福海商业投资有限公司	家具零售	安徽省芜湖市
淮南市大润发商业有限公司	超级市场零售	安徽省淮南市
怀宁县永丰超市有限公司	百货零售	安徽省安庆市
无为安德利购物中心有限公司	百货零售	安徽省芜湖市
南京医药合肥大药房连锁有限公司	药品零售	安徽省合肥市
安徽国胜大药房连锁有限公司	药品零售	安徽省合肥市
安徽乐城投资股份有限公司	超级市场零售	安徽省合肥市
亳州金色华联超市有限责任公司	百货零售	安徽省亳州市
黄山大润发商业有限公司	超级市场零售	安徽省黄山市
安徽欧尚超市有限公司马鞍山花雨店	超级市场零售	安徽省马鞍山市
淮南市恒康医药有限公司	药品零售	安徽省淮南市
苏果超市(天长)有限公司	超级市场零售	安徽省滁州市
濉溪县真棒特商贸有限公司	百货零售	安徽省淮北市
安徽省亳州市医药供销有限公司	药品零售	安徽省亳州市
砀山县壹度便利商贸有限公司	百货零售	安徽省宿州市
合肥百维食品饮料有限责任公司	酒、饮料及茶叶零售	安徽省合肥市
安徽新模范商业有限公司	超级市场零售	安徽省合肥市
安徽康饮商贸有限公司	超级市场零售	安徽省淮南市
福建省		
永辉超市股份有限公司	超级市场零售	福建省福州市
福建新华发行(集团)有限责任公司	图书、报刊零售	福建省福州市
福州麦多万嘉超市有限公司	粮油零售	福建省福州市
福建苏宁云商商贸有限公司	日用家电设备零售	福建省福州市
泉州新华都购物广场有限公司	百货零售	福建省泉州市
中国石油天然气股份有限公司福建福州销售分公司	机动车燃料零售	福建省福州市
中国石油天然气股份有限公司泉州销售分公司	机动车燃料零售	福建省泉州市
斐乐服饰有限公司	纺织品及针织品零售	福建省厦门市
厦门安踏电子商务有限公司	互联网零售	福建省厦门市
沃尔玛深国投百货有限公司福州山姆会员商店	超级市场零售	福建省福州市
中国石油天然气股份有限公司福建厦门销售分公司	机动车燃料零售	福建省厦门市
福建新华都综合百货有限公司	百货零售	福建省福州市

4-2 续表 24

企业名称	所属行业	企业所在地
龙岩大润发商业有限公司	超级市场零售	福建省龙岩市
福州家乐福商业有限公司	超级市场零售	福建省福州市
福州明视眼镜有限公司	钟表、眼镜零售	福建省福州市
厦门市同安中桥电子通讯有限公司	通信设备零售	福建省厦门市
厦门市越千阳发展有限公司	服装零售	福建省厦门市
福建国大药房连锁有限公司	药品零售	福建省厦门市
八十五度(福州)餐饮管理有限公司	糕点、面包零售	福建省福州市
厦门永辉商业有限公司	超级市场零售	福建省厦门市
福建华润万家生活超市有限公司	超级市场零售	福建省福州市
福建宝闽体育用品有限公司	服装零售	福建省福州市
南平新华都购物广场有限公司	超级市场零售	福建省南平市
莆田市新华都万家惠购物广场有限公司	超级市场零售	福建省莆田市
玛斯(厦门)投资管理有限责任公司	服装零售	福建省厦门市
福州诚达黎明百货有限公司	百货零售	福建省福州市
上海红星美凯龙品牌管理有限公司泉州洛江分公司	家具零售	福建省泉州市
江西省		
江西新华发行集团有限公司	图书、报刊零售	江西省南昌市
江西南华医药有限公司	药品零售	江西省南昌市
江西汇仁集团医药科研营销有限公司	药品零售	江西省南昌市
江西洪客隆百货投资有限公司	百货零售	江西省南昌市
联盛商业连锁股份有限公司	百货零售	江西省九江市
江西鹏润国美电器有限公司	家用视听设备零售	江西省南昌市
南昌市天虹商场有限公司	百货零售	江西省南昌市
国药控股江西有限公司	药品零售	江西省南昌市
江西风尚电视购物股份有限公司	邮购及电视、电话零售	江西省南昌市
南昌百货大楼股份有限公司	百货零售	江西省南昌市
景德镇陶邑文化发展有限公司	工艺美术品及收藏品零售	江西省景德镇市
江西苏宁云商销售有限公司	日用家电设备零售	江西省南昌市
赣州国光实业有限公司	超级市场零售	江西省赣州市
思创数码科技股份有限公司	计算机、软件及辅助设备零售	江西省南昌市
江西青龙集团商厦有限公司	超级市场零售	江西省宜春市
江西省万宜经贸有限公司	百货零售	江西省九江市
洪城大厦(集团)股份有限公司	百货零售	江西省南昌市
江西煌上煌集团食品股份有限公司	肉、禽、蛋、奶及水产品零售	江西省南昌市
江西黄庆仁栈华氏大药房有限公司	药品零售	江西省南昌市
江西省绿滋肴贸易有限公司	其他食品零售	江西省南昌市
沃尔玛(江西)商业零售有限公司	百货零售	江西省南昌市
吉安市国光实业有限公司	超级市场零售	江西省吉安市
德兴市东东商贸有限公司	百货零售	江西省上饶市
江西益丰大药房连锁有限公司	药品零售	江西省南昌市
沃尔玛(江西)百货有限公司	超级市场零售	江西省南昌市
江西五一超市股份有限公司	超级市场零售	江西省上饶市
江西坚强百货连锁有限公司	百货零售	江西省赣州市
洪客隆投资发展(抚州)有限公司	超级市场零售	江西省抚州市
江西宝元商贸有限公司	服装零售	江西省南昌市
江西新洪客隆莲塘实业有限公司	超级市场零售	江西省南昌市
南昌百货大楼萍乡有限责任公司	超级市场零售	江西省萍乡市
赣州大润发商业有限公司	百货零售	江西省赣州市
余干县财源商贸有限公司	超级市场零售	江西省上饶市
吉安市甘雨亭超市有限公司	超级市场零售	江西省吉安市
江西瓷肌电子商务有限公司	化妆品及卫生用品零售	江西省南昌市
赣州新南慷商贸有限公司	超级市场零售	江西省赣州市

4-2 续表 25

企业名称	所属行业	企业所在地
山东省		
山东远通汽车贸易集团有限公司	汽车零售	山东省临沂市
山东潍坊百货集团股份有限公司	百货零售	山东省潍坊市
润华集团股份有限公司	汽车零售	山东省济南市
山东海王银河医药有限公司	药品零售	山东省潍坊市
家家悦集团股份有限公司	超级市场零售	山东省威海市
山东银座商城股份有限公司	百货零售	山东省济南市
临沂医药集团有限公司	药品零售	山东省临沂市
济南华联商厦集团股份有限公司	百货零售	山东省济南市
青岛京东昌益得贸易有限公司	互联网零售	山东省青岛市
中国石化销售有限公司山东青岛石油分公司	机动车燃料零售	山东省青岛市
山东新星集团有限公司	百货零售	山东省淄博市
山东德州百货大楼(集团)有限责任公司	百货零售	山东省德州市
中国石油化工股份有限公司山东潍坊分公司	机动车燃料零售	山东省潍坊市
罗欣医药集团有限公司	药品零售	山东省临沂市
青岛利客来集团股份有限公司	百货零售	山东省青岛市
中国石化销售有限公司山东临沂石油分公司	机动车燃料零售	山东省临沂市
山东九州商业集团有限公司	百货零售	山东省临沂市
山东银宝食品有限公司	肉、禽、蛋、奶及水产品零售	山东省泰安市
青岛传承国际商贸有限公司	服装零售	山东省青岛市
青岛维客集团股份有限公司	百货零售	山东省青岛市
山东贵诚集团购物中心有限公司	百货零售	山东省枣庄市
中国石油天然气股份有限公司山东青岛销售分公司	机动车燃料零售	山东省青岛市
山东龙口市博商购物广场	百货零售	山东省烟台市
烟台市家家悦超市有限公司	超级市场零售	山东省烟台市
山东银座汽车有限公司	汽车零售	山东省济南市
中国石化山东泰山石油股份有限公司	机动车燃料零售	山东省泰安市
山东金宇商贸有限公司	家具零售	山东省济宁市
中国石化销售有限公司山东滨州石油分公司	机动车燃料零售	山东省滨州市
新泰银座商城有限公司	百货零售	山东省泰安市
青州市新创宜佳商贸城经营管理有限公司	五金零售	山东省潍坊市
龙口市第一百货商店有限责任公司	百货零售	山东省烟台市
烟台市振华百货集团股份有限公司振华商厦	百货零售	山东省烟台市
中国石油化工股份有限公司山东威海石油分公司	机动车燃料零售	山东省威海市
山东路油油气管理有限公司	机动车燃料零售	山东省济南市
中国石油化工股份有限公司山东德州石油分公司	机动车燃料零售	山东省德州市
山东全福元商业集团有限责任公司	百货零售	山东省潍坊市
青岛特来电新能源有限公司	汽车零售	山东省青岛市
青岛永旺东泰商业有限公司	百货零售	山东省青岛市
山东三际电子商务有限公司	互联网零售	山东省济南市
国药控股鲁南有限公司	药品零售	山东省临沂市
龙口市城关供销合作社	百货零售	山东省烟台市
青岛海信东海商贸有限公司	百货零售	山东省青岛市
烟台振华量贩超市有限公司	百货零售	山东省烟台市
山东苏宁云商商贸有限公司	家用视听设备零售	山东省济南市
济南国美电器有限公司	家用视听设备零售	山东省济南市
山东鲁百百货大楼集团有限公司	其他文化用品零售	山东省东营市
山东省聊城市百货大楼有限责任公司	百货零售	山东省聊城市
青岛苏宁云商商贸有限公司	家用视听设备零售	山东省青岛市
淄博银座商城有限责任公司	百货零售	山东省淄博市
中国石油天然气股份有限公司山东潍坊销售分公司	机动车燃料零售	山东省潍坊市

4-2 续表 26

企业名称	所属行业	企业所在地
新泰青云购物中心有限公司	百货零售	山东省泰安市
中国石油天然气股份有限公司山东临沂销售分公司	机动车燃料零售	山东省临沂市
章丘市供销集团总公司	百货零售	山东省济南市
青岛润华汽车销售服务有限公司	汽车零售	山东省青岛市
利群集团青岛利群商厦有限公司	百货零售	山东省青岛市
韩都衣舍电子商务集团股份有限公司	互联网零售	山东省济南市
济宁九龙贵和商贸集团有限公司	家用视听设备零售	山东省济宁市
临沂佳轮汽车销售服务有限公司	汽车零售	山东省临沂市
淄博富尔玛家具广场有限公司	家具零售	山东省淄博市
东营银座商城有限公司	百货零售	山东省东营市
莱芜凤城农产品市场开发有限公司	果品、蔬菜零售	山东省莱芜市
青岛国美电器有限公司	日用家电设备零售	山东省青岛市
漱玉平民大药房连锁股份有限公司	药品零售	山东省济南市
山东奥德燃气有限公司	生活用燃料零售	山东省临沂市
麦凯乐(青岛)百货总店有限公司	百货零售	山东省青岛市
青岛屈臣氏个人用品商店有限公司	超级市场零售	山东省青岛市
胜利油田胜大超市	超级市场零售	山东省东营市
滨州银座商城有限公司	百货零售	山东省滨州市
山东京博新能源控股发展有限公司	机动车燃料零售	山东省滨州市
淄博特信百货商城有限公司	百货零售	山东省淄博市
山东统一银座商业有限公司	超级市场零售	山东省济南市
陵县粮食购销中心	粮油零售	山东省德州市
宁津盐百购物中心有限公司	超级市场零售	山东省德州市
济宁润华汽车销售服务有限公司	汽车零售	山东省济宁市
淄博商厦有限责任公司	百货零售	山东省淄博市
山东亿维信息科技有限公司	计算机、软件及辅助设备零售	山东省济宁市
百丽国际鞋业(青岛)有限公司	鞋帽零售	山东省青岛市
临沂银座商城有限公司	百货零售	山东省临沂市
青岛能源华润燃气有限公司	生活用燃料零售	山东省青岛市
青岛宝瑞纳体育用品有限公司	服装零售	山东省青岛市
聊城北斗汽车投资管理有限公司	汽车零售	山东省聊城市
兖州新合作百意商贸有限公司	百货零售	山东省济宁市
济南人民大润发商业有限公司	超级市场零售	山东省济南市
中国石油化工股份有限公司山东莱芜石油分公司	机动车燃料零售	山东省莱芜市
威海润华商业有限公司	超级市场零售	山东省威海市
日照凌云工贸有限公司	家用视听设备零售	山东省日照市
日照市新世纪商厦有限公司	图书、报刊零售	山东省日照市
淄博茂业商厦有限公司	百货零售	山东省淄博市
邹城九龙贵和购物广场有限公司	百货零售	山东省济宁市
山东燕喜堂医药连锁有限公司	药品零售	山东省威海市
日照市腾达汽车销售服务有限公司	汽车零售	山东省日照市
巴龙国际集团有限公司	服装零售	山东省青岛市
新泰齐云商场有限公司	百货零售	山东省泰安市
泰安银座商城有限公司	百货零售	山东省泰安市
山东省东营市日用工业品公司	百货零售	山东省东营市
山东宏图三胞科技发展有限公司	计算机、软件及辅助设备零售	山东省济南市
东营市商业大厦有限责任公司	百货零售	山东省东营市
菏泽牡丹医药有限责任公司	药品零售	山东省菏泽市
银座集团股份有限公司菏泽银座商城	百货零售	山东省菏泽市
山东省德州泰康药业有限公司	药品零售	山东省德州市
日照日百商业有限公司	百货零售	山东省日照市

4-2 续表 27

企业名称	所属行业	企业所在地
山东儒原实业有限公司	百货零售	山东省泰安市
山东招金银楼有限公司	珠宝首饰零售	山东省烟台市
国药控股国大药房山东有限公司	药品零售	山东省临沂市
利群集团即墨商厦有限公司	百货零售	山东省青岛市
青岛新华书店有限责任公司	图书、报刊零售	山东省青岛市
山东泰山新合作商贸连锁有限公司	百货零售	山东省泰安市
诸城百盛商场有限责任公司	百货零售	山东省潍坊市
山东力威经贸有限公司	服装零售	山东省潍坊市
日照银座商城有限公司	百货零售	山东省日照市
潍坊广潍汽车销售服务有限公司	汽车零售	山东省潍坊市
山东爱客多商贸有限公司	超级市场零售	山东省济宁市
山东金都百货股份有限公司	百货零售	山东省烟台市
青岛春阳大润发商业有限公司	百货零售	山东省青岛市
山东金孚隆股份有限公司	超级市场零售	山东省潍坊市
青岛北方国贸集团股份有限公司	百货零售	山东省青岛市
济宁银座商城有限公司	百货零售	山东省济宁市
淄博信誉楼百货有限公司	百货零售	山东省淄博市
章丘东方冷库商贸有限公司	百货零售	山东省济南市
博兴县顾家老粗布市场有限责任公司	纺织品及针织品零售	山东省滨州市
邹城市百货大楼有限责任公司	百货零售	山东省济宁市
东营信誉楼百货有限公司	百货零售	山东省东营市
山东天成恒信科技大厦	计算机、软件及辅助设备零售	山东省东营市
青岛华润万家生活超市有限公司	超级市场零售	山东省青岛市
临沂市仁和堂医药(连锁)有限公司	药品零售	山东省临沂市
青岛家乐福商业有限公司	超级市场零售	山东省青岛市
莱芜信誉楼百货有限公司	超级市场零售	山东省莱芜市
山东梁山水泊商场	百货零售	山东省济宁市
济宁九龙贵和购物广场有限公司	日用家电设备零售	山东省济宁市
青岛润泰事业有限公司	超级市场零售	山东省青岛市
兖州九龙贵和购物广场有限公司	百货零售	山东省济宁市
山东十八乐超市有限公司莱芜店	超级市场零售	山东省莱芜市
淄博圣隆润发商业有限公司	超级市场零售	山东省淄博市
莒县五金交电化工有限公司	家用视听设备零售	山东省日照市
山东高速石化有限公司	机动车燃料零售	山东省济南市
利群集团莱州购物广场有限公司	超级市场零售	山东省烟台市
青岛十八家家悦超市有限公司	超级市场零售	山东省青岛市
苍山县宝庆超市有限公司	超级市场零售	山东省临沂市
潍坊世纪泰华福乐多超市有限公司	百货零售	山东省潍坊市
山东华润万家生活超市有限公司	超级市场零售	山东省济南市
山东省桓台县联华超市有限公司	超级市场零售	山东省淄博市
山东三信商贸股份有限公司	其他综合零售	山东省菏泽市
济南天桥大润发商业有限公司	超级市场零售	山东省济南市
山东乐拍商业有限公司	邮购及电视、电话零售	山东省济南市
山东奥德隆集团有限公司	百货零售	山东省淄博市
山东振华五星百货有限公司	百货零售	山东省聊城市
济南婴贝儿健康管理顾问有限公司	其他综合零售	山东省济南市
山东立健医药城连锁有限公司	药品零售	山东省烟台市
山东聊城振华量贩超市有限公司	超级市场零售	山东省聊城市
郓城县郓州百货大楼有限公司	超级市场零售	山东省菏泽市
淄博盈华置业有限公司惠仟佳购物广场	百货零售	山东省淄博市
利群集团青岛瑞泰购物广场有限公司	百货零售	山东省青岛市

4-2 续表 28

企业名称	所属行业	企业所在地
临邑信业商厦有限公司	家用视听设备零售	山东省德州市
济南市中大润发商业有限公司	超级市场零售	山东省济南市
文登家家悦超市有限公司	超级市场零售	山东省威海市
青岛百洋健康药房连锁有限公司	药品零售	山东省青岛市
泰安凌云经贸有限公司	百货零售	山东省泰安市
济南十八家家悦超市有限公司	超级市场零售	山东省济南市
济南居然之家家居建材市场有限公司泰安分公司	家具零售	山东省泰安市
青岛医保药品城有限公司	药品零售	山东省青岛市
济宁市广联医药连锁有限公司	药品零售	山东省济宁市
山东德州澳德乐购物中心有限公司	百货零售	山东省德州市
青岛胶州大润发商业有限公司	百货零售	山东省青岛市
银座集团德州商城有限公司	百货零售	山东省德州市
利群集团淄博购物广场有限公司	百货零售	山东省淄博市
青岛紫光药业有限公司	药品零售	山东省青岛市
青岛新快进出口有限公司	肉、禽、蛋、奶及水产品零售	山东省青岛市
山东德州扒鸡集团有限公司	肉、禽、蛋、奶及水产品零售	山东省德州市
济宁瑞尔福商贸有限公司	超级市场零售	山东省济宁市
滕州银座商城有限公司	百货零售	山东省枣庄市
青岛润泰事业有限公司临沂分公司	超级市场零售	山东省临沂市
济宁市中央百货有限责任公司	百货零售	山东省济宁市
银座集团临朐华兴商场有限公司	百货零售	山东省潍坊市
济宁大润发商业有限公司	百货零售	山东省济宁市
山东省莱芜市医药公司	药品零售	山东省莱芜市
诸城市蓝博湾商业有限公司	百货零售	山东省潍坊市
泰安深国投商用置业有限公司	百货零售	山东省泰安市
日照大润发商业有限公司	百货零售	山东省日照市
山东世纪泰华集团有限公司	百货零售	山东省潍坊市
枣庄市森博家具有限公司	家具零售	山东省枣庄市
潍坊金通医药有限公司	药品零售	山东省潍坊市
临朐县东郡市场服务有限公司	工艺美术品及收藏品零售	山东省潍坊市
青岛即墨振华大润发商业有限公司	超级市场零售	山东省青岛市
庆云县供销商厦	百货零售	山东省德州市
山东聊城亿沣连锁超市有限公司	超级市场零售	山东省聊城市
邹平供销大厦集团有限公司	百货零售	山东省滨州市
山东世纪开元电子商务有限公司	互联网零售	山东省济南市
莱芜大润发商业有限公司	超级市场零售	山东省莱芜市
莒南县开元百货有限公司	百货零售	山东省临沂市
青岛盛客隆购物广场有限公司	百货零售	山东省青岛市
河南省		
郑州丹尼斯百货有限公司	百货零售	河南省郑州市
河南大张实业有限公司	超级市场零售	河南省洛阳市
中国石化销售有限公司河南洛阳石油分公司	机动车燃料零售	河南省洛阳市
中国石化销售有限公司河南信阳石油分公司	机动车燃料零售	河南省信阳市
河南迪信通商贸有限公司	通信设备零售	河南省郑州市
许昌市胖东来商贸集团有限公司	百货零售	河南省许昌市
商丘市裕华汽车销售服务有限公司	汽车零售	河南省商丘市
西亚和美商业股份有限公司	超级市场零售	河南省信阳市
中国石油化工股份有限公司河南商丘分公司	机动车燃料零售	河南省商丘市
永辉超市河南有限公司	超级市场零售	河南省郑州市
郑州之星汽车销售服务有限公司	汽车零售	河南省郑州市
河南苏宁云商销售有限公司	日用家电设备零售	河南省郑州市

4-2 续表 29

企业名称	所属行业	企业所在地
郸城县城关供销社	其他综合零售	河南省周口市
商水县城关镇供销社	百货零售	河南省周口市
南阳市万德隆商贸有限责任公司	百货零售	河南省南阳市
中国石油天然气股份有限公司河南商丘销售分公司	机动车燃料零售	河南省商丘市
大商集团开封千盛购物广场有限公司	珠宝首饰零售	河南省开封市
中国石油化工股份有限公司河南濮阳石油分公司	机动车燃料零售	河南省濮阳市
河南张仲景大药房股份有限公司	药品零售	河南省郑州市
中国石油天然气股份有限公司河南洛阳销售分公司	机动车燃料零售	河南省洛阳市
光山县上官岗聚龙实业有限公司	家具零售	河南省信阳市
洛阳凯之旋市场管理有限公司	百货零售	河南省洛阳市
河南永乐生活电器有限公司	日用家电设备零售	河南省郑州市
大商集团许昌新玛特购物广场有限公司	百货零售	河南省许昌市
商丘恒昌汽车销售服务有限公司	汽车零售	河南省商丘市
光山县宏远羽绒销售有限公司	服装零售	河南省信阳市
漯河双汇商业连锁有限公司	肉、禽、蛋、奶及水产品零售	河南省漯河市
河南省国美电器有限公司	日用家电设备零售	河南省郑州市
洛阳丹尼斯量贩有限公司	超级市场零售	河南省洛阳市
中国石油天然气股份有限公司河南信阳销售分公司	机动车燃料零售	河南省信阳市
河南德信泉商贸有限公司	超级市场零售	河南省平顶山市
洛阳龙羽新都汇商业经营管理有限公司	百货零售	河南省洛阳市
沈丘县北郊供销社	百货零售	河南省周口市
洛阳王府井百货有限责任公司	百货零售	河南省洛阳市
永城煤电控股集团先帅百货有限责任公司	家用视听设备零售	河南省商丘市
郸城县安奇乐易商贸有限公司	超级市场零售	河南省周口市
河南华润万家生活超市有限公司	超级市场零售	河南省郑州市
驻马店市爱家量贩有限公司	超级市场零售	河南省驻马店市
栾川县长春商贸有限公司	超级市场零售	河南省洛阳市
濮阳市百姓量贩有限公司	超级市场零售	河南省濮阳市
光山县东圆聚神电子商务有限公司	互联网零售	河南省信阳市
许昌市胖东来(集团)华豫电器有限公司	日用家电设备零售	河南省许昌市
新乡市胖东来生活广场有限公司	超级市场零售	河南省新乡市
驻马店市天成汽车销售服务有限公司	汽车零售	河南省驻马店市
濮阳亿州商贸有限公司	家具零售	河南省濮阳市
河南世纪联华超市有限公司	超级市场零售	河南省郑州市
郑州维纳斯信息科技有限公司	互联网零售	河南省郑州市
临颍县小跃商贸有限公司	超级市场零售	河南省漯河市
大商集团(驻马店)新玛特购物广场有限公司	百货零售	河南省驻马店市
焦作新亚商厦有限责任公司	百货零售	河南省焦作市
罗山县华联超市有限责任公司	超级市场零售	河南省信阳市
南阳大统集团金玛特商贸有限公司	超级市场零售	河南省南阳市
郑州市易初莲花连锁超市有限公司	超级市场零售	河南省郑州市
河南中太石化有限责任公司	机动车燃料零售	河南省新乡市
河南乐语通讯器材有限公司	通信设备零售	河南省郑州市
河南万果园实业集团有限公司	超级市场零售	河南省周口市
焦作市百货大楼有限责任公司	百货零售	河南省焦作市
河南五星电器有限公司	日用家电设备零售	河南省郑州市
河南万宝股份有限公司	家用视听设备零售	河南省开封市
沃尔玛(河南)百货有限公司	百货零售	河南省郑州市
大商集团河南超市连锁发展有限公司	百货零售	河南省郑州市
河南百家好一生医药连锁有限公司	药品零售	河南省洛阳市
大商集团(新乡)新玛特购物广场有限公司	百货零售	河南省新乡市

4-2 续表 30

企业名称	所属行业	企业所在地
濮阳市华中汽车交易市场有限公司	汽车零售	河南省濮阳市
河南省裕隆时代百货有限公司	超级市场零售	河南省鹤壁市
河南丹尼斯百货有限公司	百货零售	河南省郑州市
西平县柏城商贸有限责任公司	百货零售	河南省驻马店市
驻马店市乐山商场实业有限公司	百货零售	河南省驻马店市
漯河国美电器有限公司	家用视听设备零售	河南省漯河市
新郑市万佳商业连锁有限公司	百货零售	河南省郑州市
河南航天家电股份有限公司	家用视听设备零售	河南省开封市
信阳市百家商业有限责任公司	百货零售	河南省信阳市
河南东之杰运动产业发展有限公司	体育用品及器材零售	河南省郑州市
河南正道思达连锁商业有限公司	超级市场零售	河南省郑州市
杞县红豆豆家世界超市	文具用品零售	河南省开封市
新乡市平原商场有限公司	百货零售	河南省新乡市
河南省郑州市新华书店有限公司	图书、报刊零售	河南省郑州市
郑州悦家商业有限公司	超级市场零售	河南省郑州市
焦作市交运东风汽车销售服务有限公司	汽车零售	河南省焦作市
固始西亚购物广场有限公司	超级市场零售	河南省信阳市
新乡市百货大楼有限责任公司	百货零售	河南省新乡市
洛阳钱江家具有限公司	家具零售	河南省洛阳市
漯河新玛特购物广场有限公司	百货零售	河南省漯河市
郸城县食品公司	肉、禽、蛋、奶及水产品零售	河南省周口市
鹿邑县鑫顺商贸有限公司	超级市场零售	河南省周口市
洛阳汉华商贸有限公司	超级市场零售	河南省洛阳市
焦作王府井百货有限责任公司	百货零售	河南省焦作市
镇平县医药公司	药品零售	河南省南阳市
郑州丹尼斯生活广场有限公司济源分公司	百货零售	河南省济源市
南阳新合作淅川县万客来商贸连锁有限责任公司	其他综合零售	河南省南阳市
国药控股国大药房河南连锁有限公司	药品零售	河南省平顶山市
周口同和堂医药有限公司	药品零售	河南省周口市
太康德银商贸城	服装零售	河南省周口市
湖北省		
三环集团有限公司	汽车零售	湖北省武汉市
武汉京东金德贸易有限公司	互联网零售	湖北省武汉市
武汉武商集团股份有限公司	百货零售	湖北省武汉市
中百控股集团股份有限公司	超级市场零售	湖北省武汉市
武汉屈臣氏个人用品商店有限公司	百货零售	湖北省武汉市
中国石油化工股份有限公司湖北武汉石油分公司	机动车燃料零售	湖北省武汉市
国药控股湖北有限公司	药品零售	湖北省武汉市
武汉京东世纪贸易有限公司	互联网零售	湖北省武汉市
中国石油天然气股份有限公司湖北武汉销售分公司	机动车燃料零售	湖北省武汉市
武汉工贸有限公司	日用家电设备零售	湖北省武汉市
武汉中商集团股份有限公司	百货零售	湖北省武汉市
湖北富迪实业股份有限公司	超级市场零售	湖北省仙桃市
湖北寿康永乐商贸集团有限公司	超级市场零售	湖北省十堰市
湖北高路油站经营有限责任公司	机动车燃料零售	湖北省武汉市
武汉苏宁云商销售有限公司	日用家电设备零售	湖北省武汉市
湖北威马楚通实业集团有限公司	汽车零售	湖北省武汉市
沃尔玛(湖北)商业零售有限公司	超级市场零售	湖北省武汉市
湖北黄商集团股份有限公司	百货零售	湖北省黄冈市
武汉国美电器有限公司	日用家电设备零售	湖北省武汉市
房县供销社资产经营管理有限公司	其他食品零售	湖北省十堰市

4-2 续表 31

企业名称	所属行业	企业所在地
十堰市新合作超市有限公司	超级市场零售	湖北省十堰市
荆门市东方百货大厦	超级市场零售	湖北省荆门市
群光实业(武汉)有限公司	百货零售	湖北省武汉市
湖北金城大厦(集团)实业公司	百货零售	湖北省荆门市
中国石油天然气股份有限公司湖北宜昌销售分公司	机动车燃料零售	湖北省宜昌市
湖北国贸大厦集团有限公司	珠宝首饰零售	湖北省宜昌市
中国石油化工股份有限公司湖北高速公路油站管理分公司	机动车燃料零售	湖北省武汉市
潜江市惠美家商贸有限公司	超级市场零售	湖北省潜江市
湖北良品铺子电子商务有限公司	其他食品零售	湖北省武汉市
武汉武商集团十堰市人民商场有限公司	超级市场零售	湖北省十堰市
湖北世纪愿景商贸有限公司	其他食品零售	湖北省武汉市
武汉汉福超市有限公司	超级市场零售	湖北省武汉市
湖北鑫园商贸有限公司	百货零售	湖北省潜江市
中国石油天然气股份有限公司湖北孝感销售分公司	机动车燃料零售	湖北省孝感市
中国石油天然气股份有限公司湖北销售分公司仙桃沔阳大道加	机动车燃料零售	湖北省仙桃市
武汉大润发江汉超市发展有限公司	超级市场零售	湖北省武汉市
湖北孝武电器集团有限公司	日用家电设备零售	湖北省孝感市
中百仓储孝感购物广场有限公司	百货零售	湖北省孝感市
武汉市汉商集团股份有限公司	百货零售	湖北省武汉市
湖北良品铺子食品有限公司	其他食品零售	湖北省武汉市
湖北三环盛通汽车有限公司	汽车零售	湖北省武汉市
百丽鞋业(武汉)有限公司	鞋帽零售	湖北省武汉市
道达尔石油(武汉)有限公司	机动车燃料零售	湖北省武汉市
湖北骏马贸易有限公司	汽车零售	湖北省武汉市
宜昌万富工贸有限责任公司	超级市场零售	湖北省宜昌市
湖北竞速商贸有限公司	鞋帽零售	湖北省武汉市
宜昌北山商业连锁有限责任公司	超级市场零售	湖北省宜昌市
湖北杰之行体育产业发展股份有限公司	服装零售	湖北省武汉市
湖北银泰仙桃商城大厦有限公司	百货零售	湖北省仙桃市
湖北奥莱商贸有限公司	家具零售	湖北省咸宁市
宜昌大洋百货有限公司	珠宝首饰零售	湖北省宜昌市
枝江市鸭子口安全蔬菜专业合作社	果品、蔬菜零售	湖北省宜昌市
湖北银泰新世纪购物中心有限公司	百货零售	湖北省随州市
浠水县鄂东农产品贸易有限责任公司	超级市场零售	湖北省黄冈市
武汉三新书业有限公司	图书、报刊零售	湖北省武汉市
武汉宜家家居有限公司	家具零售	湖北省武汉市
湖北顺泰商贸有限公司	超级市场零售	湖北省随州市
武汉鲁巷广场购物中心	百货零售	湖北省武汉市
湖北雅斯连锁商业有限公司	超级市场零售	湖北省宜昌市
湖北长江大药房有限公司	药品零售	湖北省荆州市
湖北孝商股份有限公司	百货零售	湖北省孝感市
武汉市富盟商贸有限公司	超级市场零售	湖北省武汉市
襄阳天济大药房连锁有限责任公司	药品零售	湖北省襄阳市
襄阳鼓楼商场股份有限公司	其他综合零售	湖北省襄阳市
湖北航天信息技术有限公司	计算机、软件及辅助设备零售	湖北省武汉市
武商黄石购物中心管理有限公司	百货零售	湖北省黄石市
襄阳市好邻居连锁超市有限公司	超级市场零售	湖北省襄阳市
永旺(湖北)商业有限公司	超级市场零售	湖北省武汉市
沃尔玛深国投百货有限公司武汉中山大道分店	超级市场零售	湖北省武汉市
十堰亨运集团汽车销售服务有限公司	汽车零售	湖北省十堰市

4-2 续表 32

企业名称	所属行业	企业所在地
武汉天利阁服饰有限责任公司	服装零售	湖北省武汉市
襄樊佳邻超市有限公司	超级市场零售	湖北省襄阳市
枝江市枝农果品专业合作社	果品、蔬菜零售	湖北省宜昌市
武汉奇米网络科技有限公司	互联网零售	湖北省武汉市
中百仓储恩施购物广场有限公司	百货零售	湖北省恩施土家族苗族自治州
武商仙桃购物中心管理有限公司	百货零售	湖北省仙桃市
宜城市千禧烟花爆竹有限责任公司	其他未列明零售业	湖北省襄阳市
湖北金药堂大药房连锁有限公司	药品零售	湖北省武汉市
黄商麻城购物中心	超级市场零售	湖北省黄冈市
恩施自治州好又多商贸股份有限公司	超级市场零售	湖北省恩施土家族苗族自治州
湖北孩子王儿童用品有限公司	其他综合零售	湖北省武汉市
老百姓大药房连锁(湖北)有限公司	药品零售	湖北省武汉市
湖北贝贝熊母婴用品有限公司	服装零售	湖北省武汉市
中百仓储随州购物广场有限公司	百货零售	湖北省随州市
武汉新华书店股份有限公司	图书、报刊零售	湖北省武汉市
中百仓储黄石购物广场有限公司	超级市场零售	湖北省黄石市
湖北美尔雅销售有限公司	服装零售	湖北省黄石市
武汉华罗利物业管理有限公司	其他日用品零售	湖北省武汉市
武汉中商团结销品茂管理有限公司	百货零售	湖北省武汉市
襄阳市天天福超市有限公司	百货零售	湖北省襄阳市
荆州大润发商业有限公司	超级市场零售	湖北省荆州市
沃尔玛(湖北)百货有限公司	超级市场零售	湖北省武汉市
武汉美特斯邦威服饰有限公司	服装零售	湖北省武汉市
武汉市仟吉食品销售有限公司	糕点、面包零售	湖北省武汉市
湖北黄商超市有限公司	超级市场零售	湖北省黄冈市
湖南省		
步步高商业连锁股份有限公司	超级市场零售	湖南省湘潭市
中国石化销售有限公司湖南长沙石油分公司	机动车燃料零售	湖南省长沙市
湖南家润多超市有限公司	超级市场零售	湖南省长沙市
湖南友谊阿波罗商业股份有限公司	百货零售	湖南省长沙市
兴盛社区网络服务股份有限公司	超级市场零售	湖南省益阳市
国药控股湖南有限公司	药品零售	湖南省长沙市
中海油湖南销售有限公司	机动车燃料零售	湖南省长沙市
长沙通程控股股份有限公司	百货零售	湖南省长沙市
中国石化湖南衡阳分公司	机动车燃料零售	湖南省衡阳市
中国石油天然气股份有限公司湖南长沙销售分公司	机动车燃料零售	湖南省长沙市
湖南博瑞新特药有限公司	药品零售	湖南省长沙市
中国石油化工股份有限公司湖南株洲石油分公司	机动车燃料零售	湖南省株洲市
中国石油化工股份有限公司湖南郴州石油分公司	机动车燃料零售	湖南省郴州市
中国石化销售有限公司湖南石油高速分公司	机动车燃料零售	湖南省长沙市
中国石油化工股份有限公司湖南岳阳石油分公司	机动车燃料零售	湖南省岳阳市
中国石化销售有限公司湖南常德石油分公司	机动车燃料零售	湖南省常德市
中国石化销售有限公司湖南怀化石油分公司	机动车燃料零售	湖南省怀化市
中国石油化工股份有限公司湖南邵阳石油分公司	机动车燃料零售	湖南省邵阳市
中国石油化工股份有限公司湖南永州石油分公司	机动车燃料零售	湖南省永州市
快乐购物股份有限公司	其他文化用品零售	湖南省长沙市
中国石油化工股份有限公司湖南湘潭石油分公司	机动车燃料零售	湖南省湘潭市
中国石油化工股份有限公司湖南湘西分公司	机动车燃料零售	湖南省湘西土家族苗族自治州
中国石油化工股份有限公司湖南娄底石油分公司	机动车燃料零售	湖南省娄底市
湖南佳惠百货有限责任公司	超级市场零售	湖南省怀化市

4-2 续表 33

企业名称	所属行业	企业所在地
平和堂(中国)有限公司	百货零售	湖南省长沙市
株洲百货股份有限公司	百货零售	湖南省株洲市
中石化湖南益阳石油分公司	机动车燃料零售	湖南省益阳市
益丰大药房连锁股份有限公司	药品零售	湖南省常德市
长沙步步高商业连锁有限责任公司	超级市场零售	湖南省长沙市
株洲东都步步高商业连锁有限责任公司	百货零售	湖南省株洲市
湖南苏宁云商有限公司	家用视听设备零售	湖南省长沙市
中化石油湖南有限公司	机动车燃料零售	湖南省长沙市
老百姓大药房连锁股份有限公司	药品零售	湖南省长沙市
湖南国中医药有限公司	药品零售	湖南省长沙市
长沙王府井百货有限责任公司	百货零售	湖南省长沙市
中国石油化工股份有限公司湖南张家界石油分公司	机动车燃料零售	湖南省张家界市
衡阳步步高商业连锁有限责任公司	超级市场零售	湖南省衡阳市
王一实业集团衡阳香江百货有限公司	百货零售	湖南省衡阳市
湖南丰彩实业发展有限公司	超级市场零售	湖南省常德市
湖南华润万家生活超市有限公司	粮油零售	湖南省长沙市
湖南国美电器有限公司	日用家电设备零售	湖南省长沙市
永州步步高商业连锁有限责任公司	超级市场零售	湖南省永州市
湖南省新华书店有限责任公司永州市分公司	图书、报刊零售	湖南省永州市
湖南省新华书店有限责任公司郴州市分公司	图书、报刊零售	湖南省郴州市
醴陵市家佳旺超市有限公司	超级市场零售	湖南省株洲市
长沙天潮汽车股份有限公司	汽车零售	湖南省长沙市
长沙屈臣氏个人用品商店有限公司	化妆品及卫生用品零售	湖南省长沙市
湖南千金大药房连锁有限公司	药品零售	湖南省长沙市
怀化步步高商业连锁有限责任公司	超级市场零售	湖南省怀化市
湖南海翼电子商务有限公司	互联网零售	湖南省长沙市
常德步步高商业连锁有限责任公司	百货零售	湖南省常德市
湖南贝贝熊母婴用品有限公司	其他综合零售	湖南省长沙市
湖南郴州步步高连锁超市有限责任公司	超级市场零售	湖南省郴州市
汉寿县金湾购物广场有限公司	超级市场零售	湖南省常德市
湖南乐语通讯设备有限公司	通信设备零售	湖南省长沙市
邵阳县伍凌贸易有限责任公司	百货零售	湖南省邵阳市
湖南梅尼超市股份有限公司	百货零售	湖南省张家界市
长沙市人人乐商业有限公司	百货零售	湖南省长沙市
长沙市天虹百货有限公司	百货零售	湖南省长沙市
娄底市天客超市有限责任公司	超级市场零售	湖南省娄底市
湖南步步高连锁超市益阳有限责任公司	超级市场零售	湖南省益阳市
沃尔玛(湖南)商业零售有限公司	超级市场零售	湖南省长沙市
长沙家乐福超市有限责任公司	超级市场零售	湖南省长沙市
长沙咿呀实业有限公司	其他食品零售	湖南省长沙市
长沙路口物资供销有限公司	百货零售	湖南省长沙市
湖南六三六连锁管理有限公司	烟草制品零售	湖南省长沙市
百丽鞋业(长沙)有限公司	鞋帽零售	湖南省长沙市
郴州拓普电器有限公司	日用家电设备零售	湖南省郴州市
湖南中南富森工贸有限公司	百货零售	湖南省衡阳市
张家界步步高商业连锁有限责任公司	超级市场零售	湖南省张家界市
衡阳连卡福名品管理有限公司	百货零售	湖南省衡阳市
张家界绿航果业有限公司	果品、蔬菜零售	湖南省张家界市
常德大润发商业有限公司	超级市场零售	湖南省常德市
怀化怀仁大药房连锁有限公司	药品零售	湖南省怀化市

4-2 续表 34

企业名称	所属行业	企业所在地
长沙海信广场实业有限公司	百货零售	湖南省长沙市
长沙润良商业有限公司	超级市场零售	湖南省长沙市
沃尔玛深国投百货有限公司岳阳巴陵中路分店	超级市场零售	湖南省岳阳市
沃尔玛深国投百货有限公司娄底春园分店	百货零售	湖南省娄底市
湖南万佳利超市有限公司	超级市场零售	湖南省长沙市
湖南云田园林市政建设集团有限公司	其他日用品零售	湖南省株洲市
湖南省邵阳县百货公司	百货零售	湖南省邵阳市
临湘市泰盛贸易有限公司	五金零售	湖南省岳阳市
广东省		
广州晶东贸易有限公司	互联网零售	广东省广州市
广物汽贸股份有限公司	汽车零售	广东省广州市
华润万家有限公司	超级市场零售	广东省深圳市
中国石化销售有限公司广东广州石油分公司	机动车燃料零售	广东省广州市
佛山市顺德区乐从供销集团有限公司	超级市场零售	广东省佛山市
深圳沃尔玛百货零售有限公司	百货零售	广东省深圳市
天虹商场股份有限公司	百货零售	广东省深圳市
唯品会(肇庆)电子商务有限公司	互联网零售	广东省肇庆市
广东骏和通信设备连锁销售有限公司	通信设备零售	广东省广州市
广东合诚集团有限公司	汽车零售	广东省佛山市
深圳市环球易购电子商务有限公司	互联网零售	广东省深圳市
中国石化销售有限公司广东东莞石油分公司	机动车燃料零售	广东省东莞市
广东鸿粤汽车销售集团有限公司	汽车零售	广东省广州市
中海油销售深圳有限公司	机动车燃料零售	广东省深圳市
广州易初莲花连锁超市有限公司	超级市场零售	广东省广州市
广东苏宁云商销售有限公司	家用视听设备零售	广东省广州市
广东新协力集团有限公司	汽车零售	广东省佛山市
华润万家生活超市(广州)有限公司	超级市场零售	广东省广州市
中国石油化工股份有限公司广东惠州石油分公司	机动车燃料零售	广东省惠州市
惠州酷友网络科技有限公司	互联网零售	广东省惠州市
中油碧辟石油有限公司广州分公司	机动车燃料零售	广东省广州市
广州市国美电器有限公司	日用家电设备零售	广东省广州市
广州屈臣氏个人用品商店有限公司	超级市场零售	广东省广州市
中国石化销售有限公司广东茂名石油分公司	机动车燃料零售	广东省茂名市
中域电讯连锁集团股份有限公司	通信设备零售	广东省东莞市
中国石化销售有限公司广东江门石油分公司	机动车燃料零售	广东省江门市
广东永旺天河城商业有限公司	百货零售	广东省广州市
广州市广百股份有限公司	百货零售	广东省广州市
中国石化销售有限公司广东湛江石油分公司	机动车燃料零售	广东省湛江市
深圳市分期乐网络科技有限公司	其他电子产品零售	广东省深圳市
中国石化销售有限公司广东中山石油分公司	机动车燃料零售	广东省中山市
深圳茂业商厦有限公司	百货零售	广东省深圳市
深圳市苏宁云商销售有限公司	日用家电设备零售	广东省深圳市
大参林医药集团股份有限公司	药品零售	广东省广州市
中国石油天然气股份有限公司广东广州销售分公司	机动车燃料零售	广东省广州市
东莞东风南方汽车销售服务有限公司	汽车零售	广东省东莞市
延长壳牌(广东)石油有限公司	机动车燃料零售	广东省广州市
中石化工股份有限公司广东肇庆石油分公司	机动车燃料零售	广东省肇庆市
广州百佳超级市场有限公司	超级市场零售	广东省广州市
深圳市顺电连锁股份有限公司	日用家电设备零售	广东省深圳市
中国石化销售有限公司广东河源石油分公司	机动车燃料零售	广东省河源市

4-2 续表 35

企业名称	所属行业	企业所在地
深圳东风南方汽车销售服务有限公司	汽车零售	广东省深圳市
广东省邮政公司深圳市分公司	图书、报刊零售	广东省深圳市
深圳市人人乐商业有限公司	超级市场零售	广东省深圳市
中国石油化工股份有限公司广东阳江石油分公司	机动车燃料零售	广东省阳江市
中国石化销售有限公司广东珠海石油分公司	机动车燃料零售	广东省珠海市
中国石油化工股份有限公司广东梅州石油分公司	机动车燃料零售	广东省梅州市
深圳市国美电器有限公司	日用家电设备零售	广东省深圳市
中油碧辟石油有限公司东莞分公司	机动车燃料零售	广东省东莞市
广东壹加壹商业连锁有限公司	百货零售	广东省中山市
永旺华南商业有限公司	百货零售	广东省深圳市
广东赛壹便利店有限公司	超级市场零售	广东省广州市
百朗商贸(深圳)有限公司	鞋帽零售	广东省深圳市
东莞市嘉荣超市有限公司	超级市场零售	广东省东莞市
深圳百丽商贸有限公司	鞋帽零售	广东省深圳市
深圳玛丝菲尔时装有限公司	服装零售	广东省深圳市
沃尔玛(深圳)百货有限公司	其他综合零售	广东省深圳市
广州友谊集团有限公司	百货零售	广东省广州市
广东粤宝汽车销售服务有限公司	汽车零售	广东省广州市
深圳市亨吉利世界名表中心有限公司	钟表、眼镜零售	广东省深圳市
深圳市恒波商业连锁股份有限公司	通信设备零售	广东省深圳市
无限极(中国)有限公司广州分公司	营养和保健品零售	广东省广州市
沃尔玛(广东)商业零售有限公司	超级市场零售	广东省广州市
深圳汇洁集团股份有限公司	服装零售	广东省深圳市
深圳市国有免税商品(集团)有限公司	烟草制品零售	广东省深圳市
中国石化销售有限公司广东云浮石油分公司	机动车燃料零售	广东省云浮市
中经汇通电子商务有限公司	互联网零售	广东省广州市
广州友谊班尼路服饰有限公司	服装零售	广东省广州市
深圳岁宝百货有限公司	百货零售	广东省深圳市
中国石化销售有限公司广东揭阳石油分公司	机动车燃料零售	广东省揭阳市
珠海市免税企业集团有限公司	百货零售	广东省珠海市
东莞市东奥汽车服务有限公司	汽车零售	广东省东莞市
广东万宁连锁商业有限公司	其他综合零售	广东省广州市
华润万家生活超市(珠海)有限公司	百货零售	广东省珠海市
佛山市苏宁云商销售有限公司	日用家电设备零售	广东省佛山市
广州市龙星行汽车销售服务有限公司	汽车零售	广东省广州市
广东康爱多连锁药店有限公司	药品零售	广东省广州市
深圳市宝骏汽车销售服务有限公司	汽车零售	广东省深圳市
广东壹号食品股份有限公司	肉、禽、蛋、奶及水产品零售	广东省湛江市
深圳宝源行汽车销售服务有限公司	汽车零售	广东省深圳市
深圳市百佳华百货有限公司	百货零售	广东省深圳市
深圳走秀网络科技有限公司	互联网零售	广东省深圳市
中国石油天然气股份有限公司广东肇庆分公司	机动车燃料零售	广东省肇庆市
广州市好又多百货商业广场有限公司	百货零售	广东省广州市
深圳家乐福商业有限公司	超级市场零售	广东省深圳市
深圳市仁孚特力汽车服务有限公司	汽车零售	广东省深圳市
深圳岁宝连锁商业发展有限公司	百货零售	广东省深圳市
深圳市海王星辰健康药房连锁有限公司	药品零售	广东省深圳市
广州沃尔玛百货有限公司	超级市场零售	广东省广州市
深圳宜家家居有限公司	家具零售	广东省深圳市
广州家广超市有限公司	超级市场零售	广东省广州市

4-2 续表 36

企业名称	所属行业	企业所在地
深圳市中恒国信通信科技有限公司	通信设备零售	广东省深圳市
中国石油天然气股份有限公司广东江门销售分公司	机动车燃料零售	广东省江门市
中油碧辟石油有限公司江门分公司	机动车燃料零售	广东省江门市
美心食品(广州)有限公司	糕点、面包零售	广东省广州市
中油碧辟石油有限公司惠州分公司	机动车燃料零售	广东省惠州市
深圳出版发行集团公司	图书、报刊零售	广东省深圳市
广州市国美电器有限公司佛山分公司	日用家电设备零售	广东省佛山市
珠海市蓝海之略医疗股份有限公司	医疗用品及器材零售	广东省珠海市
深圳市影儿服饰有限公司	服装零售	广东省深圳市
江门华润万家生活超市有限公司	百货零售	广东省江门市
东莞市时尚电器有限公司	日用家电设备零售	广东省东莞市
广州市凯捷商业有限公司	鞋帽零售	广东省广州市
广州市金佳信通信产品发展有限公司	通信设备零售	广东省广州市
绰琪服装(深圳)有限公司	服装零售	广东省深圳市
深圳市安奈儿股份有限公司	服装零售	广东省深圳市
茂名大参林连锁药店有限公司	药品零售	广东省茂名市
沃尔玛(东莞)商业零售有限公司	超级市场零售	广东省东莞市
中国石油天然气股份有限公司广东惠州销售分公司	机动车燃料零售	广东省惠州市
广东龙粤通信设备集团有限公司	通信设备零售	广东省广州市
广州市锦龙汽车发展有限公司	汽车零售	广东省广州市
广州市汇美时尚集团股份有限公司	服装零售	广东省广州市
遂溪县供销合作联社	其他综合零售	广东省湛江市
金利来(中国)有限公司广州分公司	服装零售	广东省广州市
深圳百安居装饰建材有限公司	其他室内装饰材料零售	广东省深圳市
深圳市锦龙汽车贸易有限公司	汽车零售	广东省深圳市
深圳市珂莱蒂尔服饰有限公司	服装零售	广东省深圳市
广州宜家家居有限公司	家具零售	广东省广州市
佛山大参林连锁药店有限公司	药品零售	广东省佛山市
深圳市娜尔思时装有限公司	服装零售	广东省深圳市
广东永旺天河城商业有限公司佛山东方广场分公司	超级市场零售	广东省佛山市
广东广安冠德石化有限公司	机动车燃料零售	广东省广州市
深圳臻乔时装有限公司	服装零售	广东省深圳市
康泽药业连锁有限公司	药品零售	广东省汕头市
佛山市顺德区港华燃气有限公司	生活用燃料零售	广东省佛山市
茂名市明湖百货有限公司	超级市场零售	广东省茂名市
中山市华润万家便利超市有限公司	超级市场零售	广东省中山市
深圳前海全棉时代电子商务有限公司	互联网零售	广东省深圳市
宏珏高级时装股份有限公司	服装零售	广东省深圳市
广州摩登百货股份有限公司	百货零售	广东省广州市
郁南广东温氏家禽有限公司饲料厂	肉、禽、蛋、奶及水产品零售	广东省云浮市
佛山市顺客隆商业有限公司	超级市场零售	广东省佛山市
惠州市天虹商场有限公司	百货零售	广东省惠州市
深圳虎威制衣有限公司广州分公司	服装零售	广东省广州市
珠海市泰锋电业有限公司	家用视听设备零售	广东省珠海市
东莞市天和商贸有限公司	百货零售	广东省东莞市
海球(广州)商业有限公司	服装零售	广东省广州市
深圳市昊天林实业有限公司	汽车零售	广东省深圳市
广州市福满家连锁便利店有限公司	其他综合零售	广东省广州市
广州市百丽鞋业有限公司	鞋帽零售	广东省广州市
特易购商业(广东)有限公司	百货零售	广东省广州市

4-2 续表 37

企业名称	所属行业	企业所在地
广州卡奴迪路服饰股份有限公司	服装零售	广东省广州市
东莞沃尔玛百货有限公司	超级市场零售	广东省东莞市
拉珂帝服饰(深圳)有限公司	服装零售	广东省深圳市
国药控股国大药房(深圳)连锁有限公司	药品零售	广东省深圳市
广州市田美润福商业有限公司	百货零售	广东省广州市
广东海航乐万家连锁超市本部	超级市场零售	广东省梅州市
东莞市天虹商场有限公司	百货零售	广东省东莞市
广州初语服装设计有限公司	服装零售	广东省广州市
广州市宏丽有限公司	超级市场零售	广东省广州市
佛山市西伍服饰有限公司	互联网零售	广东省佛山市
佛山市顺德区大润发商业有限公司	超级市场零售	广东省佛山市
广东益华百货有限公司	百货零售	广东省中山市
广东胜佳超市有限公司	百货零售	广东省广州市
沃尔玛(珠海)商业零售有限公司	百货零售	广东省珠海市
中山市中山国美电器有限公司	家用视听设备零售	广东省中山市
中山市歌慕服装有限公司	服装零售	广东省中山市
东莞市苏宁云商销售有限公司	日用家电设备零售	广东省东莞市
佛山市顺德区大参林药业有限公司	药品零售	广东省佛山市
深圳市深燃石油气有限公司	其他未列明零售业	广东省深圳市
深圳市大润发商业有限公司	百货零售	广东省深圳市
佛山市南海区华南通商贸发展有限公司	百货零售	广东省佛山市
广州七乐康药业连锁有限公司	药品零售	广东省广州市
广州健民医药连锁有限公司	药品零售	广东省广州市
江门市蓬江区大昌超市有限公司	超级市场零售	广东省江门市
肇庆天天邦健医药连锁有限公司	药品零售	广东省肇庆市
迪卡侬(广州)体育用品有限公司	体育用品及器材零售	广东省广州市
广州赫斯汀服饰有限公司	服装零售	广东省广州市
深圳市方太厨具有限公司	日用家电设备零售	广东省深圳市
广州喜市多便利连锁有限公司	其他综合零售	广东省广州市
八马茶业股份有限公司	酒、饮料及茶叶零售	广东省深圳市
中山市中智大药房连锁有限公司	药品零售	广东省中山市
深圳华盛商业发展有限公司	服装零售	广东省深圳市
卡尔丹顿服饰股份有限公司	服装零售	广东省深圳市
中山市信和商业连锁有限公司	超级市场零售	广东省中山市
东莞家乐福商业有限公司	超级市场零售	广东省东莞市
惠州市万佳百货有限公司	百货零售	广东省惠州市
广东小冰火人网络科技股份有限公司	日用家电设备零售	广东省佛山市
东莞市顺利汽车贸易有限公司	汽车零售	广东省东莞市
深圳乐荣超市有限公司	超级市场零售	广东省深圳市
广州市美轮汽车有限公司	汽车零售	广东省广州市
广州市新华书店集团有限公司	图书、报刊零售	广东省广州市
永旺中国商业有限公司顺德分公司	超级市场零售	广东省佛山市
青岛润泰事业有限公司东莞大朗分公司	超级市场零售	广东省东莞市
广东赛壹便利店有限公司深圳分公司	其他综合零售	广东省深圳市
惠州市丽日购物广场有限公司	百货零售	广东省惠州市
广州市好又多新港百货商业有限公司	超级市场零售	广东省广州市
广东香恋鞋业股份有限公司	鞋帽零售	广东省惠州市
韶关市大润发商业有限公司	超级市场零售	广东省韶关市
广州市西亚兴安商业有限公司	超级市场零售	广东省广州市
深圳市永辉超市有限公司	超级市场零售	广东省深圳市

4-2 续表 38

企业名称	所属行业	企业所在地
喜威(佛山)液化石油气有限公司	生活用燃料零售	广东省佛山市
深圳市好又多量贩百货有限公司	超级市场零售	广东省深圳市
广州康诚商业有限公司	超级市场零售	广东省广州市
广州购书中心有限公司	图书、报刊零售	广东省广州市
广州新居网家居科技有限公司	计算机、软件及辅助设备零售	广东省广州市
广州市润平商业有限公司	百货零售	广东省广州市
肇庆市大润发商业发展有限公司	超级市场零售	广东省肇庆市
深圳宜和股份有限公司	邮购及电视、电话零售	广东省深圳市
佛山市润国商业有限公司	超级市场零售	广东省佛山市
阳江大润发商业有限公司	百货零售	广东省阳江市
江门大参林药店有限公司	药品零售	广东省江门市
湛江大参林连锁药店有限公司	药品零售	广东省湛江市
昆山润华商业有限公司潮州分公司	百货零售	广东省潮州市
深圳市国惠康实业发展有限公司	超级市场零售	广东省深圳市
利信达商业(中国)有限公司	服装零售	广东省广州市
博士眼镜连锁股份有限公司	钟表、眼镜零售	广东省深圳市
华润万家生活超市(中山)有限公司	超级市场零售	广东省中山市
深圳康润华商贸有限公司	百货零售	广东省深圳市
深圳市钱大妈农产品有限公司	肉、禽、蛋、奶及水产品零售	广东省深圳市
昆山润华商业有限公司中山分公司	超级市场零售	广东省中山市
深圳市金海马电子商务有限公司	互联网零售	广东省深圳市
深圳玛丝菲尔噢姆服饰有限公司	服装零售	广东省深圳市
广州市海王星辰医药连锁有限公司	药品零售	广东省广州市
昆山润华商业有限公司中山小榄分公司	百货零售	广东省中山市
广东聚盛药业集团凯德药品连锁有限公司	药品零售	广东省汕头市
广州市好又多(天利)百货商业有限公司	超级市场零售	广东省广州市
中山市欧珀通讯设备有限公司	通信设备零售	广东省中山市
惠州市人人乐商业有限公司	百货零售	广东省惠州市
沃尔玛(深圳)商业零售有限公司	超级市场零售	广东省深圳市
沃尔玛深国投百货有限公司惠州演达路分店	超级市场零售	广东省惠州市
珠海市嘉宝华健康药房连锁股份有限公司	药品零售	广东省珠海市
东莞喜威液化石油气有限公司	生活用燃料零售	广东省东莞市
东莞虎门大润发商贸有限公司	超级市场零售	广东省东莞市
广东吉之岛天贸百货有限公司珠海扬名广场分公司	百货零售	广东省珠海市
湛江市霞山昌大昌超级购物广场有限公司	超级市场零售	广东省湛江市
广州润增商贸有限公司	超级市场零售	广东省广州市
清远市大润发商业有限公司	百货零售	广东省清远市
普宁市美佳乐购物广场有限公司	百货零售	广东省揭阳市
深圳市百森鞋业有限公司	鞋帽零售	广东省深圳市
佛山市南海润良商业有限公司	超级市场零售	广东省佛山市
东莞市国贸超级市场有限公司	超级市场零售	广东省东莞市
梅州市喜多多超市连锁有限公司	超级市场零售	广东省梅州市
深圳市易天移动数码连锁有限公司	通信设备零售	广东省深圳市
广州市8字连锁店有限公司	粮油零售	广东省广州市
东莞樟木头大润发商业有限公司	超级市场零售	广东省东莞市
东莞市大参林连锁药店有限公司	药品零售	广东省东莞市
清远大参林连锁药店有限公司	药品零售	广东省清远市
东莞市华美乐建材超市有限公司	陶瓷、石材装饰材料零售	广东省东莞市
佛山市三水日日升商业连锁有限公司	超级市场零售	广东省佛山市
阳江市江城商业集团公司	百货零售	广东省阳江市

4-2 续表 39

企业名称	所属行业	企业所在地
佛山市顺德区金百惠贸易有限公司	超级市场零售	广东省佛山市
广东东明股份有限公司	超级市场零售	广东省韶关市
广东绿瘦电子商务有限公司	互联网零售	广东省广州市
深圳市生活本色实业有限公司	其他日用品零售	广东省深圳市
深圳市中联大药房有限公司	药品零售	广东省深圳市
国药控股国大药房江门连锁有限公司	药品零售	广东省江门市
广东天天商场有限公司	超级市场零售	广东省佛山市
中山市大参林连锁药业有限公司	药品零售	广东省中山市
广西壮族自治区		
广西柳州医药股份有限公司	药品零售	广西壮族自治区柳州市
南宁百货大楼股份有限公司	百货零售	广西壮族自治区南宁市
广西南宁梦之岛百货有限公司	百货零售	广西壮族自治区南宁市
广西南宁梦之岛水晶城百货有限公司	百货零售	广西壮族自治区南宁市
南宁国美电器有限公司	日用家电设备零售	广西壮族自治区南宁市
广西苏宁云商销售有限公司	日用家电设备零售	广西壮族自治区南宁市
南宁柏联百盛商业有限公司	百货零售	广西壮族自治区南宁市
玉林金城商厦有限责任公司	百货零售	广西壮族自治区玉林市
桂林微笑堂实业发展有限公司	百货零售	广西壮族自治区桂林市
广西联华超市股份有限公司	超级市场零售	广西壮族自治区柳州市
南宁市人人乐商业有限公司	超级市场零售	广西壮族自治区南宁市
广西钜荣汽车销售服务有限公司	汽车零售	广西壮族自治区南宁市
广西南城百货有限责任公司	超级市场零售	广西壮族自治区南宁市
广西华润万家生活超市有限公司	百货零售	广西壮族自治区南宁市
沃尔玛(广西)商业零售有限公司	百货零售	广西壮族自治区南宁市
柳州桂中大药房连锁有限责任公司	药品零售	广西壮族自治区柳州市
柳州五星百货股份有限公司	百货零售	广西壮族自治区柳州市
桂林市南城百货有限公司	超级市场零售	广西壮族自治区桂林市
柳州工贸大厦股份有限公司	百货零售	广西壮族自治区柳州市
柳州五菱新事业发展有限责任公司	汽车零售	广西壮族自治区柳州市
北海大润发商业有限公司	超级市场零售	广西壮族自治区北海市
老百姓大药房连锁(广西)有限公司	药品零售	广西壮族自治区南宁市
北海和安贸易有限责任公司	百货零售	广西壮族自治区北海市
广西鸿翔一心堂药业有限责任公司	药品零售	广西壮族自治区南宁市
广西贵港市华隆超市有限公司	超级市场零售	广西壮族自治区贵港市
桂林市华荣自选商店有限责任公司	超级市场零售	广西壮族自治区桂林市
广西利客隆超市有限公司	超级市场零售	广西壮族自治区南宁市
广西百朗体育用品有限公司	体育用品及器材零售	广西壮族自治区南宁市
桂林百货大楼股份有限公司	百货零售	广西壮族自治区桂林市
柳州润平商业有限公司	超级市场零售	广西壮族自治区柳州市
南宁屈臣氏个人用品商店有限公司	化妆品及卫生用品零售	广西壮族自治区南宁市
广西通用商贸有限公司	超级市场零售	广西壮族自治区玉林市
广西南百超市有限公司	超级市场零售	广西壮族自治区南宁市
广西航天信息技术有限公司	其他未列明零售业	广西壮族自治区南宁市
玉林润平商业有限公司	超级市场零售	广西壮族自治区玉林市
广西贺州市泰兴连锁超市有限责任公司	超级市场零售	广西壮族自治区贺州市
海南省		
中国石化销售有限公司海南石油分公司	机动车燃料零售	海南省海口市
中免集团三亚市内免税店有限公司	化妆品及卫生用品零售	海南省三亚市
中国石油天然气股份有限公司海南销售分公司	机动车燃料零售	海南省海口市
海免海口美兰机场免税店有限公司	百货零售	海南省海口市

4-2 续表 40

企业名称	所属行业	企业所在地
海南望海国际商业广场有限公司	百货零售	海南省海口市
海口家乐福商业有限公司	超级市场零售	海南省海口市
海口国兴大润发商业有限公司	超级市场零售	海南省海口市
海南大润发商业有限公司	超级市场零售	海南省海口市
海南美都贸易有限公司	日用家电设备零售	海南省海口市
广州市国美电器有限公司海南分公司	日用家电设备零售	海南省海口市
海南龙昆大润发商业有限公司	超级市场零售	海南省海口市
海南联合广安堂药品超市连锁经营有限公司	药品零售	海南省海口市
海南旺佳旺商贸有限公司	超级市场零售	海南省海口市
重庆市		
重庆百货大楼股份有限公司	百货零售	重庆市渝中区
重庆铠恩国际家居名都经营有限公司	家具零售	重庆市巴南区
重庆永辉超市有限公司	超级市场零售	重庆市江北区
重庆医药(集团)股份有限公司	药品零售	重庆市渝中区
重庆苏宁云商销售有限公司	家用视听设备零售	重庆市渝中区
重庆新华书店集团公司	图书、报刊零售	重庆市渝中区
重庆万友经济发展有限责任公司	汽车零售	重庆市渝中区
中国石油重庆销售涪陵分公司	机动车燃料零售	重庆市涪陵区
中国石油天然气股份有限公司重庆渝中销售分公司	机动车燃料零售	重庆市九龙坡区
中国石化销售有限公司重庆涪陵石油分公司	机动车燃料零售	重庆市涪陵区
永川区奥韵家博城	其他室内装饰材料零售	重庆市永川区
重庆市国美电器有限公司	日用家电设备零售	重庆市沙坪坝区
中国石油天然气股份有限公司重庆江南销售分公司	机动车燃料零售	重庆市南岸区
重庆市新大兴实业(集团)有限公司	超级市场零售	重庆市涪陵区
中国石油天然气股份有限公司重庆销售分公司	机动车燃料零售	重庆市渝中区
重庆安福汽车营销有限公司	汽车零售	重庆市渝北区
重庆桐君阁股份有限公司	药品零售	重庆市渝中区
重庆市万州百货采购供应站	计算机、软件及辅助设备零售	重庆市万州区
重庆东银壳牌石化有限公司	机动车燃料零售	重庆市南岸区
重庆和平药房连锁有限责任公司	药品零售	重庆市渝中区
重庆中石化惠通油料有限公司	机动车燃料零售	重庆市渝北区
重庆西部奥特莱斯品牌折扣商业股份有限公司	服装零售	重庆市渝北区
重庆重客隆超市连锁有限责任公司	超级市场零售	重庆市渝中区
中国石油天然气股份有限公司重庆江北销售分公司	机动车燃料零售	重庆市江北区
重庆家乐福商业有限公司	百货零售	重庆市渝中区
重庆市滔搏商贸有限公司	服装零售	重庆市南岸区
重庆市綦江区万家福超市有限责任公司	超级市场零售	重庆市綦江区
南川区风之彩商贸有限公司	超级市场零售	重庆市南川区
重庆鑫斛药房连锁有限公司	药品零售	重庆市涪陵区
重庆华润万家生活超市有限公司	超级市场零售	重庆市沙坪坝区
重庆市万和药房连锁有限公司	药品零售	重庆市南岸区
重庆市渝教科贸有限公司	超级市场零售	重庆市涪陵区
重庆合州实业集团兆庆商贸有限公司	汽车零售	重庆市合川区
重庆中百仓储超市有限公司	超级市场零售	重庆市渝北区
重庆市黔江区依蝶商贸有限公司	百货零售	重庆市黔江区
重庆名豪实业集团百货有限公司	百货零售	重庆市永川区
重庆凤梧商贸有限公司	百货零售	重庆市巴南区
重庆海辉商贸有限公司	服装零售	重庆市合川区

4-2 续表 41

企业名称	所属行业	企业所在地
重庆宜家家居有限公司	家具零售	重庆市渝北区
重庆屈臣氏个人用品商店有限公司	百货零售	重庆市渝中区
重庆沁园餐饮管理有限公司	糕点、面包零售	重庆市九龙坡区
迈盛悦合重庆体育用品有限公司	服装零售	重庆市渝中区
重庆武陵山佳惠百货有限责任公司	百货零售	重庆市黔江区
重庆满怀商贸有限公司	陶瓷、石材装饰材料零售	重庆市江津区
瑞皇(重庆)钟表有限公司	钟表、眼镜零售	重庆市渝中区
重庆桐君阁大药房连锁有限责任公司	药品零售	重庆市渝中区
重庆市征程贸易有限公司	鞋帽零售	重庆市黔江区
重庆嘉茂沙坪坝商业咨询管理有限公司	百货零售	重庆市沙坪坝区
重庆童联孩子王儿童用品有限公司	百货零售	重庆市南岸区
云阳县腾龙商贸有限公司	超级市场零售	重庆市云阳县
重庆爱莲百货超市有限公司	超级市场零售	重庆市渝北区
重庆华宇园林有限公司	其他未列明零售业	重庆市江北区
重庆好又多百货商业有限公司	超级市场零售	重庆市南岸区
重庆美特斯邦威服饰有限责任公司	服装零售	重庆市渝中区
垫江县佳艺美庭家居装饰有限公司	家具零售	重庆市垫江县
重庆星尚都商业管理有限公司	百货零售	重庆市九龙坡区
重庆诚泰通信连锁有限公司	通信设备零售	重庆市渝中区
砂之船(重庆)商业有限公司	服装零售	重庆市璧山区
沃尔玛(重庆)百货有限公司	百货零售	重庆市渝北区
重庆市开县医药有限责任公司	药品零售	重庆市开县
重庆市武隆县校办企业总公司	文具用品零售	重庆市武隆县
重庆千叶眼镜连锁有限公司	钟表、眼镜零售	重庆市渝中区
重庆步步高商业有限责任公司	超级市场零售	重庆市渝北区
忠县胡燃商行	服装零售	重庆市忠县
四川省		
成都京东世纪贸易有限公司	互联网零售	四川省成都市
中国石化销售有限公司四川石油分公司	机动车燃料零售	四川省成都市
唯品会(简阳)电子商务有限公司	互联网零售	四川省成都市
中国石油天然气股份有限公司四川成都销售分公司	机动车燃料零售	四川省成都市
新华文轩出版传媒股份有限公司	图书、报刊零售	四川省成都市
成都红旗连锁股份有限公司	超级市场零售	四川省成都市
四川苏宁云商销售有限公司	日用家电设备零售	四川省成都市
中国石油天然气股份有限公司四川泸州销售分公司	机动车燃料零售	四川省泸州市
中国石油天然气股份有限公司四川达州销售分公司	机动车燃料零售	四川省达州市
成都国美电器有限公司	日用家电设备零售	四川省成都市
中国石油天然气股份有限公司四川销售成品油分公司	机动车燃料零售	四川省成都市
成都伊藤洋华堂有限公司	百货零售	四川省成都市
四川永辉超市有限公司	百货零售	四川省成都市
中国石油天然气股份有限公司四川广安销售分公司	机动车燃料零售	四川省广安市
中国石油天然气股份有限公司四川南充销售分公司	机动车燃料零售	四川省南充市
成都建国汽车贸易有限公司	汽车零售	四川省成都市
壹玖壹玖酒类平台科技股份有限公司	酒、饮料及茶叶零售	四川省成都市
四川交投中油能源有限公司	机动车燃料零售	四川省成都市
四川省汇星实业(集团)有限公司	百货零售	四川省绵阳市
成都家乐福超市有限公司	超级市场零售	四川省成都市
泸州汇通百货股份有限公司	百货零售	四川省泸州市

4-2 续表 42

企业名称	所属行业	企业所在地
成商集团股份有限公司	百货零售	四川省成都市
中国石油四川乐山销售分公司	机动车燃料零售	四川省乐山市
中国石油天然气股份有限公司四川眉山销售分公司	机动车燃料零售	四川省眉山市
成都万友经济开发总公司	汽车零售	四川省成都市
中国石油天然气股份有限公司四川凉山销售分公司	机动车燃料零售	四川省凉山彝族自治州
中国石油天然气股份有限公司四川攀枝花销售分公司	机动车燃料零售	四川省攀枝花市
成都王府井百货有限公司	百货零售	四川省成都市
中国石油天然汽股份有限公司四川绵阳销售分公司	机动车燃料零售	四川省绵阳市
沃尔玛(四川)百货有限公司	超级市场零售	四川省成都市
中国石油天然气股份有限公司四川资阳销售分公司	机动车燃料零售	四川省资阳市
中国石油天然气股份有限公司四川巴中销售分公司	机动车燃料零售	四川省巴中市
四川汇金商贸有限公司	酒、饮料及茶叶零售	四川省德阳市
中国石油化工股份有限公司乐山石油分公司	机动车燃料零售	四川省乐山市
成都舞东风超市连锁有限责任公司	超级市场零售	四川省成都市
成都屈臣氏个人用品商店有限公司	化妆品及卫生用品零售	四川省成都市
成都宝悦汽车有限公司	汽车零售	四川省成都市
犍为县黄家超市	超级市场零售	四川省乐山市
四川领跑体育用品有限公司	服装零售	四川省成都市
成都欧尚超市有限公司	超级市场零售	四川省成都市
成都王府井购物中心有限公司	百货零售	四川省成都市
中国石油天然气股份有限公司四川内江销售分公司	机动车燃料零售	四川省内江市
中国石油天然气股份有限公司四川遂宁销售分公司	机动车燃料零售	四川省遂宁市
蓬溪县南门口综合农贸市场有限公司	其他综合零售	四川省遂宁市
中国石油化工股份有限公司四川绵阳石油分公司	机动车燃料零售	四川省绵阳市
四川文轩在线电子商务有限公司	互联网零售	四川省成都市
大竹县金利多农产品综合市场有限公司	木质装饰材料零售	四川省达州市
四川家福来实业集团有限公司	家用视听设备零售	四川省绵阳市
成都新元素兴业汽车服务有限公司	汽车零售	四川省成都市
四川雅安博娟超市连锁有限公司	百货零售	四川省雅安市
百丽鞋业成都有限公司	鞋帽零售	四川省成都市
成都市人人乐商业有限公司	百货零售	四川省成都市
四川亿佳隆通讯连锁有限公司	计算机、软件及辅助设备零售	四川省成都市
四川华星名仕汽车销售服务有限公司	汽车零售	四川省成都市
达县美好农贸有限责任公司	肉、禽、蛋、奶及水产品零售	四川省达州市
群光大陆实业(成都)有限公司	百货零售	四川省成都市
成都宜家家居有限公司	家具零售	四川省成都市
成都市金牛区红旗连锁有限公司	超级市场零售	四川省成都市
荣县金桥供销有限公司	其他综合零售	四川省自贡市
成都市武侯区红旗连锁有限公司	其他综合零售	四川省成都市
四川省眉山宏远商贸有限公司	百货零售	四川省眉山市
四川省达州商业集团有限公司	百货零售	四川省达州市
乐天百货(成都)有限公司	百货零售	四川省成都市
四川哦哦超市连锁管理有限公司	超级市场零售	四川省成都市
四川东升大药房连锁有限责任公司	药品零售	四川省达州市
攀钢集团生活服务有限公司	超级市场零售	四川省攀枝花市
成都市滔搏商贸有限公司	鞋帽零售	四川省成都市
成都市青羊区红旗连锁有限公司	百货零售	四川省成都市
渠县凯歌超市有限公司	超级市场零售	四川省达州市

4-2 续表 43

企业名称	所属行业	企业所在地
四川梅西商业股份有限公司	百货零售	四川省成都市
四川省绵阳药业集团公司	药品零售	四川省绵阳市
四川卓尔百货有限公司	超级市场零售	四川省内江市
西昌市恒汇商贸有限责任公司	超级市场零售	四川省凉山彝族自治州
成都大商投资有限公司	百货零售	四川省成都市
达州市天泰药业集团有限公司	药品零售	四川省达州市
四川华润万家好来超市有限公司	超级市场零售	四川省成都市
成都市锦江区红旗连锁有限公司	超级市场零售	四川省成都市
成都市成华区红旗连锁有限公司	超级市场零售	四川省成都市
四川省宜宾市燕君贸易连锁有限责任公司	通信设备零售	四川省宜宾市
四川华润万家生活超市有限公司	百货零售	四川省成都市
四川家乐福商业有限公司	超级市场零售	四川省成都市
中国石油化工股份有限公司四川德阳石油分公司	机动车燃料零售	四川省德阳市
成都市好来屋量贩家居百货有限公司	百货零售	四川省成都市
达州市超辉百货有限公司	百货零售	四川省达州市
宜宾绿源食品有限公司	超级市场零售	四川省宜宾市
成都欧尚超市有限公司高新店	超级市场零售	四川省成都市
成都伊斯丹百货有限公司	百货零售	四川省成都市
成都市华伟通讯有限责任公司	通信设备零售	四川省成都市
成都壹加玖电子商务有限公司	酒、饮料及茶叶零售	四川省成都市
宣汉县金向食品有限公司	肉、禽、蛋、奶及水产品零售	四川省达州市
成都美景舒适家居有限公司	日用家电设备零售	四川省成都市
四川省老邻居商贸连锁有限责任公司	百货零售	四川省成都市
成都好家乡超市有限公司	超级市场零售	四川省成都市
成都香江全球家居城有限公司	家具零售	四川省成都市
成都市温江区红旗连锁有限公司	百货零售	四川省成都市
成都讯捷通讯连锁有限公司	通信设备零售	四川省成都市
成都利民药业连锁有限公司	药品零售	四川省成都市
成都美特斯邦威服饰有限责任公司	服装零售	四川省成都市
成都美美力诚百货有限公司	服装零售	四川省成都市
宜宾金汶商贸连锁有限公司	鞋帽零售	四川省宜宾市
乐山市家家乐超市连锁有限公司	百货零售	四川省乐山市
成都泉源堂大药房连锁有限责任公司	药品零售	四川省成都市
汶川县鑫兴连锁超市有限责任公司	超级市场零售	四川省阿坝藏族羌族自治州
绵阳兴达好又多商贸有限公司	超级市场零售	四川省绵阳市
成都好又多百货商业广场有限公司	超级市场零售	四川省成都市
四川德仁堂连锁有限公司	药品零售	四川省成都市
四川省万盛药业连锁有限公司	药品零售	四川省达州市
四川上铖超市有限公司	百货零售	四川省眉山市
四川海王星辰健康药房有限公司	药品零售	四川省成都市
沃尔玛(四川)商业零售有限公司	超级市场零售	四川省成都市
四川良品铺子食品有限公司	其他食品零售	四川省成都市
成都通能压缩天然气有限公司	生活用燃料零售	四川省成都市
柒一拾壹(成都)有限公司	其他综合零售	四川省成都市
四川鸿翔一心堂医药连锁有限公司	药品零售	四川省攀枝花市
四川圣杰药业有限公司	药品零售	四川省泸州市
成都市新都区红旗连锁有限公司	超级市场零售	四川省成都市
四川杏林医药连锁有限责任公司	药品零售	四川省成都市

4-2 续表 44

企业名称	所属行业	企业所在地
贵州省		
中国石油化工股份有限公司贵州遵义石油分公司	机动车燃料零售	贵州省遵义市
中国石油化工股份有限公司六盘水石油分公司	机动车燃料零售	贵州省六盘水市
中国石油化工股份有限公司贵州黔西南州石油分公司	机动车燃料零售	贵州省黔西南布依族苗族自治州
中国石油天然气股份有限公司贵州贵阳销售分公司	机动车燃料零售	贵州省贵阳市
中国石油化工股份有限公司贵州安顺石油分公司	机动车燃料零售	贵州省安顺市
中国石油化工股份有限公司贵州毕节石油分公司	机动车燃料零售	贵州省毕节市
贵州省医药(集团)有限责任公司	药品零售	贵州省贵阳市
中国石化销售有限公司贵州铜仁石油分公司	机动车燃料零售	贵州省铜仁市
贵州合力购物有限责任公司	超级市场零售	贵州省贵阳市
中国石油股份有限公司遵义销售分公司	机动车燃料零售	贵州省遵义市
贵阳苏宁云商销售有限公司	日用家电设备零售	贵州省贵阳市
贵阳星力百货集团有限公司	百货零售	贵州省贵阳市
贵州永辉超市有限公司	超级市场零售	贵州省贵阳市
贵州一树连锁药业有限公司	药品零售	贵州省贵阳市
沃尔玛(贵州)商业零售有限公司	超级市场零售	贵州省贵阳市
遵义星力城购物中心有限公司	百货零售	贵州省遵义市
百江西南燃气有限公司	生活用燃料零售	贵州省贵阳市
遵义华联综合超市管理有限公司	超级市场零售	贵州省遵义市
贵州国美电器有限公司	日用家电设备零售	贵州省贵阳市
贵州东风南方汽车销售服务有限公司	汽车零售	贵州省贵阳市
遵义市榕树岛内价购物广场有限公司	超级市场零售	贵州省遵义市
贵州省铜仁上海华联超市有限公司	超级市场零售	贵州省铜仁市
贵州滔搏体育用品有限公司	服装零售	贵州省贵阳市
贵州一品药业连锁有限公司	药品零售	贵州省贵阳市
贵州众力佳诚商贸股份有限公司	超级市场零售	贵州省毕节市
安顺大润发商业有限公司	超级市场零售	贵州省安顺市
云南省		
中国石油化工股份有限公司云南昆明石油分公司	机动车燃料零售	云南省昆明市
中国石油天然气股份有限公司云南昆明销售分公司	机动车燃料零售	云南省昆明市
云南鸿翔一心堂药业(集团)股份有限公司	药品零售	云南省昆明市
中国石油化工股份有限公司云南昭通石油分公司	机动车燃料零售	云南省昭通市
中国石化销售有限公司云南红河石油分公司	机动车燃料零售	云南省红河哈尼族彝族自治州
中国石油化工股份有限公司云南文山石油分公司	机动车燃料零售	云南省文山壮族苗族自治州
宣威市新世纪商贸有限责任公司	其他室内装饰材料零售	云南省曲靖市
云南万友汽车销售服务有限公司	汽车零配件零售	云南省昆明市
云南奥兴达商贸有限公司	百货零售	云南省昆明市
中国石油天然气股份有限公司云南红河销售分公司	机动车燃料零售	云南省红河哈尼族彝族自治州
云南沃尔玛百货有限公司	超级市场零售	云南省昆明市
昆明家乐福超市有限公司	超级市场零售	云南省昆明市
云南苏宁云商销售有限公司	家用视听设备零售	云南省昆明市
云南强林石化有限公司	机动车燃料零售	云南省昆明市
沃尔玛(云南)商业零售有限公司	超级市场零售	云南省昆明市
中国石油天然气股份有限公司云南文山销售分公司	机动车燃料零售	云南省文山壮族苗族自治州
昆明云顺和商业发展有限公司	百货零售	云南省昆明市
中国石油天然气股份有限公司云南玉溪销售分公司	机动车燃料零售	云南省玉溪市
云南健之佳连锁健康药房有限公司	药品零售	云南省昆明市
中国石油天然气股份有限公司云南昭通销售分公司	机动车燃料零售	云南省昭通市

4-2 续表 45

企业名称	所属行业	企业所在地
会泽县土产公司综合市场	其他综合零售	云南省曲靖市
中国航油集团云南石油有限公司	机动车燃料零售	云南省昆明市
云南玉溪百信商贸集团有限公司	超级市场零售	云南省玉溪市
中国石化销售有限公司云南西双版纳石油分公司	机动车燃料零售	云南省西双版纳傣族自治州
昆明国美电器有限公司	家用视听设备零售	云南省昆明市
昆明顺城若普商贸有限公司	服装零售	云南省昆明市
云南立锐体育用品有限公司	服装零售	云南省昆明市
云南白药大药房有限公司	药品零售	云南省昆明市
大理月辉旅游投资开发有限责任公司	珠宝首饰零售	云南省大理白族自治州
昆明新华书店连锁有限公司	图书、报刊零售	云南省昆明市
昆明屈臣氏个人用品商店有限公司	超级市场零售	云南省昆明市
云南叁玖电子商务有限公司	家用视听设备零售	云南省昆明市
普洱市天生祥超市	超级市场零售	云南省普洱市
云南百丽鞋业有限公司	鞋帽零售	云南省昆明市
云南之佳便利店有限公司	百货零售	云南省昆明市
云南四方街商贸有限公司	超级市场零售	云南省大理白族自治州
云南楚雄鹿城大厦实业有限责任公司	百货零售	云南省楚雄彝族自治州
云南龙润茶科技有限公司	酒、饮料及茶叶零售	云南省临沧市
景洪大润发商业有限公司	超级市场零售	云南省西双版纳傣族自治州
丽江市古城区丽客隆超市	超级市场零售	云南省丽江市
祥云县林源商贸有限公司	百货零售	云南省大理白族自治州
安宁市金方商业集团有限责任公司	超级市场零售	云南省昆明市
西藏自治区		
中国石油天然气股份有限公司西藏销售分公司拉萨公司	机动车燃料零售	西藏自治区拉萨市
拉萨星宇通讯器材有限公司	通信设备零售	西藏自治区拉萨市
西藏百益商贸有限公司	百货零售	西藏自治区拉萨市
陕西省		
西安华讯得贸易有限公司	互联网零售	陕西省西安市
陕西延长壳牌石油有限公司	机动车燃料零售	陕西省西安市
陕西西北轻工批发市场经营管理有限公司	家用视听设备零售	陕西省西安市
西安大明宫雁塔购物广场有限责任公司	家具零售	陕西省西安市
陕西省汽车工业贸易总公司	汽车零售	陕西省西安市
陕西苏宁云商销售有限公司	日用家电设备零售	陕西省西安市
西安市人人乐超市有限公司	超级市场零售	陕西省西安市
陕西华润万家生活超市有限公司	超级市场零售	陕西省西安市
西安市国美电器有限公司	日用家电设备零售	陕西省西安市
西安民生集团股份有限公司	百货零售	陕西省西安市
西安爱家超市有限公司	超级市场零售	陕西省西安市
陕西省军区军人服务社	百货零售	陕西省西安市
开元商业有限公司	百货零售	陕西省西安市
西安利之星汽车有限公司	汽车零售	陕西省西安市
陕西乐家电视购物有限责任公司	邮购及电视、电话零售	陕西省西安市
中国石油化工股份有限公司陕西榆林石油分公司	机动车燃料零售	陕西省榆林市
宝鸡商场有限公司	超级市场零售	陕西省宝鸡市
西安赛格商业运营管理有限公司	百货零售	陕西省西安市
宝鸡人民商场股份有限公司	百货零售	陕西省宝鸡市
陕西滔搏体育商贸有限公司	鞋帽零售	陕西省西安市
西安光彩商贸有限责任公司	灯具零售	陕西省西安市

4-2 续表 46

企业名称	所属行业	企业所在地
西安兴正元购物中心有限公司	百货零售	陕西省西安市
陕西明珠家居产业有限公司	家具零售	陕西省咸阳市
陕西渭南燕兴实业有限公司	汽车零售	陕西省渭南市
咸阳世纪金花商贸有限公司	超级市场零售	陕西省咸阳市
宝鸡天健医药有限公司	药品零售	陕西省宝鸡市
陕西永辉超市有限公司	超级市场零售	陕西省西安市
陕西宝胜贸易有限公司	体育用品及器材零售	陕西省西安市
陕西民生家乐商业连锁有限责任公司	超级市场零售	陕西省西安市
西安怡康医药连锁有限责任公司	药品零售	陕西省西安市
陕西福迪汽车贸易有限公司	汽车零售	陕西省西安市
西安宜家家居有限公司	百货零售	陕西省西安市
西安易初莲花连锁超市有限公司	超级市场零售	陕西省西安市
宝鸡市冠森大世界现代家居建材(城)有限公司	其他室内装饰材料零售	陕西省宝鸡市
延安百货大楼(集团)有限公司	百货零售	陕西省延安市
西安市新华书店	图书、报刊零售	陕西省西安市
陕西民生家乐投资管理有限公司	超级市场零售	陕西省西安市
陕西乐友商贸有限公司	其他日用品零售	陕西省西安市
陕西华润万家生活超市有限公司渭南东风路分公司	超级市场零售	陕西省渭南市
西安世纪金花珠江时代广场购物有限公司	百货零售	陕西省西安市
西安屈臣氏个人用品商店有限公司	化妆品及卫生用品零售	陕西省西安市
陕西蜂星电讯零售连锁有限责任公司	通信设备零售	陕西省西安市
汉中世纪阳光商厦有限公司	日用家电设备零售	陕西省汉中市
西安开元商业地产发展有限公司	百货零售	陕西省西安市
陕西延元商业运营管理有限公司	百货零售	陕西省延安市
宝鸡华通商厦有限责任公司	百货零售	陕西省宝鸡市
陕西老百姓大药房连锁有限公司	药品零售	陕西省西安市
咸阳家友购物广场有限公司	百货零售	陕西省咸阳市
陕西创维电子有限公司	家用视听设备零售	陕西省西安市
咸阳人人乐商业有限公司	超级市场零售	陕西省咸阳市
榆林市广济堂医药科技有限责任公司	药品零售	陕西省榆林市
陕西正大食品有限公司	肉、禽、蛋、奶及水产品零售	陕西省西安市
陕西丽彩药业有限公司	药品零售	陕西省咸阳市
渭南市佳盛商贸有限责任公司	百货零售	陕西省渭南市
咸阳华润万家生活超市有限公司	超级市场零售	陕西省咸阳市
安康市喜盈门商贸有限公司	超级市场零售	陕西省安康市
西安唐久便利连锁有限公司	百货零售	陕西省西安市
西安秋林商贸有限责任公司	百货零售	陕西省西安市
韩城市天惠商城有限责任公司	超级市场零售	陕西省渭南市
西安大润发超市有限公司	百货零售	陕西省西安市
咸阳爱家超市有限公司	超级市场零售	陕西省咸阳市
沃尔玛陕西百货有限公司	超级市场零售	陕西省西安市
甘肃省		
中国石油天然气股份有限公司甘肃兰州销售分公司	机动车燃料零售	甘肃省兰州市
中国石化销售有限公司甘肃石油分公司	机动车燃料零售	甘肃省兰州市
甘肃中油交通油品有限公司	机动车燃料零售	甘肃省兰州市
中国石油甘肃白银销售分公司	机动车燃料零售	甘肃省白银市
中国石油天然气股份有限公司甘肃定西销售分公司	机动车燃料零售	甘肃省定西市
中国石油天然气股份有限公司甘肃天水销售分公司	机动车燃料零售	甘肃省天水市
天水桥南家居建材城有限公司	家具零售	甘肃省天水市

4-2 续表 47

企业名称	所属行业	企业所在地
中国石油天然气股份有限公司甘肃陇南销售分公司	机动车燃料零售	甘肃省陇南市
甘肃华润万家生活超市有限公司	百货零售	甘肃省兰州市
兰州民百(集团)股份有限公司	百货零售	甘肃省兰州市
兰州西太华工贸集团股份有限公司	百货零售	甘肃省兰州市
甘肃苏宁云商销售有限公司	日用家电设备零售	甘肃省兰州市
兰州惠仁堂药业连锁有限责任公司	药品零售	甘肃省兰州市
甘肃东方百佳商贸有限公司	超级市场零售	甘肃省庆阳市
甘肃众友健康医药连锁有限公司	药品零售	甘肃省兰州市
天水市金都商城有限公司	百货零售	甘肃省天水市
甘肃新乐连锁超市有限责任公司	超级市场零售	甘肃省张掖市
兰州大润发商业有限公司	百货零售	甘肃省兰州市
甘肃国芳综合超市有限公司	百货零售	甘肃省兰州市
兰州虹盛百货购物广场有限公司	百货零售	甘肃省兰州市
景泰县三益筑绿有限公司	其他食品零售	甘肃省白银市
敦煌市展望文化旅游产业发展有限责任公司	工艺美术品及收藏品零售	甘肃省酒泉市
青海省		
西宁王府井百货有限责任公司	百货零售	青海省西宁市
西宁大十字百货商店有限公司	百货零售	青海省西宁市
北京华联综合超市股份有限公司青海第一分公司	超级市场零售	青海省西宁市
青海百货有限责任公司	百货零售	青海省西宁市
青海夏都百货股份有限公司	纺织品及针织品零售	青海省西宁市
青海惠客家超市有限公司	超级市场零售	青海省西宁市
青海宁食(集团)有限公司	其他综合零售	青海省西宁市
青海新华百货商业有限公司	百货零售	青海省西宁市
宁夏回族自治区		
银川市新华百货连锁超市有限公司	超级市场零售	宁夏回族自治区银川市
银川新华百货商店股份有限公司	百货零售	宁夏回族自治区银川市
银川新华百货东桥电器有限公司	日用家电设备零售	宁夏回族自治区银川市
宁夏华润万家生活超市有限公司	百货零售	宁夏回族自治区银川市
银川市双宝副食品有限公司	超级市场零售	宁夏回族自治区银川市
宁夏荣盛商业连锁股份有限公司	百货零售	宁夏回族自治区中卫市
新疆维吾尔自治区		
国药集团新疆新特药业有限公司	药品零售	新疆维吾尔自治区乌鲁木齐市
新疆友好集团股份有限公司	百货零售	新疆维吾尔自治区乌鲁木齐市
中国石油天然气股份有限公司新疆乌鲁木齐销售公司	机动车燃料零售	新疆维吾尔自治区乌鲁木齐市
美克国际家居用品股份有限公司	家具零售	新疆维吾尔自治区乌鲁木齐市
巴州民家百货有限责任公司	超级市场零售	新疆维吾尔自治区巴音郭楞蒙古自治州
新疆国美电器有限公司	家用视听设备零售	新疆维吾尔自治区乌鲁木齐市
新疆汇嘉时代百货股份有限公司	百货零售	新疆维吾尔自治区乌鲁木齐市
新疆好家乡超市有限公司	超级市场零售	新疆维吾尔自治区乌鲁木齐市
阿克苏金桥超市有限责任公司	百货零售	新疆维吾尔自治区阿克苏地区
昌吉市汇嘉时代百货有限公司	服装零售	新疆维吾尔自治区昌吉回族自治州
新疆百草堂医药连锁经销有限公司	药品零售	新疆维吾尔自治区乌鲁木齐市
新疆家乐福超市有限公司	超级市场零售	新疆维吾尔自治区乌鲁木齐市
新疆济康医药连锁有限责任公司	药品零售	新疆维吾尔自治区乌鲁木齐市
哈密天马商贸有限责任公司	百货零售	新疆维吾尔自治区哈密地区
新疆康宁医药连锁有限责任公司	药品零售	新疆维吾尔自治区巴音郭楞蒙古自治州
新疆宏景通讯有限公司	通信设备零售	新疆维吾尔自治区乌鲁木齐市
新疆华润万家生活超市有限公司	超级市场零售	新疆维吾尔自治区乌鲁木齐市
克拉玛依和家乐商贸有限公司	百货零售	新疆维吾尔自治区克拉玛依市

4-3 分地区大型住宿业企业名单

企业名称	所属行业	企业所在地
北京市		
中国国际贸易中心有限公司	旅游饭店	北京市朝阳区
北京桔子水晶酒店管理咨询有限公司	一般旅馆	北京市东城区
北京燕莎中心有限公司	旅游饭店	北京市朝阳区
北京富华金宝中心有限公司	其他住宿业	北京市东城区
丽都饭店有限公司	旅游饭店	北京市朝阳区
北京香格里拉饭店有限公司	旅游饭店	北京市海淀区
北京嘉里大酒店有限公司	旅游饭店	北京市朝阳区
北京友谊宾馆	旅游饭店	北京市海淀区
北京昆仑饭店有限公司	旅游饭店	北京市朝阳区
北京九华山庄集团股份有限公司	旅游饭店	北京市昌平区
北京温都水城旅游饭店管理有限公司	旅游饭店	北京市昌平区
北京亮马河大厦有限公司	旅游饭店	北京市朝阳区
桔子酒店管理(中国)有限公司	旅游饭店	北京市海淀区
北京燕翔饭店有限责任公司	旅游饭店	北京市朝阳区
北京市北京饭店	旅游饭店	北京市东城区
北京世纪金源大饭店有限责任公司	旅游饭店	北京市海淀区
七天快捷酒店管理(北京)有限公司	一般旅馆	北京市东城区
中国职工之家	旅游饭店	北京市西城区
北京国际饭店	旅游饭店	北京市东城区
北京香江财富酒店有限公司	旅游饭店	北京市朝阳区
北京朗丽兹西山花园酒店管理有限公司	旅游饭店	北京市海淀区
北京首旅置业集团有限公司	一般旅馆	北京市东城区
北京国际俱乐部有限公司	旅游饭店	北京市朝阳区
北京新世纪饭店有限公司	旅游饭店	北京市海淀区
北京市西苑饭店	旅游饭店	北京市海淀区
北京云南大厦酒店有限公司	旅游饭店	北京市朝阳区
北京市长富宫中心有限责任公司	旅游饭店	北京市朝阳区
东方艺术大厦有限公司	旅游饭店	北京市朝阳区
盘古氏国际大酒店有限责任公司	旅游饭店	北京市朝阳区
北京市蟹岛绿色生态农庄有限公司	旅游饭店	北京市朝阳区
北京汉华国际饭店有限公司	旅游饭店	北京市东城区
北京香港马会会所有限公司	旅游饭店	北京市东城区
北京天伦王朝饭店有限公司	旅游饭店	北京市东城区
赛特集团有限公司	旅游饭店	北京市朝阳区
北京稻香湖投资发展有限责任公司	一般旅馆	北京市海淀区
北京光明饭店有限公司	旅游饭店	北京市朝阳区
北京新疆大厦	旅游饭店	北京市海淀区
北京新侨饭店有限公司	旅游饭店	北京市东城区
港澳中心有限公司	旅游饭店	北京市东城区
北京市长城饭店公司	旅游饭店	北京市朝阳区
北京裕龙国际酒店	旅游饭店	北京市海淀区
北京国二招宾馆	旅游饭店	北京市西城区
中国妇女活动中心	旅游饭店	北京市东城区
如家和美酒店管理(北京)有限公司	一般旅馆	北京市西城区
北京京铁天佑酒店管理有限公司	旅游饭店	北京市丰台区
中日青年交流中心	旅游饭店	北京市朝阳区

4-3 续表 1

企业名称	所属行业	企业所在地
北京春晖园文化娱乐有限责任公司	旅游饭店	北京市顺义区
首都大酒店	旅游饭店	北京市东城区
北京亚洲大酒店有限公司	旅游饭店	北京市东城区
王府井饭店管理有限公司	旅游饭店	北京市东城区
北京盛安酒店管理有限公司	一般旅馆	北京市海淀区
北京金隅凤山温泉度假村有限公司	旅游饭店	北京市昌平区
北京华侨大厦有限公司	旅游饭店	北京市东城区
北京银泉大厦	旅游饭店	北京市海淀区
保利大厦有限公司	旅游饭店	北京市东城区
文津国际酒店管理(北京)有限公司	旅游饭店	北京市海淀区
王府饭店有限公司	旅游饭店	北京市东城区
北京市京伦饭店有限责任公司	旅游饭店	北京市朝阳区
北京金雁饭店	旅游饭店	北京市怀柔区
北京燕京饭店有限责任公司	旅游饭店	北京市西城区
北京西郊宾馆有限责任公司	旅游饭店	北京市海淀区
北京国宾酒店有限责任公司	旅游饭店	北京市西城区
北京港中旅维景国际大酒店有限公司	旅游饭店	北京市西城区
北京和平宾馆有限公司	旅游饭店	北京市东城区
北京欣燕都酒店连锁有限公司	旅游饭店	北京市西城区
高联酒店管理(中国)有限公司	旅游饭店	北京市海淀区
北京京都信苑饭店有限公司	旅游饭店	北京市海淀区
北京市建国饭店公司	旅游饭店	北京市朝阳区
梅地亚电视中心有限公司	旅游饭店	北京市海淀区
北京内蒙古大厦有限责任公司	旅游饭店	北京市东城区
天津市		
天津嘉里房地产开发有限公司天津香格里拉大酒店	旅游饭店	天津市河东区
天津天宾酒店管理有限公司	旅游饭店	天津市河西区
天津国风航空服务股份合作公司	其他住宿业	天津市红桥区
河北省		
新绎七修酒店管理有限公司	一般旅馆	河北省廊坊市
河北宾馆有限公司	旅游饭店	河北省石家庄市
兴华财富集团武安财富国际酒店有限公司	一般旅馆	河北省邯郸市
山西省		
山西丽华大酒店	旅游饭店	山西省太原市
辽宁省		
辽宁瑞心酒店集团有限责任公司	旅游饭店	辽宁省沈阳市
大连香格里拉酒店有限公司	旅游饭店	辽宁省大连市
香格里拉大酒店(沈阳)有限公司	旅游饭店	辽宁省沈阳市
营口红运酒店管理有限公司红运大饭店	旅游饭店	辽宁省营口市
大连富丽华大酒店	旅游饭店	辽宁省大连市
辽宁大厦	旅游饭店	辽宁省沈阳市
大连长江广场有限公司日航饭店	旅游饭店	辽宁省大连市
吉林省		
长春香格里拉大酒店有限公司	旅游饭店	吉林省长春市
长春金安大饭店有限公司	旅游饭店	吉林省长春市
黑龙江省		
哈尔滨香格里拉大饭店有限公司	旅游饭店	黑龙江省哈尔滨市

4-3 续表 2

企业名称	所属行业	企业所在地
哈尔滨友谊宫	旅游饭店	黑龙江省哈尔滨市
哈尔滨万达商业投资有限公司万达索菲特大酒店	旅游饭店	黑龙江省哈尔滨市
上海市		
中国金茂(集团)有限公司	旅游饭店	上海市浦东新区
上海国际主题乐园配套设施有限公司	旅游饭店	上海市浦东新区
上海浦东新区香格里拉酒店有限公司	旅游饭店	上海市浦东新区
上海商城	旅游饭店	上海市静安区
上海外滩半岛酒店有限公司	旅游饭店	上海市黄浦区
锦江之星旅馆有限公司	一般旅馆	上海市闵行区
上海王宝和大酒店有限公司	旅游饭店	上海市黄浦区
静安希尔顿饭店	旅游饭店	上海市静安区
上海元一酒店有限公司	一般旅馆	上海市闵行区
上海西郊宾馆	旅游饭店	上海市长宁区
格林豪泰酒店(中国)有限公司	一般旅馆	上海市普陀区
上海国际会议中心有限公司	旅游饭店	上海市浦东新区
上海新天舜华有限公司	旅游饭店	上海市浦东新区
上海锦江饭店有限公司	旅游饭店	上海市黄浦区
花园饭店	旅游饭店	上海市黄浦区
上海和平饭店有限公司	旅游饭店	上海市黄浦区
上海扬子江大酒店有限公司	旅游饭店	上海市长宁区
上海秀仕酒店经营有限公司	一般旅馆	上海市浦东新区
上海明天广场有限公司金威万豪酒店	旅游饭店	上海市黄浦区
上海瑞金宾馆	旅游饭店	上海市黄浦区
上海新发展大酒店有限公司	旅游饭店	上海市普陀区
上海太平洋大饭店有限公司	旅游饭店	上海市长宁区
上海长峰酒店管理有限公司	旅游饭店	上海市长宁区
上海上实南洋大酒店有限公司	旅游饭店	上海市静安区
上海圣诺亚酒店有限公司	旅游饭店	上海市普陀区
上海斯格威大酒店有限公司	旅游饭店	上海市黄浦区
上海二十一世纪酒店有限公司	旅游饭店	上海市浦东新区
上海东郊宾馆有限公司	旅游饭店	上海市浦东新区
上海光大会展中心有限公司	旅游饭店	上海市徐汇区
上海东锦江大酒店有限公司	旅游饭店	上海市浦东新区
上海虹桥迎宾馆	旅游饭店	上海市长宁区
上海锦江汤臣大酒店有限公司	旅游饭店	上海市浦东新区
上海新世界丽笙大酒店有限公司	旅游饭店	上海市黄浦区
上海国际贵都大饭店有限公司	旅游饭店	上海市静安区
上海世茂庄园置业有限公司世茂佘山艾美酒店	旅游饭店	上海市松江区
上海兴国宾馆	旅游饭店	上海市长宁区
上海市上海宾馆有限公司	旅游饭店	上海市静安区
上海海仑宾馆有限公司	旅游饭店	上海市黄浦区
上海虹桥宾馆有限公司	旅游饭店	上海市长宁区
上海华亭宾馆有限公司	旅游饭店	上海市徐汇区
上海海鸥国际酒店投资管理有限公司	旅游饭店	上海市长宁区
上海市衡山(集团)公司	旅游饭店	上海市徐汇区
上海建国宾馆有限公司	旅游饭店	上海市徐汇区
上海紫金山大酒店	旅游饭店	上海市浦东新区

4-3 续表 3

企业名称	所属行业	企业所在地
上海国际网球中心酒店管理有限公司	旅游饭店	上海市徐汇区
上海松江开元名都大酒店有限公司	旅游饭店	上海市松江区
银星宾馆	旅游饭店	上海市长宁区
上海机场(集团)有限公司浦东机场华美达大酒店	旅游饭店	上海市浦东新区
上海新发展圣淘沙大酒店有限公司	旅游饭店	上海市奉贤区
江苏省		
金陵饭店股份有限公司	旅游饭店	江苏省南京市
苏州工业园区金鸡湖大酒店有限公司	旅游饭店	江苏省苏州市
苏州吴中白金汉爵大酒店有限公司	旅游饭店	江苏省苏州市
香格里拉大酒店(南京)有限公司	旅游饭店	江苏省南京市
溧阳亚东实业发展有限公司	旅游饭店	江苏省常州市
无锡湖滨饭店有限公司	旅游饭店	江苏省无锡市
苏州中茵皇冠假日酒店有限公司	旅游饭店	江苏省苏州市
无锡汉爵投资有限公司	旅游饭店	江苏省无锡市
启东恒大酒店有限公司	旅游饭店	江苏省南通市
徐州开元名都大酒店有限公司	旅游饭店	江苏省徐州市
南京维景国际大酒店有限公司	旅游饭店	江苏省南京市
江苏省会议中心有限公司(钟山宾馆)	旅游饭店	江苏省南京市
苏州新城花园酒店有限公司	旅游饭店	江苏省苏州市
南京中心大酒店有限公司	旅游饭店	江苏省南京市
无锡太湖饭店有限公司	旅游饭店	江苏省无锡市
苏州尼盛大酒店有限公司	旅游饭店	江苏省苏州市
黄嘉酒店有限公司	旅游饭店	江苏省无锡市
南通大饭店有限公司	旅游饭店	江苏省南通市
江阴国际大酒店有限公司	旅游饭店	江苏省无锡市
南京华中苑酒店有限公司	旅游饭店	江苏省南京市
常州九洲花园大酒店有限公司	旅游饭店	江苏省常州市
浙江省		
上虞国际大酒店有限公司	旅游饭店	浙江省绍兴市
杭州华溥实业有限公司	旅游饭店	浙江省杭州市
宁波雅戈尔达蓬山旅游投资开发有限公司	旅游饭店	浙江省宁波市
杭州铂丽大饭店有限公司	旅游饭店	浙江省杭州市
杭州黄龙饭店有限公司	旅游饭店	浙江省杭州市
香格里拉大酒店(宁波)有限公司	旅游饭店	浙江省宁波市
瑞安市辰茂阳光酒店有限公司	旅游饭店	浙江省温州市
香格里拉大酒店(温州)有限公司	旅游饭店	浙江省温州市
上虞雷迪森万锦大酒店有限公司	旅游饭店	浙江省绍兴市
杭州国际会议中心有限公司	旅游饭店	浙江省杭州市
宁波华侨饭店有限公司	旅游饭店	浙江省宁波市
浙江世贸君澜大饭店	旅游饭店	浙江省杭州市
温州阿外楼度假酒店有限公司	一般旅馆	浙江省温州市
温州王朝大酒店有限公司	旅游饭店	浙江省温州市
湖州东吴开元名都酒店有限公司	旅游饭店	浙江省湖州市
瑞安国际大酒店有限公司	旅游饭店	浙江省温州市
振石大酒店有限公司	旅游饭店	浙江省嘉兴市
杭州香格里拉饭店有限公司	旅游饭店	浙江省杭州市
杭州之江饭店	旅游饭店	浙江省杭州市

4-3 续表 4

企业名称	所属行业	企业所在地
宁波南苑集团股份有限公司	旅游饭店	浙江省宁波市
宁波太平洋大酒店有限公司	旅游饭店	浙江省宁波市
温州万和豪生大酒店有限公司	旅游饭店	浙江省温州市
杭州望湖宾馆有限责任公司	一般旅馆	浙江省杭州市
锦绣天地酒店管理有限公司	旅游饭店	浙江省杭州市
宁波东港波特曼大酒店有限公司	旅游饭店	浙江省宁波市
舟山海中洲国际大酒店有限公司	旅游饭店	浙江省舟山市
嘉兴富悦大酒店管理有限公司	旅游饭店	浙江省嘉兴市
温州华侨饭店有限公司	旅游饭店	浙江省温州市
浙江金马饭店有限公司	旅游饭店	浙江省杭州市
温州锦绣酒店投资有限公司	旅游饭店	浙江省温州市
浙江天玥酒店管理有限公司	旅游饭店	浙江省绍兴市
德清县驿站生态旅游开发有限公司	旅游饭店	浙江省湖州市
绍兴咸亨大酒店有限公司	旅游饭店	浙江省绍兴市
杭州太虚湖假日酒店有限公司	旅游饭店	浙江省杭州市
浙江天籁之梦旅游投资有限公司	旅游饭店	浙江省湖州市
平湖圣雷克大酒店有限责任公司	旅游饭店	浙江省嘉兴市
杭州第一世界大酒店有限公司	旅游饭店	浙江省杭州市
浙江西子宾馆	旅游饭店	浙江省杭州市
台州恩都酒店有限公司	旅游饭店	浙江省台州市
冠鼎泽恒业千岛湖旅游有限公司	旅游饭店	浙江省杭州市
长兴紫金实业有限公司	旅游饭店	浙江省湖州市
安徽省		
安徽省世纪金源大饭店管理有限公司	旅游饭店	安徽省合肥市
福建省		
厦门磐基大酒店有限公司	旅游饭店	福建省厦门市
福建国惠大酒店有限公司	旅游饭店	福建省福州市
厦门海悦山庄酒店有限公司	旅游饭店	福建省厦门市
福州世纪金源大饭店有限公司	旅游饭店	福建省福州市
福州闽江世纪金源会展中心大饭店有限公司	旅游饭店	福建省福州市
厦门和平里酒店有限公司	旅游饭店	福建省厦门市
福州香格里拉酒店有限公司	旅游饭店	福建省福州市
晋江爱乐假日酒店	旅游饭店	福建省泉州市
厦门国际大酒店有限公司	旅游饭店	福建省厦门市
长乐国惠大酒店有限公司	旅游饭店	福建省福州市
厦门国际会议中心酒店有限公司	旅游饭店	福建省厦门市
创元(福建)大酒店有限公司	旅游饭店	福建省福州市
漳州宾馆	旅游饭店	福建省漳州市
厦门悦华酒店	旅游饭店	福建省厦门市
杭钢(厦门)酒店有限公司	旅游饭店	福建省厦门市
晋江市金玛国际酒店有限公司	旅游饭店	福建省泉州市
福州大饭店有限公司	旅游饭店	福建省福州市
厦门佰翔软件园酒店有限公司	旅游饭店	福建省厦门市
厦门福隆体育产业发展有限公司艾美酒店	旅游饭店	福建省厦门市
中华全国总工会厦门劳动模范疗休养中心(中华全国总工会厦门劳动模范培训中心)	旅游饭店	福建省厦门市
宁德万达嘉华酒店有限公司	旅游饭店	福建省宁德市
泉州酒店	旅游饭店	福建省泉州市

4-3 续表 5

企业名称	所属行业	企业所在地
江西省		
江西庐山天沐温泉渡假有限公司	旅游饭店	江西省九江市
江西庐山龙湾温泉开发有限公司	旅游饭店	江西省九江市
山东省		
山东银座佳驿酒店有限公司	一般旅馆	山东省济南市
青岛香格里拉大酒店有限公司	旅游饭店	山东省青岛市
山东大厦	旅游饭店	山东省济南市
济南舜耕山庄	旅游饭店	山东省济南市
青岛海景(国际)大酒店发展有限公司	旅游饭店	山东省青岛市
青岛海景花园大酒店	旅游饭店	山东省青岛市
青岛奥海投资发展有限公司海尔洲际酒店	旅游饭店	山东省青岛市
济南海尔绿城置业有限公司喜来登酒店	旅游饭店	山东省济南市
港中旅(青岛)海泉湾有限公司	旅游饭店	山东省青岛市
山东银座旅游集团有限公司	旅游饭店	山东省济南市
荣成石岛宾馆有限公司	旅游饭店	山东省威海市
烟台财会培训中心	旅游饭店	山东省烟台市
临沂宾馆有限责任公司	旅游饭店	山东省临沂市
青岛城市建设集团海景花园酒店管理有限公司	旅游饭店	山东省青岛市
河南省		
河南省黄河迎宾馆	旅游饭店	河南省郑州市
开封中州国际饭店有限公司	旅游饭店	河南省开封市
河南省永和铂爵国际酒店有限公司	旅游饭店	河南省郑州市
郑州裕达国贸酒店有限公司	旅游饭店	河南省郑州市
湖北省		
武汉武昌万达广场投资有限公司万达威斯汀酒店	旅游饭店	湖北省武汉市
湖北峡州酒店产业集团有限公司	旅游饭店	湖北省宜昌市
湖北洪山宾馆有限公司	旅游饭店	湖北省武汉市
武汉香格里拉大饭店有限公司	旅游饭店	湖北省武汉市
湖南省		
湖南运达酒店管理有限公司	旅游饭店	湖南省长沙市
衡阳四海神龙实业有限公司神龙大酒店	旅游饭店	湖南省衡阳市
湖南圣爵菲斯投资有限公司	旅游饭店	湖南省长沙市
长沙世纪金源大饭店有限公司	旅游饭店	湖南省长沙市
华天酒店集团股份有限公司	其他住宿业	湖南省长沙市
韶山宾馆	旅游饭店	湖南省湘潭市
湖南华雅国际大酒店有限公司	旅游饭店	湖南省长沙市
湖南国际金融大厦有限公司	旅游饭店	湖南省长沙市
广东省		
珠海长隆投资发展有限公司	旅游饭店	广东省珠海市
七天四季酒店(广州)有限公司	旅游饭店	广东省广州市
七天酒店(深圳)有限公司	一般旅馆	广东省广州市
深圳市维也纳国际酒店管理有限公司	旅游饭店	广东省深圳市
广州花园酒店	旅游饭店	广东省广州市
香格里拉大酒店(广州琶洲)有限公司	旅游饭店	广东省广州市
揭西县京明温泉度假村有限公司	旅游饭店	广东省揭阳市
香格里拉大酒店(深圳福田)有限公司	旅游饭店	广东省深圳市
华润(深圳)有限公司君悦酒店	旅游饭店	广东省深圳市

4-3 续表 6

企业名称	所属行业	企业所在地
深圳华侨城大酒店有限公司	旅游饭店	广东省深圳市
星河实业(深圳)有限公司星河丽思卡尔顿酒店	旅游饭店	广东省深圳市
龙门县地派温泉度假村有限公司	旅游饭店	广东省惠州市
白天鹅宾馆	旅游饭店	广东省广州市
中国大酒店	旅游饭店	广东省广州市
佛山宾馆有限公司	旅游饭店	广东省佛山市
广州富力恒盛置业发展有限公司富力丽思卡尔頓酒店分公司	旅游饭店	广东省广州市
深圳市京基一百大厦酒店管理有限公司	旅游饭店	广东省深圳市
广州富力鼎盛置业发展有限公司富力君悦大酒店分公司	旅游饭店	广东省广州市
深圳市京基一百大厦酒店管理有限公司	旅游饭店	广东省深圳市
广州富力鼎盛置业发展有限公司富力君悦大酒店分公司	旅游饭店	广东省广州市
广州岭南集团控股股份有限公司	旅游饭店	广东省广州市
东莞市康帝国际酒店有限公司	旅游饭店	广东省东莞市
深圳大中华喜来登酒店有限公司	旅游饭店	广东省深圳市
佛山市顺德区长鹿环保度假农庄有限公司	旅游饭店	广东省佛山市
广东省机场管理集团公司白云机场铂尔曼大酒店	旅游饭店	广东省广州市
广东新白云宾馆有限公司	旅游饭店	广东省广州市
广州首旅建国酒店有限公司	旅游饭店	广东省广州市
深圳市益田假日广场有限公司威斯汀酒店	旅游饭店	广东省深圳市
港中旅(珠海)海泉湾有限公司	旅游饭店	广东省珠海市
梅县雁南飞茶田有限公司	旅游饭店	广东省梅州市
深圳香格里拉大酒店有限公司	旅游饭店	广东省深圳市
广州市城建天誉房地产开发有限公司威斯汀酒店	旅游饭店	广东省广州市
深圳圣廷苑酒店有限公司	旅游饭店	广东省深圳市
金茂深圳酒店投资有限公司金茂深圳万豪酒店	旅游饭店	广东省深圳市
中国对外贸易广州物业开发公司	旅游饭店	广东省广州市
东莞市松山湖酒店有限公司	旅游饭店	广东省东莞市
深圳市森森海实业有限公司	旅游饭店	广东省深圳市
珠海华发国际酒店管理有限公司	旅游饭店	广东省珠海市
东莞市塘厦三正半山酒店有限公司	旅游饭店	广东省东莞市
深圳恒丰海悦国际酒店有限公司	旅游饭店	广东省深圳市
深圳市五洲宾馆有限责任公司	旅游饭店	广东省深圳市
深圳好日子酒店有限公司	旅游饭店	广东省深圳市
深圳威尼斯酒店	旅游饭店	广东省深圳市
龙门县南昆山温泉旅游大观园有限公司	旅游饭店	广东省惠州市
广州万达广场投资有限公司万达希尔顿酒店	旅游饭店	广东省广州市
广东亚洲国际大酒店	旅游饭店	广东省广州市
从都国际企业有限公司	旅游饭店	广东省广州市
珠海度假村酒店有限公司	旅游饭店	广东省珠海市
加福投资(深圳)有限公司福朋喜来登酒店	旅游饭店	广东省深圳市
深圳市皇庭酒店管理有限公司	旅游饭店	广东省深圳市
广东嘉华酒店有限公司	旅游饭店	广东省东莞市
保利(佛山)酒店有限公司	旅游饭店	广东省佛山市
深圳麒麟山庄	旅游饭店	广东省深圳市
惠州市康帝国际酒店有限公司	旅游饭店	广东省惠州市
广州远洋宾馆有限公司	旅游饭店	广东省广州市
中山市利和酒店有限公司	旅游饭店	广东省中山市

4-3 续表 7

企业名称	所属行业	企业所在地
湛江海滨滨馆有限责任公司	旅游饭店	广东省湛江市
中山温泉有限公司	旅游饭店	广东省中山市
深圳市东方银座酒店有限公司	旅游饭店	广东省深圳市
深圳阳光酒店	旅游饭店	广东省深圳市
中山市京华世纪酒店有限公司	旅游饭店	广东省中山市
广州翡翠皇冠假日酒店有限公司	旅游饭店	广东省广州市
东莞市宏远酒店有限公司	旅游饭店	广东省东莞市
广州市星河湾酒店有限公司	旅游饭店	广东省广州市
深圳市登喜路国际大酒店有限公司	一般旅馆	广东省深圳市
东莞市会展国际大酒店	旅游饭店	广东省东莞市
广州从化碧水湾温泉度假村有限公司	旅游饭店	广东省广州市
深圳海景奥思廷酒店有限公司	旅游饭店	广东省深圳市
广州市七天酒店管理有限公司	一般旅馆	广东省广州市
余彭年管理(深圳)有限公司	旅游饭店	广东省深圳市
广州华钜君悦酒店有限公司	旅游饭店	广东省广州市
广州大厦有限公司	一般旅馆	广东省广州市
湛江康益广场娱乐有限公司	旅游饭店	广东省湛江市
佛山市金太阳酒店有限公司	旅游饭店	广东省佛山市
东莞旗峰山酒店有限公司	旅游饭店	广东省东莞市
广州地中海国际酒店有限公司	旅游饭店	广东省广州市
珠海御温泉渡假村	旅游饭店	广东省珠海市
韶关市曲江曹溪温泉假日度假村有限公司	旅游饭店	广东省韶关市
广西壮族自治区		
广西雅斯特酒店投资有限责任公司	一般旅馆	广西壮族自治区南宁市
香格里拉大酒店(桂林)有限公司	旅游饭店	广西壮族自治区桂林市
广西沃顿国际大酒店有限公司	旅游饭店	广西壮族自治区南宁市
北海富丽华大酒店有限公司	旅游饭店	广西壮族自治区北海市
桂林市大公馆酒店有限责任公司	旅游饭店	广西壮族自治区桂林市
海南省		
三亚红树林度假酒店经营有限公司	旅游饭店	海南省三亚市
三亚天域实业有限公司	旅游饭店	海南省三亚市
金茂(三亚)旅业有限公司	旅游饭店	海南省三亚市
中粮酒店(三亚)有限公司	旅游饭店	海南省三亚市
三亚红树林旅业有限公司	旅游饭店	海南省三亚市
三亚家化旅业有限公司	旅游饭店	海南省三亚市
三亚盈湾酒店有限公司	旅游饭店	海南省三亚市
金茂(三亚)度假酒店有限公司	旅游饭店	海南省三亚市
三亚天房酒店管理有限公司	旅游饭店	海南省三亚市
三亚民生旅业有限责任公司	旅游饭店	海南省三亚市
三亚鹿回头旅游区开发有限公司三亚半山半岛洲际度假酒店	旅游饭店	海南省三亚市
三亚海韵度假酒店有限公司	旅游饭店	海南省三亚市
三亚长岛旅业有限公司	旅游饭店	海南省三亚市
海南观澜湖酒店有限公司	旅游饭店	海南省海口市
三亚国光豪生度假酒店有限公司	旅游饭店	海南省三亚市
三亚林海房地产开发有限公司三亚湾海居铂尔曼度假酒店	旅游饭店	海南省三亚市
三亚鸿洲国际游艇会有限公司	旅游饭店	海南省三亚市
三亚香格里拉大酒店有限公司	旅游饭店	海南省三亚市

4-3 续表 8

企业名称	所属行业	企业所在地
三亚太阳湾开发有限公司	旅游饭店	海南省三亚市
海南新佳和实业有限公司三亚分公司	旅游饭店	海南省三亚市
三亚中港渔业有限公司	旅游饭店	海南省三亚市
三亚华宇旅业有限公司	旅游饭店	海南省三亚市
三亚万达大酒店有限公司万达希尔顿逸林酒店	旅游饭店	海南省三亚市
重庆市		
恒大地产集团江津有限公司酒店分公司	旅游饭店	重庆市江津区
重庆世纪金源时代大饭店有限公司	旅游饭店	重庆市江北区
重庆海宇温泉度假酒店有限公司	旅游饭店	重庆市北碚区
重庆金科两江大酒店有限公司	旅游饭店	重庆市涪陵区
重庆宾馆有限公司	旅游饭店	重庆市渝中区
重庆悦来两江国际酒店会议管理有限公司	旅游饭店	重庆市渝北区
重庆天来酒店有限公司	旅游饭店	重庆市渝北区
四川省		
成都世纪城新国际会展中心有限公司世纪天堂洲际大饭店	旅游饭店	四川省成都市
香格里拉大酒店(成都)有限公司	旅游饭店	四川省成都市
四川九寨天堂国际会议度假中心有限公司	旅游饭店	四川省阿坝藏族羌族自治州
四川锦江宾馆有限责任公司	旅游饭店	四川省成都市
成都建工集团旅游有限公司青城国际酒店	旅游饭店	四川省成都市
成都世纪城新国际会展中心有限公司假日酒店	旅游饭店	四川省成都市
成都市锦江区明宇豪雅饭店有限公司	旅游饭店	四川省成都市
成都马哥孛罗酒店有限公司	旅游饭店	四川省成都市
九寨沟喜来登国际大酒店	旅游饭店	四川省阿坝藏族羌族自治州
贵州省		
贵阳世纪金源大饭店管理有限责任公司	旅游饭店	贵州省贵阳市
贵州饭店有限责任公司	旅游饭店	贵州省贵阳市
云南省		
云南海埂酒店管理有限公司	旅游饭店	云南省昆明市
昆明世纪金源大饭店有限公司	旅游饭店	云南省昆明市
云南红河投资有限公司酒店分公司	旅游饭店	云南省红河哈尼族彝族自治州
西双版纳世纪金源大饭店有限责任公司	旅游饭店	云南省西双版纳傣族自治州
陕西省		
香格里拉大酒店(西安)有限公司	旅游饭店	陕西省西安市
陕西金信实业发展有限公司	旅游饭店	陕西省西安市
陕西宾馆有限责任公司	旅游饭店	陕西省西安市
陕西人民大厦有限公司	旅游饭店	陕西省西安市
陕西云海投资管理有限公司	旅游饭店	陕西省西安市
甘肃省		
兰州饭店	旅游饭店	甘肃省兰州市
甘肃宁卧庄宾馆	旅游饭店	甘肃省兰州市
新疆维吾尔自治区		
新疆机场集团天缘酒店管理有限责任公司	一般旅馆	新疆维吾尔自治区乌鲁木齐市

4-4 分地区大型餐饮业企业名单

企业名称	所属行业	企业所在地
北京市		
北京必胜客比萨饼有限公司	正餐服务	北京市东城区
北京肯德基有限公司	快餐服务	北京市东城区
北京麦当劳食品有限公司	快餐服务	北京市东城区
呷哺呷哺餐饮管理有限公司	快餐服务	北京市大兴区
北京星巴克咖啡有限公司	咖啡馆服务	北京市朝阳区
海鸿达(北京)餐饮管理有限公司	正餐服务	北京市大兴区
北京吉野家快餐有限公司	快餐服务	北京市西城区
眉州东坡餐饮管理(北京)有限公司	正餐服务	北京市朝阳区
中国全聚德(集团)股份有限公司	正餐服务	北京市西城区
汉堡王(北京)餐饮管理有限公司	快餐服务	北京市顺义区
聚德华天控股有限公司	正餐服务	北京市西城区
北京金鼎轩酒楼有限责任公司	正餐服务	北京市东城区
北京首都机场餐饮发展有限公司	正餐服务	北京市顺义区
北京真功夫快餐连锁管理有限公司	快餐服务	北京市朝阳区
北京永和大王餐饮有限公司	快餐服务	北京市东城区
北京快客利餐饮管理有限公司	正餐服务	北京市朝阳区
北京东来顺集团有限责任公司	正餐服务	北京市东城区
北京和合谷餐饮管理有限公司	快餐服务	北京市西城区
北京市新宏状元餐饮管理有限公司	正餐服务	北京市海淀区
北京华卓餐饮连锁股份有限公司	正餐服务	北京市顺义区
贝拉吉奥(北京)餐饮管理有限公司	正餐服务	北京市朝阳区
北京健力源餐饮管理有限公司	快餐服务	北京市海淀区
北京新辣道餐饮管理有限公司	正餐服务	北京市朝阳区
北京索迪斯服务有限公司	其他未列明餐饮业	北京市朝阳区
北京便宜坊烤鸭集团有限公司	正餐服务	北京市东城区
北京大董烤鸭店有限责任公司	正餐服务	北京市朝阳区
北京萨莉亚餐饮管理有限公司	正餐服务	北京市东城区
北京礼信年年餐饮管理有限公司	其他未列明餐饮业	北京市海淀区
北京西贝万家餐饮管理有限公司	正餐服务	北京市平谷区
北京味千餐饮管理有限公司	快餐服务	北京市朝阳区
北京联郡餐饮管理有限公司	正餐服务	北京市海淀区
北京紫福餐饮有限公司	正餐服务	北京市东城区
北京金丰餐饮有限公司	其他未列明餐饮业	北京市海淀区
北京将太无二餐饮有限责任公司	正餐服务	北京市朝阳区
顺峰饮食酒店管理股份有限公司	正餐服务	北京市朝阳区
北京市西单麻辣诱惑餐饮有限公司	正餐服务	北京市西城区
北京俏江南餐饮管理有限公司	正餐服务	北京市朝阳区
华润太平洋餐饮管理(北京)有限公司	咖啡馆服务	北京市东城区
北京翔达投资管理有限公司	正餐服务	北京市西城区
北京小南国餐饮管理有限公司	正餐服务	北京市东城区
北京汤城小厨餐饮管理有限公司	正餐服务	北京市东城区
云海肴(北京)餐饮管理有限公司	正餐服务	北京市房山区
北京汇丰利餐饮管理有限公司	正餐服务	北京市大兴区
北京航天华盛科贸发展有限公司	正餐服务	北京市丰台区
北京大董富春山居餐饮管理有限公司	正餐服务	北京市朝阳区
北京恒泰丰餐饮有限公司	正餐服务	北京市东城区
北京龙城丽华快餐餐饮管理有限公司	餐饮配送服务	北京市朝阳区
北京东方饺子王餐饮有限责任公司	正餐服务	北京市门头沟区
北京嘉和一品餐饮管理有限公司	快餐服务	北京市顺义区
北京明帝餐饮管理有限公司	快餐服务	北京市朝阳区

4-4 续表 1

企业名称	所属行业	企业所在地
北京星物语餐饮管理有限公司	小吃服务	北京市东城区
北京旺顺阁美食有限公司	正餐服务	北京市朝阳区
北京心正意诚餐饮管理有限公司	正餐服务	北京市房山区
北京西贝部落餐饮管理有限公司	正餐服务	北京市平谷区
北京达美乐比萨饼有限公司	快餐服务	北京市大兴区
北京京味楼餐饮管理有限公司	正餐服务	北京市西城区
北京比格餐饮管理有限责任公司	快餐服务	北京市西城区
北京凯瑞豪门餐饮有限公司	正餐服务	北京市海淀区
北京万龙洲饮食有限责任公司	正餐服务	北京市东城区
北京眉州酒店管理有限公司	正餐服务	北京市朝阳区
北京西贝一村餐饮管理有限公司	正餐服务	北京市平谷区
北京禾绿回转寿司饮食有限公司	快餐服务	北京市朝阳区
美诺(北京)餐饮管理有限公司	正餐服务	北京市西城区
北京新世纪青年饮食有限公司	正餐服务	北京市西城区
北京潇湘府餐饮管理有限公司	正餐服务	北京市海淀区
北京天隆瑞宸餐饮管理有限公司	正餐服务	北京市海淀区
央视后勤服务发展(北京)有限责任公司	正餐服务	北京市海淀区
北京千喜鹤餐饮连锁管理有限公司	正餐服务	北京市西城区
北京安妮餐饮有限公司	正餐服务	北京市朝阳区
北京为之味餐饮有限公司	快餐服务	北京市东城区
北京首钢饮食有限责任公司	其他未列明餐饮业	北京市石景山区
天津市		
天津肯德基有限公司	快餐服务	天津市南开区
天津麦当劳食品有限公司	快餐服务	天津市河西区
天津海底捞餐饮管理有限公司	正餐服务	天津市西青区
狗不理集团股份有限公司	正餐服务	天津市和平区
天津快客利食品科技咨询有限公司	餐饮配送服务	天津市河北区
山西省		
太原肯德基有限公司	快餐服务	山西省太原市
山西麦当劳餐厅食品有限公司	快餐服务	山西省太原市
大同市王府至尊酒店有限责任公司	正餐服务	山西省大同市
大同市凯鸽餐饮有限责任公司	正餐服务	山西省大同市
内蒙古自治区		
内蒙古小尾羊牧业科技股份有限公司	正餐服务	内蒙古自治区包头市
包头万达广场商业管理有限公司	正餐服务	内蒙古自治区包头市
内蒙古润隆餐饮管理有限公司	正餐服务	内蒙古自治区鄂尔多斯市
辽宁省		
百胜餐饮(沈阳)有限公司	快餐服务	辽宁省沈阳市
大连肯德基有限公司	快餐服务	辽宁省大连市
沈阳麦当劳(餐厅食品)有限公司	快餐服务	辽宁省沈阳市
亚惠美食有限公司	快餐服务	辽宁省大连市
大连麦当劳餐厅食品有限公司	快餐服务	辽宁省大连市
大连合兴快餐有限公司	快餐服务	辽宁省大连市
吉林省		
吉林缘生泰餐饮有限公司	快餐服务	吉林省吉林市
吉林省南湖宾馆	正餐服务	吉林省长春市
长春国商餐饮管理有限公司	快餐服务	吉林省长春市
黑龙江省		
黑龙江汇良餐厅食品有限公司	快餐服务	黑龙江省哈尔滨市
哈尔滨东方众合餐饮有限责任公司	正餐服务	黑龙江省哈尔滨市

4-4 续表 2

企业名称	所属行业	企业所在地
上海市		
上海统一星巴克咖啡有限公司	咖啡馆服务	上海市徐汇区
上海必胜客有限公司	正餐服务	上海市徐汇区
上海肯德基有限公司	快餐服务	上海市徐汇区
上海麦当劳食品有限公司	快餐服务	上海市徐汇区
王品西提(上海)餐饮有限公司	正餐服务	上海市徐汇区
汉堡王(上海)餐饮有限公司	快餐服务	上海市徐汇区
快乐蜂(中国)餐饮管理有限公司	快餐服务	上海市闵行区
上海小南国海之源餐饮管理有限公司	正餐服务	上海市杨浦区
上海适达餐饮管理有限公司	其他饮料及冷饮服务	上海市徐汇区
上海捞派餐饮管理有限公司	正餐服务	上海市宝山区
津味(上海)餐饮管理有限公司	咖啡馆服务	上海市徐汇区
上海避风塘美食有限公司	正餐服务	上海市黄浦区
上海领先餐饮管理有限公司	正餐服务	上海市黄浦区
上海伟略餐饮管理有限公司	正餐服务	上海市黄浦区
悦达咖世家(上海)餐饮管理有限公司	咖啡馆服务	上海市虹口区
上海萨莉亚餐饮有限公司	正餐服务	上海市静安区
望湘园(上海)餐饮管理有限公司	正餐服务	上海市浦东新区
上海老城隍庙餐饮(集团)有限公司	快餐服务	上海市黄浦区
上海博海餐饮集团有限公司	正餐服务	上海市金山区
上海爱一特餐饮有限公司	正餐服务	上海市浦东新区
上海怡乐食食品科技服务有限公司	快餐服务	上海市徐汇区
上海沃歌斯餐饮有限公司	快餐服务	上海市静安区
上海真功夫快餐管理有限公司	快餐服务	上海市静安区
上海一茶一坐餐饮有限公司	正餐服务	上海市徐汇区
上海速堡餐饮有限公司	正餐服务	上海市静安区
上海广成餐饮管理有限公司	正餐服务	上海市长宁区
蓝蛙餐饮管理(上海)有限公司	正餐服务	上海市浦东新区
信恒餐饮管理(上海)有限公司	其他饮料及冷饮服务	上海市嘉定区
上海新旺餐饮管理有限公司	正餐服务	上海市黄浦区
上海大富贵酒楼有限公司	正餐服务	上海市黄浦区
上海赤坂亭餐饮投资管理有限公司	正餐服务	上海市闵行区
呷哺呷哺餐饮管理(上海)有限公司	正餐服务	上海市徐汇区
上海麦金地餐饮管理服务股份有限公司	正餐服务	上海市浦东新区
上海棒约翰餐饮管理有限公司	正餐服务	上海市徐汇区
康帕斯(中国)企业管理服务有限公司	餐饮配送服务	上海市闵行区
上海绿捷实业发展有限公司	正餐服务	上海市闵行区
上海家有好面餐饮管理有限公司	小吃服务	上海市青浦区
上海朋利来餐饮管理有限公司	小吃服务	上海市普陀区
米斯特比萨金鹰餐饮管理(上海)有限公司	快餐服务	上海市黄浦区
上海达美乐比萨有限公司	正餐服务	上海市黄浦区
新元素餐饮管理(上海)有限公司	正餐服务	上海市静安区
绿捷(上海)企业发展有限公司	正餐服务	上海市闵行区
上海俏江南酒店管理有限公司	正餐服务	上海市静安区
小杨生煎企业管理发展(上海)有限公司	快餐服务	上海市普陀区
上海海舟餐饮服务管理有限公司	其他未列明餐饮业	上海市浦东新区
上海天泰餐饮服务有限公司	正餐服务	上海市徐汇区
上海宝莱纳餐饮有限公司	正餐服务	上海市徐汇区
上海光明村实业总公司	正餐服务	上海市黄浦区
上海豪普生达商业管理有限公司	正餐服务	上海市浦东新区
上海仟果企业管理有限公司	其他饮料及冷饮服务	上海市黄浦区
马上诺餐饮(上海)有限公司	正餐服务	上海市黄浦区
上海六合顺风餐饮有限公司	正餐服务	上海市黄浦区

4-4 续表 3

企业名称	所属行业	企业所在地
贝拉吉奥(上海)餐饮管理有限公司	正餐服务	上海市闵行区
上海锦江国际食品餐饮管理有限公司	其他未列明餐饮业	上海市徐汇区
上海外滩三号饮食文化有限公司	正餐服务	上海市黄浦区
上海港丽餐饮管理有限公司	正餐服务	上海市黄浦区
上海长宁唐宫海鲜舫有限公司	正餐服务	上海市长宁区
上海银湖酒店有限公司	正餐服务	上海市松江区
食之秘餐饮管理(上海)有限公司	正餐服务	上海市黄浦区
上海日益餐饮有限公司	正餐服务	上海市浦东新区
上海新亚富丽华餐饮股份有限公司	正餐服务	上海市黄浦区
上海功德林素食有限公司	正餐服务	上海市黄浦区
上海采华餐饮管理有限公司	正餐服务	上海市徐汇区
上海辉哥海鲜火锅餐饮有限公司	正餐服务	上海市静安区
上海丰裕餐饮管理有限公司	正餐服务	上海市黄浦区
上海新迎园餐饮管理有限公司	餐饮配送服务	上海市嘉定区
上海红子鸡美食总汇有限公司	正餐服务	上海市普陀区
上海常州大娘水饺餐饮有限公司	快餐服务	上海市黄浦区
富悦(上海)酒店管理有限公司	正餐服务	上海市松江区
江苏省		
南京肯德基有限公司	快餐服务	江苏省南京市
苏州肯德基有限公司	快餐服务	江苏省苏州市
无锡肯德基有限公司	快餐服务	江苏省无锡市
大娘水饺餐饮集团股份有限公司	快餐服务	江苏省常州市
和夏(南京)餐饮管理有限公司	其他未列明餐饮业	江苏省南京市
南京麦当劳餐饮食品有限公司	快餐服务	江苏省南京市
常州丽华快餐集团有限公司	快餐服务	江苏省常州市
同庆楼太湖餐饮无锡有限公司	正餐服务	江苏省无锡市
苏州白金汉爵大酒店有限公司	正餐服务	江苏省苏州市
南京联郡餐饮管理有限公司	正餐服务	江苏省南京市
昆山皇冠国际会展酒店有限公司	正餐服务	江苏省苏州市
南京味千餐饮管理有限公司	快餐服务	江苏省南京市
苏州松鹤楼餐饮管理有限公司	正餐服务	江苏省苏州市
无锡麦当劳餐厅食品有限公司	快餐服务	江苏省无锡市
常州扬子餐饮管理有限公司	快餐服务	江苏省常州市
南京荣邦餐饮投资管理发展有限公司	正餐服务	江苏省南京市
江阴市龙希国际大酒店有限公司	正餐服务	江苏省无锡市
苏州工业园区科桥餐饮服务有限公司	餐饮配送服务	江苏省苏州市
南京金都饮食服务有限公司	正餐服务	江苏省南京市
南京百年同庆餐饮有限公司	正餐服务	江苏省南京市
苏州市大娘水饺餐饮有限公司	其他未列明餐饮业	江苏省苏州市
浙江省		
杭州肯德基有限公司	快餐服务	浙江省杭州市
浙江麦当劳餐厅食品有限公司	快餐服务	浙江省杭州市
浙江老娘舅餐饮有限公司	快餐服务	浙江省湖州市
浙江凯旋门澳门豆捞控股集团有限公司	正餐服务	浙江省杭州市
杭州饮食服务集团有限公司	正餐服务	浙江省杭州市
慈溪白金汉爵投资有限公司	正餐服务	浙江省宁波市
绍兴市咸亨酒店有限公司	正餐服务	浙江省绍兴市
外婆家餐饮集团有限公司	正餐服务	浙江省杭州市
浙江浙农茂阳农产品配送有限公司	餐饮配送服务	浙江省绍兴市
平湖白金汉爵大酒店有限公司	正餐服务	浙江省嘉兴市
杭州捞派餐饮有限公司	正餐服务	浙江省杭州市
八十五度(浙江)餐饮管理有限公司	小吃服务	浙江省杭州市

4-4 续表 4

企业名称	所属行业	企业所在地
杭州味千餐饮管理有限公司	正餐服务	浙江省杭州市
杭州楼外楼实业集团股份有限公司	正餐服务	浙江省杭州市
温州滨海大酒店有限公司	正餐服务	浙江省温州市
浙江同力教育后勤管理有限公司	正餐服务	浙江省杭州市
杭州新丰小吃有限公司	小吃服务	浙江省杭州市
嘉兴市金悦大酒楼有限公司	正餐服务	浙江省嘉兴市
宁波杭州湾新区世纪金源大饭店有限公司	正餐服务	浙江省宁波市
安徽省		
安徽同庆楼餐饮发展有限公司	正餐服务	安徽省合肥市
安徽老乡鸡餐饮有限公司	快餐服务	安徽省合肥市
安徽蜀王美心快餐管理有限责任公司	快餐服务	安徽省合肥市
安徽省驿达高速公路服务区经营管理有限公司	快餐服务	安徽省合肥市
合肥滨投商业运营管理有限责任公司	正餐服务	安徽省合肥市
合肥白金汉爵大酒店有限公司	正餐服务	安徽省合肥市
安徽联升餐厅食品有限公司	快餐服务	安徽省合肥市
芜湖汉爵阳明大酒店有限公司	正餐服务	安徽省芜湖市
合肥丰大国际大酒店有限责任公司	正餐服务	安徽省合肥市
福建省		
百胜餐饮(福州)有限公司	快餐服务	福建省福州市
厦门肯德基有限公司	快餐服务	福建省厦门市
厦门麦当劳食品发展有限公司	快餐服务	福建省厦门市
福州麦当劳餐厅食品有限公司	快餐服务	福建省福州市
福州豪亨世家餐饮管理有限公司	正餐服务	福建省福州市
福州飞龙餐饮管理有限公司	快餐服务	福建省福州市
八十五度(厦门)餐饮管理有限公司	其他未列明餐饮业	福建省厦门市
福州德克士食品有限公司	快餐服务	福建省福州市
厦门潮福城酒楼有限公司	正餐服务	福建省厦门市
厦门市和兴隆食品科技有限公司	快餐服务	福建省厦门市
江西省		
南昌肯德基有限公司	快餐服务	江西省南昌市
江西海印餐饮管理有限公司	正餐服务	江西省南昌市
山东省		
青岛肯德基有限公司	快餐服务	山东省青岛市
山东蓝海股份有限公司	正餐服务	山东省东营市
山东联升餐厅食品有限公司	快餐服务	山东省青岛市
青岛健力源餐饮管理有限公司	其他未列明餐饮业	山东省青岛市
山东麦当劳(餐厅食品)有限公司	快餐服务	山东省济南市
山东齐盛国际宾馆	正餐服务	山东省淄博市
山东舜和国际酒店有限公司	正餐服务	山东省济南市
临沂蓝海饭店有限公司	正餐服务	山东省临沂市
德州双鸿大酒店有限公司	正餐服务	山东省德州市
济南南郊宾馆	正餐服务	山东省济南市
荣峰国际饭店	正餐服务	山东省泰安市
青岛举鑫帮厨有限公司	正餐服务	山东省青岛市
河南省		
郑州肯德基有限公司	快餐服务	河南省郑州市
河南迈乐加餐厅食品有限公司	快餐服务	河南省郑州市
洛阳餐旅(集团)股份有限公司	正餐服务	河南省洛阳市
杞县一品温泉酒店娱乐有限公司	正餐服务	河南省开封市
湖北省		
百胜餐饮(武汉)有限公司	快餐服务	湖北省武汉市
武汉麦当劳餐饮食品有限公司	快餐服务	湖北省武汉市

4-4 续表 5

企业名称	所属行业	企业所在地
湖北星巴克咖啡有限公司	咖啡馆服务	湖北省武汉市
武汉艳阳天商贸发展有限公司	正餐服务	湖北省武汉市
武汉市亢龙太子酒轩有限责任公司	正餐服务	湖北省武汉市
武汉易食铁路餐饮服务有限公司	餐饮配送服务	湖北省武汉市
武汉湖锦娱乐发展有限公司江汉分公司	正餐服务	湖北省武汉市
湖北三五醇食品配送有限公司	正餐服务	湖北省武汉市
十堰市高登酒店管理有限公司	正餐服务	湖北省十堰市
武汉欧亚会展国际酒店有限公司	正餐服务	湖北省武汉市
武汉湖锦娱乐发展有限责任公司	正餐服务	湖北省武汉市
湖南省		
长沙肯德基有限公司	快餐服务	湖南省长沙市
湖南迈湘餐厅食品有限公司	快餐服务	湖南省长沙市
长沙五十七度湘餐饮管理有限公司	正餐服务	湖南省长沙市
湖南徐记酒店管理有限公司	正餐服务	湖南省长沙市
长沙饮食集团长沙火宫殿有限公司	正餐服务	湖南省长沙市
广东省		
百胜餐饮(广东)有限公司	快餐服务	广东省广州市
广东三元麦当劳食品有限公司	快餐服务	广东省广州市
广州真功夫经营管理有限公司	快餐服务	广东省广州市
百胜餐饮(深圳)有限公司	快餐服务	广东省深圳市
麦当劳餐厅(深圳)有限公司	快餐服务	广东省深圳市
广东星巴克咖啡有限公司	咖啡馆服务	广东省广州市
广州真功夫快餐连锁管理有限公司	快餐服务	广东省广州市
深圳面点王饮食连锁有限公司	快餐服务	广东省深圳市
广州酒家集团股份有限公司	正餐服务	广东省广州市
深圳真功夫餐饮管理有限公司	快餐服务	广东省深圳市
星巴克咖啡(深圳)有限公司	咖啡馆服务	广东省深圳市
广州萨莉亚餐饮有限公司	正餐服务	广东省广州市
广州市绿茵阁饮食连锁有限公司	正餐服务	广东省广州市
春满园饮食管理服务(深圳)集团有限公司	正餐服务	广东省深圳市
东莞肯德基有限公司	快餐服务	广东省东莞市
汉堡王食品(深圳)有限公司	快餐服务	广东省深圳市
广州市麦点九毛九餐饮连锁有限公司	正餐服务	广东省广州市
元气寿司餐饮服务管理(深圳)有限公司	正餐服务	广东省深圳市
东莞市鸿骏膳食管理有限公司	小吃服务	广东省东莞市
深圳绿源餐饮管理有限公司	快餐服务	广东省深圳市
深圳市海底捞餐饮有限责任公司	正餐服务	广东省深圳市
深圳市宝利来投资有限公司	正餐服务	广东省深圳市
深圳永和大王餐饮有限公司	快餐服务	广东省深圳市
八十五度餐饮管理(深圳)有限公司	小吃服务	广东省深圳市
中山金濠汉堡食品有限公司	快餐服务	广东省中山市
广州白云国际会议中心有限公司	正餐服务	广东省广州市
广州动车组餐饮有限公司	餐饮配送服务	广东省广州市
南海渔村有限公司	正餐服务	广东省广州市
广州渔民新村饮食有限公司	正餐服务	广东省广州市
味千拉面饮食服务(深圳)有限公司	正餐服务	广东省深圳市
深圳市禾绿餐饮管理有限公司	快餐服务	广东省深圳市
真功夫餐饮管理有限公司	快餐服务	广东省东莞市
深圳市广深铁路列车经贸实业有限公司	正餐服务	广东省深圳市
深圳润园四季餐饮有限公司	正餐服务	广东省深圳市
深圳航空食品有限公司	餐饮配送服务	广东省深圳市

4-4 续表 6

企业名称	所属行业	企业所在地
东莞麦华食品有限公司	快餐服务	广东省东莞市
广州市番禺中国旅行社	正餐服务	广东省广州市
广州从化凯旋宫饮食娱乐有限公司	正餐服务	广东省广州市
深圳市嘉旺餐饮连锁有限公司	快餐服务	广东省深圳市
深圳新语餐饮管理有限公司	小吃服务	广东省深圳市
中山市海港城海鲜大酒楼有限公司	正餐服务	广东省中山市
珠海金濠汉堡食品有限公司	快餐服务	广东省珠海市
深圳维华盛世唐宫饮食有限公司	正餐服务	广东省深圳市
深圳市百岁村餐饮连锁有限公司	正餐服务	广东省深圳市
深圳市粤菜王府餐饮管理有限公司	正餐服务	广东省深圳市
美心食品(深圳)有限公司	小吃服务	广东省深圳市
惠州麦当劳(餐厅食品)有限公司	快餐服务	广东省惠州市
深圳威耀饮食有限公司	快餐服务	广东省深圳市
深圳南联食品有限公司	其他未列明餐饮业	广东省深圳市
江门麦当劳(餐厅食品)有限公司	快餐服务	广东省江门市
广州市越秀区鸿星艺都海鲜酒家	正餐服务	广东省广州市
深圳家乐缘餐饮顾问有限公司	快餐服务	广东省深圳市
东莞麦长食品有限公司	快餐服务	广东省东莞市
佛山大家乐饮食有限公司	快餐服务	广东省佛山市
广州泛亚饮食有限公司	快餐服务	广东省广州市
广州渔民新村兴盛饮食有限公司	正餐服务	广东省广州市
湛江市君豪酒店有限公司	正餐服务	广东省湛江市
广州渔民新村餐饮企业管理有限公司	正餐服务	广东省广州市
深圳市万味源餐饮管理有限公司	正餐服务	广东省深圳市
新世代餐饮管理(深圳)有限公司	正餐服务	广东省深圳市
广州市莲香楼有限公司	正餐服务	广东省广州市
深圳市南方航空经济发展有限公司	正餐服务	广东省深圳市
广州市超味盅饮食有限公司	正餐服务	广东省广州市
深圳市德保膳食管理有限公司	快餐服务	广东省深圳市
汕头肯德基有限公司	快餐服务	广东省汕头市
深圳大快活快餐有限公司	快餐服务	广东省深圳市
广州南园酒家饮食有限公司	正餐服务	广东省广州市
明华(蛇口)海员服务公司明华国际会议中心	正餐服务	广东省深圳市
深圳市中海凯骊酒店有限公司	正餐服务	广东省深圳市
广西壮族自治区		
南宁肯德基有限公司	快餐服务	广西壮族自治区南宁市
广西禾唛餐饮有限公司	快餐服务	广西壮族自治区南宁市
广西三品王餐饮管理有限公司	快餐服务	广西壮族自治区南宁市
桂林市椿记餐饮有限公司	正餐服务	广西壮族自治区桂林市
海南省		
海口麦点九毛九餐饮管理有限公司	正餐服务	海南省海口市
重庆市		
重庆和之吉饮食文化有限公司	正餐服务	重庆市渝中区
重庆骑龙饮食文化有限责任公司	正餐服务	重庆市北碚区
重庆兴红得聪餐饮管理有限公司	正餐服务	重庆市渝中区
重庆陶然居饮食文化(集团)股份有限公司	正餐服务	重庆市九龙坡区
重庆菜香源餐饮文化有限公司	正餐服务	重庆市九龙坡区
重庆市小八仙餐饮有限公司	正餐服务	重庆市万州区
重庆味千餐饮文化有限公司	快餐服务	重庆市九龙坡区
重庆北三玖玖玖餐饮有限公司	正餐服务	重庆市万州区
重庆肯德基有限公司	快餐服务	重庆市渝中区
重庆海印餐饮管理有限公司	快餐服务	重庆市渝北区

4-4 续表 7

企业名称	所属行业	企业所在地
重庆阿兴记产业(集团)有限公司	正餐服务	重庆市渝北区
重庆刘一手餐饮管理有限公司	正餐服务	重庆市九龙坡区
重庆佳永小天鹅餐饮有限公司	正餐服务	重庆市涪陵区
重庆德庄酒店管理有限公司	正餐服务	重庆市南岸区
重庆雅福食品有限公司	餐饮配送服务	重庆市渝北区
重庆民稼餐饮管理有限公司	正餐服务	重庆市渝北区
芭菲盛宴环球餐饮集团有限公司	正餐服务	重庆市九龙坡区
四川省		
四川海底捞餐饮股份有限公司	其他未列明餐饮业	四川省成都市
百胜餐饮(成都)有限公司	快餐服务	四川省成都市
成都星巴克咖啡有限公司	咖啡馆服务	四川省成都市
四川森林雨餐饮有限公司	其他未列明餐饮业	四川省绵阳市
四川乡村基餐饮有限公司	快餐服务	四川省成都市
四川麦当劳餐厅食品有限公司	快餐服务	四川省成都市
成都百富广场投资管理有限公司	正餐服务	四川省成都市
四川省成都市饮食公司	正餐服务	四川省成都市
成都市向阳凯宾斯基饭店有限公司	正餐服务	四川省成都市
成都八十五度餐饮管理有限公司	小吃服务	四川省成都市
四川四维餐饮投资管理有限公司	正餐服务	四川省绵阳市
贵州省		
贵州醉苗乡餐饮投资管理有限公司	正餐服务	贵州省贵阳市
云南省		
昆明市肯德基有限公司	快餐服务	云南省昆明市
云南滇美餐饮有限公司	快餐服务	云南省昆明市
昆明饮食服务有限公司	正餐服务	云南省昆明市
云南东方航空食品有限公司	餐饮配送服务	云南省昆明市
云南空港航空食品有限公司	正餐服务	云南省昆明市
昆明仟真和餐饮有限公司	正餐服务	云南省昆明市
昆明飞阳餐饮管理有限公司	正餐服务	云南省昆明市
陕西省		
百胜餐饮(西安)有限公司	正餐服务	陕西省西安市
西安饮食股份有限公司	正餐服务	陕西省西安市
泾阳龙泉山庄旅游发展有限公司	正餐服务	陕西省咸阳市
西安真爱服务事业有限公司	正餐服务	陕西省西安市
西安麦当劳(餐厅食品)有限公司	快餐服务	陕西省西安市
西安小六汤包餐饮有限责任公司	正餐服务	陕西省西安市
陕西徐记酒店有限公司	正餐服务	陕西省西安市
西安百姓厨房大馄饨餐饮有限责任公司	正餐服务	陕西省西安市
陕西关中风情文化有限公司	正餐服务	陕西省宝鸡市
西安师苑后勤服务有限责任公司	正餐服务	陕西省西安市
甘肃省		
兰州肯德基有限公司	快餐服务	甘肃省兰州市
敦煌市敦味夜吧饮食服务有限责任公司	正餐服务	甘肃省酒泉市
新疆维吾尔自治区		
新疆肯德基有限公司	快餐服务	新疆维吾尔自治区乌鲁木齐市
新疆百富餐饮股份有限公司	快餐服务	新疆维吾尔自治区乌鲁木齐市

附　录

附录Ⅰ 统计上大中小微型企业划分办法

一、根据工业和信息化部、国家统计局、国家发展改革委、财政部《关于印发中小企业划型标准规定的通知》(工信部联企业〔2011〕300 号),结合统计工作的实际情况,特制定本办法。

二、本办法适用对象为在中华人民共和国境内依法设立的各种组织形式的法人企业或单位。个体工商户参照本办法进行划分。

三、本办法适用范围包括:农、林、牧、渔业,采矿业,制造业,电力、热力、燃气及水生产和供应业,建筑业,批发和零售业,交通运输、仓储和邮政业,住宿和餐饮业,信息传输、软件和信息技术服务业,房地产业,租赁和商务服务业,科学研究和技术服务业,水利、环境和公共设施管理业,居民服务、修理和其他服务业,文化、体育和娱乐业等 15 个行业门类以及社会工作行业大类。

四、本办法按照行业门类、大类、中类和组合类别,依据从业人员、营业收入、资产总额等指标或替代指标,将我国的企业划分为大型、中型、小型、微型等四种类型。具体划分标准见附表。

五、企业划分由政府综合统计部门根据统计年报每年确定一次,定报统计原则上不进行调整。

六、本办法自印发之日起执行,国家统计局 2003 年印发的《统计上大中小型企业划分办法(暂行)》(国统字〔2003〕17 号)同时废止。

附表：统计上大中小微型企业划分标准

行业名称	指标名称	计量单位	大型	中型	小型	微型
农、林、牧、渔业	营业收入(Y)	万元	Y≥20000	500≤Y＜20000	50≤Y＜500	Y＜50
工业*	从业人员(X)	人	X≥1000	300≤X＜1000	20≤X＜300	X＜20
	营业收入(Y)	万元	Y≥40000	2000≤Y＜40000	300≤Y＜2000	Y＜300
建筑业	营业收入(Y)	万元	Y≥80000	6000≤Y＜80000	300≤Y＜6000	Y＜300
	资产总额(Z)	万元	Z≥80000	5000≤Z＜80000	300≤Z＜5000	Z＜300
批发业	从业人员(X)	人	X≥200	20≤X＜200	5≤X＜20	X＜5
	营业收入(Y)	万元	Y≥40000	5000≤Y＜40000	1000≤Y＜5000	Y＜1000
零售业	从业人员(X)	人	X≥300	50≤X＜300	10≤X＜50	X＜10
	营业收入(Y)	万元	Y≥20000	500≤Y＜20000	100≤Y＜500	Y＜100
交通运输业*	从业人员(X)	人	X≥1000	300≤X＜1000	20≤X＜300	X＜20
	营业收入(Y)	万元	Y≥30000	3000≤Y＜30000	200≤Y＜3000	Y＜200
仓储业	从业人员(X)	人	X≥200	100≤X＜200	20≤X＜100	X＜20
	营业收入(Y)	万元	Y≥30000	1000≤Y＜30000	100≤Y＜1000	Y＜100
邮政业	从业人员(X)	人	X≥1000	300≤X＜1000	20≤X＜300	X＜20
	营业收入(Y)	万元	Y≥30000	2000≤Y＜30000	100≤Y＜2000	Y＜100
住宿业	从业人员(X)	人	X≥300	100≤X＜300	10≤X＜100	X＜10
	营业收入(Y)	万元	Y≥10000	2000≤Y＜10000	100≤Y＜2000	Y＜100
餐饮业	从业人员(X)	人	X≥300	100≤X＜300	10≤X＜100	X＜10
	营业收入(Y)	万元	Y≥10000	2000≤Y＜10000	100≤Y＜2000	Y＜100
信息传输业*	从业人员(X)	人	X≥2000	100≤X＜2000	10≤X＜100	X＜10
	营业收入(Y)	万元	Y≥100000	1000≤Y＜100000	100≤Y＜1000	Y＜100
软件和信息技术服务	从业人员(X)	人	X≥300	100≤X＜300	10≤X＜100	X＜10
务业	营业收入(Y)	万元	Y≥10000	1000≤Y＜10000	50≤Y＜1000	Y＜50
房地产开发经营	营业收入(Y)	万元	Y≥200000	1000≤Y＜200000	100≤Y＜1000	Y＜100
	资产总额(Z)	万元	Z≥10000	5000≤Z＜10000	2000≤Z＜5000	Z＜2000
物业管理	从业人员(X)	人	X≥1000	300≤X＜1000	100≤X＜300	X＜100
	营业收入(Y)	万元	Y≥5000	1000≤Y＜5000	500≤Y＜1000	Y＜500
租赁和商务服务业	从业人员(X)	人	X≥300	100≤X＜300	10≤X＜100	X＜10
	资产总额(Z)	万元	Z≥120000	8000≤Z＜120000	100≤Z＜8000	Z＜100
其他未列明行业*	从业人员(X)	人	X≥300	100≤X＜300	10≤X＜100	X＜10

说明：

1. 大型、中型和小型企业须同时满足所列指标的下限，否则下划一档；微型企业只须满足所列指标中的一项即可。

2. 附表中各行业的范围以《国民经济行业分类》（GB/T4754-2011）为准。带*的项为行业组合类别，其中，工业包括采矿业，制造业，电力、热力、燃气及水生产和供应业；交通运输业包括道路运输业，水上运输业，航空运输业，管道运输业，装卸搬运和运输代理业，不包括铁路运输业；信息传输业包括电信、广播电视和卫星传输服务，互联网和相关服务；其他未列明行业包括科学研究和技术服务业，水利、环境和公共设施管理业，居民服务、修理和其他服务业，社会工作，文化、体育和娱乐业，以及房地产中介服务，其他房地产业等，不包括自有房地产经营活动。

3. 企业划分指标以现行统计制度为准。（1）从业人员，是指期末从业人员数，没有期末从业人员数的，采用全年平均人员数代替。（2）营业收入，工业、建筑业、限额以上批发和零售业、限额以上住宿和餐饮业以及其他设置主营业务收入指标的行业，采用主营业务收入；限额以下批发与零售业企业采用商品销售额代替；限额以下住宿与餐饮业企业采用营业额代替；农、林、牧、渔业企业采用营业总收入代替；其他未设置主营业务收入的行业，采用营业收入指标。（3）资产总额，采用资产总计代替。

附录Ⅱ 批发和零售业、住宿和餐饮业统计限额标准

行业类别	统计指标名称	限额标准
批发业	年主营业务收入	2000万元
零售业	年主营业务收入	500万元
住宿业	年主营业务收入	200万元
餐饮业		

附录Ⅲ 主要统计指标解释

一、批发和零售业、住宿和餐饮业主要财务指标解释

1. 资产总计：指企业过去的交易或者事项形成的、由企业拥有或者控制的、预期会给企业带来经济利益的资源。资产一般按流动性（资产的变现或耗用时间长短）分为流动资产和非流动资产。其中流动资产可分为货币资金、交易性金融资产、应收票据、应收账款、预付款项、其他应收款、存货等；非流动资产可分为长期股权投资、固定资产、无形资产及其他非流动资产等。

2. 流动资产合计：资产满足以下条件之一应归为流动资产：（1）预计在一个正常营业周期中变现、出售或耗用，主要包括存货、应收账款等；（2）主要为交易目的而持有；（3）预计在资产负债表日起一年内（含一年）变现；（4）自资产负债日起一年内，交换其他资产或清偿负债的能力不受限制的现金或现金等价物。包括货币资金、应收票据、应收账款、存货等项目。

3. 固定资产原价：指固定资产的成本，包括企业在购置、自行建造、安装、改建、扩建、技术改造某项固定资产时所发生的全部支出总额。

4. 累计折旧：指企业在报告期末提取的历年固定资产折旧累计数。

5. 负债合计：指企业过去的交易或者事项形成的，预期会导致经济利益流出企业的现时义务。负债一般按偿还期长短分为流动负债和非流动负债。

6. 所有者权益合计：指企业资产扣除负债后由所有者享有的剩余权益。公司的所有者权益又称股东权益。包括实收资本、资本公积、盈余公积、未分配利润等。

7. 实收资本：指企业投资者实际投入的资本(或股本)，包括货币、实物、无形资产等各种形式的投入。实收资本按投资主体可分为国家资本、集体资本、法人资本、个人资本、港澳台资本和外商资本。

8. 国家资本：指有权代表国家投资的政府部门或机构、直属事业单位对企业形成的资本金。

9. 集体资本：指由本企业职工等自然人集体投资或各种机构对企业进行扶持形成的集体性质的资本金。

10. 法人资本：指法人以其依法可支配的资产投入企业形成的资本金。

11. 个人资本：指自然人实际投入企业的资本金。

12. 港澳台资本：指我国香港、澳门和台湾地区投资者实际投入企业的资本金。

13. 外商资本：指外国投资者实际投入企业的资本金。

14. 营业收入：指企业经营主要业务和其他业务所确认的收入总额。营业收入合计包括“主营业务收入”和“其他业务收入”。

15. 主营业务收入：指企业确认的销售商品、提供劳务等主营业务的收入。

16. 主营业务成本：指企业经营主要业务所发生的成本总额。

17. 主营业务税金及附加：指企业经营主要业务应负担的营业税、消费税、城市维护建设税、教育费附加等。

18. 主营业务利润：指企业在从事商品销售、提供服务等主要经营中所产生的利润之和。

19. 其他业务利润：指企业经营除主要业务以外的其他业务实现的利润。

20. 销售费用：指企业在销售商品和材料、提供劳务的过程中发生的各种费用，包括保险费、包装费、展览费和广告费、商品维修费、预计产品质量保证损失、运输费、装卸费等以及为销售本企业商品而专设的销售机构（含销售网点、售后服务网点等）的职工薪酬、业务费、折旧费等经营费用。

21. **管理费用**：指企业为组织和管理企业生产经营所发生的费用，包括企业在筹建期间内发生的开办费、董事会和行政管理部门在企业经营管理中发生的，或者应当由企业统一负担的公司经费等。

22. **财务费用**：指企业为筹集生产经营所需资金等而发生的筹资费用，包括企业生产经营期间发生的利息支出（减利息收入）、汇兑损失（减汇兑收益）以及相关的手续费等。

23. **营业利润**：指企业从事生产经营活动所取得的利润。

24. **利润总额**：指企业在一定会计期间的经营成果，是生产经营过程中各种收入扣除各种耗费后的盈余，反映企业在报告期内实现的盈亏总额。

25. **应交所得税**：指企业按税法规定，应从生产经营等活动的所得中缴纳的税金。

26. **应付职工薪酬**：指企业为获得职工提供的服务而给予各种形式的报酬以及其他相关支出。包括职工工资、奖金、津贴和补贴，职工福利费，医疗保险费、养老保险费、失业保险费、工伤保险费和生育保险费等社会保险费，住房公积金，工会经费和职工教育经费，非货币性福利，因解除与职工的劳动关系给予的补偿，其他与获得职工提供的服务相关的支出。

27. **应交增值税**：指企业按税法规定，从事货物销售或提供加工、修理修配劳务等增加货物价值的活动本期应交纳的税金。根据会计相关科目贷方累计发生额，按下述公式计算填报：

应交增值税＝销项税额－（进项税额－进项税额转出）－出口抵减内销产品应纳税额－减免税款＋出口退税

二、批发和零售业商品购、销、存情况指标解释

1. **商品购进额**：指从本企业以外的单位和个人购进（包括从国外直接进口）作为转卖或加工后转卖的商品金额（含增值税）。本指标反映批发和零售业从国内外市场上购进商品的总价。

2. **进口**：指直接从国外进口或委托外贸企业代理进口的商品金额，不包括从国内有关单位购进的进口商品。对外贸易企业只统计自主经营进口的商品，不统计受托代理进口的商品。

3. **商品销售额**：指对本单位以外的单位和个人出售的商品金额（包括售给本单位消费用的商品，含增值税）。在批发和零售业中，本指标反映在国内市场上销售商品以及出口商品的总价。

4. **出口**：指直接向国（境）外出口商品和委托外贸企业代理出口的商品金额，商品出口不包括售给外贸企业出口或加工后出口的商品，以及在国内市场以外币销售的商品。外贸企业只统计自主经营出口的商品，不包括受托代理出口的商品。

5. **期末商品库存额**：对于批发和零售业法人单位和个体经营户，是指报告期末取得所有权的全部商品金额（含增值税）；对于批发和零售业产业活动单位，是指报告期末实际在库且归属法人具有所有权的全部商品金额（含增值税）。这个指标反映批发和零售业的商品库存情况，以及对市场商品供应的保证程度。

三、住宿和餐饮业经营情况指标解释

1. **营业额**：指住宿和餐饮业单位在经营活动中因提供服务或销售商品等取得的全部收入（含增值税），收入主要来源于提供客房、餐费服务、商品销售和其它服务，如商务服务。不包括法人企业附营的其他行业产业活动单位的餐费收入、商品销售收入等各项收入。

2. **客房收入**：指住宿和餐饮业单位在经营活动中因提供住宿服务取得的收入（含增值税）。不包括法人企业附营的其他行业产业活动单位的客房收入。

3. **餐费收入**：指住宿和餐饮业单位为顾客提供就餐服务取得的收入（含增值税）。包括：经烹饪、调制加工后出售的各种食品，如主食、炒菜、凉拌菜等的收入。不包括法人企业附营的其他行业产业活动单位的餐费收入。

4. **商品销售额**：指对本单位以外的单位和个人出售的商品金额（包括售给本单位消费用的商品，含增值税）。在住宿和餐饮业中，本指标反映住宿和餐饮业单位出售商品的销售总额（含增值税），不包括法人企业附营的其他行业产业活动单位的商品销售额。

5. **其他收入**：指提供客房、餐饮服务、商品销售以外的其它服务获得的收入（含增值税），如商务

服务、健身娱乐等。

四、批发和零售业、住宿和餐饮业主要经济效益分析指标解释

1．**负债率**：指企业负债总额与资产总额之比。它表示企业资产总额中，债权人提供资金所占的比重，以及企业资产对债权人权益的保障程度。其计算公式为：

负债率 =（负债总额 ÷ 资产总额）×100%

2．**主营业务毛利率**：指企业主营业务收入和主营业务成本之间的差额与主营业务收入之比，其计算公式为：

主营业务毛利率 =（主营业务收入 - 主营业务成本）÷ 主营业务收入×100%

3．**人均主营业务收入**：指企业主营业务收入与年末从业人员数之比，其计算公式为：

人均主营业务收入 = 主营业务收入 ÷ 年末从业人员数

4．**费用率**：指销售费用、管理费用和财务费用三项之和与主营业务收入之比。其计算公式为：

费用率 =（销售费用 + 管理费用 + 财务费用）÷主营业务收入×100%